降大任 魏紹源 狄寶心 編

元遺山 金元史述類編

◎國家古籍整理出版"十一五"規劃（2006-2010）
　重點規劃項目
◎山西歷史文獻珍本叢刊·晋人文存
◎本書得到國家古籍整理出版專項經費資助

山西出版集團
山西古籍出版社

編者說明

　　元遺山（1190～1257），名好問，字裕之，號遺山，太原秀容（今山西忻州市忻府區）人。是金元之際杰出詩人、文學家，史學大家，文化活動家，被目爲"一代宗工"。其所撰著詩文集、《中州集》等有名後世，史學著述《壬辰雜編》、《南冠錄》、《金源君臣言行錄》均佚，但元末修金史多所採擇，可見遺山史著的重要文獻價值。

　　今人研治金元史者對遺山《中州集》極爲重視，對其文集及《續夷堅志》中的史料亦多關注。只是後二書文字不少，文體繁雜，查考不便。爲便於史學界利用，我們下了一番工夫，將遺山文集和《續夷堅志》中所存有價值的史料加以離析，分類編排，並爲各篇擬了小標題，力求將重要材料一網打盡，提供治史者翻檢採擇。所取《續夷堅志》中材料，因該書多記奇聞异事，故擇其有科學價值及考證價值者，于其明顯荒誕迷信，無益治史者則棄去，望讀者有所辨識之。遺山《中州集》作者小傳史料價值極高，學界共知，且有近世新版易尋，故不再錄。遺山所作詩詞也有"詩史"之目，此書亦不選錄，以省篇幅。

　　所選錄的內容，于政治經濟等軍國大事及人物外，亦涉及社會生活史、文化史諸層面，有用即採，盡可能展示遺山史學的開闊眼界與豐富內容，亦有俾今人治學（全文除自述 3 條外,計 14 類,434 條,約 40 萬字)。錄文末標明出處時,《元好問全集》均簡作《全集》,不另說明。限於編者水平,容有分類不當、擬目不確、文句錯漏處,尚希讀者指正批評。

編 者
2006 年 4 月

目　録

目 録

二、史觀與政治

六、道 家

九、文物 古迹

十一、文化　藝術

目　録

自 述一

予以始生之七月,出繼叔氏隴城府君。迨大安庚午,府君卒官,扶護還鄉里,時予年二十有一矣。元氏之老人大父,凋喪殆盡,問之先世之事,諸叔皆晚生,止能道其梗概。予亦以家牒具存,碑表相望,他日論次之,蓋未晚也。因循二三年,中原受兵,避寇陽曲、秀容之間,歲無寧居。貞祐丙子,南渡河,家所有物,經亂而盡。舊所傳譜牒,乃於河南諸房得之,故宋以後事爲詳,而宋前事皆不得而考也。益之兄嘗命予修《千秋錄》,雖略具次第,他所欲記者尚多而未暇也。歲甲午,羈管聊城,益之兄邈在襄漢,遂有彼疆此界之限。姪搏俘繫之平陽,存亡未可知。伯男子叔儀、姪孫伯安皆尚幼,未可告語。予年已四十有五,殘息奄奄,朝夕待盡;使一日顛仆于道路,則世豈復知有河南元氏哉?維祖考承三(王)公餘烈,賢雋輩出,文章行業,皆可稱述。不幸而與皂隸之室混爲一區,泯泯黙黙,無所發見,可不大哀耶!乃手寫《千秋錄》一篇,付女嚴以備遺忘,又自爲講説之。嗚呼!前世功名之士,人有愛慕之者,必問其形質顏貌、言語動作之狀,史家亦往往爲記之。在他人且然,吾先人形質顏貌、言語動作,乃不欲知之,豈人之情也哉?故以先世雜事附焉。予自四歲讀書,八歲學作詩,作詩今四十年矣。十八,先府君教之民政,從仕十年,出死以爲民。自少日有志于世,雅以氣節自許,不甘落人後。四十五年之間,與世合者不能一二數。得名爲多,而謗亦不少。舉天下四方知己之友(交),唯吾益之兄一人。人生一世間,業已不爲世所知,又將不爲吾子孫所知,何負于天地鬼神而至然邪?故以行年雜事附焉。先祖銅山府君,正隆二年賜出身。訖正大之末,吾家食先朝祿七十餘年矣。京城之圍,予爲東曹都事,知舟師將有東狩之役,言于諸相,請小字書國史一本，隨車駕所在，以一馬負之。時相雖以爲然，而不及行也。崔子之變，歷朝《實錄》，皆滿城帥所取。百年以來，明君賢相可傳後世之事甚多，不三二十年，則世人不復知之矣！予所不知者亡可奈何，其所知者，忍棄之而不記耶？故以先朝雜事附焉。合而一之，名曰《南冠錄》。叔儀、伯安而下，乃至傳數十世，當家置一通。有不解者，就他人訓釋之。違吾此言，非元氏之（子）孫。

（《全集》卷三十七《南冠錄引》）

自　述二

　　四月末，自太原來鎮州，得春後手書，副以《寶刀》、新什。反復熟讀，且喜且嘆，又愧衰謬，無以稱副好賢樂善之心耳。僕自貞祐甲戌南渡河時，犬馬之齒二十有五，遂登楊、趙之門。所與交如辛敬之、雷希顏、王仲澤、李欽叔、麻知幾諸人，其材量文雅皆天下之選。僕自以起寒鄉小邑，未嘗接先生長者餘論，內省缺然，故痛自鞭策，以攀逸駕。後學時文，五七年之後，頗有所省。進而學古詩，一言半辭傳在人口，遂以爲專門之業，今四十年矣。見之之多，積之之久，揮毫落筆，自鑄偉詞以驚動海內則未能；至于量體裁、審音節、權利病、證真贗，考古今詩人之變，有戀直而無姑息，雖古人復生，未敢多讓。常記平生知己，如辛敬之、李欽叔、李長源輩數人，每示之一篇，便能得人致力處。自諸賢凋喪，將謂無復真賞；乃今得方外三四友如上人者，其自幸宜如何哉！上人天資高，內學富，其筆勢縱橫，固已出時人畦畛之外，唯前輩諸公論議，或未飽聞而屢道之耳。古人有言：不見異人，必得異書。可爲萬世學者指南，可終身守之。此僕平生所得者。

　　（《全集》卷三十九《答聰上人書》）

自　述三

　　短小精悍,大有孟浪;勃萃盤跚,稍自振厲。豪爽不足以爲德秀之兄,蕭散不足以爲元卿之弟。至于欽叔之雅重、希顏之高氣、京甫之蘊藉、仲澤之明銳,人豈不自知? 蓋天稟有限,不可以强而至。若夫立心于毀譽失真之後而無所,橫身于利害相磨之場而莫之避,以此而擬諸君,亦庶幾有措足之地

　　(《全集》卷三十八《寫真自贊》)

一、人 物

張萬公（張彌學子）一

儀同三司，平章政事壽國文貞公，諱萬公，字良輔，姓張氏，唐名臣公謹之後。唐末有自東海徙汶上者，後又徙東阿，遂爲東阿人。曾祖諱晞，行善好施，鄉人歸之。宣政末，常出財佐軍。二子得補國子助教。用公貴，贈銀青榮禄大夫、清河郡侯。妣劉氏，清河郡太夫人。祖諱詢，孝弟力田，家用不匱，贈金紫光禄大夫、清河郡公。妣崔氏，清河郡太夫人。考諱彌學，篤於學問，以《尚書》爲專門之業。初應鄉試，擢本經第一。後罷經義科，以詞賦取士，復預薦書。已而嘆曰："丈夫寧老於童子雕蟲之技邪？吾不復出矣！"常銘其左右云："欲求子孫，先當積孝；欲求聰明，先當積學。"世以爲名言。累贈崇進壽國公。妣王氏，壽國太夫人。生四子，公其第四子也。崇進公嘗夢至一大官府，署曰"張萬相公之室"，已而公生，因以名焉。公幼穎悟，號稱博聞强記。弱冠登正隆二年詞賦進士第。釋褐穎順軍新鄭縣主簿。丁崇進公憂。服除，調沂州費縣主簿。正隆政衰，盜賊群起，公有策禦之，盜爲衰止，邑人賴焉。大定四年，調遼陽府路辰渌鹽司判官。課最，超淄川長山令。去官之日，百姓爲之立祠。十五年，充尚書省令史。考滿，遷河北西路轉運司都勾判官。歲餘，改大理司直。十九年，遷武寧軍節度副使。二十一年，召爲尚書省右司都事。朝廷知公始將大用矣。未幾，攝同知登聞檢院事，奏對稱旨，乃真受焉。再遷侍御史。不數月，改右司員外郎、郎中。敷奏詳明，不爲緣飾，世宗嘉賞之，顧謂侍臣曰："張萬公，純直人也。"俄遷刑部侍郎。章宗即位，詔以遺留使于宋。使還，會創設提刑司，首命公爲河南路提刑使。不期

年，御史臺奏課爲九路之最，擢拜御史中丞。時明昌元年也。元妃
李氏有寵，上欲立爲后，臺諫以爲不可，交攻之。監察御史姬端修、
右拾遺路鐸、翰林修撰趙秉文，皆得罪去。一日，上遣中使密訪公：
"吾欲立后，何所不可，而臺諫乃不相容？卿以爲如何？"公言："此
大事，明日當面奏。"及對，因爲上言："國朝立后，非貴種不預選
擇。元妃本出太府監戶，細微之極，豈得母天下？"上默不言。明
日，出公爲彰德軍節度使，兼應州管内觀察使。其後立后議寢，上
思公言，召爲大興府尹。二年九月，拜參知政事。以太夫人年過八
十，表乞就養，不許。未幾，復申前請，乃授山東西路兵馬都總管，
兼判東平府事，以便親。歲餘，復以親老爲言，乃聽歸侍。六年，起
爲河中府尹。時屬軍興，調度百出，公爲之平物價，寬民力，比他州
所費，省者什六七。承安三年正月，上以太夫人之故，移公濟南尹。
河中之人爲建去思堂，畫像事之。九月，丁内艱。卒哭，詔以明年
正月朝京師。起，復授平章政事、超資善大夫，封壽國公。主兵者
言："比歲征伐，多至敗衄，凡以軍事所給之地不足自贍，至有不免
饑寒者，所以無鬭志。願括民田之冒稅者分給之，則戰自倍矣。"
朝臣議已定，公獨上章極諫其不可者五。大略以爲：軍旅之後，瘡
痍未復，百姓拊摩之不暇，何可重擾？一也；通檢未久，田有定籍，
括之必不能盡，適足以增猾吏之弊，長告訐之風，二也；浮費侈用，
不可勝計，推之以養軍，可斂不及民而足，無待於奪民之田，三也；
兵士失於選擇，强弱不別，而使之同田而共食，振厲者無以盡其力，
而疲劣者得以容其奸，四也；奪民而與軍，得軍心而失天下心，其禍
有不勝言者，五也。必不得已，乞以冒地之已括者，召民蒔之，以所
入贍軍，則軍有坐獲之利，而民無被奪之怨矣。不從，即以衰病不
任職乞罷。賜告兩月，且以尚醫調護之。泰和元年六月，連章請
老，遷榮禄大夫，且以公第四子某赴廷試，當同進士出身，詔充閤門
祗侯，又改筆硯局承應，尋賜進士第。所以優禮公者，他相莫與爲
比。二年，章再上，有旨："卿頻上章告老，寧以言事不見從，或與

同列者有差別故耶？何求去之數也？"公奏言："臣誠衰老,當避賢
者路,無他意也。"三年正月,章再上,不允,加銀青榮禄大夫。三
月,歷舉朝賢之可代己者,求去甚力,上爲感動,中使宣旨："朕初
即位,首命卿入政府,繼遷相位。以卿習於典故,處事詳雅,春秋雖
高,而神明未衰,故且以機務相勞。今去意既堅,不得不屈朕以從
卿耳。"明日入辭,詔以金紫光禄大夫致仕。公退居,上所以待之
者不少衰。朝廷有大利害,則遣使者就訪之。六年,南鄙用兵,上
以山東重地,須大臣鎮撫之,手詔起公判濟南府山東東西路宣撫
使,便宜行事。公爲之布教條,問民所疾苦,貸逋賦以寬流亡,假閒
田以業單貧。戍邊郡者,戒之以守疆場,毋敢妄動;涖州郡者,戒之
以省符牒,毋敢妄擾。經畫既定,即移文有司,乞還鄉里。上優詔
許之,仍加崇進,以榮其歸。七年冬十月,寢疾。一日,令具湯沐,
洒掃庭内,曰："吾將逝矣。"命子益執筆書遺戒,戒子孫以貴薄尚
儉而已。尋薨,春秋七十有四。上聞之震悼,輟視朝,賻贈加等,祭
葬皆用詔書從事。有司考行,謚曰"文貞",仍贈開府儀同三司。
以八年二月,舉公之柩,葬于青太里北原之先塋。壽國夫人劉氏祔
焉。大安元年,詔繪公像於衍慶宮,配享章宗廟庭。公資樸直,不
自表襮。自少日便能以沈默自養。平居不妄言笑。事親孝,待昆
弟有禮,與人交,不苟合。太夫人喜家居,留官下者未嘗久;每一書
示至,公必望拜庭下,欷歔流涕而後發,左右皆爲感動。夫人前歿,
章宗欲有所賜,再拜謝不敢當。潔居終身,兩童子自隨,侍婢不得
至其前。閒居鄉縣,與父老游,敦布衣之好,初不以名位自居。仕
宦五十年,在州縣,則治化清净,不事科罰,而人有畏愛之實;在朝
廷,則切於論列,有不便於民者,必委曲道之,雖理若訐直,而辭氣
容貌不失其爲大臣之體。大定之治,近古所未有,紀綱法度,備具
周密。公在相位,謹奉行而重改作,得守文之體,故能不動聲氣而
天下陰受其賜。古所謂"日計不足,月計有餘"者,於兹見之。故
嘗論,公平生所言者不勝載,而繫於廢興存亡者,有二事焉:一立

后，二括田。立后難於從，而章宗從之；括田不難於從，而竟不聽。其後武夫悍卒，倚國威以爲重，山東、河朔上腴之田，民有耕之數世者，亦以冒占奪之。兵日益驕，民日益困，養成癰疽，計日而潰。貞祐之亂，盜賊滿野，向之倚國威以爲重者，人視之以爲血仇骨怨，必報而後已；一顧盼之頃，皆狼狽於鏑鋒之下，雖赤子不能免。蓋立后之事，在廷之臣皆以爲不可，獨上以爲可，故公之言易爲力；括田之事，上下皆以爲可，而公獨以爲不可，故難爲功。以一言之不相入，其禍果有不可勝言者，是不獨在公爲遺恨，異世相望，亦當有太息而流涕者。嗚呼！豈非天耶？銘曰：

留侯授書，三往難鳴。濟北有期，乃祠嘉平。神物不亡，時出效靈。穀城之張，帝傅載生。帝傅維何？文貞壽公。木訥之剛，樸魯之忠。以靜而應，以介而通。悃愊無華，安事勇功。郎署擢長，憲臺進貳。相業之良，興陵所試。大定之治，講若畫一。公如曹參，守而勿失。守而勿失，民以寧謐。賜則陰受，跡容致詰。皇天生之，曷不成之？孝孫受之，曷不究之？在昔所難，在聽思聰。烏群於前，孰知雌雄？兵以農戰，國從本固。皮之不存，毛將安傅？一言之微，邦可以興。作法於貪，弊將曷勝？悔罔後及，忠無前寖。我思古人，愛而莫助。黃山之陽，喬木蒼蒼。公墓有碑，千載涕滂。

（《全集》卷十六《平章政事壽國張文貞公神道碑》）

張萬公二

東阿進士張仲可，以鄉先生平章政事壽國張公、參知政事翰林學士承旨高公、平章政事蕭國侯公而下，由文階而進者凡二十有三人，既列其姓名刻之石，又謄寫別本以示同志。僕意以爲，壽公初諫立元妃李氏，再諫山東軍括地，以爲得軍心而失民心，其禍有不可勝言者，言既不聽，即致相印而歸。風節凜凜，當代名臣無出其右者。蕭公行臺東平，威惠並舉，山東父老焚香迎拜，有太平宰相之目。承旨公之死節,雖古人無以加;雖不見於金石,孰不敬而仰之?自餘二十人,不見行事,徒記爵里。僕竊以爲未盡……仲可,名家子,有志於學,故敢以相告。見賈文顯之,嘗試問之,以爲如何?歲丁巳夏五月二十六日,河東人元某謹書。

（《全集》卷四十《跋張仲可東阿鄉賢記》）

王庭筠（王遵古子、王萬慶父）一

泰和壬戌冬,内翰王公卒於京師。道陵雅知公家無餘財,將無以爲葬也,詔有司購錢八十萬,以給喪事,求生平詩文,藏之秘閣。未幾,以御製詩賜其家。其引云:"王遵古,朕之故人也。乃子庭筠復以才選,直禁林者首尾十年。今兹云亡,玉堂東觀,無復斯人矣。其家以遺文来上,尋繹之久,良用愴然。"而其詩有"天材超邁,無慚琬琰"之句,蓋公門閥、人品、器識、文藝,一時名卿材大夫少有出其右者;上意亦恨其得之晚,而用之者百未一試也,故殷重嗟惜之如此。公諱庭筠,字子端,姓王氏。家牒載:其三十二代祖烈,太原祁人,避漢末之亂,徙居遼東。曹公特徵,不應,隱居終身。其後遼東亦亂,子孫散處東夷。十七代孫文林,仕高麗,爲西部將,殁於王事,又八世曰樂德,居渤海,以孝聞。遼太祖平渤海,封其子爲東丹王,都遼陽。樂德之曾孫繼遠,仕爲翰林學士,因遷家遼陽。繼遠孫中作使咸飴,避大林延之難,遷漁陽。咸飴孫六宅,使恩州刺史叔寧,遷白霤。六宅生永壽,居韓州。遼天慶中遷蓋州之熊岳縣,遂占籍焉。永壽之長子政,事金朝,官至金吾衛上將軍、建州保静軍節度使。保静之中子遵古,字元仲,正隆五年進士,仕爲中大夫、翰林直學士。文行兼備,潛心伊洛之學,言論皆可紀述。明昌應詔,有"昔人君子"之目。子孫以"昔人"名所居之山,而"君子"名其泉,所爲志也。中大夫四子:庭玉、庭堅,次即公,太師、南陽郡王張公浩之外孫。生未期,視書,識十七字。六歲,聞父兄誦書,能通大義。七歲,學詩。十一歲,賦全題。讀書五行俱下,日記五千餘言。涿郡王公備然,風岸孤峻,少所許可,一見公,以國士許之。弱冠,擢大定十六年甲科,釋褐承事郎、恩州軍事判官。臨政即有能官之譽。郡民鄒四者謀爲不軌,事覺,逮捕千餘人,而鄒四者竄匿不能得。朝廷遣大理司直王仲翰與公治其獄。公以計獲鄒四,分別詿誤,坐豫謀者十二人而已。再調舘陶主簿。公早有重名,天下士夫想聞風采,謂當一日九遷;乃今碌碌常選,限於賢愚同滯之域。簿書期會,隨俗俯仰,殊不自聊。秩甫滿,單車徑去。卜居隆慮,周覽山川,以謂西山橫截千里,隱然如臥龍,起硑磁、天平、黃華,至魯般門,龍之首、脊、肋、尾皆具,而黃華蔚然涵濃秀之氣。山有慈明、覺仁二寺,上下相去不半里所。西抵鏡臺,直雞趐洪之懸流,幽林穹谷,萬景坌集,一水一石,皆崑閬間物;顧視塵世,殆不可一日居也。乃置家相下,買田隆慮,借二寺爲棲息之地,時往嘯詠,若將終身焉。晉人庾衮,隱居義陽,僅見於傳記。黃華雖勝絕,而近代無所知名,至於高賢題詠,亦罕及之。自公來居,以“黃華山主”自號,茲山因之杰出太行之上,人境俱勝,於公見之。山居前後十年,得悉力經史,務爲無所不闚,旁及釋老家,尤所精詣。學益博,志節益高,而名益重。明昌初,用薦者,以書畫局都監召。俄授應奉翰林文字、同知制誥,遷翰林修撰。坐爲言事者所累,出爲鄭州防禦判官。承安初,繼丁內外艱,哀毀骨立,幾至不起。四年,起復,應奉翰林文字。泰和元年,復翰林修撰。扈從秋山,應制賦詩,至三十餘首,寵眷優異,蓋將大用。期年,罹此不幸,春秋五十有二,實二年十月之十日也。官止承務郎,緋衣銀魚。夫人張氏,亦太師女孫。子男三人:萬安、萬孫、萬吉,皆早卒;女三人:長曰從凈;幼爲女冠,公歿後,以能詩召見,特加敬異;次曰琳秀,入侍掖庭;季女幼,在室。公既無子,以弟庭淡之次子萬慶爲之後,以蔭補官,至行尚書省左右司郎中。文章字畫,能世其家。孫某、曾孫某尚幼。公儀觀秀偉,善談笑,俯仰可觀。外視若簡貴,人初不敢與

之接，一見之後，和氣津津，溢於顔間，殷勤慰藉，如恐不及，少有可
取，極口稱道。他日雖百負之，亦不恨也。從之游者，如韓温甫、路
元亨、張晉卿、李公度；所引見者，如閑閑趙公、内翰馮公、屏山李
公，皆爲文章鉅公，下者猶不失爲名士。世以知人許之。爲文能道
所欲言，如《文殊院斲琴飛来》、《積雪賦》及《漢昭烈廟碑文》等，
辭理兼備，居然有臺閣體裁。暮年詩律深嚴，七言長篇，尤以險韻
爲工，方之少作，如出兩手，可爲知者道也。有《叢辨》十卷、《文
集》四十卷傳於世。世之書法，皆師二王、魯直、元章，號爲得法。
元章得其氣，而魯直得其韻。氣之勝者，失之奮迅；韻之勝者，流爲
柔媚。而公則得於氣韻之間。百年以来，公與黄山、閑閑兩趙公，
人俱以名家許之。畫鑒既高，又嘗被旨與舅氏宣徽公汝霖品第秘
府書畫，因集所見及士大夫家藏前賢墨蹟古法帖所無者，摹刻之，
號《雪溪堂帖》一十卷。至於筆墨游戲，則山水有入品之妙，墨竹
殆天機所到，文湖州以下不論也。每作一幅，必以千文爲號，不肯
輕以予人。閑閑有上公詩云："李白一杯人影月，鄭虔三絶畫詩
書。"馮内翰挽章云："詩名摩詰畫絶世，人品右軍書入神。"人以爲
實録云……銘曰：

　　山立兮揚休，元精兮當中。冠名士兮中朝，何隱隱兮隆隆！明
昌天開，文治昭融；婉孌龍姿，孰雲之從？望公修門，劍佩從容。行
人會盟，常伯秩宗。間燕論思，袞職彌縫。顧曷任弗勝，而鉛槧是
供。生材實難，間氣所鍾。有物妒之，隨以禍攻。白駒忽其過隙，
乃欲歷九關而上通。詩至夔州而仙，文以潮陽而雄。假公歲年，寧
厄以窮？研摩於韓杜之後，宜愈困而愈工。養吾棟而先伐，果奚貴
乎楠松？謂公不遇邪，獨簡在乎淵衷；謂公爲遇邪，方積纍之爲功。
畀鎡基而奪之，而無庸計夫乖逢。馬鬣兮蒿蓬，摧熊嶽兮天之東。
望倒景兮不及，抱明月兮長終。澤畔行吟，俯水伯之幽宫；裴回故
都而不忍訣，寫孤憤於迴風。謫傳長沙，蟊賊内訌。邀前席之不
再，俄占書之告凶。謂大患若身兮，羌今昔之攸同。我作銘詩，并

11

以慰公,使不幸而爲屈賈,其何以釋玄壤之遺恫?

（《全集》卷十六《王黃華墓碑》）

王庭筠二

王子端內翰泰和中賦《殘菊》云:"幽花寂寞無多子,辦與黃蜂實蜜脾。"蓋絕筆也。王勉道作挽詩,故有"'幽花'絕筆更傷神"之句。

（《全集》卷五十一《續夷堅志·王內翰詩讖》）

李 楫

君諱楫,字濟川,姓李氏。系出隴西。唐末,其遠祖官汴梁。石晉之亂,流寓遼之北京,是爲大定府。金朝取遼,有昭信校尉諱福者,避亂雲中,生子彥直,爲汴京行臺令史,仕至明威將軍、宛丘令,即君之考也。宛丘嘗尉淄川,樂其風土,遂爲淄川人。路孟州宣叔撰墓碑,述先世之德備矣。君年十六,以蔭補轉運司押遞官。時正隆南征,在所寇盜充斥。及歲終,受代。間關還侍下,人以其年甫成童而能自樹立,甚嗟惜之。凡三歷酒官,遷忠武校尉。君幼學穎悟,雖已在仕籍,所以爲舉子計者不少輟。三赴省試,皆入優等。嘗以所業,見鄭內翰景純。景純大爲獎異,謂君言:"吾子必名世,吾鄉爲不乏人矣!"俄登大定十九年詞賦進士第,換承務郎,調歷城主簿,改積石州軍事判官。積石、邊郡,羌渾雜居,君撫治有方,人甚安之。遷范陽令,召補尚書省令史。章宗以原王領省事,愛君占對詳明審當,每啟事退,目送者久之。終更留再考。未幾,除吏部主事。陝右旱甚,詔君乘傳問民所疾苦。君至關輔,馳奏:"百姓苦饑,當議有以賑貸之。"未報,即開倉賑貧,所全活不勝計。

朝廷以爲知權，不罪也。改太府監丞，兼職常四五，朝譽既著，蓋將大用矣。明昌三年以歲歉，流亡者多，故田野不闢，詔君充山東東西路勸農副使。君遍歷郡縣，勸課備至。世官有堕窳者，率真決之；徭役害農務者，以便宜罷之。是歲，山東爲之有秋。使還，授中都路轉運副使。京都承平日久，經費十倍，大定間，一時府庫充實，君有力焉。丞相軍北行，轉運司例以正員督饋餉，同列方以從軍爲憂，而君自請焉。宰相重君之行，爲改檄他員。五年，召授沁州刺史，兼知軍事。陛見之日，有詔："朕比欲以郡守命卿，有司以卿資淺，未嘗得郡，朕識卿舊，故有此授。卿宜悉力爲民，以稱朕意。政成，即召卿矣。"朝貴重君材，其行也，祖道都門，冠蓋塞路。是夕，太夫人張氏無疾而歿，乃扶護還鄉里。君天性純至。初赴積石，太夫人以六盤路險，登頓殊甚，山外高寒，非老人所堪，故留居鄉里。君在官一年，即以長告歸侍。年過五十，每違遠庭闈，惻然有孺子之慕。至是哀感過甚，殆無以自存，食飲淡薄，且不以時進。比葬，柴毀骨立。竟用是得疾，以某年月日，春秋五十有五，終於服次……君自就學，即以和雅自將。宛丘莅官剛嚴，君從容諫止，以故多從寬厚。歷中外餘十五年，廉正敬慎，超出倫等。又其行己之所以移於官者也。其登科時，御題《易無體》，同年生六十人，自甲選張行簡至黃士表，賦學家謂人人可以魁天下，程卷皆鋟木以傳。凡仕宰相數人，刺史節度殆過其半，人以比前世"龍虎榜"；至論孝弟忠敬，尚以君爲稱首云。先娶沂州蒲氏，再娶錦州張氏武安軍節度使臨海老人子雲之女；再娶宛平王氏忻州刺史子正之女，皆封某郡君。子男二人：長國瑞，試補禮部令史，再任南陽縣令，以惠愛見稱；次子國維，興定五年進士，歷符離、葉令，淳正古雅，爲時聞人；女二人：長適山東東路總管判官徒單喜僧，次適南京廣盈倉副使趙思。孫男女皆尚幼。銘曰：

處爲儒先，出曰吏師。明昌名臣，道陵所咨。至性薰然，既厚其資。於濟事也權，於及民也慈。永錫爾類，從古有辭。人子養

親，易失者時；含飴弄孫，爲樂不貲。聖善所宜，神豈我私？誰爲隙
駒，忽其崦嵫。顧瞻玄堂，泣涕連洏。及毋下泉，尚慰我思。孰物
之尸，孰命之司？曷畀之者全，而不以究施？伐石西山，勒我銘詩。
是惟純孝李君之墓，過者式之。

（《全集》卷十六《沁州刺史李君神道碑》）

趙秉文一

公諱秉文，字周臣，姓趙氏，閑閑其自號也。世爲磁州滏陽人。
祖諱偁，用公貴，贈正議大夫、上輕車都尉、天水郡伯。父甫，贈中
奉大夫、上護軍、天水郡侯。李右司誌其墓，述先世以來詳矣。公
幼穎悟，讀書若夙習。弱冠，登大定二十五年進士第，調安塞簿。
以課最，遷邯鄲令，再遷唐山。丁郡侯憂。用薦者及提刑廉舉起
復，充南京路轉運司都勾判官。丁太夫人某氏憂。又用薦者起復
應奉翰林文字、同知制誥。上書論宰相胥持國當罷，宗室守貞可大
用。又言：“刑獄、征伐，國之大政，自古未有君以爲可、大臣以爲
不可而可行者。”坐譏訕免官。未幾起，爲同知岢嵐軍州事，轉北
京轉運司度支判官。承安五年冬十月，陰晦連日，宰相萬公入對。
上顧謂萬公言：“卿昨言天日晦冥，亦猶人君用人邪正不分者，極
有理。趙秉文曩以言事降授。聞其人有才具，又且敢言；朕非棄不
用，直以北邊軍興，姑試之耳。”泰和二年，改戶部主事，遷翰林修
撰。考滿，留再任。衛紹王大安初，北兵入邊，召公與待制趙資道
論邊備。公言：“今大軍聚宣德，宣德城小，列營其外，夏暑雨，器
械弛敗，人且病。迨秋敵至，我不利矣。可遣臨潢一軍擣其虛，則
山西之圍可解。兵法所謂‘出其不意，攻其所必救’者也。”王不能
用。其秋，宣德以敗聞。十月，出爲寧邊州刺史。二年，改平定州。
前政苛於用刑，盜賊無大小，皆栲殺之。聞赦將至，先栲賊死，乃拜
赦。而盜愈繁。公爲政每從寬厚，不旬月，盜賊屏跡，終任無犯者。

歲饑,出俸粟爲豪民倡,以賑貧乏,賴以全活者甚衆。及受代,老幼攀遮,戀戀不忍訣。已出郭,復遮留之再三,乃得去。入爲兵部郎中兼翰林修撰。俄,提點司天臺。崇慶二年春,太白經天。公上奏:"歲八月,當有人更王之變。"當國者以爲妖言,置章不通。及期,王出居衛邸,如公言。俄,轉翰林直學士。貞祐初,公言時事三:一遷都,二導河,三封建。大略謂:中國無古北之險,則燕爲近邊,車駕幸山東爲便。山東,天下富強處也,且有海道可通遼東,接上京。宋有國時,河水常由曹、濮、開、滑、大名、東平、滄、景會獨流入于海。今改而南,由徐、邳。水行處,下視堤北二三丈,有建瓴之便。可使行視故堤,稍修築之,河復故道,則山東、河南合。敵兵雖入,可阻以爲固矣。三代封建,外裔不能得中國之利。秦罷諸侯而郡縣之,無虜禍而有不及備之禍。喻如秦銷鋒鏑,令民間不得藏弓矢是也;墮名城,令腹內州軍不置樓櫓是也。在承平日若無患,及其弊,則天下有土崩之勢。秦之勝、廣,漢之張魯,唐之安、史,皆是也。房琯因祿山之亂,請出諸王,分置諸道。祿山聞之,曰:"天下不可得矣!"今就不能復三代之故,亦宜分王子弟,置諸道節度,則是山東有大河之險,有維城之固,而無燕近塞之憂,一舉而三者得矣。明年,上書請爲朝廷守殘破一州。上以公宿儒,當在左右,不宜補外,不許。四年,除翰林侍講學士。明年,轉侍讀。興定中,拜禮部尚書,兼前職,同修國史、知集賢院事。又明年,知貢舉,坐爲同官所累,奪一官。致仕,有旨:"以卿嘗告老,今遂之也。"公家居,上所以禮遇公者不少衰。時遣中使問:"卿精神何如往年?"不數日,復起爲禮部尚書,兼官如故。入謝,上曰:"卿春秋雖高,以文章故,須復用卿。"公亦以身受厚恩,無以自效,願爲天子開忠言,廣聖慮。每進見,從容爲上言:"人主當儉勤,慎兵刑,所以祈天永命者。"上嘉納焉。今天子即位,公再以年乞身,改翰林學士、修國史。公以上嗣德在初,當日親經史,以自裨益;進《無逸直解》、《貞觀政要》、《申鑒》各一通。開興改元,北兵由漢中道襲荆、襄,京師戒嚴。上命公爲赦文,以布宣悔悟、哀痛之意;公指事陳義,辭情俱盡。城下之役,國家所以感人心、作士氣者,公與有力焉。時公已老,日以時事爲憂,雖食息頃不能忘。每聞一事可便民,一士可擢用,大則奏章,小則爲當路者言,殷勤鄭重,不能自已。竟用是得疾,以夏五月十有二日,春秋七十有四,終於私第之正寢。時軍國多故,賻祭不及,大夫士相弔,閭閻細民,亦知有邦國殄瘁之嘆。越二日,權殯開陽門外二百步,有待也。積官至資善大夫,勳上護軍,爵天水郡侯,食邑一千戶,實封一百戶。先娶劉氏,再娶郭氏,並封天水郡侯夫人,前公卒。子,男一人名似,待闕御史臺掾。女三人,長,劉出也,嫁汝州推官高可約;次嫁衛州行部郎中石玠;季嫁省知管差除令史張履。三婿皆名進士也。所著《易叢説》十卷、《中庸説》一卷、《揚子發微》一卷、《太玄箋贊》六卷、《文中子類説》一卷、《南華略釋》一卷、《列子補注》一卷,刪集《論語》、《孟子》解各一十卷。生平文章號《滏水集》者,前後三十卷,《資暇錄》十五卷。公究觀佛、老之説而皆極其指歸,嘗著論,以爲害於世者,其教耳。又其徒樂從公游,公亦嘗爲之作文章,若碑誌詩頌其多。晚年錄生平詩文,凡涉於二家者,不存也。大概公之文出於義理之學,故長於辨析,極所欲言而止,不以繩墨自拘。七言長詩,筆勢縱放,不拘一律;律詩壯麗,小詩精絶,多以近體爲之;至五言,則沉鬱頓挫似阮嗣宗,真淳古淡似陶淵明,以它文較之,或不近也。字畫則有魏晋以來風調,而草書尤驚絶。殆天機所到,非學能至。今宣徽舜卿使河湟,夏人多問公及王子端起居狀,朝廷因以公報聘。已而輙不行。其爲當時所重如此。公之葬也,孤子似以好問公門下士,來速銘。因考公平生,而竊有所嘆焉。道之傳,可一人而足;所以宏之,則非一人之功也。唐昌黎公、宋歐陽公身爲大儒,繫道之廢興,亦有皇甫、張、曾、蘇諸人輔翼之,而後挾小辨者無異談。公至誠樂易,與人交不立崖岸。主盟吾道,將四十年,未嘗以大名自居。仕五朝,官六卿,自奉如寒士,而不知富貴爲何物。生河朔鞍馬間，不本於教育，不階於講習，紹聖學之絕業，行世俗所背馳之域，乃無一人推尊之；此文章字畫，在公爲餘事，自以徒費日力者，人知貴之，而不知貴其道歟！桓譚有言："凡人賤近貴遠，親見揚子雲，故輕其書。若使更閱賢善，爲所稱道，其傳世無疑。"譚之言，今信矣。然則若公者其亦有所待乎？銘曰：

道統中絕，力任權御。一判藩籬，倒置冠屨。公起河朔，天以經付。挺身頹波，爲世砥柱。優柔而求，屨飫而趨。春風舞雩，如望趨步。心與理叶，默以言寓。發道大全，初莫我助。大夜而旦，大夢而寤。乾端坤倪，軒豁呈露。致知力行，開物成務。在德爲柄，在治爲具。吾道非耶，而以文遇。足己無待，恃義不懼。憂國愛君，華首彌固。藏書名山，京師其副。後禮樂興，當表公墓。

（《全集》卷十七《閑閑公墓銘》）

趙秉文二

周旋於正廣、道宗、平叔之間，而獨能紹聖學之絕業；斂避於蔡無可、党竹溪之後，而竟推爲斯文之主盟。不立崖岸之謂和，不置町畦之謂誠，不變燥濕之謂定，不污泥滓之謂清。藹然粹溫，見于丹青。雖無老成，人尚有典刑。鳳衰無周，龍移啓魏。珍瘁攸屬，古爲悲歎。人知爲五朝之老臣，不知其爲中國百年之元氣。

興定初，某始以詩文見故禮部閑閑公。公若以爲可教，爲延譽諸公間。又五年，乃得以科第出公之門。公又謂當有所成就也，力爲挽之，獎借過稱。旁有不平者，宰相師仲安班列中倡言，謂公與楊禮部之美、雷御史希顏、李內翰欽叔爲元氏黨人，公不之邮也。正大甲申，諸公貢某詞科。公爲監試官，以例不赴院宿。一日坐禮曹，欽叔從外至，誦某《秦王破竇建德降王世充露布》，公頗爲聳動，顧坐客陳司諫正叔言："人言我黨元子，誠黨之邪？"公之篤于自信，蓋如此。壬辰冬，某以東曹掾知雜權都司，取行止卷觀之，見公獨銜及楊、雷猥相薦引者十七章。竊自念言：公起布衣，仕五朝，官六卿，自奉養如寒士，不知富貴爲何物。其自待如此。顧雖愛我，寧欲爲利祿計，欲使之亟進、得以升斗活妻子邪？惟是愚陋，不足以當大賢特達之遇，兀兀近五十而迄無所成，用是爲愧負耳！北渡後，求汴人趙濟甫爲公寫真，因題贊其上：

嗚呼！公道德文章，師表一世，如我乃得而事之！公初不以利祿期我，然則今所以事公者，雖出于門弟子之私，亦豈獨以門弟子之私也哉！公無恙時，辱公陶甄，攜之提之，且挽且前。萬馬之所馳，不足以北公之轅；萬折之所礙，不足以回公之川。將私其私邪？抑以爲文字之傳？匠石斲斤，子牙絕絃。千載一人，猶以旦暮；萬里一士，且謂比肩。念公生平，使我涕漣。顏如渥丹，雙瞳炯焉。彼粹而溫，既與不可傳者死矣。觀乎此，則猶可以仿佛其足音之跫然。

（《全集》卷三十八《趙閑閑真贊二首》）

胡景嵩

公諱景崧，字彥高，姓胡氏。其先威州人。曾祖智，避靖康之亂，遷武安，遂占籍焉。祖益，家累鉅萬。其父課之讀書，涉獵經史，工於書翰。輕財好施，不責報償。秋冬之交，量以布絮散寒者，仍作糜粥以食之，歲以爲常。趙魏間稱積德者，莫不以胡氏爲稱首云。正隆南征，以良家子從軍，載國子監書以歸。因之起「萬卷堂」，延致儒士，門不絕賓，儒素起宗，實兆於此。後以第四子浩官五品，贈宣武將軍。考仲溶，嗜讀書，不以世務縈懷。大定初，兩赴廷試不中，即以詩酒自娛，竟用是得疾，甫三十而歿，用公貴，贈朝列大夫、安定縣子。公幼有至性，十歲喪父，哀毀成疾。嘗泣謂其母孔氏言：「吾父不幸早世，兒誓當學，以成吾父之志。」孔夫人有賢行，所以作成其子者爲甚力。故公十五知屬文，弱冠有聲場屋間。年三十，擢大定二十五年詞賦甲科，釋褐海州軍事判官。用提刑司廉舉，特旨升即墨令。縣治瀕海，土磽而俗惡。公清介自律，人莫敢犯，一新珥筆之舊。縣界多世官，侵漁細民，累政以爲苦。及是，有以牧馬傷民田者，公深治而痛繩之，强暴爲之帖然。初，縣廨在古城之隅，爲妖狐所據。狐晝伏夜出，變化狡獪，或爲獄卒，縱遣囚繫；或爲官妓，盜驛傳被襆，媚惑男女，有迷亂至死者。民無如之何，反以香火奉之，餘五十年矣。公下車，問知所以然，顧謂同僚："官舍所以居賢，今令不得居，而狐得據之耶？"時屋空已久，頹圮殊甚，即命完葺之。明日，即聽事理務。抵暮，張燭而坐，夜參半，狐鳴後圃中，一唱百和。少頃，群集周匝廷内。中一大狐，據地而吼，如欲搏噬然。卒伍散走，投死無所；公安坐不爲動，而狐亦不敢前。良久，稍稍引退。如是者三日，遂不復來。後十餘日，傳一女奴，歌嘯跳躍，狂若寐語。公以朱書迫逐之，置奴鈫間，奴即知人。明日，尉自巡邏還，遭群狐數百，由縣東南而去，狐禍遂絶。縣民以公爲神，刻石頌德，李右司之純之文也。秩未滿，用提刑司薦，遷河南府推官。偃師送强寇十數輩，尹以下謂此寇爲民害久，亟欲除之；公疑縣所送者皆平民，爲緩其獄。尹怒，强出囚於市，且以稍緩讓公。公執議之次，忽有馳報偃師獲正賊者，尹慚謝。即日，上書薦之，就除太原推官；未赴，召爲大興推官。時道陵新即大位，留意庶獄，敕尚書省："吾往判大興，獄犴填滿。推官雖小職，尤難其人，可選文臣公平審慎者充。"宰相以公爲能，故有此授。公涖職不三月，以獄空聞。詔錫宴以寵之。俄，改上京等路提刑司判官。秩滿，以稱職超授西京路轉運副使。丁内艱，服除，爲國子監丞兼户部員外郎。未幾，改同知遼東路轉運使事。本路税額以牛頭徵者，積數百萬石，多有名無實，無所從出，而重爲主典者之累。公躬自閲實，無有欺抑者，凡椿配之數，悉從蠲貸。在所倉官，坐傷耗而礙銓調者，率以新官代之。旬月，入爲刑部員外郎。東平、大名同時有告人謀反者，朝廷以户部員外郎蘇某鞠獄大名，而東平則以公決之。蘇,法吏,專事榜掠,囚不勝慘毒,皆自誣服,株連者以千數。公至東平,有司供獄具,至有蝎籠、大匱之屬。公嘆曰:"斷獄以情,奚以此爲哉?"引告者諦審之,十日而後,其情得。告者搏顙自恨言所以誣罔者。獄既具,止反坐此人而已。東平尹率其屬勞公曰:"非使者忠愛,三千人之命誰當續之?"百姓焚香拜送,連延百餘里,馬爲不得前。及奏上,道陵喜曰:"胡景崧處置稱朕意矣。大名之獄,獨無冤乎!"隨以它使者覆之,蘇竟以罪去。而公之朝譽,由是益隆。泰和六年,以選,爲上京、東京等路按察司僉事。陛辭,以例言三事,然皆天下之大計,非例所當言者。其一,天子之職,在擇相。相得人,則垂拱而治可也。其二,今皇嗣未立,宜肅正六宮,以廣繼嗣之路。時元妃李氏專寵,其宗有威福之漸,外臣有夤緣至宰相者,故公爲上言如此,不報。改同知鎮西軍節度使事。屬歲旱,公禱而雨。明年,郡國蝗,中使四出掩捕,獨公所治近城三十里無有也。樓煩報蝗入縣境,公馳至,禱於后土祠,言:"罪在守令,幸無毒平民!"顧盼之際,蝗去無留者。衛紹王大安初,擢坊州刺史。公老於吏事,布宣教條,恩威並著,旬月之後,但臥治而已。俄,改解州刺史,坊人攀送垂泣而去。逾年,遷同知東平府路兵馬都總管事。以崇慶二年五月日遘疾,春秋五十有九,卒於洛陽之傳舍。積官朝散大夫、上護軍、安定郡開國伯,食邑七百戶。後幾日,葬於某所之先塋。娶馬氏,封安定郡君。婦德母儀,中表以爲法。後公幾年卒。子,男三人:長曰德珪,正大四年進士、儒林郎、富平縣主簿;次德琚,早卒;次德琳,以公蔭,爲禮曹掾。女二人:長適邢臺焦日新,封中山縣君;次適洧川楊振文,封宏農縣君。孫,男三人:祗遹、祗承、祗畏。公美丰儀,善談論,臨事剛嚴,人莫敢犯。至於推誠接物,則慈祥愷悌,唯恐不及。族屬餘百口同居,迨公四世,公卹睦之,小大無間言。從弟義幼孤,賴公教督,繼擢高第。舊制,文資官例提舉學校,故公所在必課諸生學,委曲周至,終始如一。前後三知貢舉,凡置在優等者,皆奇俊宏杰之士,士論以得人許之。

歲丙午，某過彰德，德珪方爲府從事，謂某言："先人棄養將三十
年。貞祐之亂，倉皇南渡，顧瞻先壟，有旌紀寂寞之感。迨今北歸，
先夫人之柩，從祔有日。誠得吾子銘而志之，以俟百世之下，不肖
孤死不恨矣！敢百拜以請。"某不敏，嘗問公於曹徵君子玉。子
玉，公鄉里，知公爲詳，以爲公無他過人，但能充孝弟之性而已。古
有之，事親孝，故忠可移於君；居家理，故治可移於官。又曰："孝
弟之至，通於神明。"信斯言也，公可以無愧矣。銘其可辭？其銘
曰：

地天而人，泰山微塵。不以元氣綱維之，奚取于眇焉之身？元
氣維何？由孝而仁。智效一官，大或秉鈞。民吾同胞，忍弗愛其
親？惟悉聰明，而致忠愛，故所過者化，而存者神。上下同流，何有
乎獸伏而鳥馴？問牛與馬，不足以謂之能；柱後惠文，不足以謂之
循。我思胡公，煖然而春。郁彼佳城，志以貞珉。千年而見白日，
尚知爲泰和之名臣。

（《全集》卷十七《朝散大夫同知東平府事胡公神道碑》）

李　遹（李治父）

道陵承安中，賊臣胡沙虎尹大興，先生爲府推官。虎方諂事中
貴，竊弄威柄，內則以姦佞固主恩，外則鼓動聲勢，以劫制天下。同
列有一事不相叶、一語不相入者，不陷之死地，則排諸遠方。故時
人視之猶蛇虎鬼魅，疾走遠避之不暇。先生直前徑行，初不爲死生
禍福計，每以公事相可否，至絲髮不少貸。又摘其陰事數十條，將
發之，私謂所親言："此人口無所不能言，手無所不能爲，政恐寧我
負人，終成噬主之狗。"虎，篡者也。平居頤指氣使，無不如意。乃
今爲一書生所軒輊，積不能平，乃先以非罪誣染之，凡可以中傷者
無不至。先生守之益堅，抗之者愈力。如是二年，既無可撼搖，乃
奏之上前，謂先生於種人，有奴視之傲。賴上雅見知，譖爲不得行。

蓋自承安迄至寧之弑，前後二十年，朝臣非無剛稜疾惡、不畏強禦
之士，然敢與此賊角者，唯先生與尚書左丞張公行中二人而已。先
生諱某，字平父，姓李氏。系出唐明皇帝。歷五季、宋末之亂，譜牒
散失，無可考案。靖康初，先生之祖玘自濟南齊河避亂鎮州，僑寓
一名醫家，遂傳其學。生子拯，徙居欒城，仍食先業。資樂易，多技
能。所居置病寮，過客及貧無以為資者來謁醫，湯劑糜粥，必躬親
之；病既平，又量為道塗之費以給之。賦詩飲酒，談玄講道，優游以
壽終。後用先生貴，贈奉訓大夫。先生即奉訓君之第二子也。年
十五，奉訓君仍以家學授之。學既成，一日，診一病者而心有所疑，
乃悔曰："吾寧當以人命試吾術耶?"即於是改讀律。已而，又以法
家少恩，與前療病無異也，即盡棄故學，一意讀六經，學為文章。二
十得解住府庠，移籍太學。試補河北東路提刑司書史。登明昌二
年詞賦進士第，釋褐槁城丞。吏畏民愛，雖老於從政者，莫與為比。
縣舊多盜，先生治之有方，皆相率為平民。以政迹，升遼東宜風令，
改薊州盧龍。丁太夫人張氏憂。起復潞州涉縣令。縣乏水，去城
十五里所，汲澗泉以供飲，雖浣濯之餘，不敢遺棄，人用是多病。先
生行視西山，得美泉，度地之高卑，將引致之。先以便宜白於州，然
後籍丁為渠。民樂於赴功，不兩旬而成。近郭數千家，坐獲膏潤之
利。鄉大夫洎其父老，相與立石，用詫於他邦。入為尚書省令史。
終更，宰相議留再考。先生力以疾辭，授大興府推官，轉河北東路
轉運司都句判官。不一歲，遷遼東路鹽使。舊例，使、副、判官分辦
歲額，而通比增虧。考滿，坐為同官所累，降太常博士兼秘書省校
書郎。至寧元年春，遷同知靜難軍節度使事。時西北兵已動，先生
以邠城頹圮為憂，謀之州將，為浚築計。不合，欲聞之朝。俄，改同
知許昌軍節度使事。比到許下，聞夏人入寇，邠已陷，官屬虜而西
矣。秋八月，改山東西路兵馬副都總管、東平府治中。制下三日，
賊虎弒逆，自署太師、尚書令、澤王，專制除拜。先生即日以疾告，
徑歸陽翟，築屋潁水之上，名之曰寄庵，因以為號。先生通悟多智，

學有原本,明於析理而勇於赴義。中值大變,知世事無可爲,故一切以蒙晦自居,浮湛里社,將二十年。興定、元光之間,先生蓋(益)已老矣。某歲某月日,春秋六十有七,終於隱所。先生喜作詩,律切精嚴,似其爲人,雅爲王內翰子端、周員外德卿、趙禮部周臣、李右司之純之所激賞。字畫得於蘇、黃之間,畫(盡)入神品。賞識至到,當世推爲第一。所在求謁者縑素填積,隨日月先後償之,謂之"畫債"。至於星歷占卜、釋部道流、稗官雜家,無不臻妙。弦歌棋槊,在他人以一技自名者,皆其餘事也。臨終預尅死期,戒家人勿遽哭。果如期而逝。家人哭不禁,良久開目云:"戒汝勿哭,令我心識散亂。"言訖復瞑。其明了又如此。先娶里中郝氏;再娶槀城劉氏;三娶河間王氏,有道敏修之女;末娶大興崔氏,冀州倅曼卿之妹。　子,男三人:澈,方山抽分窰(窯)冶(治)官,劉出也;次曰治,自幼有文章重名。正大中,收世科徵事郎、長陵主簿,王出也;次曰滋,崔出也。女二人,皆嫁士族。壬寅某月,孤子治自陽翟護先生之柩歸葬於欒城某原之先塋。葬有日,再拜涕泗,謂門下士元某言:"先人諸孤,唯治僅存。兵革流離,不得以時歸祔,獲罪神明,無所於死。唯先人不大用於世,故事業無聞。若夫才德之懿、問學之博、志節之堅、鑒裁之公,則不可不白見於後。今表墓有石,吾子盍以所聞見者爲我書之?"某竊自念言:自南渡以來,登先生之門者十年。先生不鄙其愚幼不肖,與之考論文藝,商略古昔人物之流品、世務之終至。問無不言,言無不盡,開示期許,皆非愚幼不肖所當得者。今得屬辭比事,以相兹役,顧以不獲爲恨,其何敢辭?唯是駑劣老矣,無聞其何以究闡精微,信示久遠,雖義不可辭,而又有不敢不辭者。因起拜,謝不敢當。治重以大誼要責,以爲"得先人所知者多矣,孰若吾子之深?與先人相從者多矣,孰與吾子之厚?治不謀若,實治之尤;謀之或違,尤將誰在?"於是不得終辭,謹論次其事如右,又系之以銘。銘曰:

　　君子時中,立不倚偏。經緯萬方,以心爲權。嗟維先生,中學之傳。得之無息之久，守以不磨之堅。承安玩威，魚脫於淵。虎守天門，四顧垂涎。擊伏主臣，且百且千。曾是下僚，敢相周旋。虎奮其須，赤手往搏。恃義與存，豈樂自捐？禍逮至寧，初服歸田。憤請討之無所，寧與賊而同天？人邪也，而我前；人安也，而我獨邅。行無理違，止不義寒。嗟維先生，其畀也全。材不一能，我則百焉。量測則闊，籌計則賢。藥石可以活國，舟楫可以濟川。抱利器而莫之試，竟匡坐而窮年。一室圖書，我歌我絃。處順安常，無憾下泉。伐石西山，表先生之阡。孰能爲世底柱，如是之卓然？

（《全集》卷十七《寄庵先生墓碑》）

張公著

泰和初，元妃李氏干預時政，兄弟同在禁近，聲勢焰焰，鼓動海內。臺諫多以爲言。公時爲監察御史，上書切諫，至有"妾上僭后，夫人失位"之語，引援古今，陳說成敗，皆君臣之間所難言者。朝議韙之。他御史有與公齊名者，其後畏禍不終，名節掃地；而公守河間，得所以死而死，身滅而名益著。至今稱泰和名臣者，唯公可以當之。公諱公著，字庭俊，姓張氏。初名宀，以夢兆改焉。世爲太原陽曲人。曾大父某，知宋將亂，隱居不仕。大父祐，好讀書，尤長於術數，卜葬東山之大石谷，自言却後三十年，吾宗當有文達者。已而果然。考諱某，資稟寬緩，輕財好施，以詩書棋酒自適。後用公貴，封朝列大夫。生三子，公其季也。初自童卯，朝列君教之學。長游府庠，即有能賦聲。尋擢明昌二年進士第。釋褐平遙丞，歷洛郊、雲川二縣令，補尚書省令史。考滿，留知管差除，以親老不就，授都轉運司戶籍判官。無幾何，拜監察御史。元妃兄黃門喜兒，嘗以水田事私請於公，公以正義責之，喜兒惶懼而退。虎賊尹大興，固寵負恃，恣爲不法，朝臣無敢言者，公倡諸御史發其姦，章十餘上。章宗言："胡沙虎定何罪？但跋扈耳！卿等不相容，乃

如此耶?"公同中丞孟鑄言:"聖明之朝,豈容有跋扈將軍乎?"上爲
之動容。張仲淹以趨附宰相起家,不十年,至大興尹。公薄其爲
人,衆辱之。明日而仲淹死,時人以爲慚憤致卒云。扈從秋山,車
駕所經,居民爲近侍所擾,無所於訴。公屏騎從,著大席帽,行圍
中,杖大奴十數人,權貴爲之斂手,或相警云:"大席帽者至矣!"其
威望如此。泰和四年,以稱職,遷同知震武軍節度使事。丁太夫人
郭氏憂。起復都轉運副使,改簽南京路按察司事。搏擊豪右,發擿
姦伏,威惠並舉,天下想聞風采,遂有公輔之望。衛紹王大安初,授
管州刺史。期年,改景州,兼漕運使。丁朝列君憂。起復陝西西路
按察轉運副使。宣宗貞祐二年,改同知河北東路兵馬都總管兼河
間府事,特詔馳驛赴鎮。不逾月,河間受攻,總管不能軍,城遂陷。
公方在應辦局,聞之大駭,率城中壯士近千人督戰,歿於陣中。實
十一月二十六日也。得年五十有一。夫人李氏,再娶曹氏,俱封清
河縣君。子,男一人,綽,以蔭補官;女四人,皆嫁士族。孫男三人:
曰革,曰賁,曰恒。公天性孝友,爲宗族鄉黨所知。歷三縣兩州,當
官剛果,明於剖析,吏畏民愛,有古能吏之風。太原民羅小七夜殺
數人而考驗無迹,三推不能決。朝命委公鞫之,一問得情,人以爲
神明之政。所在敦獎儒學,留意風教,舊俗爲之一變。起文廟于所
居安生里社,延致名儒,課子弟授業。二姪經、緯皆有聲場屋間,繼
擢上第。張氏遂爲河東文章宗,鄉人至今榮之。孤子綽,以某年
月,葬公於某所之先塋,禮也。歲癸卯秋九月,某客燕中。緯以世
舊之故,徵銘於某,曰:"自衣冠南渡,二十年之間,無復歸顧之望。
叔父墓木已拱,而旌紀寂寥,不肖負釁蒙累,死無以自贖。誠得吾
子撰述,以著金石,傳永久,則瞑目無恨矣!敢百拜以請!"某復之
曰:"先大夫履正奉公,惟義所在。死生禍福,無所顧藉。天下大
夫士,飽聞而屭道之。果得掛名表誌,自托不腐,鄉里晚生預有榮
焉,敢不唯命是聽?"乃退而論次之,而系之以銘。銘曰:

　　平易而仁,卓魯之近民。發姦擊強,趙張三王之所以神。此在

公爲一節,固已無望於時之人。若夫確固而不移,質直而無文,直前徑行,唯義所存:有言責,則致其忠;有官守,則致其身。名節凜然,獨爲不二心之臣。聞公之風,益知鄙夫之不可以事君。

(《全集》卷十七《朝列大夫同知河間府事張公墓表》)

楊雲翼

……維金朝大定已還,文治既洽,教育亦至,名氏之舊與鄉里之彥,率由科舉之選。父兄之淵源,師友之講習,義理益明,利祿益輕,一變五代、遼季衰陋之俗。迄貞祐南渡,名卿材大夫布滿臺閣……若夫才量之充實,道念之醇正,政術之簡裁,言論之詳盡,粹之以天人之學,富之以師表之業,則我內相文獻楊公其人矣。識者以爲中國之大,平治之久,河岳炳靈,實生人杰,非宏衍博大之器如公者曷足以當之?降材爾殊,取稱斯允,商略前後,擬倫名勝,惟其視千古而無愧,是以首一代而絶出。然則元光、正大以來,大夫士推公爲中朝第一;而不以百年計之者,知公爲未盡歟?公諱雲翼,字之美,楊氏。其先,贊皇之檀山人。六代祖忠,客樂平,遂占籍焉。曾祖處士君青,嗜讀書,而不事科舉,嘗誨其子孫言:"聖人之道無它,至誠而已。誠者何?不自欺之謂也。蓋誠之一物,存諸己則忠,加諸人則恕。是道也,出於人心,誰獨無之?然今山野小人有能行,而世之才智士大夫或有愧焉。吾百不及人,獨此事不敢不勉耳。若等能從吾言,真吾子孫也。"祖郁,用公貴,贈正議大夫。祖妣宋氏,追封宏農郡太君。考恒,累贈中奉大夫。妣李氏,宏農郡太夫人。公資穎悟,初學語,輒畫地作字,殆能記他生之習者。八歲知屬對,日誦數千言。弱冠,登明昌五年經義第一甲第一人進士第,詞賦亦中乙科。特授承務郎、應奉翰林文字。考滿,留再任。承安四年,出爲陝西東路兵馬都總管判官,決獄寬平,大爲總管賢宗室長壽所知。泰和元年,召爲太學博士。丁內艱。服除,授太常寺丞兼翰林修撰。六年，南鄙用兵，以本官從左丞搜軍駐汴梁。明年，授上京、東京等路按察司僉事。初，宰相奏是職，章宗先已識公，即可其奏曰：“得之矣。”召見，咨以當世之務，稱旨。及陛辭，諭之曰：“卿至官下，有所建明，當專達，毋枉執事者。”又明年，改上京、臨潢等路按察司僉事兼本路轉運副使。大安元年，翰林學士承旨張行簡薦公才學優贍，精於術數，召授提點司天臺兼翰林修撰。俄，兼禮部郎中。崇慶元年，以病，得請歸鄉里。貞祐二年，有司例上官簿，宣宗閱之，記公姓名，起，授前職兼吏部郎中。三年，超禮部侍郎兼提點司天臺，充賜宋國歲元國信副使。　四年，西北兵由鄜、延內侵，潼關失守，朝議以兵部尚書蒲察阿里不孫爲副元帥以禦之。公奏阿里不孫言浮於實，必誤大事，不聽。兵交而敗，卒如所料。六年，遷翰林侍讀學士、同修國史，禮部、司天兼職如故。有旨：“官制，入三品者例外除。以卿遇事敢言，議論忠到，故特留之，以便諮訪。卿宜悉吾意也！”時右丞相高琪當國，昵信小人，多變舊章。權貨提舉王三錫奏請榷油，高琪主之甚力。詔集百官議其事。權戶部尚書完顏天寵輩百餘人同聲贊可。公獨引趙秉文、時戩等三數人排其議，謂：“果行此事，是以天下通行之貨爲權貨，私家常用之物爲禁物，自古不行之法爲良法。竊爲聖朝不取也。”議遂格。高琪怒公爲異，竟以事譴公，公不之恤也。興定二年，擢拜禮部尚書兼知集賢院事。三年，築京師子城，役兵民數萬。夏秋之交，病者相枕藉，公提舉醫藥、飲食，躬自調護，多所全濟。城成，進官一階。四年，改吏部尚書，且有後命：“卿之聞望舊矣。今以選曹授卿，宜振肅綱紀，盡革前弊。朕之待卿，當不止此耳。”公蒞政，裁畫有方。凡軍興以來入粟補官及以戰功遷授者，事定之後，有司苛爲程式，或小有不合，一切罷去。公奏從寬收錄。旬月政成，不動聲氣，而姦吏爲之縮手，朝譽歸焉。九月，上召戶部尚書高夔及翰林學士趙秉文於內殿，皆賜之坐，問以講和之策。或以力戰爲言，上俯首不樂者久之。公徐以孟子事大事小之説解之，且

曰：“今日奚計哉？使生靈息肩，則社稷之福也。今日奚計哉？”上
色乃和。十一月，改御史中丞。宗室承立權參知政事、行尚書省事
於京兆，事有不法者，大臣以爲言，詔公就鞫之。獄成，廷奏曰：
“承立所坐皆細事，不足以累大臣。然臣聞之，向西北二敵，合兵
來侵，平凉以西數州皆陷。承立坐擁强兵，瞻望不進。鄜延帥臣完
顏合達者，以孤城當敵衝，且能敗其前鋒。合達之功如此，承立之
罪如彼。願陛下明其功罪而賞罰之，則天下知所以勸懲矣。自餘
小失，何足追咎？”承立由是免官，而合達遂總機務。五年，以疾求
解，復爲禮部尚書兼翰林侍讀學士。六年四月，改翰林學士。元光
二年，復申前請，宣宗不得已，許焉。哀宗即位，圖任舊人，首命公
攝太常卿。正大元年，復翰林學士。某月，詔集百官議所以省費
者。公以爲省費事小，一戶部若司農官足以辦，似不足議。樞密院
專制軍政，蔑視尚書省。尚書出政之地，政無大小當總其綱領，付
外施行。今軍旅之事，宰相或不得預聞，欲使軍民利病兩不相蔽，
得乎？故獨以此應詔。二月，復爲禮部尚書兼侍讀。明年設益政
院於內廷，取老成宿德充院官。極天下之選，得六人，而公爲選首。
名爲經筵，實內相也。每召見，公獨得賜坐，且呼學士而不名也。
初，命講《尚書》，公爲言：“帝王之學，不必如經生、舉子，分章析
句，但知爲國大綱，足矣。”因舉任賢去邪、與治同道、與亂同事、有
言逆於汝心、有言遜於汝志等數條，一以正心、誠意言之，敷繹詳
明，上聽忘倦。尋進《萬年龜鏡錄》、《聖孝》、《聖學》之類凡二十
篇。公見朝士廷議之際，多不盡所欲言，上下依違，寢以成俗。一
日經筵畢，因言：“人臣事君之道有二：有所謂事君之禮，有所謂事
君之義。禮不敢齒君之路，馬蹴其芻者有罰；入君門則趨；見君之
几杖則起。君命召，不俟駕而行，受命不宿於家。是皆事君之禮，
人臣所當盡者也。然國家之利害，生民之休戚，一在敷陳之間，則
向所謂禮者，特虛器耳。君曰可，而有否，獻其否以成其可；君曰
否，而有可，獻其可以替其否。危言正論，期於益國補民而已。言

有不從,雖引裾折檻,斷鞅軔輪,有不恤焉者。當是時也,若姑徇事君之虛禮,而不知事君之大義,阿合取容,國家何賴焉!"上變色曰:"非卿,朕不聞此矣。"公自興定、元光間病風痹,至是稍愈。上親問療之之術,對曰:"無他,但治心耳。此心和平,則邪氣不干。豈獨治身?至于治國亦然。人君必先正其心,然後可以正朝廷、正百官,遠近萬民,莫不一於正矣。"上矍然,知其爲"醫諫"也。十一月,夏人和議成,遣其徽猷閣學士李弁來,議互市及振危急者數事;數往返不能決。弁求大臣面論之,朝廷以公往,議乃定。四年,知禮部貢舉,以考試勞心遘疾。明年八月之七日,薨於私第之正寢,春秋五十有九。累官資善大夫,勳上護軍,爵宏農郡侯,諡曰"文獻"。娶某郡呂氏,封宏農郡夫人。子,男二人:長曰樸,前公卒;次曰恕,擢正大四年經義進士第。女一人,適某族。初,公娶胥氏左丞通敏公之孫、平章政事惠簡公之女,以事姑嘗有後言,即日弃去,不以相家子爲難。待二弟仲翼、叔翼備極友愛,家貲悉推與之,至百負之而不恨。嘗語人言:"昆弟之間,若以昆弟待之,則容有不可堪忍之事;但當以父母待之耳。"或以爲疑,公曉之曰:"父母,吾不得而見之矣,得見兄弟,非父母而何?此念一生,雖百世同居可也。"一姊適李氏,既寡,挈孤幼来歸,公處之官下。在律:疏屬及外親,留任所滿百日,則徙他郡避嫌。公言之朝,獨得不徙。撫導二甥,卒爲名士。其長庭簡者,登上第。公天資雅重,自律爲甚嚴,而其待人者寬以約,交分一定,死生禍福不少變。爲天官,爲春官,爲翰長,爲奉常。文章與閑閑公齊名,世號"楊趙"。高文大冊,多出其手。典貢舉三十年,門生半天下,而於獎借後進,初不以儒宗自居。所以教誘之者,率君子長者之事,益其所未盡而勉其所可致,苦言至戒,或寓於款曲周密之間。異時想聞風采,若龍門之峻,朗出天外;及一被接納,則又恨造之之晚也。平居無事,左右圖史,澹默無所營;及當官而行,或論列上前,慨然以天下事自任,知無不言,言無不盡,確乎有不可奪之節。古所謂"君子有三變"者,於公見之。貞祐以後，主兵者不能外禦大敵，而取償於宋，故頻歲南伐。有沮其兵者，不謂之與宋爲地，則疑與之有謀。進士至宰相，於他事無不言，獨論南伐則一語不敢及。公爲太學博士，泰和初建言便謂："宋不可伐。國家之慮，不在於未得淮南之前，而在於既得淮南之後。蓋淮南平，則江之北盡爲戰地，進而爭利於舟楫之間，我之勁弓良馬，有不得騁者矣。彼若扼江爲屯，潛師於淮，以斷饟道，或決水以瀦淮南之地，則我軍何以善其後乎？"及時全倡議南伐，宣宗以問朝臣。公言："朝臣多諛辭。天下有治有亂，今但言治而不言亂；國勢有強有弱，今但言強而不言弱；兵家有勝有負，今但言勝而不言負。此議論之所以偏也。臣請兩言之，庶幾見利害之全。夫將有事於宋者，非貪其土地乎？第恐西北有警，而南又綴之，則三面受敵耳。故欲我師乘時勢先動，圖宋人今冬不能來或不敢來，此戰勝之利也。就如所料，其利猶未可必。彼江之南，其地尚遠，且有巴蜀爲之輔，雖無淮南，豈不能集數萬之衆，伺西北有警而綴我邪？戰而勝且如此，有如不勝，其害可勝言哉？且我以騎當步，理可萬全，臣尚謂恐有不勝者，今日之事，勢與泰和不同故耳。蓋泰和以冬征，而今以夏，此天時不同也；冬則水脉涸而平陸多，夏則水脉盛而泥淖多，此地利不同也；泰和舉天下全力，至於紀軍，亦驅之爲前鋒，今能之乎？此人事不同也。議者徒見泰和取勝之易，而不知今日之難。且以夏人觀之，向日弓箭手之在西邊者，一遇勍敵，則搏而戰，袒而射，彼已喪氣奔北之不暇；乃今陷吾城而擄其守臣，敗吾軍而擒其主將。曩則畏我如彼，今則侮我如此。夏人既非前日，奈何待宋人獨如前日哉？願陛下思其勝之之利，又思敗之之害！無悦甘言，無貽後悔可也。"章奏，不報。是秋，公主貢舉，且取"高帝以天下爲度"命題以諷焉。時全一軍，尋敗於淮上，幾有隻輪不返之禍。宣宗責諸將言："當使我何面目見楊雲翼耶？"河朔民何涇等十有一人，爲遊騎所迫，泅河而南，有司論罪當死，公上章營救之，曰："法所重私渡者，防姦僞也。今平民爲敵所

迫，奔入於河，爲迬死之計耳，豈有他哉？使吾民不死於敵而死於
法，爾後唯有從敵而已。”宣宗悟，盡釋之。哀宗以河南雨雹，詔公
審理冤獄，而不及陝西。公言：“天、地、人通爲一體。今人一支受
病，則四體爲之不安，豈可專治受病之處，而置其餘不問乎？”朝廷
是之，詔吏部郎中楊居仁審冤陝西。公之重人命慎于兵刑者，類如
此。所著《文集》若干卷，《校大金禮儀》若干卷，《續通鑑》若干
卷，《周禮辨》一篇，《左氏》、《莊》、《列》賦各一篇。提點司天臺二
十年，雖老於其業，積日累月不能了之事，公一語破的，衆無異辭。
有以《太一新曆》上進者，尚書省檄公參訂。摘其不合者二十餘
條，曆家稱焉。德陵以庚寅日啓土，司天生陳舜舉言國音属商金，
在庚爲絶，宜用乙酉金王日，吉。詔公決之。公言：“上行年辛卯，
乙酉雖爲金王，終與行年相戾。諱名不諱姓，姓所同也，名所獨也。
且五行之説，在漢人猶以爲不經，前世如吕才、一行，皆神於術數，
尚辨以爲不可用。本朝部姓，焉可必其於五音何属乎？”卒從公
議。有《五星聚井辨》一篇，《天象賦》一篇，《句股機要》、《象數雜
説》、《積年雜説》，皆藏於秘府。孤子恕奉公之柩，將葬於某原之
先塋，涕泗百拜，謂門下士元好問言：“先公孝弟忠信，始於事親，
中於事君，終於兼善天下者，翰林修撰王彪《事狀》具在；墓當有
碑，敢質之以爲請。”好問謝不敢當，恕以大義見責曰：“先公平生
以國士待吾子，乃不得論次遺烈，以見於後世乎？”好問度不可以
終辭，再拜曰：“謹受教。”乃爲件右之，且繫之以銘。其銘曰：

　　天禀之厚百可施，曾門之傳儼若思。菁莪樂育倂以資，大器備
具無磷緇。山甫吉甫其庶而，魯無君子焉取斯？貞祐南駕傾朝支，
忿兵橫出紛僵尸。丁男役苦輸膏脂，公獨上前陳苦辭。同仁一視
父母慈，越肥秦瘠小智私，兩淮民命我所司，忍令矛端舞嬰兒！崑
崙神泉參术芝，危國可活民不疵。如公豈無匡復姿，天廢商久實爲
之。孺子可教猶帝師，惜哉不遭隆準時，東隅之日今崦嵫，顧瞻喬
木爲齎咨。峴山墮淚方在兹，零落何必西州詩？

（《全集》卷十八《內相文獻楊公神道碑銘》）

王 擴

公諱擴，字充之，族王氏。世爲定州永平人。曾大父某。大父某，仕爲縣功曹。國初，籍新附之民，畀以符契，使復舊業；歸附後，時或先服後叛者，則別籍次第，拘僇將及永平，功曹輒焚其籍以滅迹，所活無慮數千人。令嘆曰："陰德在汝矣！"因改服儒業，五子皆教之官學，三子繼登上第，而仕亦達。功曹得贈儒林郎。妣兩高氏，太原縣太君。邦用，公之父也，仕至同知安國軍節度使事。妣劉氏、楊氏，俱用公貴，加贈太原郡太夫人。公孩幼嗜學，甫冠從鄉賦，即有聲，時輩無不推伏。擢明昌五年甲科，釋褐鄧州錄事。朝廷更定律令，留公不遺。再調懷安令，廉舉徐州觀察判官，召補尚書省令史。考滿，授同知德州防禦使事。以山東旱，命馳驛赴官，遂專賑貸東平諸郡。公所至推次，乏絕人受實惠，豪猾不得夤緣爲姦。棣州饑尤甚，公輒例外稟之。平章政事壽國張公宣撫濟南，以德、博多盜，檄公總諸郡兵討捕，群盜悉平。泰和五年，吳曦納劍外五州內屬。公以選，爲順化軍節度副使。未至，州反爲宋。陝西安撫司奏公爲經歷官。俄，改真定府判官。八年三月，擢拜監察御史。是夏旱甚，詔出諸御史分理冤獄。异時，審讞者專以末減爲事，雖殺人者之罪，亦貸出之。公謂同官言："生人之冤，固所當審；地下之冤，將置不問乎？"因力革前弊，時議皆稱其平冤。使還，言創設三司不便，大略謂："三司之設，民間竊議，當以刻剝爲事。臣愚以爲刻剝固所無，而浮動之言可畏耳。大定間，一曹望之爲戶部，天下倉廩府庫皆實，百姓無愁嘆之聲。存乎其人，不在改官稱也。今三司所掌，即戶部前日之事，官屬又皆戶部舊員，掾屬亦戶曹舊吏。豈有愚於戶部，而智於三司者？惟當復戶部之舊，無駭民聽可也。"西北路三司簽事張煒，以規措陷沒縣官錢，詔公鞫之。公比勘失濫錢幣、草米，例以百萬計，皆權要假貸之數。先以金幣諸物，賂遺黃門李新喜。至是，并按之。煇懼不免，倚同舍之舊，私有所請。公麾之曰：“故舊義重，朝綱當自我壞耶？”乃列奏煇內結閹豎，外連權貴，姦贓狼籍，罪在不赦。詔就委公徵理之。他所糾彈，凡十餘章，大抵明綱紀、正風俗之事。優詔褒諭，特遷兩階。大安三年，授同知橫海軍節度使事。貞祐初，改簽河東北路按察司事。二年，太原受兵，賴公保完。宣撫司上其功，進太中大夫、本路按察副使兼同知轉運使事。明年七月，召爲行宮尚書、戶部侍郎。尋擢河南路都轉運使。南渡以來，庶務草創，皆倚公而辦。不數月，綱紀大小，截然一新，朝譽歸焉。河北苗道潤求封爵，宰相高琪持不可，議以它辭却之。宣宗親問公當如何，公奏曰：“帝王以天下爲度，何可逆詐？我雖欲勿許，彼恃威，令不能及，將何所不爲？不若因而封之。此高祖所以將韓信也。”宣宗顧謂高琪曰：“王擴與我意合，其亟行之。”太府監歐里白，以御饍羊瘦瘠被詰問，白跪奏：“御羊瘦瘠，轉運使不加意而然。”上復問公：“卿先朝舊人，號爲知禮，朕知之舊矣。太府之言乃如是，誠有之乎？”公進曰：“大駕初到，人心未安，宜省費以示儉德。比以一羊肥瘠，紛紛不已，以至庭辯，天下知者以爲有司不職，而不知者將以陛下日以自奉爲急耳。其於聖德，將無少損乎？”上忻然曰：“卿言是矣。細事再不必言。”公一日以事入省，適高琪自閱御羊，及校計鶉鴿水食。公問之故，高琪言：“聖上焦勞過甚，全藉饍羞資養精力，安敢不備肥好？”公折之曰：“膳夫之事，何至宰相親臨？”高琪默然不能對，心甚恨之。是後，每以事相可否，而公都不降下。冬十月，潼關破，高琪積不平，奏公爲刑部尚書，領關陝軍儲。軍至鄭州而還，高琪奏公復行。公方集官吏騎卒，省符趣行，急於星火。逾月召還，即付刑曹，以受命不即行爲罪。有司希高琪旨，當以軍法“後至”入絞刑，奏上。宣宗曰：“十日軍還，十三方差王擴行，何得如此定罪？其審議之！”逾月，高琪又執前奏。上知公無罪，而重違宰相意，止於禠一階。未幾，有旨特起公，遥領隴州防禦使、行六部侍郎、規運秦鞏軍儲，别詔慰撫良厚，時興定元年之九月也。公至軍中，復奏疏云："古者，内政寓軍令，周井田，漢屯田，唐租庸調，皆其法也。今之軍士見屯者，無慮數十萬衆，而家口又數倍於軍。彼皆落薄失次，無所營爲，惟有張口待哺而已。歲入有限，日給無窮，久不改圖，徒使農民重困，而軍户亦不得安帖。臣愚以爲不若計軍户丁數口，量給地畝，使失業之人皆獲地著。既有恒産，孰不爲自養之計？深汰冗軍，悉歸耕穫。授田初年，給口粮之半；明年各有收斂，可一切減罷。略以一百萬口計之，歲省米三百六萬斛。既豐委積，又免轉輸之勞。遇戰士出征，或防秋之役，量增升斗，使餬口有餘。如此，則農民止輸正租，餽饟自足。此業已定，中興之本正矣。"逾月，宣權陝西西路轉運使。二年五月，遷陝西東路轉運使，依前行六部尚書。公自以時運不偶，年六十三，即以謝事爲請。尋遷嘉議大夫，致仕。先患疽發背，至是增劇，以閏三月十有五日，薨於私第之正寢。越三日，權殯於長安南慈恩寺。太常考行，謚曰"剛敏"。兩娶濟陽丁氏，皆前公卒，贈太原郡夫人；再娶趙氏，封如所贈。子，男三人：元慶其長，仕爲歸德行六部郎中；次未名而卒；次元亨，業進士，趙出也。女五人：長適鹽使司管勾何其；次適監韓城酒賈仲源；次適同知鎮戎軍州事蒲鮮石魯剌；次適同知鈞州軍州事兼滎澤令張泰亨；次幼，在室。公學業富贍，嘗四赴廷試。每舉進士，未嘗不爲考官。臨事有幹局，雖在細務，亦無不經意。在京兆漕司，前政喬公子實、趙公子文號爲稱職。公表表自見，舉動有法，掾属奔走從事，無敢後者。評者謂："子實寬緩，欲爲不忍欺；子文周密，欲爲不能欺；皆未必能然。獨王公之不敢欺，爲有徵云。"在太原日，言時病有四：一、將不知兵；二、兵不素教；三、事不豫立；四、用人違所長。又陳河東利害，汰冗兵、禁游惰、節浮費、惜民力等二十事，而守禦之策爲多。識者謂公策慮愊億，洞見事幾。雖軍中老臣宿將，料敵制勝，且不能纖悉周密如此。在所皆可行，不特河東而已。爲人體貌嚴正，氣量宏博自然，有公輔之望。至今言名卿材大夫者，公必一二及焉。某既佇右公平生，嘗試妄論之：生材非難，獲用爲難；獲用非難，盡其材爲尤難。大定、明昌間，文治爲盛，教養既久，人物輩出。公生於其時，禀賦之美，固已絕人遠甚。加之内承父兄之教，而外漸師友之訓，故能卓然成就如此。至於爲御史，爲外臺，属典財賦於危急存亡之際，才力恢恢，迎刃而解。宣宗雅知公，暫歷户曹，即擢三品，蓋有意大用矣。公亦慨然以天下大計自任，期於不負所學。誠使之垂紳正笏，坐於廟堂之上，設施之際，必有大過人者。直道不容，竟爲强臣所摧折，蓋蔽賢之禍，孫、劉輩實當之，非獨公爲不幸也。元慶、元亨以某年某月，奉公之柩，祔於某原之先塋。其銘曰：

剛以作强，敏以赴功，伊誰是名？文武王公。文武維何？維間氣之雄。揚于王庭，靡職不供。登使者車，乘御史驄，搏擊所加，姦宄爲空。公寧經生，儒雅從容。外臺賜環，入計租庸。以給京師，以餉河潼。我從事獨賢，一奮薄躬。論列上前，大計兵農。毆游末而授田，汰冗食而選鋒。是謂元氣之强，而四體之充。成周既東，正塗既窮。扼天關以九虎，失頗牧于禁中。往在北門，身爲金墉。有來梯輼，不利仰攻。孰曰傾朝復支，而不於棟隆？六卿地官，位望維崇。唯利器百而試者一，故在公爲不逢。忠臣不和，和臣不忠。名譽寧失，我豈彼同？衣冠堂堂，珪璋顒顒。山立揚休，頹岱嵩而不吾壓，凛乎其有漢名卿之風。

（《全集》卷十八《嘉議大夫陝西東路轉運使剛敏王公神道碑銘》）

趙思文

公諱思文，字庭玉，姓趙氏。世爲永平人。曾大父諱通，潛德弗耀。妣李氏。大父諱傑，贈正議大夫、天水郡伯。妣張氏，封天水郡君。考著，明法決科，仕至乾州奉天縣令，官奉直大夫。用公貴，超贈通奉大夫、天水郡侯。妣李氏，追封天水郡太夫人。初，公名璜；弟去非，名珩。奉天君夜夢道士書今名，且云："二南有不次之喜。"寤而解之曰："二南云者，吾兩男子之謂乎？"乃命改焉。公天資穎悟，弱冠有賦聲。未幾，偕去非擢明昌五年進士第。鄉里榮之，號"雙飛趙家"。釋褐德順州軍事判官。俄，丁外艱。服除，調鳳翔府錄事判官、權虢略縣事。縣近邊，歲儲粟數萬斛，農人轉輸，苦於停滯。公區處有方，纔旬月而畢。再調虢州司候，轉萊州觀察判官。泰和八年，召補尚書省令史。留再考，升安化軍節度副使兼密州觀察副使。屬中夏被兵，河朔州郡相次陷沒。危疑之際，新節度到，軍士閧傳敵人遣間者來，白公欲殺之。公訶之曰："信如所疑，殺之亦無益；儻出於朝命，他日公輩何以自解耶？"衆悟，皆惶遽而退。既而兵及城下，公率壯士數千赴之，力盡而陷。公自謂徒死無益，乃易衣服，變姓名，挈二子贄、克剛北走。時燕都受圍，唯順州堅守，公冒險入焉。順州守王晦薦於朝，詔授禮部員外郎兼大理司直，仍進官兩階。朝廷知公始於此矣。二年，都城不守，公潛迹閭巷，以課童子學爲業。明年冬，路稍通，徒步還鄉里。西山經略使苗道潤、永平主將李琛同受恢復之寄，而內實相圖。琛一日謂公言："公朝臣，能爲我持表奏辨曲直乎？"公遭離喪亂，心在宗國，恨無路可達，聞琛言，欣然諾之。以三年二月，達汴梁。丞相高琪當國，素不喜文士，循常例，擬公寶昌軍節度副使。宣宗不說，曰："思文再歸國，忠孝可尚，例授之何以示勸？"特授太府監丞。興定二年三月，升同知西安軍節度使事兼行六部郎中。皇太子控制樞密院，以公知登聞鼓院，充經歷官。通安北堡陷，經略使石虎罪應死。公以事在赦前，不宜失信爲請，皇太子曰："已遣人殺之矣。"已而悔之。用是待公加厚。四年三月，除右司諫兼治書侍御史。公在樞府久，熟知時弊，乃拜章言四事。大概謂：當豐委積，汰冗兵，減軍士家口之妄費者。樞密副使、駙馬都尉阿海怒公言兵事，公不恤也。無幾被誣下吏，天子知其冤，有詔勿問。五年正月，出知虢州軍州事、虢州刺史。虢，屯戍所在，刺史領軍馬，例不注文資。上知公材，特命焉。及赴官，父老郊迎，歡呼動地。公賦詩，有“昔日參軍今刺史，當時健卒亦衰翁”之句，州人刻石州宅。值歲旱，公步禱山神祠，應期而雨，歲以大熟。陝右兵交，州近關，有訛言關失守者，居民不知所謂，狼狽散走。公止之曰：“關至陝，敵越之，則必有先聲，何得遽至於此？”乃械言者於市。果如公言，民賴以安。六年五月，召爲吏部郎中。用薦者，兼翰林修撰。陝西旱甚，詔公審理冤獄，布宣上意，多所平反，澍雨爲之霑浹。初，河朔擾攘之際，餽餉不給，官募人出粟佐軍，補監當官。彰德民孫其姓者，嘗輸白米三千斛，以路梗，未經赴選。南巡之後，執文書訴於吏曹，法家例以日月曠久，無從考按，報罷。公獨曰：“國家用兵之時，以調度不足，業已許人進納，特從權耳。乃今吝一官不之畀，是誣人也。他日或有鬻爵之命，誰當信之？”孫竟用公言得補，朝議稱焉。元光改元，升同知南京路都轉運使事。十二月，宣廟升遐，以公爲鹵簿儀仗使。正大元年，移同知中京留守事。四年正月，改同知開封府事。甲戌以來，河禁嚴密，遂有彼疆此界之限。郡人王義者，家貧無以自養，嘗往林州耕稼。林州陷久矣。義書與家人，比舍竊見之，遂以義家謀叛告。義家人被繫。知府麻斤出至以化內外議刑，罪當死。公持不可，乃上奏云：“大河南北，皆吾境也；民，吾民也。車駕南渡，暫爲巡幸之計。廟堂日圖興復，初無疆界之分，南北之限。此人果以不幸滅族，是使南避之民，舉無歸顧之望矣。臣竊以爲不可。”上省奏，大悅，即命赦之，且以義爲定例。有醉人倡言：“歸十八謀反。”歸，京師富民。麻斤出資苛刻，胥吏輩承其意，諷使鞫之。公曰：“醉者語，於何不有？此必爲富家厭其丐貸，先被麾斥，因酒以泄其憤耳。”明日詰之，果然。止以非所宜言，杖醉者。時人以明恕稱之。五年八月，改汝州防禦使。司候趙玉貪冒無厭，百姓苦之，公繫之獄，郡人狀其罪者，日以十數。例

是枉法罪,應死,以官故,仍減爲庶人,闔境稱快。狂子李生,不知
何從來,去州西南十許里,擅自立祠,鑿大池祠前,給云"濟瀆清源
王行廟",惑衆售利。愚民賽香紙、供土木者,擔負塞路,城中爲之
罷市。公察其姦,檄梁縣令張節往問之。李伏罪,廟未畢而毀之。
七年正月,擢授金安軍節度使。未赴,改集慶軍節度使兼亳州管内
觀察使。亳,大郡,重兵所宿,軍士陵轢居民,前政不能制,公以靜
鎮之。軍中私相謂言:"節度,今上控制樞府時首領官也,我曹不
可輕犯。"迄赴召,無一人恣橫者。公凡三領郡,在所以寬厚爲化。
裁決訴訟,不事苛細;理有不可耐者,時亦窮治之,然終不以得情而
爲喜也。故吏畏而愛,民愛而畏,藹然有古良民吏之風。報政之
後,庭宇清閑,日延賓客,論文把酒,與相娛樂。間作詩、樂府,傳達
京師,群公爲之屬和。文采風流,照映一時,至有"神仙官府"之
目。前世江西道院,蓋不足道也。八年三月,入拜禮部尚書。十
月,慈聖皇太后上仙,公復充園陵使,一時儀禮,多所刊定。天興改
元,京師戒嚴,兼攝戶部尚書。夏四月,望隆德殿起居。秋八月,上
下舍菜,皆公發之。不幸遘疾,以其年九月之四日,春秋六十有八,
薨於某里第。越三日,權殯某所。官通奉大夫,勳某,封天水郡侯,
食邑一千戶,實封一百戶。先娶賈氏,尚書左丞亨甫之女姪;再娶
王氏,行六部尚書充之女弟;再娶李氏,中京推官華國之女弟,皆
追封天水郡侯夫人。再娶孫氏,太子太師振之之女,封如三夫人。
子,男三人,賈所出:贄,尚書省令史;克剛,奉職;克基,行中書省左
右司員外郎。女一人,孫出也,適監察御史劉公雲卿之子郁,早以
文筆知名。男孫四人:贄之子繼祖,克剛之子遹祖、顯祖,克基之子
紹祖,皆未仕。女孫三人:克剛一,適戶部曹公景蕭之孫懷諒;二
幼,在室。公孝弟忠信,出於天性,推其餘以及久故(宗族)友朋,
無不得其歡心。揚歷中外將三十年,屢以"課最"聞,而未嘗有笞
贖之玷。宰相進除目,及公名,宣宗必曰:"趙思文,君子人也。"其
見知如此。屢典貢舉,所得多名士,被黜者亦無怨言。爲文不事雕

飾，詩律精深，而氣質温（渾）厚，讀者謂其宜至大用。有《耐辱居士集》二十卷傳於時。後公殁十有二年，孤子贄偕夫人孫氏，扶護北歸，以二月丙申，祔於永平縣某鄉里先塋之次，禮也。諸孤以王内翰百一所撰《誌銘》見示，且以《神道碑銘》爲請。好問甫從官學，即聞高誼。南宫獻賦，誤爲楊浚所賞；桓府參軍，重辱褚衰之問。輒叙東國人倫之舊，以寓西州華屋之感。恨知之者未盡，推之者未至，何愧辭之有焉？其銘曰：

　　高門之仁，舞雩之春。儒雅以飾吏事，奚智數之足云？貞松後雕，良玉不焚。忠信而結主知，允矣貞良之臣！君子謙謙，恭人温温，完名始終，世所見聞。异代而得良史，尚有考於金石之遺文。

　　（《全集》卷十八《通奉大夫禮部尚書趙公神道碑》）

王若虚

　　歲癸卯夏四月辛未，内翰王公遷化於泰山。初，公以汴梁破，歸鎮陽。閑居無事，每欲一登泰山，爲神明之觀，然因循未暇也。今年春，渾源劉郁文季當以事如東平，乃言於公之子恕，請御公而東，公始命駕焉。東平嚴侯榮公之來，率賓客參佐，置酒高會。公亦喜此州衣冠禮樂有齊魯之舊，爲留十餘日，乃至奉符。府從事上谷劉翊子忠以嚴侯命，從公游，偕郡諸生五六人以行。公春秋雖高，而濟勝之具故在。及回馬嶺，褰裳就道，顧揖巖岫，欣然忘倦。迤邐至黄峴峰，憩於萃美亭之左，顧謂同游言：“汩没塵土中一生，不意晚年乃造仙府。誠得終老此山，志願畢矣！”乃約子忠先歸，而遣其子恕前行視夷險，因就大石上，垂足而坐。良久，瞑目若假寐然。從者怪其移時不寤，迫視之，而公已逝矣，支體柔頓，顔色不少變。子忠諸人且悲且駭，以爲黄冠衲子終世修静業，其坐脱立化，未必能爾，謂公非仙去，可乎？即馳報州將，扶昇而還，安置於郡北之岱嶽觀。又明日，孤子恕奉喪西歸，嚴侯特以參議張澄仲經護送焉……恕既還鄉里，以六月辛未，舉公之柩，葬於新興里之某原，祔先塋也。冬十月，好問拜公墓下。恕持門生某人撰公行事之狀，以銘爲請，乃泣下而銘之。公諱若虛，字從之，姓王氏。藁城人。自先世，以農爲業。考諱靖，質直尚義，樂於周急，鄉人有訟，多就決之。後用公貴，贈朝散大夫。妣石氏，太原縣太君。考妣俱以上壽終。公，即朝散君之第二子也。幼穎悟，若夙昔在文字間者。鎮人以文章德行稱者，褚公茂先而後，有周先生德卿。德卿，公舅行，自罹亂間識公爲偉器，教督周至，盡傳所學。及官四方，又託之名士劉正甫，使卒業焉。弱冠，擢承安二年經義進士甲科。俄，丁朝散君憂。服除，調鄜州錄事，治化清靜，有老成之風。歷管城、門山二縣令。門山之政，尤爲縣民所安。秩滿，老幼攀送，數日乃得行。用薦者，入爲國史院編修官。稍遷應奉翰林文字、同知制誥。奉使夏國還，授同知泗州軍州事，留爲著作佐郎。哀宗正大初，章宗、宣宗《實錄》成，遷平灤（涼）府判官。未幾，召爲左司諫。正大末，以資歷轉延州刺史，不拜，超翰林待制，遂爲直學士。天興初冬十二月，車駕東狩。明年春正月，京城西面元帥崔立劫殺宰相，送款行營。群小獻諂，請爲立建功德碑，以都堂命，召公爲文。喋血之際，翟奕輩恃勢作威，頤指如意。人或少忤，則橫遭讒搆，立見屠滅。公自分必死，私謂好問言：“今召我作碑，不從則死；作之則名節掃地，貽笑將來。不若死之爲愈也。雖然，我姑以理諭之。”乃謂奕輩言：“丞相功德碑，當指何事爲言？”奕輩怒曰：“丞相以京城降，城中人百萬皆有生路，非功德乎？”公又言：“學士代王言，功德碑謂之代王言，可乎？且丞相既以城降，則朝官皆出丞相之門。自古豈有門下人爲主帥誦功德而爲後人所信者？”問答之次，辭情閒暇。奕輩不能奪，竟脅太學生，托以京城父老意而爲之。公之執義不回者，蓋如此。京城大掠之後，微服北歸，以至游泰山，浮湛里社者十餘年。得壽七十。娶某郡趙氏，封太原郡夫人。子，男一人，即恕也。女一人，嫁爲士人妻。所著文編稱《慵夫》者若干卷,《溽南遺老》者若干卷,傳於世。公資稟醇正,且有師承之素,故於事親、待昆弟及與朋友交者,無不盡。學無不通,而不爲章句所困。頗譏宋儒經學以旁牽遠引爲夸,而史學以探賾幽隱爲功。謂天下自有公是,言破即足,何必咬咬如是? 其論道之行與否云:"戰國諸子之雜說寓言,漢儒之繁文末節,近世士大夫參之以禪機、玄學,欲聖賢之實不隱,難矣。"經解不善張九成,史例不取宋子京,詩不愛黃魯直,著論評之,凡數百條。世以劉子玄《史通》比之。爲人強記默識,誦古詩至萬餘首,他文稱是。文以歐、蘇爲正脉,詩學白樂天,作雖不多,而頗能似之。秉史筆十五年。新進入舘,日有記錄之課,書吏以呈,宰相必問:"王學士曾點竄否?"又善持論。李右司之純以辨博名天下,杯酒淋漓,談辭鋒起;公能三數語窒之,唯有嘆服而已。高琪當國,崇奬吏道,從政者承望風旨,以榜掠立威。門人張仲杰爲縣,公書喻之曰:"民之憔悴久矣。既不能救,又忍加暴乎? 君子有德政,而無异政。史傳循吏,而不傳能吏。寧得罪於人,無獲罪於天。可也。"此書傳世,多有慚公者。朝臣論列,所見不能一,公從容決之,處置穩愜。至楊吏部之美、楊大參叔玉亦推服焉。雅負人倫之學,黑白善惡,皆了然於胸中,值真識者始一二言之。朝議以公於中外繁劇,至於坐廟堂、進退百官者,無不堪任;特以投閒置散,不自銜鬻,故百不一試耳。典貢舉二十年,門生半天下,而不立崖岸,雖小書生登其門,亦殷重之。滑稽無窮,談笑尤有味,而以雅重自持。朋會間春風和氣,周浹四坐,使人愛之而不忘也。自公沒,文章人物,公論遂絕。人哭之者云:"却後幾何時,當復有如公者乎? 嗚呼哀哉!"其銘曰:

其秉心也,磨而不磷;其及民也,靜而無譁。慕樂天之高而不禪逃,挾東方之雄而不辭夸。老儒便便,留書五車。我知天下之至理,寧當貴其多;小廉拘拘,規以匡瑕,而不知用其和。翕集群賢,從我嘯歌。春風時雨之沾浹,枯朽爲華。嗟惟公乎,孰當測其涯。飄然而來,其必於瀚海而鯨波;泛然而游,亦何計乎東觀之與鑾坡?

太山天門,有物禁訶,蓋仙聖之所廬,而今得以爲家。然則爲端人神士者,其翕忽變化,固如是邪?

(《全集》卷十九《內翰王公墓表》)

馮　璧

公姓馮氏,諱璧,字叔獻,別字天粹。其先定州中山人也。曾大父居泗,贈承務郎。大父仲尹,天眷初,以進士起家,仕爲中議大夫、同知山東西路轉運使事。考子翼,正隆初進士,中順大夫、同知臨海軍節度使事,歿葬真定縣三橋里之南原,子孫遂爲縣人。鄭內翰景純、路孟州宣叔述世德之舊備矣。公幼穎悟不凡,始解語,中議君置之膝上,戲問未嘗見之物,而能以近似者名之。中議君喜曰:"吾孫文性,見之於此矣。"弱冠補太學生,賦聲籍甚,諸人無能出其右者。承安二年,中經義乙科,制策復入優等,調莒州軍事判官。宰相以公學問該洽,奏留校秘書。丁繼母張夫人憂,去官。服闋,再調遼濱主簿。縣有和糴粟之未給價者,餘十萬斛,散貯民居,而以富戶掌之。中有腐敗者,則責償於民。歲既久,官吏囊橐爲姦,民殊以爲苦。公白於漕司,即日還之民,一境稱快。丁臨海君憂。四年,調郿州錄事。明年,王師伐蜀,刑部檄充軍前檢察,帥府以書檄委之。章廟欲招降吳曦,詔先以文告曉之,然後用兵。公檄蜀,既以上意諭之矣,蜀人守散關不下。我軍得奇道,突出關背,殺獲甚衆。公爲參佐言:"彼軍拒守,而并禍其民,無乃與詔書相戾乎?"主帥聞而憾之,擠公招兩當潰卒。公即日率鳳州已降官屬淡剛、李果偕行,道逢軍士所得子女、金帛、牛馬,皆奪付剛,使歸之其家。軍則以違制決遣之。比到兩當,軍民三萬餘衆鼓舞迎勞,公以朝旨慰遣之。其還也,帥始以公爲賢,奏遷一官。五年,借注東阿丞,召補尚書省令史。用宰相宗室承暉薦,授應奉翰林文字、同知制誥、兼韓王府記室參軍。俄,以太學博士兼前職。至寧初,賊臣

弑逆,隨以子渭婚假去官。貞祐初,宣宗幸汴梁。公時避兵東方,
從單父渡河,詣行在所。宰相奏復前職,被樞密院檄,行視河防,條
上津渡、屯戍之策。二年,同知貢舉事。竟,詔公乘傳講究陝西守
禦方略。三年,遷翰林修撰。山東、河朔軍六十餘萬口,率不逞竄
竄名其間。詔公攝監察御史,汰逐之。公與同官立式:軍戶僑寓民
家者,主人具丁口,上之官。冒增僞代,主客同坐。總領撒各門冒
券四百餘口,劾案以聞,詔杖殺之。故使節所至,爭自首,減幾及於
半。復進一官。初,監察御史本溫被命汰宗室從坦軍於孟州,軍謀
爲變,本溫懼,不知所爲。尋有旨:"北軍沈思忠以下四將屯衛
州。"餘衆果叛,入太行。本溫益懼,宿留孟州。樞密院奏公代本
溫竟其事。公至衛,召四將,喻以上意,思忠等挾叛者,請公還奏
之。公責以大義,辭直氣壯,將士慚服,不半日,就汰者三千人。六
月,改大理丞。詔與臺官行關中,劾奏姦贓之尤者商州防禦使宗室
重福、諫議大夫石者而下十數人。陝西行臺以夏寇之警奏,事定理
問,詔公還,朝貴自是側目矣。興定初,京畿春旱,詔禮部尚書楊雲
翼暨公審理在京刑獄,事竟而雨。人以爲無冤民之應。七月,遷南
京路轉運副使。三年春,上以宋人利吾北難,歲幣不入者累年。假
公安遠大將軍、兵部侍郎充國信副使副呂子羽詳問。宋人拒於淮
上,使者不得行。明年,行臺兵南伐,當由壽春涉淮抵滁、揚,詔京
東總帥紇石烈志攻盱眙,仍繫浮梁以備臺兵之還。志小字牙古太,
強臣之尤難制者也。臺兵且南,志以盱眙不易攻,旋領精騎由滁州
略宣化,縱兵大掠。故臺兵所至,悉爲志軍所殘,原野蕭條,無復人
迹。宋人堅壁不戰;遂迤邐而東,擬取道泗州。宋復屯重兵盱眙,
沿淮戰艦如櫛,我軍乃泝淮西上,僅由壽春而歸。行臺奏志故違元
授節度,以故無功,詔公佩金符鞠之。公馳入志軍,奪金符,易以他
帥,攝志入獄。獄之外,軍士譁噪,以"吾帥無罪"爲言。公怒責志
曰:"元帥欲以兵抗制使邪? 帥臣待罪之禮,恐不如此。使者當還
奏之,獄不必竟也。"志伏地請死,公言:"兵法,進退自專,有失機

會，以致覆敗者，斬。"即用所擬聞，時議壯之。再授翰林修撰。十月，改禮部員外郎、權右司諫、治書侍御史。詔問時務所當先者，公上六事，大率言："減冗食，備選鋒，緩疑似以慎刑，擇公廉以檢吏，屯戍革腹削之弊，權貴嚴請托之科。"又言："山東地方數千里，齊、魏、燕、趙皆在其中，士馬強富，豪杰輩出，耕蠶足以衣食天下，形勢足以控制四方。彼疆此界，且在所必爭，況本吾版圖中物，乃置之度外乎？國家所以無東意者，不過謂財力單屈，有所不暇。或謂前日已嘗出兵，而事竟不成，故置而不論耳。臣以爲不然。兵出無功，固不可因噎而廢食。生聚教育，蓋有馴致之道，必先富強而後進取。陛下亦安能鬱鬱久居於此乎？"又條自治之策四，謂"別賢佞，信賞罰，聽覽以通下情，貶損以謹天戒"。又論賢不肖渾淆，曰："崇慶初，西南路招討使九斤請先事用兵，仍乞詔夏人爲掎角計。執政者沮撓之，策爲不行。不旋踵，而有縱敵之禍。大丞相承暉，正色立朝，凜然社稷之鎮，而姦人忌之，擠守都城。人臣而死社稷，在承暉爲無恨；然宗室賢相，安危之所繫焉者，而以姦人之謀，使之無益而死，天下爲國家惜之耳。臣嘗謂，賢、不肖之不分久矣。夫惡惡著，則賢不肖別；賢不肖別，則天下可運之掌，於恢復乎何有？"詔以東方饑饉，盜賊並起，以御史中丞百家爲宣慰使，監察御史道遠從行。道遠發永城令、簿贓賕；百家與令有違，付令有司，而釋簿不之問。燕語之際，又許參佐克忠等臺官。公皆劾之。百家竟得罪去。初，諜者告歸德行樞密院言："河朔叛軍有竊謀南渡者。"行院事知府胡土站、都水監使毛花輦易其言，不爲備。一日，紅衲數百，聯筏逕渡，殘下邑而去。朝廷命公鞠之。公以二將托疾營私，聞寇而弛備，且來不戰、去不追，在法皆當斬。或以爲言："二將皆寵臣，而都水者貲累巨萬，若求援禁近，必從輕典。公徒結怨權貴，果何益耶？"公嘆曰："睢陽，行闕東藩，重兵所宿。門庭之寇且不能禦，有大於此者，復何望乎？有法而已，吾不知其他。"即以所擬者聞。四年，遷刑部郎中。關中旱，詔公與吏部侍郎畏忻

44

審理冤獄。時河中帥阿虎帶及僚屬十數人，皆以棄城罪當死，繫同州獄待報。同州官承望風旨，問公何以處之。公爲言："故相賈公益謙判河中，聞絳陽受兵，悉軍救之，鉦鼓旗幟，連延數十里。敵聞救至，解圍去。僚屬請於公：'公不守河中，而救絳陽。設兵至城下，何以待之？'公言：'諸君未之思耳。吾救絳陽，所以守河中也。'諸人皆謝不及。河中在今日，尤爲重地，朝議擬爲駐蹕處也。本根不固，則河南、陝右有脣亡之憂。以渠宗室勳貴，故使鎮之。平居無事，以預備爲言，竭民膏血，爲浚築計。剽騎纔及解梁，乃以金城之險爲不足守，遽焚蕩而去。驅迫老幼，填塞枕藉，爭舟而上者千百而一，哭聲竟天，流尸蔽川而下。煩冤之民，無所於訴。此而不誅，三尺法無所用矣。吾常恨南渡倉卒，賈公之功，不蒙顯異。然則不經之失，可使復見於今乎？"竟以無冤上之。冬十月，出爲歸德治中。　未幾，改同知保靜軍節度使事，又改同知集慶軍節度使事。於是，公之年甲子周矣。自衛紹王專尚吏道，繼以高琪當國，朝士鮮有不被其折辱者。公憂畏敬慎，不忽遺細微，故自釋褐至今，將三十年，而公私無笞贖之玷。然其撫四方者，亦倦矣。到官不逾月，即上章請老。進通議大夫一官致仕，徑歸崧山。愛龍潭山水，有終焉之志，結茅幷玉峰下。旁有長松十餘，名之曰"松庵"，因以爲號。自少日，留意攝生，俛仰訕信，通夕不少倦，是以神明不衰。飲食起居，處豐儉之間。臺閣舊游，門生故吏，問遺山中者不絶；非若一節之士，逃匿於空虛之境，以憔悴枯槁而爲高也。明窗棐几，危坐終日，琴尊硯席，蕭然無塵埃。客至廢書，清談雅論，俗事不挂口。或與之徜徉泉石間，飲酒賦詩，悠然自得。嘗畫《管幼安濯足圖》以寄意，其趣尚略可見也。所釀酒名《松醪》。東坡所謂"嘆幽姿之獨高"者，惟公能盡之。客有以京國名酒來與之校者，味殊不可近，正如與深山草衣木食人語，覺傭兒販夫塵土氣爲不可嚮也。山多蘭，每中春作花，山僧野客，人持數本詣公，以香韻高絶者爲勝，少劣則有罰；謂之"鬭蘭"，"鬭蘭"、"松醪"，遂爲山中故事。正大壬辰，河南破，乃北歸。以庚子七月十有四日，終於家，春秋七十有九。某日，孤子渭奉公之柩，祔於臨海君墓之側若干步。夫人趙氏，汝州刺史周卿之孫，兵亂中，曁三女俱失之。渭，南京右廂機察；孫運安，尚幼。公資高朗，儀觀峻整，燕居未嘗有惰容。子弟化之，童幼皆以孝謹稱。母李氏，爲臨海所絕，公奉之於外家，而事張夫人唯謹，嫌疑之地，能使內外無間言。公歿，悉以圖書、第宅讓諸弟，獨護養小弱弟填，與同甘苦。族弟理，七歲失怙恃，而貲產殊厚。公慮爲奴輩所侵，籍於有司，攜理之官下；及長，乃付之，理迄於有成。其與人交也，先難而後固，似疏而實親，雖幼同硯席者，亦皆嚴憚之。左丞董公紹祖奉使江左，得公詩餞行，喜見顏間。詩四韻，每誦一句，輒爲一舉觴。李右司之純談笑此世爲不足玩，見公，必爲之悚然。王延州從之公於鑒裁，爲海內稱首，敬公名德，至不敢以同年生數之。學長於《春秋》；詩筆清峻，似其爲人；字畫楚楚，有魏、晉間風氣，雅爲禮部閑閑公所激賞；制誥典麗，當代少見其比；尺牘又其專門之學，風流醞藉，不減前世宋景文。往在京師，渾源雷淵、太原王渥、河中李獻能、龍山冀禹錫從公問學，其人皆天下之選，而好問與焉。自辛卯、壬辰以來，不三四年，而吾五人惟不肖在耳。故渭以撰述墓碑，莫好問爲宜。尚憶公還鎮陽過好問冠氏時，方爲中暍所苦，然語及舊事，則往往色揚而神躍。以公初掛冠時校之，其神情故未減也。意天錫公難老，使後生望見眉宇，以知百年以來文章鉅公、敦龐耆艾、故家遺俗蓋如此。私竊慨嘆：使公得時行道，褒衣大冠，坐于廟堂，托六尺之孤，寄百里之命，招之不來，麾之不去，何必減古人？朝廷用違其長，顧每以城旦書見役，卒使之不遇而去。雖淮陽非公所薄，孫、劉輩有不得不任其責者耳。嗚呼！公已矣！渭所以屬筆者，其可辭哉？乃爲論次之。銘曰：

維公之生厚有基，陽剛在中鯁自持。巖巖青峭峻以奇，塵表朗出莫可梯。白筆一奮雷風馳，盰盰虎如毛髮威，奔走魍魅號狐狸。

元精降材匪一機，三光九泉絶等夷。大君裁成相所宜，望公廟堂佩安危。聲氣不動山四維，冠之惠文其敢卑。九鼎大呂棄若遺，負而趨者先所窺。鳳兮德衰天實爲，正有來者吾何追！并玉之麓草木腓，兩崖出泉懸素蜺。朝猿與吟暮鶴飛，不飲不食玉雪肌。幼安東還人代非，臨流濯足尚庶幾。溴河北原公所歸，墓形馬鬣大茂齊。龜石有銘告無期，公名萬年我前知。

（《全集》卷十九《內翰馮公神道碑銘》）

馮延登

歲壬辰夏四月辛丑，京城受兵，刑部君逃難倉猝，遂與家人相失。明日事定，君之子源、吉輩求訪百至。幸其微服而北也，乃渡河物色之，於大名，於東平，於平陽，於太原、大興、大定，閱三數年之久，歷萬餘里之遠，間關險阻，饑凍困踣，瀕於死者屢矣；然亦竟無所見。乙巳冬，好問過大名，始以所聞告君之季子亨。蓋君既爲騎兵所得，欲擁而北行。人有見之者，謂君辭情慷慨，義不受辱，竟自投城旁近井中。亨乃發喪行服，又將以故事奉君衣冠，葬於某所。以好問嘗得幸於君，涕泗百拜，以碑銘見請，謹爲次第之。君諱延登，字子駿，姓馮氏，世爲吉州吉鄉人。曾大父世安，以醫名河東，鄉里推其陰德及物，謂子孫當有起其家者。大父成，易醫而農。父時，頗知讀書，且好與羽人禪客游，後用君貴，贈資善大夫、始平郡侯。妣柳氏，始平郡太夫人。生二子，君其仲也。幼穎悟不凡，初入小學，輒云："吾家生我，將不復耕鋤矣。"少長，從鄉先生作舉子，即有聲場屋間。年二十三，登章宗承安二年詞賦進士第。解褐臨真主簿，再調德順州軍事判官。泰和元年，知懷寧寨事。部使者舉廉能，轉寧邊縣令。衛紹王大安元年秋七月，霜害稼，民無所於糴，官爲發粟賑貧，君躬自區處，全活不勝計。刺史滏陽趙公周臣，慨然以良吏許之。三年，丁內艱。宣宗貞祐二年，起復補尚書省令史、知管差除。五年,授河中府判官兼行尚書省左右司員外郎。興定五年,充國史院編修官,考試開封進士,改太常博士。未幾,出爲平涼路行尚書省左右司員外郎。元光初,遷鞏昌軍節度副使,員外郎如故。明年十月,召爲吏部郎中,兼翰林修撰。俄,以知登聞鼓院兼修撰奉使夏國,就充接送伴使。哀宗即位,正大元年,超翰林待制、同修國史、兼鼓院事。三年,考試宏詞科。尋被詔審理冤滯。七月,出爲京兆行尚書省左右司員外郎。五年,授睢州刺史,兼行大名府治中。尋改京兆府路司農少卿。七年,復翰林待制、充御前讀卷官,仍試宏詞。十二月,遷國子祭酒、借注翰林學士承旨、榮祿大夫、充國信使。以八年春,奉國書見於虢縣之御營。有旨問:"汝識鳳翔帥否?"對曰:"識之。"又問:"何若人?"曰:"能辦事者也。"又問:"汝能招之使降,即貰汝死;不則殺汝矣。"曰:"臣奉書請和,招降豈使者事乎?招降亦死,還朝亦死,不若今日即死之爲愈也。"明日復問:"昨所問,汝曾思之否?"對如前。問至再三,君執義不回。又明日,乃諭旨云:"汝罪應死,但古無殺使者理耳。"君須髯甚偉,乃薙去,遷之豐州。壬辰,河南破,車駕駐鄭州,有旨發還。三月入京,哀宗撫慰久之,復祭酒。歷禮、吏二部侍郎,權刑部尚書。明年,遭變,得年五十有八。積官資善大夫,勳上護軍,封始平郡侯,食邑千戶食,實封一百戶。娶同郡樊氏、同官縣令邦憲之女,封始平郡侯夫人。後君兩月卒。子,男三人,皆用蔭補。源,廣威將軍、嵩州軍資庫監;吉,廣威將軍、睢州軍事判官;亨,忠顯校尉、遙授靈寶縣尉。二女:長嫁盱眙元帥府經歷官張愷,次嫁監湖城稅蘭公輔。男孫三人:曰魏孫、衆奴、千奴;女孫二人:長適進士徐升,其幼在室。君資謹厚,寡於言笑,外若平易,而臨事有執持,死生禍福不少變。初入官,遂有能名。懷寧先無廟學,君爲伐縣中長生柳,取以爲材。廟甫成,有芝十八莖生大成殿梁間,時人異焉。在寧邊日,學詩於閑閑公,從是詩律大進,緻密工巧,時輩少見其比。及入翰苑,一日直宮省殿,上急召草官誥三篇,君援筆立就,文不加點。壽國高公大加賞异,曰:"學士才藻如此,而汝礪不能盡知,慚負多矣。"因命錄所業以獻。君諾之,而不之奉也。或以爲言:"丞相求君文甚懃,何自閉之深也?"君曰:"仕宦窮達,在我而已,何至假人耶?"吉鄉別業有溪水當其門,故君以"横溪翁"自號,有《横溪集》若干卷行於世。平生以《易》爲業。及安置豐州,止以《易》一編自隨,日夕研究,大有所得。既歸,集前人章句爲一書,目曰《學易記》,藏於家。竊謂君於生死之際,剛决如此,殆有得於《易》之所謂知命者,非耶?系之以銘,曰:

日吉兮時良,郁佳城兮君所藏。仁者之勇兮决以剛,身已滅兮名益光。何以命之兮北方之强,天厚之報兮復且昌,世侯伯兮歲蒸嘗。横溪兮洋洋,植豐碑兮墓旁。魂歸來兮安故鄉,滯淫盗墟兮亦何望?

(《全集》卷十九《國子祭酒權刑部尚書内翰馮君神道碑銘》)

趙雄飛

公諱雄飛,字真卿,姓趙氏。世爲博之高唐人。曾大父某,大父極,皆潛德不耀,鄉里以善人稱之。父忠信,資禀通悟,喜接近儒士。及公生,愛其風骨,有起家之望。正隆末,寇盗蜂起,公方在襁褓,舉家藏匿林莽間,懼爲盗所迹,祝兒:"勿啼,啼則累我",竟以不啼免難,宗黨异焉。童丱入學,記誦出他兒上,稍從鄉先生受賦業。未三十,四赴殿廷,擢承安二年乙科。釋褐長垣主簿。縣瀕大河,時新被水害,廬舍漂没,城壁頹圮,公日以救災爲事。公廨已毁,僑寓編民家,上漏下濕,若不可一日居者;公泰然安之,而不以煩民也。初,水壞廟學,先聖十哲塑像遷開封縣之青岡。安集稍定,首建新學,躬率吏民,迎奉以歸。其審於先後緩急,類如此。縣民佃鎮防軍田,既淤墊,有未嘗投種者,營卒恃勢徵租,不少貸。民無所於訴,任其陵轢,有奪之牛者。公捕繫之,白按察司嚴督主兵

者,視實種畝如干,收入幾何輸之。訴租者不得逞,佃戶以安。流
散來歸者,十倍其初。士子即廟學植碑頌之。再任南樂簿。適令
闕,公攝縣務。南樂劇邑,民頑事殷,號為難理。署事之初,有惡子
號舍"五十"者,以公書生,易之,詣縣廷自陳云:"民以受杖自拌,
敢以獻。"公諭之曰:"國法加有罪者,汝無罪,杖之何名?"惡子又
謂公為懦也。乃公為橫恣,無所顧籍,不數日,以故毆被訟。公械
之市三日,切責之,科決無所增,而其受痛至移暑之久。惡子慚恨
自斂。迄終更,境內兇狡無復犯者。躬教諸子學,不聽外出,每患
經史不備,妨於指授。或言:"文士李夏卿家,文籍甚富,假借用
之,宜無不從。"公曰:"夏卿藏書,我寧不知? 然渠家闔縣首戶,予
雖曾同場屋,今部民矣,與之交通可乎?"是後,邑子有來請益者,
亦謝遣之。識者以為治官有業,與農功亡异。農夫噓牛曝背,寒耕
熱耘,知有盡地利而已,終不以逢年為幸也。惟其治田不鲁莽,故
田亦不鲁莽報之。公早有時譽,聞老師宿學論議為多。纔佐二縣,
仕之初筵,乃能以任重道遠自力,若將死而後已者,其宏毅為可見
矣。卒之,吏畏而愛,民愛而畏,藹然有良吏之風,猶之於農,其不
以逢年為幸者歟? 秩滿,遷懿州順安令。挈家北赴,過廣寧,愛其
山水清美,且去瓜時尚早也,姑留寓焉。不幸遭疾,以泰和四年十
二月之八日,春秋四十有七,終於寓舍。積官至某郎。娶解氏,習
於儒素之訓。二女姪,恩過所生,拊孤者以為難能。後公二年卒。
子,男四人:長曰安上,初應進士舉,晚乃學道;次安常,早卒;次安
世,貞祐二年詞賦進士,無愧先達,而能謙默自將。正大中,臺省交
薦,拜監察御史。時論以"剛柔適中"歸之。北渡後,被召,授參議
京兆宣撫使司事,改佐河平軍儲。次安國,以蔭補監涇陽稅司,卒。
女三人:長適鄢陵醋務監馮鵬舉;次未笄而夭。男孫四人:曰遹;餘
早卒。安世既通貴,得贈公中大夫、輕車都尉、天水郡開國伯。夫
人天水郡太君。初,廣寧受兵,安上等崎嶇百死中扶護東還,槁葬
於縣北大李莊之某原。是後,伯、仲、季偕没,獨安世流寓河南。汴

梁既下，猶復旅食异縣。蓋四十年後，始用今年七月日改卜，舉公洎夫人之柩祔於先塋之次，禮也。安世既襄事，訪某於鎮陽，涕泗百拜，請曰："先大夫之葬，棺椁、衣衾不能無悔，顧已無及矣。今墓已樹木，寂無旌紀，其何以贖有而不彰之罪乎？高聘君哀安世不天，既銘誌石矣。聞之諸公，謂吾子紀述國来名卿、賢大夫言行，以傳不朽，不勝區區之情，敢以墓碑爲托！"某再拜曰："固所願也。"乃爲之銘。曰：

　　受質堅白無磷緇，持心權衡平設施。古難其人公如斯，行可士矩政吏師。百未一試遽奪之，彼嚚耋老誰所資？碑石有銘無愧辭，綱（罔）羅放失會有時，幽光發越兮神匪私！

　　（《全集》卷二十《順安縣令趙公墓碑》）

張公理

　　歲乙巳二月十有九日甲申，葬我吏部尚書張公於輔巖縣將相鄉新安里東南原之新塋，禮也。孤子知剛涕泗謂某言："先公之葬，永年王磐狀其行，東明王鶚誌其墓，既卒事矣。神道有碑，碑當有銘，州里大夫士屬筆於子，敢百拜以請！"某以爲，自貞祐南駕，初設大司農分領地官之政，而假之以部使者之任，以勸耕稼，以平賦役，以督惰窳，以糾姦慝。內振外肅，百廢具舉，傾朝復支。公以碩材雅望，首膺是選。始貳其長，終總其務。剛稜之所摧折，深識之所獎拔，材量之所興造，利澤之所惠養，閭閻細民，亦皆飽聞而屢道之。至於論列上前，謂："國家兵力非前日之比，以守則有餘，以戰則不足，大敵在此，何暇遠事江淮？又五代以来都汴梁，非用武之國，特恃大河爲固耳。然唐取梁，遼取晉，國朝取宋，河其果足恃乎？關中有金城、天府之險，按秦之舊，進可以圖恢復，而退不失其爲自強。不都關中，則猶當駐蹕河朔，繫海內之心，故莫若都河中。河中，中夏腹心，負背全秦，總制三鎮。屯軍中條之麓，建行臺河南,根本既強,國勢乃張。今不都關中,而又弃河中,不知他日汴梁,孰爲國家守者?凡此三者,我天下大計,繫於危急存亡者爲甚切。"公發先事之機,篤詭辭之義,故雖同列,或不得與知……公諱某,字公理,世爲蕩陰陽邑里人。曾大父某,妣石氏。大父某,贈正奉大夫、清河郡伯。妣尚氏,追封清河郡太君。考某,累贈資善大夫、清河郡侯。妣李氏,清河郡太夫人。公幼穎悟,六歲知讀書,十二能背誦五經,二十八登泰和二年詞賦進士第。釋褐徐州錄事判官。丁資善君憂。服除,調許州郾城主簿。縣有逋賦二十萬,配之平民,公白按察司,悉除之,民力以紓。再調壽張主簿。時北鄙用兵,科役無適從。公差次物力,爲鼠尾簿,按而用之。保社有號引,散戶有由帖,揭榜於通衢,喻民以所當出,交擧互見,同出一手,吏不得因緣爲姦。自是,爲縣者皆取法焉。縣境多營屯,世襲官主兵,挾勢橫恣,令佐莫敢與之抗。兵人毆縣民,民訴之縣,縣不決,申送軍中,謂之"就被論官司",民大苦之。一日,閽者告:"百夫長夜破門鑰,挾兩伎以出。"公謂:"夜破門鑰,盜也。"遣吏捕還,榜掠至百數,且械繫之。明日,千夫長與其屬哀請不已,約此後不復犯平民,乃釋之。訖公任終更,無一人敢橫者。調林慮令。貞祐初,辟擧法行,除穀熟令。未幾,改丞,豪右斂迹。御史行縣,吏抱官文書修檢覆,御史先知公,麾吏去,曰:"張君治縣,尚有未盡耶?"召爲尚書省令史。穀熟民千數,詣闕乞留,平章政事濮王以聞。德陵欲賜可,宰相高琪以朝省尤須得人爲奏,詔以旨喻民,民乃歸。轉知管差除房。俄,提控吏部銓選。選法積弊,公爲之更定,周密備具,迄正大末,仍遵用之。興定三年,超陝西東路轉運副使。宰相莘公行臺關中,辟公爲左右司郎中。時臺務填委,日不暇給;公所以處之者,常若有餘,朝譽歸焉。汾晉陷沒,公建言:"河東郡縣業已爲敵有,誠能就所存官屬,選有才望如郭文振、胡天作、張開之等,略依古制封建之,使自爲戰守計,亦國家禦敵之大計也。"是後,益封九公,蓋自公發。尋,以母老,丐歸養,卜居渭南。五年,關中受兵，公避地華州之南山。行臺檄公爲沿山軍馬都提控，不給一卒，聽自招募。公移檄諸縣，得民兵五千。他州盜賊遍野，惟公號令所及，帖然如平時，路有遺物，亦無敢拾也。明年，敵退，辭軍務。京兆取公所練卒隸帳下，皆倚爲選鋒。是秋，兵復至。行臺檄公以前職保箭谷砦，兵仗器用取具倉卒。敵人来攻，公獎厲士衆，親當矢石。比歲終，潼關迄鳳翔山六十餘柵，相繼陷沒。獨箭谷保完，老幼賴公以全者，三十萬人。元光二年，詔復河中行臺，驛召公詣軍前，行尚書省六部事。兵亂之後，百姓逃匿山谷，無以供餽饟。公躬歷山谷，延見父老，喻以朝廷用兵之意，勸出所有以佐軍，辭情感激，人樂爲用。迄河中之復，軍食不乏，公之力爲多。行臺以樊澤、籍阿外留屯。阿外，土人，取城日嘗爲内應，恃其功，輕客軍。軍分兩黨，故二帥亦不相能。行臺憂之，奏公爲帥府經歷官。公至，曉樊、籍以大義，且告之廉、藺之事，二帥佩服公言，更爲輯睦。城久陷而復，帥府以威刑劫之，用法殊慘，新民重足而立。公爲言：“國有常憲，何至如此？凡科禁過甚者，悉除去之。”民大感悦，如受更生之賜。正大元年，公被召，兵民惜公之去，戀戀不忍訣，老幼遮道，馬爲之不前，至流涕相喧云：“張使君去，吾属能久於此乎？”及入見，授京東路司農少卿，總二路事。都水使者冒河禁，貿易曹、單間，致貲鉅萬，且虛增兵籍，盜取縣官錢米，賂遺權貴。公爲不道，連章發其姦，卒廢爲民，士論快之。伊陽民楊鐸、郾城獵吏韓祖謙、舞陽捕盜提控劉汝楫，以殺人繫獄。法官納賂，宿留不爲決，以俟末減。公廉得之，嘆曰：“若輩漏網，則千金之子果不死於市矣。”乃奏其罪，竟致法。右司郎中、平陽公府騎兵十餘人，以事至葛伯砦。兇卒高敏輩利其鞍馬、衣仗，掩殺之，誑招撫使高倫，謂是敵兵之偵伺者；倫不知其詐，以殺聞官。後事敗，指倫爲首謀，倫迫於箠楚，自誣伏。家人訟其冤，尚書省付有司諦審之，倫無異辭。家人復抱登聞院鼓以訴，有司再評，倫自伏如初。獄將決，公終以爲疑。及奏，上問公，公奏言：“倫雖自款伏，而其家訴敏輩殺人之日,倫適飲酒河南,追報至,始北歸。以次第推,倫何得爲首惡？罪疑惟輕,忠厚之至。且歲旱已久,願緩倫死,以察天意。"上亦以爲然,遣中使赦倫,省中械破而雨大作。中使還奏,容服霑濕,上爲之喜見顏間。同判睦親府事、殿前都點檢撒合輦,上所倚信,聲勢焰焰,權過將相。其娣妙淵爲女官,依托營建,挾勢斂財,以侵懋州縣至役衛士爲前導,而以皇姑自名。爲有司所劾。上以弟故,欲勿問；公力辨,以爲不可,竟勒妙淵返初服,出撒合輦中京。貞祐以後,武臣以戰功,往往至將帥,置員既多,而不相統攝。公建言："乞以都尉易將帥之號。"上從其計,爲置建威、折衝、寧遠、安平等十都尉,各以勝兵萬人配之。超戶部侍郎、提控軍前、行六部事。四年,丁太夫人憂。甫卒哭,特旨起復。宰相奏,擬公京南路司農卿,上曰："吾欲得張某,朝夕相見,勿令外補！"宰相以三路調度、京南當什六,司農寄托尤重,欲暫輟之以往耳。上從之,故有此授。及陛辭,上喻之曰："久知卿可大用,所以授此者,以卿能鎮靜故耳。"公爲政,內寬而外嚴。雖急於督責,官吏有犯,未嘗輕肆斥逐,如上意焉。五年,暨同官朝京師,上獎諭良厚,且詔劉大有輩："當以張某矜式。"尋,授戶部侍郎。逾月,改刑部侍郎。不十日,又改陝西西路司農卿。七年,上念公久外,疊遣中使驛召之,仍詔邠州帥護送,諭以道路所從出。六月至京師,授以右諫議大夫兼戶部侍郎,遂赴潼關軍。明年正月,軍潰於陽翟。公間關至闕下,爲上言："平章政事百撒,奸邪誤國,雖已遣逐,而典刑未正,無以服中外心。樞密副使合喜將軍中牟,垂與恒山軍合,而瞻望不進,恒山用是失利。合喜狼狽中盡失軍士,乞斬之以謝天下。"上悟,旋廢合喜爲民。十二月,授吏部尚書。車駕東狩,慷慨請從行,不許。未幾,汴京送款。公柴車北歸,結廬洹水之上,不以世務縈懷,左右圖書,以亂思遣老而已。癸卯正月十有九日,春秋六十有八,終於所居。累官資善大夫,勳上護軍,爵清河郡開國侯,食邑千户,實封百户。娶同郡齊氏,封清河郡夫人,前公五月卒。子男二人：長知

剛,舉進士。次知柔,早卒。孫一人,延祖,尚幼。公臨事有幹局,
自歷州縣,即能敦風化,立公道,定契券以睦兵民,布恩信以息寇
敓,燬奸贓以械府吏,募強悍以輟丁男。此他人之所難能,在公特
小者耳。既爲朝廷所知,爲郎官,爲大農,當官而行,無毫末顧望,
義之所在,必至而後已。其於憂國愛君,蓋不食息頃忘也。居農司
十年,事以苟且爲恥,所立條畫,力省功倍,無有能變易者。在京
南,日課民區種栽地桑,歲視成否,若父兄之於子弟,慰以農里之
言,而勉之公上之奉。軍興之際,簿領填委,米鹽之鱗雜,朱墨之糾
紛,先後緩急,亦心計而手授之。方其培植國本,經度邦賦,丞掾細
務,宜不屑爲之;然其克勤小物,乃如此。人謂公有不可曉者。廉
介自持,而器量閎博;風岸峻整似不可梯接,而應於物者粹以溫;少
長鄉校,而有素宦之風;從容儒雅,而有應敵之略。此言論、事業之
所以出人意表歟? 平生事親孝,事長敬,與人交,死生禍福不少變。
冀禹錫、李大節受知於公。年少入仕,疏於自檢,坐爲文吏所陷,并
不復用。人知其冤,而莫有爲辨之者。公獨曰:“驥不以一�而廢
千里,況美士乎?”言之宰相,乞爲昭雪,不報。乃上書申理之;二
子竟得復叙,後爲中朝名勝。士論以公爲知人。所著詩文、箋奏,
簡重典雅,稱其爲人。爲集若干卷,藏於家。嘗論公:大夫士仕於
中國全盛時,立功立事,易於取稱,故大定、明昌間多名臣。天下士
固不可盡誣。設使易全盛而爲季末,起坐嘯而應急遽,是猶拯溺以
規行之雅,而料敵以清談之誤。吾恐黄相國之功名,減於潁川治最
之日矣。古有之,亂,則智士馳騖而不足,治,則中材高枕而有餘,
信斯言也。兹世之士,其無幸歟? 銘曰:
　農政名卿,臺務望郎。職思其憂,公極所長。南駕而都,百蠹
爲防。乃積乃倉,曁彼裹糧。百冗坌来,倚公設張。嗷嗷創罷,望
我小康。救寒袴襦,療饑膏粱。愛育本基,繫公慈祥。孰求豫章?
公材明堂。孰濟巨川? 公任舟航。盗販黥髠,龍起雲驤。何儸景
同翻,而不於興王? 相古先民,繫於苞桑。豈無興邦之言,天久矣

其廢商。屹頹波之砥柱，又安得溯橫潰而獨障？文武備具之謂成，夙夜匪懈之謂莊，克勤小物之謂敏，不畏強禦之謂剛。公是所存，奚必太常？郁郁佳城，維公之藏。勒我銘詩，發其幽光。千秋兮萬古，耿故國兮難忘！

（《全集》卷二十《資善大夫吏部尚書張公神道碑銘》）

張汝翼

保靜一軍，北當沂、海、滕、兗、濟、單之衝，南控淮、楚，重兵之所宿，大河而南，最爲重鎮。興定二年，詔以元帥、右都監剋石烈開府此州，不終歲，復有總統東道諸帥之命。志由親衛起身，以小字牙吾塔行，宋人訛傳，又以盧國瑞目之。其所統兵，屯戍之外，隸帳下者，步五千、騎二千而已。爲人強悍鷙猛，操縱叵測，用兵知變化，往往暗與古合。自二年泗州乘勝席卷之後，靈壁、土山、龜山、蒙城、五河、九岡，前後殺獲，莫可勝計。先聲所及，宋人爲之膽落。兩淮之間，名姓可以止啼，署字可以怖瘧。勳伐既高，知朝議倚以爲重，乃高自標置，日有跋扈之漸；朝廷亦無如之何。使者銜王命，或被省檄，計事東方，凜凜危懼，如遇大敵，應對之際，橫被陵轢，殆一食頃不可與居。而君乃以幕屬與之從事者十有三年。計舉世敢與之抗者，唯君一人。君始以諸生仕臺閣，衣冠顏貌，見者以爲懦而不武。志初亦甚易之。及與之議軍務，凡獨任胸臆，妄有執持，君必爲之委曲開諭，不動聲氣，獷悍化而柔良。既久，乃更親愛，外有手足之托，而內有骨肉之義。志雖高亢傎蹇，卒能免於顛滅之禍者，君之力爲多。蘧伯玉爲顏闔說養虎，人以爲莊周氏之寓言，以君之事觀之，世乃真有養虎者。至於時其飽饑，達其怒心，虎之與人，异類而媚。信斯言也！君其有道者與？君諱汝翼，字季雲，族張氏。世爲河南(內)人。曾大父甲，大父琳，皆隱德弗耀。父郁，字文甫。章宗明昌初，詔州里舉才能德行之士，自河中教授、曲沃主簿,遷狄道令。後用君貴,累贈通奉大夫、清河郡侯。母馬氏,清河郡太夫人。君其第四子也。天資穎悟,童卯中,以善屬句稱。弱冠,擢泰和三年經義進士第。釋褐河陽簿。丁外艱。服除,調厭次丞。復以内艱去職。衛紹王崇慶二年,任西寧主簿。西寧近接夏境,頻被侵劫。君問民所疾苦,政從寬簡,民甚安之。宣宗貞祐二年,夏寇來攻,縣中兵力單寡,城爲所陷,君乘亂而出。有司以不守議罪,父老詣州稱枉,遂獲申明。四年,召爲尚書省令史。興定二年,考滿,授同知泗州防禦使事、軍前行戶工部事。俄,改行部爲規措所,就充規措使。州將移剌羊哥以宋兵脆弱,不足爲慮,日與將佐燕飲,君獨不預。五年正月,宋人乘不備取西城,遂據之。時君與羊哥在東城,羊哥聞變,計無所出,謀棄城而遁。君戒厩吏毋敢給州將馬,且躬自巡城,衆賴以安。已而,保静軍來援,碭山從宜張惠出奔,宋兵乃棄城而遁。 州人德君,爲立生祠。尋改靈壁軍前規措使,充便宜總帥府經歷官。元光元年,改充唐、鄧、裕帥府經歷官。保静失君,軍事廢不治。志凡七上奏,乃聽君還。且擢拜秘書少監兼行戶部郎中。二年,邳州從宜納合六哥劫殺行省事忙古綱,以州降宋。詔總府率東方兵攻取之。檄城中兵民:有能誅六哥反正者,官賞有差;脅從之人,一切勿問。攻數十日,軍士死傷甚衆,而城中無應者。又數日,宋裨將高顯梟六哥首來降,而餘黨堅守如故。志與朝官之在軍中者怒曰:"此州從賊叛國。賊既死,自當開門納軍;然且旅拒如此,不盡阬之,何以示威?"君進曰:"平民從叛,本非獲已,竟有何罪? 況上許首惡之外,不戮一人;必欲阬之,朝廷將不以爲失信乎? 若重以恩詔開示,出三日不降,某請身任其責。"志以下,皆是其言,射書敦諭,州人知禍福所在,相繼出降,爾後竟無一人被註誤者。詔書褒美,遷同知保静軍節度使事。哀宗正大五年,志移鎮關、陝。時關中游騎充斥,老幼扣關者亡慮數十萬。志以關東人心易搖,重爲避兵者所警,則或有意外之變,欲稟命于朝,然後納之。君進曰:"陝西老幼,投死無所,獨以關東爲生路。今坐視不救，任爲兵人所魚肉，豈朝廷倚公存活生靈之意乎？"志曰："不然。敵人百計窺關，無從而入，間有挾詐雜老幼而東者，誰當任之？吾所以待朝命者，不過三二日，命即下，稟而後行，蓋未晚也。"君復進曰："帥府設經歷官，主帥所行，得預商略；帥若專輒而參佐曲意從之，設此官焉用？假有挾詐而東，爲意外之變者，某以百口保之。"志不能奪，即命開關，西民由是免禍。中使者以聞，詔諭之云："牙吾塔資性素剛，非卿不能勸導。卿爲參佐，而主張大事如此，朕甚嘉之。當益盡乃心，勉建功業，朕不汝忘也！"總府軍還鎮，改遙領同知鎮南軍節度使事。七年，志行尚書省事於陝西。君以目疾求解，留居歸德。天興元年，歸德受兵，總帥赤盞元凱起爲經歷官。明年春正月，車駕幸歸德，改吏部郎中，經歷如故。未幾，徐州帥樂安郡王王德全不稟朝命。授君戶工部侍郎、充徐州帥府參議官，且諭之曰："卿昔佐牙吾塔，甚有能名，今知王德全與卿有連，屈卿往佐之。德全雖鄙野，亦當從卿言。無貽朕東顧之憂也。"及尚書左丞完顏仲德以策誅德全，乃用便宜授君行省參議兼同知武寧軍節度使事，遙領鈞州刺史，進階通奉大夫。冬十月，州爲沛縣人鹿琮所破，擁官吏北渡。君用憂憤感疾，以明年甲午春二月之十七日，春秋六十，卒於沛之旅舍。翌日，菖殯於歌風臺之下。後十有三年，孤子翔等舉君旅櫬，歸祔於山陽南徐澗之先塋，禮也。君娶朱氏，河北西路鹽鐵判官、汴梁名進士文伯之女弟，封清河郡夫人，前公七年卒。子，男二人：長曰翔，武威將軍、遙領鄭州防禦判官；次曰浚，武義將軍、遙領河內縣令。女一人，適汴梁（京）東水門副使邊汝礪。男孫二人：長曰奉世，次曰延世；女孫一人，幼，在室。壬子冬十月，翔、浚奉京東行省員外郎王君禧伯所撰家傳，以神道碑銘爲請，三請益堅。某不得以不敏辭，乃爲論次之。君尚多可稱，弗著；著所以活萬人者。其銘曰：

柏松青青，風水攸寧。張君之阡，樂石有銘。侃侃唯君，仁信篤誠。一說解紛，千室更生。舞雩之春風，潤物無聲。有《簫》、

《韶》之克諧，無水火之必爭。彼舉頭而城，颺尾而羝，方弭耳而帖
伏，何磔裂之敢萌？有方無方，孰爲權衡？使存諸己者而未之定，
奚暇及於暴人之所行？惟天下之至柔，馳騁天下之至剛，吾然後知
黄老家之言爲有徵。

　　（《全集》卷二十《通奉大夫鈞州刺史行尚書省參議張君神道
碑銘》）

蒲察元衡

　　公諱元衡，字君平，姓蒲察氏，以小字某行。世爲某路貴族。
國初，遷種人屯戍中州，遂爲真定人。祖諱昔兀乃，贈鎮國上將軍。
考諱福山，親衛出身，官鎮國上將軍、臨洮路康樂知寨。公則康樂
之弟子也。康樂愛公風骨不凡，度能起家，使應童子舉。年十一登
科，移籍太學。弱冠，擢泰和三年策論進士第。釋褐永年縣丞。繼
歷三縣佐，皆有能名，召爲左三部檢法司正。公資禀仁厚，臨政本
於惠養，不以鞭筆立威，及居議獄之地，忠愛款曲，末減者爲多，法
家稱焉。貞祐初，從狩汴都，拜監察御史，累遷左司諫。朝廷知公
蓋將大用矣。未幾，授慶陽府治中，權府事。部民妻有與外人私
者，民捕獲之，手刃其妻，詣官自陳。公釋而不問。一時能官者，以
知義許之。入爲刑部郎中。正大二年，被詔審理冤獄。時所在獄
犴填滿，官吏習於柄臣弄威之後，知有無辜而被繫者，亦莫敢言。
公遍歷郡邑，躬自臨問，非情有不可耐者，一切以詔旨出之，所活不
啻千人。四年，遷户部侍郎。詔以鄭州軍卒謀反，命與防禦使、臨
淄郡王張惠鞫之。辭連二偏將：一遥領陳州防禦使王，一息州刺史
李。公以理論卒言："汝以小怨置人造逆之地，就使人誣誤而死，
能代汝否？神理不可誣，冤報何時而已邪？"卒感悟，盡吐情實。
公以聞，二人得不坐。五年，授京西路大司農卿兼采訪提舉刑獄
事。公老於從政，仁信愈篤，不動聲氣，而威惠并舉，公議藹然，有

公輔之望。七年,改集慶軍節度使、亳州管内觀察使。未赴,遘疾,以某年月日,春秋五十有二,薨於私第之正寢。去河南破,不一年耳。積官資善大夫,彭城郡開國侯。夫人王氏,燕郡大族,封彭城郡侯夫人。家政整潔,有内助之功,中表歸之。年七十二,後公二十年而卒。子男一人,桓端,護衛懷遠大將軍。男孫二人:榮祖、慶祖,皆尚幼。桓端以某年月日,舉公之柩,葬於某所之先塋,夫人祔焉。既葬之幾年,某過東平,桓端以碑銘爲請。平時以公恂恂退讓,不爲鍛煉之風所移,嘗嚮慕之,故不復以固陋辭。乃爲銘曰:

廷平之于,大理之徐,議獄闊疏,至可以漏吞舟之魚。于嗟公乎!其斯人之徒歟?大安權移,變亂維初。傅翼虎臣,恣爲誅鋤。一羽死而一虎出,封豕與俱。公適其時,職司刑書。乘御史驄,登使者車。悃愊無華,閑雅甚都。周旋於柱後、惠文之間,溫其褐寬之儒。平反幾何?月計有餘。方血肉狼籍,而有治古之騶虞。禍慘河陰,或僇或俘。不爲國殤,即亡國之大夫。天獨厚公,得歸公于黃壚。湯旱焚如,一溉者後枯。孰乘孰除?吾知神理之不誣。于嗟公乎!

(《全集》卷二十《資善大夫集慶軍節度使蒲察公神道碑銘并引》)

夾谷土刺

貞祐初,大駕南巡,公以省掾扈行。事出倉卒,乃留幼子、今先鋒使斜烈於平州之撫寧。朔南分裂,父子相失者餘二十年。先鋒既長立,能自奮發立功名,仕宦貴顯。歲癸巳,汴梁下,乃奉朝命迎公北歸。公已老,而身見代謝,愴焉有去國之感,顧瞻裴回,不能自已。生平植節堅苦,食蔬糲不厭。既居民間,倍自貶損。先鋒有至性,夫人殷氏尤盡婦道,日具甘脆,百方奉公,而公所以自持者,不少變。一室蕭然,使日夕裁足而已。人事餽餉,瓜果菜茄之細,亦峻拒而疾麾之，如御史執法之在前後，惟恐其污己也。時貴慕公名，有謁見者，敕外白不得通，曰："我亡國之大夫耳，尚何言哉？"初自聊城居宣德，惟渾源魏内翰邦彦，以簡重得登公門，與之考論文藝。自餘，雖鄰舍，有不得見其面者。蓋嘗論公：君臣之義，於名教爲尤重……公諱土剌，字大用，姓夾谷氏。世爲合懶路人。曾大父息虎起，天會初，嘗以王爵握兵柄，史牒載其功詳矣。大父僕干，驃騎尉、上將軍，娶完顏氏。父阿海，驃騎尉、上將軍、澄州刺史，娶阿勒根氏，贈金源郡夫人。生五子。公，其第二子也。弱冠，始知讀書，三舉策論進士，以泰和三年登科。歷撫寧、海濱簿。貞祐初被召，道出平州。平州適被兵，州將請公充軍中彈壓，以功升一階，入補省掾。終更，除武寧軍節度副使。五年，用樞密院薦，充京東總帥府經歷司。主帥牙古太資鷙狠，恃功自高，奴視參佐，往往置之死地。從事輩畏之，惟意所嚮，噤不出一語。公直前徑行，無所顧藉，論事之際，極所欲言者而止。少不見聽，則移疾不爲出。帥悔悟，或詣公謝之。其秉志抗直如此。興定初，宋人步騎數萬侵泗州，聲勢甚張。公爲畫策，潛軍趨靈壁，出其不意，殺獲甚衆。以功遷兩階。四年，召爲户部員外郎，轉刑部，尋遷郎中。元光初，設三路司農分治户部，以公剛稜疾惡，材任刺舉，授京南路少卿兼郎中。未幾，以稱職聞。是後，公雖改他官，言政者猶以少卿名之。正大初，擢裕州刺史，改睢州。是歲大蝗，公境獨無有。秋旱甚，禱之而雨。識者以爲善政之報。三年，召爲户部郎中。初置申州，輒公爲刺史。明年城洛陽，授同知中京留守兼同知金昌府事。留守移剌瑗雅敬公，事無巨細，諮之而後行。俄，改汝州防禦使。洛陽之民，惜公之行，祖道填咽。度旬日不得發，公以形迹自嫌，竟由他路而去。未經歲，改陳州。公老於從政，先聲所暨，有識相賀。州有東平宣銳軍餘百輩，率以戰功得官，有至四品者，恃勢作威，備極凶悍，前使不能制。一葛知府者，尤不法，公捕得之，檄送本管，一郡帖然。考城，胥史所聚，結黨爲社，有"大刀"之目，把持令佐，連起詔獄,細民雖被侵愁,而無所於訴。公籍其姓名,置之聽事,自是無一人敢犯者。尋,上章請老。御史張特立、樂夔上書言:"陳州防禦使土剌,剛直廉介,有古良吏之風。今雖年及,其黽勉王事,强仕之人,有不能及者。比聞以例告老,而有司亦以例許之,貪賢之道,誠有所未盡。特望重加拔擢,以觀自竭之效。"書奏,落致仕,超授同知開封府事。明昌以來,鎬厲王、衛紹王族屬,皆終身禁錮,男女幽閉,絶婚嫁之望。公建言:"二宅僇辱既久,賤同匹庶,就有詭謀,誰與同惡? 宜釋其宿怨,宏以大度,使之各就人道,遂生化之性。夫國君不可以仇匹夫,仇之則通國皆懼。匹夫且然,况骨肉乎?"語雖不即從,其後天興初元之赦,皆聽自便,蓋自公發之云。六年,授武寧軍節度使、徐州管内觀察使兼提舉河防使。詔旨褒諭,道所以遷擢之故,且命乘傳赴鎮桃園。行樞密院事幹魯、倉官王邦昌橐槖爲姦,盜官糧二萬斛,公按問得實,悉從徵理,轉漕爲之少寬。逾年,竟以哀病不任得請。北渡後五年,以戊戌年二月晦春秋七十有三終於家。積官資善大夫、金源郡開國侯。殁後三日,權殯宣德州東南天王寺。壬寅三月壬申,奉公之柩,葬於永興縣王家堡之西北原。從弟平章政事華國公畢蘭出及其子奉職六十一,皆葬墓次。蓋子孫去先塋久,不能歸祔,故改卜於此。前夫人奧敦氏,贈金源郡夫人;繼室蒲速烈氏,亦封金源郡夫人。子,男三人:德興,輔國上將軍,早卒;次斜烈,宣授先鋒,使佩金符,總統質子軍;次萬僧。女一人,嫁爲世襲官妻,早卒。男孫三人:留住、拔圖、七十二。女孫二人:秦奴、元奴,皆尚幼。侄二人:永喜,輔國上將軍;次中山,皆弟明威將軍老哥之子。侄孫二人:阿憐、壽童;從孫一人:八十二,奉職之子。從侄女一人,平章公之女,蓋公收養之者。將葬,五路萬戶郝丑和尚以行狀來請,曰:"吾子往在省寺,宜知武寧之詳。先鋒與我結弟昆之義,公之葬,猶葬吾父也。幸辱以神道碑賜之!"予素善郝侯,義不可辭,乃用所以知公者著之篇,而系之以銘。銘曰:

清慎以自持，介特而不詭随。相彼築室，天實厚其基。温乎召、杜之慈，凛乎趙、張之威。民不忍忘，吏不敢欺。真識幾希，顧以能官爲見知。風雨如晦，鷄鳴有期。滄海横流，鰲足不欹。幅巾布衣，陋巷棲遲。吾寧汩濁流之泥，吾寧啜餔餘之醨。周粟京坻，采薇以療饑；尚友千載，匪義迹其焉追？燕雲之郊，丘壠纍纍。使九原而可作，非公吾誰與歸？

（《全集》卷二十《資善大夫武寧軍節度使夾谷公神道碑銘》）

張汝明

東平幕府從事張昉，持文士李周卿所撰先御史君行事之狀請於僕，言……謹按中奉大夫、故治書侍御史、守申州刺史張君，諱汝明，字子玉。世家汶上。曾大父靖，大父彦，皆潛德弗耀。父恕，用君貴，贈中議大夫。母程氏，清河郡太君。君三歲喪父。母程，故衣冠家，而有賢行，力課君學。君亦能自樹立如成人。弱冠，擢大安元年經義進士第。釋褐將仕郎，調潁州泰和縣主簿。崇慶元年，換懷州武陟簿。丁内艱。服除，貞祐四年，由鹿邑簿入爲尚書省掾。正大元年終更，擢同知嵩州軍州事。盜入軍資庫，而無迹可尋。官繫主者獄，凡十餘人，不住訊掠，皆自誣服。君時以檄出，及還，繫者稱屈。君諦審，知其冤，即縱遣之。不數月，諸黥卒以贓敗。郡人以爲神明。三年八月，辟許州長葛令，未幾政成，農司以稱職聞。及罷，縣父老上贐禮，一無所受，乃相率立祠，以致去思之心焉。六年二月，召爲太常博士、權監察御史。不半歲，遷户部員外郎。七年八月，授治書侍御史。八年七月，遷禮部員外郎兼修《起居注》。俄，升歸德治中兼提舉河防、學校、常平漕司事，不赴。天興元年，遥領嵩州刺史。二年二月，改授申州。以庚戌七月二十有二日，遘疾，春秋七十有六，終於東平遵化坊私第之正寢。娶魏氏，封清河縣君。子，男三人：長，即昉也，今爲東平萬户府經歷官、遙領同知單州防禦使事；次曄，次煦，皆早卒。男孫二人，女孫一人，尚幼。孤子某，以庚戌年八月之三日，奉君之柩，祔於汶上由村里某原之先塋，禮也。君資稟厚重，與人交，敦信義，平居恂恂，似不能言，及當官而行，剛介有守，論議純正，人不能奪；仕宦三十年，家無餘資。其他尚多可稱，弗著，著不爲窮達易節者。銘曰：

汶之洋洋，思聖有堂。禮樂衣冠，此爲之鄉；維御史君，尤魯士之良。沉潛而剛，耆艾而敦龐。可以爲公卿大臣，訓于四方。昔往矣，秉筆帝旁，藹然粹溫，如圭如璋。今來斯，微服裹粮，衡門棲遲，詠歌虞、唐。謂其逢也耶？茫乎及夜舟之藏。其不逢也耶？泰焉如晚節之昌。抱明月而長終，懷舊俗而不忘。在君爲樂天，而識者涕滂。林深而蘭芳。風雨如晦，而雞鳴有常。世無良史久矣，孰爲發幽潛之光？

（《全集》卷二十一《御史張君墓表》）

程 震

君諱震，字威卿。先世居洛陽。元魏遷兩河豪右實雲中三州，遂爲東勝人。曾大父獲慶，大父總，質直尚氣節，鄉人有訟，多就決之；至於婚嫁喪葬不能給者，亦借力焉。父德元，自少日，用俠聞，嘗與群從分財，多所推讓，州里稱之。後用君貴，封大中大夫。雷內翰淵述世德之舊備矣。大中子八人。長曰鼎，孝弟仁讓，閨門肅睦，有古君子之風。以六赴廷試，賜第，調濮州司侯。次曰雷，由武弁起身，官懷遠大將軍。君，其第三子也。資嚴毅，雖所親，不敢以非禮犯之。幼日，夢人呼爲御史，故每以諫輔自期。章宗明昌二年，經童出身，補將仕佐郎。泰和中，年及，注授臨洮府司獄，忻州司侯判官。以廉幹，爲西京招討司，奏辟提控沿邊營城粮草。尋擢王剛榜詞賦進士乙科，換偃師主簿。宣宗幸汴梁，入爲尚書省令史。時相知其可用，不半歲，特授南京警巡副使。秩滿，例爲廣盈

倉監支納官。興定初，辟舉法行，用薦者，除陳留令。將之官，白府
尹言："縣務不治，令自任其責，丞、簿、佐史輩無豫焉。幸無擾之，
使令得盡力。"尹諾之。既到官，事無大小，率自負荷，次官奉行而
已。時秋大旱，冬十月乃雨。歸德行樞密院發民牛運粮徐、邳，君
爲使者言："吾麥乘雨將入種，牛役興，則無來歲計矣。使者不能
寬十日程耶？民事果集，雖乏軍興，吾不辭也。"使者怒而去。君
力畢農種，粮運亦如期而辦。行院仍奏君要譽小民，不以軍食爲
急。朝廷不罪也。既受代，大司農奏課爲天下第一；御史臺察能
吏，亦爲奏首，且言可充臺諫。京東總帥府奏辟經歷官，不許，乃拜
監察御史。君涖職，慨然有埋輪之志，即劾奏："平章政事荊王，以
陛下之子，任天下之重，不能上贊君父，同濟艱難，顧乃專恃權勢，
滅棄典禮；開納貨賂，妄進退官吏；縱臾奴隸，侵漁細民；名爲和市，
其實脅取。諸所不法，不可一二數。陛下不能正家，而正天下，難
矣。"書奏，宣諭："御史臺程某敢言如此，他御史不當如是耶？"且
有旨切責荊王，出内府銀，使償物直，救司馬杖大奴尤不法者數人。
於是權貴皆爲斂手。東方頻歲饑饉，盜賊蜂起，特旨以君攝治書侍
御史兼户部員外郎，運京師粮八萬石，賑徐、邳。君經畫餫道，十里
一置驛，羅弓刀以防寇敚，具斧斤以完器用，備醫藥以起病疾，勸助
藉以通留滯。輦運相仍，如出袵席之上。饑民踵來，凡所以爲貸，
爲糶，爲賑贍，忖度肥瘠，無一失其當。州民請於京東帥府："願留
我程御史，以福殘民。"帥府奏君爲行部官，詔再往徐、宿、邳。荊
王積不平，密遣諸奴，誘姦民徐璋造飛語訟君於臺。諸相不爲奏，
而王獨奏之。宣宗頗直君，欲勿問，王執奏再三，乃從之。哀宗時
在春宫，遣醫藥官王子玉諭旨推問官："程御史爲縣，治行第一，監
察，又稱職；有罪無罪，勿爲留難。"已而，璋伏誣告，君當還臺。在
律：官人與部民對訟，無罪猶解職。王風大理寺御史言："天下事
在所皆部民。"竟用是罷官。君泰然自處，都無已仕之愠。聚書深
讀，蓋將終身焉。天不假年，以正大元年三月二十有一日，春秋四

十有四，終於京師嘉善里之私第。積官大中大夫。夫人史氏，封安定郡君，先君三年殁。子一人，思溫，舉進士。以某年月日，舉君之柩，祔於金昌府芝田縣某里大中君之新塋，禮也。嗚呼！生才實難，盡其才重爲難。使君得時行道，坐於廟堂，分別賢否，其功烈可量也哉！方行萬里，而車折其軸，有才無命，古人所共嘆。雖然，地遠而位卑，身微而言輕，乃以一御史，犯强王之怒，卒使權貴落膽，縉紳增氣；雖不遇而去，伸眉高談，亦可以無愧天下矣，尚何恨耶？乃爲銘曰：

曲士賣直，見豺而慄；鄙夫嬌婀，與鼃同波。犯父子之至難，孰絞訐而上訶！橫潰我障，剛癉我訶。鍊心成補天之石，奮筆爲却日之戈。古有之：「和臣不忠，忠臣不和。」彼容容者之所得，奚後福之能多？有山維嵩，有水維河。程君之名，永世不磨！

（《全集》卷二十一《御史程君墓表》）

商　衡一

河間許古道真，以直諫見稱。德陵朝正大初，詣闕拜章言：「八座率非其材，省寺小臣有可任宰相者，不大升黜之，則無以致中興。」章奏，詔道真赴都堂，問：「孰可爲相？」道真以尚書省令史商衡對。當是時，上新即大位，經略四方，思所以宏濟艱難者爲甚力。道真已得請，居伊川，即命驛召之，落致仕，復右司諫。天下想望風采，道真亦慷慨願以人所不敢言者爲天子言之。及論天下事，乃首以公爲可相，則公之材爲可知矣。公字平叔，商氏，系出陳，繼遷鄆。七世祖南華府君諱懷欽，官於曹，遂占籍焉。曾祖諱岡，以武弁入官，宋末奏補從事，換忠勇校尉。祖諱駒，兩廷試，教授鄉里。考諱錫，用公貴，及封朝請大夫。妣王氏，濮陽縣太君。公，朝請君之長子也。初，從鄉先生李昉方平學。貧，無以爲資；方平愛其才，每賙恤之，使得卒業。年二十五，登崇慶二年詞賦進士第。

釋褐洛郊簿，以廉能，換郿縣。尋，辟威戎令。時歲饑，民無所於糴。公白之行臺，得開倉賑貸，賴以全活者甚衆，縣民爲之立祠。再辟原武令，以例罷，入爲尚書省令史。歷粮草邊關知管差除三房。考再滿，授户部主事。兩月，擢監察御史，又充右司都事。於是，朝廷知公蓋將大用矣。改同知河平軍節度使事，不赴，奏充樞密院經歷官、遥領昌武軍同知節度使事。丞相莘公領陝西行臺，奏公偕行，充左右司員外郎。密院表留，有旨："行臺地重，急於用人，可從丞相奏。"自是，臺事一決於公矣。明年，召還，行臺再上奏留之。又明年，丁内艱，乃得還。時正大八年也。十月，起服中，充秦藍總帥府經歷官。正月，河潼失守，召主帥入援。二月九日，軍至陝，將由間道之商州。十一日，抵盧氏山，與北軍遇，相拒大雪中，士卒饑，不能戰。是夜遂潰。公爲北軍所得，欲降之，令去巾，不從。將害公，有止之者曰："此忠孝人也，姑留之。"其夜，公解佩刀自剄，時年四十七。積官至少中大夫，濮陽縣伯，食邑七百户，賜紫金魚袋。初娶鄧氏，再娶鄭氏，并封濮陽縣君。子，男二人：長曰挺，次曰隴安。女一人，適泗州司候安邑劉懋。公事長上以禮，接下以誠，與人交有終始，家居亦未嘗有愠容。性嗜學，藏書數千卷，古今金石遺文，人所不能致者，往往有之。南渡以來，士大夫以救世之學自名，闊者闊略而無統紀，下者或屑屑於簿書、米鹽之間。公資雅重，遇事不碌碌，人所不能措手，率優爲之。苟可以利物，則死生禍福不復計。平居以大事自任，而人亦以大任期之。至今，評者以公用違其長，使之卒然就一死，爲世所惜也。孤子挺等，以某年月日，奉公衣冠，葬於某原。好問辱公知爲厚，敢述梗概而爲之銘，以寄招魂之詞。詞曰：

　唐、虞之世麟鳳游，出非其時聖爲憂。黄琮禮天帝所休，毁之櫝中孰汝仇？海内茂異君上流，坐之廟堂衆職修。天路阻長往莫由，維兕有角不我投。人以死譁我則求，衣冠李衛汙褐裘。氣息奄奄藏鬼幽，禽息鳥視天爲囚。枯龜千年一蜉蝣，异君完節乃所酬。

不然報施神其尤，河濟之水無千秋。若孫若子公且侯，豆籩奔走物潔羞。魂兮歸居安此丘，北陰莽墟不可留！

（《全集》卷二十一《商平叔墓銘》）

商　衡二

　　曹南商氏，族姓所起，見於遠孫正奉大夫贈昌武軍節度使衡所著《千秋録》備矣。蓋自少典而降，得姓者十四。契始封商，以子命氏。十三世而至湯，十七世而微子代殷，後爲偃王。又二十六世，於秦、於兩漢、於曹魏、六朝、隋、唐，詳見於家牒者。以節度君推世次，系出陳之長平。長平，殷高宗冢在焉。遠祖司空侑，《唐史》有傳。太和中，再領天平節鉞。子羽，舉進士，藩府辟召，不至通顯。子盈孫，僖宗聞其有禮學，擢爲太常博士，終於大理卿，贈吏部尚書。子暄，暄之子處讓，處讓之子嶽。已上失其官號，俱爲唐人。嶽之子諱懷欽，入五代十年生。周顯德三年劉燦榜擢第，終於宋建隆四年朝奉郎、試大理評事、知曹州南華縣事。致仕，因家於曹，享年九十四。詳見譜牒。蓋自司空而後爲鄆人，南華而後爲曹人。避宋宣祖諱，改姓商氏。逮節度君九世矣。南華之子捷，淳化三年孫何榜擢第，累官至比部郎中。生七子：宗聖、宗傅、宗回、宗弼、宗旦、宗奭、宗昱。宗傅、宗弼、宗旦，三子登科。宗傅咸平三年陳堯咨榜擢第，初仕蜀川，後乃隔絶，不知所終。宗弼大中祥符五年徐奭榜擢第，累遷至中書舍人。仁宗朝時譽藹然，有卿輔之望。其後不樂仕進，年未五十乃挂冠。築堂曹南之西園，名曰“晦道”。時賢高其勇退，盛爲稱道之。享年七十。娶冀氏，封金華縣君。生八子：倚、備、儞、傅、佑、佽、佖、偕。倚、備、傅、佽四子登科，即節度君六世祖也。宗旦字繼周，天聖五年王堯臣榜擢第，官至朝奉郎，知桂陽監，平陽令，享年五十二。娶卞氏，生四子：伊、灝、伶、伖。詳見《墓誌》。長子伊，伊子譖。倚，元豐五年黃裳榜第一甲第三人擢第。初任太原教授、太學博士,後元祐黨事興,碑其名於餘官之列。一子中立。備,皇祐三年馮京榜擢第。三子:穆之、伯之、適之。傅字夢臣,皇祐五年鄭獬榜擢第,繼登說書科,授國子直講,終於光禄寺丞;出知虢州朱陽縣事。亦足以知當時重守令之選也。享年六十一,累贈太中大夫。娶李氏,封恭人。詳見《墓誌》。即節度君五世祖也。生七子:千之、元之、立之、延之、坦之、成之、貫之。元之、貫之登科。侅,嘉祐四年劉輝榜擢第,終於通直郎,致仕,享年七十四。娶張氏,生五子:先之、才之、孝之、說之、直之。先之、說之登科。元之,熙寧九年徐鐸榜擢第,終於丞議郎、濟州鉅野令。縣界金山寺碑在焉。娶蕭氏,四子:因、圉、冉、丙。因登科。先之,元豐五年黃裳榜擢第,終於衡州茶陵令。貫之,字以道,後改名揞。元祐六年馬涓榜擢第,張君向辟為計司屬官,終於朝散郎,知懷州武德鎮。致仕。享年六十七。娶張氏,封安人。即節度君之高祖也。生六子:周、同、岡、册、丹、甬,皆業進士。說之,建炎五年李易榜擢第,授鄧州文學,後攝濟陰主簿。阜昌二年,通判興仁軍府事。張君檄文:商文學素勤學古,可使入官,今保舉堪赴吏部注擬差遣,竟不就。享年六十。娶傅氏,即龍圖公之女孫也。四子默、點、勳、黯。默後改名休復,字子參。風儀秀整,襟量夷曠,博學有文,老居汴梁。娶江氏,即金紫公鄰幾女孫也。有《陶丘先生文集》行於世。謀,九舉終場,建中靖國元年恩賜進士第,終於虔州大庾令。因,紹聖四年何昌言榜擢第,終於通仕郎、開德府臨河縣令。三子:大有、大聲、大臨。周,宣和元年以父守朝散郎致仕,奏補,累官至通直郎、開德府濮陽縣丞。一子驤。岡,字元壽,建炎二年從劉錫太尉解危滄州,奏補拱轉從事。入金朝,換忠勇校尉。享年七十二。即節度君之曾祖也。初娶周氏,再娶鄭氏。二子:駒、馳。册字元功;丹,字大忠,後改名愈,字師心。為施内翰朋望詩酒之交。生二子驥、驟,皆早世。甬,字子華。俱以儒業顯于鄉里,學者宗之。祖駒,字士龍,兩赴庭試。天資和雅,博學強記,教授鄉

里。泰和元年五月十五日以壽終,享年七十一。祖母郝氏,封宜
人。三子:長永錫,字難老;次敷錫,字福老;次康錫,字吉老。難老
用公貴,及封朝請大夫,致仕。妣王氏,濮陽郡太夫人。三子:仲曰
道,字正叔,滑稽豪俠,有古人風。季曰衍,字信叔,穎悟早世。公,
朝請君之長子也,字平叔,幼從祖學,長師鄉先生李若訥,若訥愛其
才,每器重之。年二十五,擢崇慶二年黃裳榜詞賦進士第,釋褐,主
鄜州洛交簿。以廉能換郿縣,尋辟威戎令。時興定己卯,歲饑,民
無所於糴,公乃開倉賑濟,然後白之行臺,賴以全活者甚衆。夏六
月,地震,城郭摧圮,夏人乘釁入寇。公率領蕃部土豪,守禦應敵,
保以無虞。秩滿,縣人為之立祠。再辟原武令。以例罷,入為尚書
省掾。歷粮草邊關知管差除三房。考再滿,授戶部主事。兩月,擢
拜監察御史。姨母郕國夫人不時入禁中,干預政事,聲勢甚張。公
拜章極言。自是郕國被召,乃敢進見。宗室帥慶山奴軍淮南,歸州
失利,朝廷置而不問。公建言:"自古敗軍之將,必正典刑。不爾,
則無以謝天下。"詔為決杖八十,因而退罷。戶部侍郎、權尚書曹
溫,時一女在掖庭,從史親舊干預權利,其家人填插諸司,貪墨張
露,而臺官無敢言者。公歷數其罪,詔罷溫戶部,改太后府衛尉。
公再上章:"若臣言溫果可罪,當貶逐;溫無罪,則臣為妄言。豈有
是非不別而兩可之?"哀宗為之動容,乃出溫為汝州防禦使。未
幾,改右司都事。朝廷知公蓋將大用矣!改同知河平軍節度使事,
不赴。奏充樞密院經歷官、遙領同知昌武軍節度使事。丞相完顏
莘公領陝西行臺,奏公偕行,充左右司員外郎,仍佩以金符。密院
表留。有旨:"行臺地重,急於用人,可從丞相奏。"自是臺務一決
於公矣。明年召還,行臺再奏,留之。又明年,丁內艱,乃得還。平
章政事蕭國侯公塞京東河決,奏公以左右司郎中從行。正大八年
十月,起服中,充秦藍總帥府經歷官。正月,河潼失守,召主帥入
援。二月九日,軍至陝,將由間道之長水界,與北軍遇。相拒大雪
中,士卒饑凍不能戰,主帥兀典棄衆降敵。公為北軍所得,令去巾,

公瞋目大呼曰："汝欲脅從我耶？我終不能降！"回望闕瞻拜曰："主將無狀，亡兵失利，臣之罪責亦無所逃。但一死報國耳！"遂拔佩刀自剄。時年四十有六。襃贈正奉大夫、昌武軍節度使。初娶鄧氏，繼娶鄭氏，并封濮陽郡夫人。子男二人：長曰挺，字孟卿，業進士；次曰援，字仲經。女一人，適進士劉茂。孫男七人：琥、璘、璹、瑝，皆業進士，瑋、瓛、琯及女孫二人尚幼。初，河間許古道真，以直言極諫稱於德陵朝。正大初，詣闕拜章，言："八座皆非其材；省寺小臣，有可任宰相者。不大升黜之，則無以致中興。"章奏，召道真赴都堂，問孰爲可相，道真以尚書省掾商衡對。當是時，上新即大位，經略四方，思所以宏濟艱難者爲甚力。道真已得請，居伊川，即命驛召致之，復右司諫。天下相望風采，道真亦慷慨願以人所不敢言者爲天子言之。及論天下事，首以公爲可相，則公之材爲可知矣。公事長上以禮，接下以誠，與人交，敦終始。　家居怡然無慍容。性嗜學，藏書數千卷，古今金石遺文，人所不能致者，往往有之。南渡以來，士大夫以救世之學自名，高者闊略而無所統紀，下者或屑屑於米鹽簿書之間。公天資雅重，遇事不碌碌，人所不能措手者，率優爲之。苟可以利物，則死生禍福不復計。平居以大事自任，而人亦以大任期之。評者至今以公用違其長，使之卒然就一死，爲斯世惜也。故好問銘其墓云云。按公所藏及記錄者，有唐武德三年遠祖司空勛國公《問山誥》，有"體質平允，才器敏洽，宣力義旗，功參造昧。可吏部尚書"，宣和內府物也。（已下皆《晦道堂》題詠，備在《家錄》）自餘玉牒，授之楚尾毛觀復、給事中知曹州興仁軍府事三衢盧襄贊元、濟北李那商老、任庭玉、鄧忠臣、山東路提刑使濟陰賀公叟楊庭、東平路轉運使鄉先生李上達及子、省元防方平、濮州軍事判官林棣、姚建榮興祖、尚書左丞壽國公金城高汝礪岩甫、同知臨洮府事兼積石州刺史平陽孔天監偉明、尚書右丞汶水賈守謙益之、諫議大夫潕南許古道真、戶部尚書權參知政事臺山楊愃叔玉、尚書左丞日照張行忠信甫、平章政事蕭國公東阿侯摯莘卿、大司農户部尚書相人張正倫公理等。書札詩篇（在家録）翰林應奉束明王鶚百一嘗作誥詞云："出知外縣，凛乎其德讓之遺；入掾中臺，魁然有宰輔之望。"禮部閑閑趙公許與公，有"鵬飛九萬里，風斯在下"之語。其爲時賢所推重如此，尚何待僕言！正叔以通家之故，請爲《千秋録》作《後記》，因得件右之。或疑商氏名德相望，而報施未豐者，竊以水喻之：今夫流泉出石罅間，從濫觴之微，涓涓而不絶；及其合支流，會衆川，儲蓄淵渟，盡洄洑舒徐之態；鼓之以長風，驅之以迅雷，泄雲雨而涵鬼物，雖有千石之舟，十丈之檣，遲回顧盼而不敢發。蓋從微至著而有本者必如是耳。今孟卿舘嚴侯之門者十餘年，侯温然執擁篲之敬；海内名勝率以清廟之器許之。諸郎玉立秀發，生長見聞，宜有不資於人而自媺者。正叔年甫六十，安閑樂易，福禄方來。他日羔雁成群，極人間盛事，當信僕言之不妄云。癸丑二月吉日，河東元好問裕之謹書。

（《全集》卷三十九《曹南商氏千秋録》）

雷　淵

　　南渡以來，天下稱宏杰之士三人：曰高廷玉獻臣、李純甫之純、雷淵希顔……希顔，正大初，拜監察御史。時主上新即大位，宵衣旰食，思所以宏濟艱難者爲甚力。希顔以爲天子富於春秋，有能致之資，乃拜章言五事。大略謂："精神爲可養，初心爲可保。人君以進賢退不肖爲職，不宜妄費日力，以親有司之事。"上嘉納焉。庚寅之冬，朔方兵突入倒回谷，勢甚張。平章芮公逆擊之，突騎退走，填壓溪谷間不可勝算。乘勢席卷，則當有謝玄淝水之勝。諸將相異同，欲釋勿追。奏至，廷議亦以爲勿追便。希顔上書，以破朝臣孤注之論，謂："機不可失，小勝不足保。天所予，不得不取。"引援深切，灼然易見，而主兵者沮之，策爲不行。後京兆、鳳翔報："北兵狼狽而西，馬多不暇入銜，數日後，知無追兵，乃聚而攻鳳

翔。”朝廷始悔之。至今以一日縱敵，爲當國者之恨。凡此三人
者，行輩相及，交甚歡，氣質亦略相同；而希顔以名義自檢，強行而
必致之，則與二子爲絶異也。蓋自近朝，士大夫始知有經濟之學，
一時有重名者非不多，而獨以獻臣爲稱首。獻臣之後，士論在之
純；之純之後，在希顔；希顔死，遂有“人物渺然”之嘆。三人者，皆
無所遇合，獨於希顔尤嗟惜之云。希顔別字季黙，渾源人。考諱
思，大定末，仕爲同知北京路轉運使事。希顔，其暮子也。崇慶二
年，中黄裳榜進士乙科。釋褐涇州録事，不赴，换東平府録事。以
勞績，遥領東阿縣令。調徐州觀察判官，召爲荆王府文學兼記室參
軍，轉應奉翰林文字、同知制誥、兼國史院編修官。考滿，再任。
俄，拜監察御史，以公事免。用宰相侯莘卿薦，除太學博士，還應
奉，終於翰林修撰。累官大中大夫。娶侯氏。子，男二人：公孫，八
歲；宜翁，四歲。女二人：長嫁進士陳某；其幼在室。初，希顔在東
平。東平，河朔重兵處也。驕將悍卒，倚外寇爲重，自行臺以下，皆
務爲摩拊之。希顔莅官，所以自律者甚嚴，出入軍中，偃然不爲屈，
故頗有譴讟者。不數月，閭巷間家有希顔畫像。雖大將，亦不敢以
新進書生遇之。嘗爲户部高尚書唐卿所辟，權遂平縣事。時年少
氣鋭，擊豪右，發奸伏，一縣畏之，稱爲神明。及以御史巡行河南，
得贓吏尤不法者，榜掠之，有至四五百者。道出遂平，百姓相傳雷
御史至，豪猾望風遁去。蔡下一兵，與權貴有連，脱役遁田間，時以
藥毒殺民家馬牛，而以小直脅取之。希顔捕得，數以前後罪，立杖
殺之。老幼聚觀，萬口稱快，馬爲不得行，然亦坐是失官。希顔三
歲喪父，七歲養於諸兄。年十四五，貧，無以爲資，乃以胄子入國
學，便能自樹立如成人。不二年（十），游公卿間，太學諸人，莫敢
與之齒。渡河後，學益博，文益奇，名益重。爲人軀幹雄偉，髯張口
哆，顔渥丹，眼如望羊。遇不平，則疾惡之氣見於顔間，或嚼齒大罵
不休。雖痛自摧折，猝亦不能變也。食兼三四人，飲至數斗不亂，
杯酒淋漓，談謔間作。辭氣縱横，如戰國游士；歌謡慷慨，如關中豪

杰;料事成敗,如宿將;能得小人根株窟穴,如古能吏;其操心危,慮
患深,則又似夫所謂孤臣孽子者。平生慕孔融、田疇、陳元龍之爲
人,而人亦以古人期之。故雖其文章號"一代不數人",而在希顏,
仍爲餘事耳。希顏年四十六,以八年辛卯八月二十有三日暴卒。
後二日,葬戴樓門外三王寺之西若干步。好問與太原王仲澤哭之,
因謂仲澤言:"星殞有占,山石崩有占,水斷流有占。斯人已矣,瞻
烏爰止,不知於誰之屋耳?"其十月,北兵由漢中道襲荆、襄,京師
戒嚴。銘曰:

　　維季默父起營平,弱齡飛鶱振厥聲。備具文武任公卿,百出其
一世已驚。紫髯八尺傾漢庭,前有趙、張恥自名。目中之敵無遁
情,太息流涕請進兵。掩聰不及馳迅霆,一日可復齊百城。天網四
面開鯢鯨,砥柱不救洪濤傾。望君佐王正邦經,或當著言垂日星。
一價不起誰使令? 如秦而帝寧勿生,不然亦當蹈東溟。元精炯炯
賦子形,溘焉寧與一物并? 千年紫氣郁上征,知有龍劍留泉扃,何
以驗之石有銘!

　　(《全集》卷二十一《雷希顏墓銘》)

高廷玉

　　南渡以來,天下稱宏杰之士三人:曰高廷玉獻臣、李純甫之純、
雷淵希顏。獻臣雅以奇節自負,名士喜從之游,有"衣冠龍門"之
目。衛紹王時,公卿大臣多言獻臣可任大事者。紹王方重吏員,輕
進士,至謂高廷玉人材非不佳,恨其出身不正耳。大安末,自左右
司郎官,出爲河南府治中,卒以高材,爲尹所忌,瘐死洛陽獄中。

　　(《全集》卷二十一《雷希顏墓銘》)

李純甫

　　南渡以來,天下稱宏杰之士三人:曰高廷玉獻臣、李純甫之純、雷淵希顏……之純以薊州軍事判官上書論天下事,道陵奇之,詔參淮上軍,仍驛遣之。泰和中,朝廷無事,士大夫以宴飲爲常。之純於朋會中,或堅坐深念,咄咄嗟唶,若有旦夕憂者。或問之故,之純曰:"中原以一部族待朔方兵,然竟不知其牙帳所在,吾見華人爲所魚肉去矣。"聞者訕笑之曰:"四方承平餘五六十年,百歲無狗吠之警,渠不以時自娛樂,乃妖言耶?"未幾,北方兵動。之純從軍還,知大事已去,無復仕進意,蕩然一放於酒,未嘗一日不飲,亦未嘗一飲不醉,談笑此世若不足玩者。貞祐末,嘗召爲右司都事。已而,擯不用。

　　(《全集》卷二十一《雷希顏墓銘》)

康　錫

　　君諱錫,字伯禄,姓康氏。世爲寧晋人。大父諱成,嘗與昆弟分財,他田宅更無所問,止取南中生口十餘人,縱爲民而已。以故家獨貧。考諱溢,少爲里胥,資純篤,縣令者倚之以納賄。及令爲御史所劾,溢自念:"言直則令被罪,終世不齒。渠官長,而我以事證之,何以立于世?"乃自縊而死。令竟以無迹可尋獲免。伯禄既孤,養於外祖田氏。田見伯禄骨骼異他兒,謂當有望,使之應童子舉。飲食卧起,躬自調護,備極勞苦。得解赴都。一日,暮行荻葦中,懼爲同行者所遺,至負之而趨。及長,師柏鄉王翰周輔。束修不能備,周輔與諸生共贍給之。中崇慶二年進士第。釋褐櫟陽簿、警巡判官,辟彭原令,入爲尚書省掾。考滿,遷開封府判官。俄,拜監察御史。言："宰相侯摯、師安石非相材,提點近侍局宗室安之,聲勢焰焰,公行請托,不可使久在禁近。"朝議偉之。選授右司都事,遷京南路大司農丞。破上蔡諸縣群不逞把持之黨,彈種人以贓污尤狼籍者五六輩。宰相有不悅者,云："康錫不欲吾種人在仕路耶?"因以飛語中之。出爲河中府治中、充行尚書六部郎中,城陷,投水死,時年四十八。伯祿孝於母,友於其弟,有恩義於朋友。從仕,則死心奉公以爲民。古所謂公家之利知無不爲者,唯伯祿爲然。同年生如雷御史希顏、冀都司京父、宋內翰飛卿之等,名士數十人,世以比唐人"龍虎榜"。至論公輔大器,尚以伯祿爲稱首云。歲戊申秋九月,予過寧晉,伯祿之從弟銳招魂葬伯祿於唐城鄉東南五里之先塋,以其第三子阿千爲之後。伯祿先娶薊州游氏,再娶魯山張氏,皆封京兆縣君。一子彭原,張出,歿於京師之兵。銘曰:

仕以義行,死與義俱,義存義亡,葬何計乎江魚?寧晉之墟,維君之居。睠焉顧之,泣涕漣如。豈無蛟蜃之波?以投畀乎讒夫?百歲而下,有歷九關爲上訴者,其有說歟?

(《全集》卷二十一《大司農丞康君墓表》)

聶天驥

元吉諱天驥,姓聶氏,代之五臺人,元吉,其字也。父諱明,自先世雄於財,而以陰德聞里中,用元吉貴,封大中大夫。元吉,其長子也。弱冠,登進士第。釋褐汝陰簿,轉睢州司候。廉舉封丘令,入爲尚書省邊關糧草房令史。考滿,授吏部主事、權監察御史。夏人請和,使者互市於會同舘。外戚有身自貿易於其間者,元吉以大官近利,失朝廷體,且取輕外夷彈之。遂忤太后旨,除同知汝州防禦使事。未赴,爲陝西行臺所辟。仍用薦書,遙領金安軍節度副使兼行尚書省都事。不半歲,入爲右司員外郎,例授京兆府治中、衛州行尚書六部事。慶陽圍急,朝議以宿州總帥往救之,奏充經歷官。圍解，從別將守邠，將欲棄州而東。元吉陳說利害，力止之，不從。將坐是被繫。辭連元吉，降授京兆治中。尋，有訟其冤者，即召爲開封府簽事。旬月，還右司員外郎。丁太夫人憂。未百日，而奪哀復職。車駕東遷，公在留中。賊殺二相，兵及元吉，卧創二十許日，醫言可治，公誓之以死。死之二日，權厝某所。娶王氏，子，男二人：長黄童，次玄童。女三人。長嫁進士張伯豪，孝友有父風。夫歿，歸在室。元吉既葬之明日，女不勝哀慕，絶脰而死。時亂已極，凌奪烝報，無復人紀，女獨以大義自完。士大夫賢之，有爲泣下者。其二尚幼。初，元吉以衛紹王崇慶二年登科時，雷希顔淵、宋飛卿九嘉、商平叔衡、張正卿天綱、冀京父禹錫、康伯禄錫，皆在選中，朝野以爲得人。而元吉起田畝，能以雅道自將，踐歷臺閣，若素宦然。諸人多以爲不及也。予與元吉同鄉里，年相若，仕相及。然元吉重遲，予資卞急；元吉耿耿自信，未嘗以言下人。予則矯枉過直，率屈己以徇物。道不同不相爲謀，故雖與之同鄉里，年相若，仕相及，而交未嘗合也。今元吉已矣，予惜其有志於世，世亦望焉，而卒之無所就也，乃爲之銘以哀之。辭曰：

　　巖墻之死，匪曰正命。義存義亡，何適非正。天奪予衆，力獨奚競？多壽辱隨，瞑目爲竟。善乎子程子之言曰：“今世之士，其無幸歟？展布其四體，未有以爲容也，而得桎梏；萌意於方寸，未有毫末也，而觸機阱。”吾於吾元吉，誠愛其得所以死而死，然亦悲夫抱一概之操，泯泯默默，少不能俟天之定也。

　　（《全集》卷二十一《聶元吉墓誌銘》）

劉汝翼

　　公諱汝翼，字舜卿，姓劉氏。世爲淄川鄒平人。曾大父諱異，政和末擢進士第。釋褐隆平主簿。時西山劇賊千餘人，據險爲柵，旁近多被劫掠，朝廷責州將擒捕之。州將謀于官屬，諸人悀怯不敢

應,公毅然曰:"兵力單弱,恐不能勝賊,獨當以氣懾之耳。"乃常服
詣賊柵,自通姓名,且言所以來,辭情慷慨,群盜慚服,相與宴飲。
明日,與其酋把臂俱下,而無亡鏃之費。詔遷白馬令,以賞其功。
大父諱伸,不樂仕進,以財雄鄉里,周急繼困爲多。父諱時昌,大定
初律學出身,歷孟州軍事判官,終於左三部檢法。用法詳慎,多所
平反。後用公貴,累贈大中大夫。公,其第四子也。幼穎悟,日誦
數百言。師事鄉先生單雄飛、張元造。初治《書》,改授《易》,卒業
於《詩》。山東諸儒間,聲名籍甚。貞祐四年,經義第一人擢第,特
授儒林郎,賜緋衣銀魚。調袞(兗)州録事,未赴。丁母彭城郡太
君邵氏憂。服除,借注盧氏主簿,入爲尚書省掾。終更,遷同知嵩
州軍州事兼陽翟縣令。縣戶籍餘三萬,豪猾所聚,令丞少不自檢,
爲所把持,莫有得善代者。公下車,差次貧富,一一籍記之;一夫之
役,斗粟之斂,均賦而平及之。大豪以苞苴私見,欲相誣染,公發其
奸,并以所賄者曉于衆。至於宗室大家,聲勢焰焰,人莫敢與之抗,
一爲平民所訴,必深治而痛繩之。黠賊褚二,養丐者爲子,羅富民
鬪毆,有勸解者,即逡巡而退;乃於隱處以大棓擊兒,胸背腫青,隨
以藥殺之。明日,就富家索命。公知其奸計,械褚送獄,褚咆哮不
即承。公召尉司宿賊與褚同繫,以計覘之。數日,言意相得,乃肯
吐露。事既白,竟償丐者命,一縣稱爲神明。考滿,換洛陽令。陽
翟父老百餘人詣都堂請留,不聽;縣中爲立生祠,以致去思之心焉。
洛陽政成,召爲户部主事。正大八年,超同知汝州防禦使事,留爲
户部員外郎。官大中大夫、輕車都尉,彭城郡開國伯,食邑七百户,
賜紫金魚袋。河南受兵,中令君聞公名,以朝旨理索。北歸,僑居
鎮陽,辟萬户史侯幕府行部郎中。歲庚子,辟尚書省參佐。癸卯,
朝命擢授行六部侍郎、廉訪使者、佩金符。公春秋已高,力求引退,
往來燕齊之間。以壬子冬遘疾,春秋六十有六,終於燕京開陽坊私
第之正寝,實十一月之六日也。娶袁氏,封彭城郡君。子,男五人:
長曰衍,奏差清滄鹽司都提舉;次曰衡,真定河間路都提舉;次曰

衡，清鹽司提舉；次曰復；次曰元。諸子皆傳家學。女二人：一適進士謝芝；一適士族張簡。男孫四人，尚功。女孫七人，二及筓者，適士族；餘幼，在室。諸孤等以年月日奉公之柩，歸葬於邳平梁鄒鄉孫鎮東原之先塋，禮也。公幼有至性。生六歲，大中公下世，稿葬燕城南僧舍。既冠，問知旅櫬所在，將往迎之，太夫人鍾愛于公，不欲使之遠去膝下。公因東平鄉賦，徑至燕城。歲月既久，丘壠荒沒，哀慕訪求十數日，乃獲。刻甓爲識，官號宛然。扶護東還，州里嘉嘆。公之立志，已見于此矣。百年以來，御題魁選，以趙內翰承元賦《周德莫若文王》超出倫等，有司目爲“金字品”。及公經義第一，詩傳三題絕去科舉蹊徑，以古文取之，亦當在優等，故繼有“金字”之褒。連宰二大縣，以經術飾吏事，雖擊伏強梗，人不能欺，至于仁心爲質，亦要其終而後見也。南渡以來，士子潛心文律，視師弟子之傳爲重。從公講學者，如羅鼎臣、賈庭揚、李浩輩，往往甲乙擢第。其有功後進，蓋如此。某早以詩文受知于公，千慮一得，極口稱道。諸孤以碑銘爲請，輒爲銘詩以表公墓，而不敢一言私焉。其銘曰：

風雅三百正而葩，何以蔽之思無邪。詁訓瑣細春官科，莅政弗達奚取多。公昔治詩始萌芽，真積力久無復加。石磨玉琢絕纇瑕，內美信厚外柔嘉。百里之命令所荷，銅墨卑品責望奢。是時軍聲振三河，星火餽饟供荷戈。筋疲力涸方薦瘥，獨以砥柱當頹波。翁歸記籍列等差，守以安静無敢譁。庶役剛癉公禁訶，流離顛頓公拊摩。三月報政民氣和，昔也殿屎今笑歌。望公長劍冠巍峩，百未一試老澗阿。不龍不蛇賢人嗟，人言公材如命何？公家嘉樹欝以華，會與毛鄭俱名家。墓碑有銘豈浮夸，劉宗淄川其未涯。

（《全集》卷二十二《大中大夫劉公墓碑》）

張景賢

癸巳之兵，既破河南，景賢微服返鄉里。予每過寧晉，景賢必以杯酒相勞苦。予問：“君閑居何以自娛？”景賢爲言：“吾平生嗜讀書。喪亂以來，典籍散落，獨有《通鑑》及《柯山書解》，日得專志，如此隨寫隨讀，頗若有所得。異時汩没科舉，鞅掌簿書，殆於學業。（下闕）尚書省令吏，考滿，擢黃河漕運副使提舉。丁外艱。服除，辟洧川令。前政有籍惡子姓名揭之通衢者，景賢到官，遽命撤去，使渠輩知自新之路。迄終更，果無一犯者。有司以稱職聞。壬辰二月，遷南京左警巡院副使。屬歲饑，縣官作糜粥以食餓者，日費菽米數十斛。景賢區處有法，鼠雀無敢耗，人受實惠，多所全活。六月，以洧川課最，升一階，改開封令。九月，復以左警巡院副使借注之。大概景賢爲人有幹局，而以學術濟之，爲政不務表襮，人久而信，故所去見思。其年，積前後勞，遙領鎮南軍節度副使兼蔡州管內觀察副使。官中順大夫、上騎都尉，清河郡開國伯，食邑七百户。以丁未九月之七日，春秋六十有七，遘疾，終於家。越四日，葬於縣西北唐城鄉內王里之先塋，禮也。配清河郡君王氏，同縣處士有成之女，後景賢十年卒。子，男一人，即世英也。女二人：長適平晉進士李銑，次適安肅進士陳惟良。男孫四人，女孫二人，皆幼。銘曰：

近民慈祥，其馭吏也靜以莊。惆怐無華，愈久不忘。晚節而昌，幅巾故鄉。神理昭然，飲食壽康。聖謨洋洋，詠歌虞、唐。殆天錫之，以爲善之樂，歸老（下闕）。

（《全集》卷二十二《中順大夫鎮南軍節度副使張君墓碑》）

周　鼎（周獻臣兄）

　　君諱鼎，字器之，姓周氏。世爲定襄人。曾大父萬，力田爲業。大父慶嗣，字榮甫，通六經，教授鄉里者六七十年，鄉人尊之。父丕顯，字著明，質直尚義，好交結四方。獲鹿世家有以女婢誘陝右饑民爲贅婿者，歲既久，并所生男女皆奴之。贅婿單弱，無以自解。著明冤之，示以文法及訴訟次第，累爲有司所直，准生女從母，其餘皆奪爲良。嘗自言：“吾後當有興者。”君，其長子也。幼穎悟，未十歲，大父教之六經，應童子舉。平陽宿儒畢晉卿愛其風骨，謂當有所成，許之親授賦學。年十六，即辭家從之。又二年，取平陽解名，三赴廷試，貞祐乙亥程嘉善榜內登第。釋褐征事郎、五臺主簿。未幾，丁母王氏艱。太原行元帥府事翟德升雅知君名，以便宜起復定襄丞。時中原受兵，所在殘毀，民人保聚，多爲脅從。君時佩銀符，兼義軍彈壓，以爲軍力不足備敵，而人無所逃死，豈樂爲背逆？凡所詿誤者，一切貸之，縣民賴以全活者甚衆。明年，遷陽曲令、權河東北路轉運司戶籍判官、帥府檢察。君嚴於自律，滴水不交部民。兵來，耕稼既廢，軍食爲重，一府倚辦於君。君悉力經畫，取於民者均，而給於軍者無所枉，內外翕然，以公平贊之。府經歷官輸米入倉，數不盈斛，而倉官以盈斛受之。君發其奸，杖經歷八十。德升賞君之直，以上尊餉之。又明年，雁門破，兵勢駸駸而南。鄉曲以太原不可保，趣君弟獻臣就謀去就。君爲獻臣言：“城不保必矣。我臣子也，尚欲逃死乎？”獻臣欲挈君妻子以出，君又不可，曰：“吾守官於此，而不以妻子自隨，是懷二也。吾弟往，吾死於此矣。”乃與之泣別於北門之外。是歲城陷，没於兵，實興定二年九月六日也。得壽三十有七。官奉直大夫。娶武氏。子，男一人，鐵和；女一人，方幼。獻臣既通貴，佩金符，以年月日奉公衣冠，葬於五村里西原之先塋，禮也。好問辱從君游，獻臣以墓表見屬。尚憶在汴梁結夏課時，君日酣飲，於世事略不介懷，予亦笑其迂緩。及入官，其風力乃如此，始恨交游半生，知君不盡耳。乃爲述其故，且系以招魂之辭。其辭曰：

若有人兮洵且都，城復于隍兮徇以軀。羈魂悵兮冥素途，巫陽下招兮宜可呼。天厚子兮內美俱，綰銅墨兮握瑾瑜。處脂膏兮不自濡，植節苦兮甘糗蔬。護念所牧兮剸髮膚，鋤治強梗兮惠惸孤。宜貴而壽兮與德符，其孰乘之兮又孰除？蒙山之丘兮郁枌榆，復子之鄉里兮返厥初。攘蓬之言兮直厚誣，舍我祖禰兮將焉如？汾沮洳兮參之墟，獡貐群走兮雄牙鬚。俱腐草木兮孰別區，魂兮歸來兮安汝居。

（《全集》卷二十二《陽曲令周君墓表》）

趙端卿

君諱端卿，字正之，其先浙人。遠祖某，以商販留東京，因而家焉。嘗仕漢鐵騎營指揮使，與宋宣祖有里巷之舊。及太祖取柴氏，有旨訪求，隱居不爲出，故終宋之世爲民家。其居通許以教讀爲業者，君之曾大父諱弼者也。大父諱昱，父諱渥。居通許者，四世矣。君幼孤，養於叔父澤，資簡重，薄於世味。少日，父教以科舉之業，而於經學有所得，雖有聲場屋間，非其好也。興定五年春，省試魁多士，遂登乙科。釋褐徵事郎，守解州安邑丞，即閉戶讀書，無復仕進意。教誨子弟，以孝弟忠信爲根本，身自表率，使知踐履之實，不徒事章句而已。辟舉法行。當路有知君之賢，欲以一縣相屈者，君爲書以絕之。正大初，修《宣宗實錄》，楊禮部之美、趙內翰周臣連章奏君爲編修官，召至史館，力辭而去。執政聞君名，有欲求見之者，君深自閉匿，不使見也。天興壬辰，避亂京居。車駕東狩，崔立劫殺宰相，都人聞變，求死無所。君方與正之（即高仲震）對食，顏色不少變，投箸而起，嘆曰："知有今日久矣，尚何言哉？"其七月二十八日,以病終於寓舍,春秋五十有四。用覃恩,積官至奉直大夫。夫人,同縣李氏。子,男二人:長曰晉,次曰益。女一人,適許州倉副使穆鑑。男孫一人,六九,尚幼。晉等以某年月日,舉君之柩,歸葬於縣東原之先塋,禮也。自利祿之學盛,且百年間,有以經術自救者。私欲既勝,強爲揉治之,往往齟齬而不相入。君天資既高,且恬於進取。其學也,優柔饜飫,久與俱化,眉宇津津然,望之知其爲善人君子。力省而功倍,蓋有不可誣者。晉來速銘,用所以知君者著于篇,而不敢一言私焉。銘曰:

郁如其充,渙如其融。六經之春,見服與容。彼合也人,我天之通。求人而得之,何計乖逢?環堵蕭然,薇藿不供。商歌之聲,天地滿中。萬物并流,至君而止。司南聖涂,發軔伊始。黃裳元吉,無庸青紫。華髮元龜,望君百年。君遊不留,道將孰傳?松柏之邱,石表其前。是惟子趙子之墓,過者式焉!

(《全集》卷二十二《奉直趙君墓碣銘》)

史 元

邦直,諱元,姓史氏。世爲武陟人。某年遷河內,乃占籍焉。曾祖良,祖萬,父選,三世在野。母常氏,出士族,知邦直可以起家,力課之學,邦直亦能自樹立。從鄉先生王國光游,不數年,學業大進。遂擢興定五年詞賦乙科。釋褐武陟簿。懷孟被兵已久,邦直安集有方,鄉人賴之。秩滿,以材選管勾三白渠,入爲尚書省令史。宰相李公適之聞其名,問以三白渠利害。邦直以書對,細字滿三十紙,推究源委,凡公私所以爲弊者無不備。按而用之,強有力者將無所容奸。適之大稱異之。遷管勾黃河漕運。未幾,河南破,右丞仲德行臺徐州,檄邦直守禦,注授彭城令。尋轉充觀察判官。危急存亡之際,多所建白,仲德甚倚重之。喪亂後,間關東歸。歲戊戌十二月二十有六日,春秋五十有七,以疾終於州之私第。邦直爲人

軀幹雄偉,望之如羽人劍客,而處事詳雅,倉猝無失辭。事母孝,待
故舊有終始。身殁之日,識者多嗟惜之。初娶某氏,再娶遼東高
氏,某官之女。邦直無子,以姪爲之後。以某年月日,葬於河內王
封里之東南原。初,邦直殁之七日而懷州亂,老幼奔潰,城爲之空。
高夫人暮夜挈家人避於州西南五十里之別墅。事定而歸,家蕩然
無一物。蝗旱連歲,道殣相望,人謂從此無史氏矣。夫人攻苦食
淡,存撫愚幼,入門應接,不減邦直生平。比營大葬,凡舉十餘喪,
安厝如禮,生死受獲,雖健男子有不能辦者。邦直可無恨矣。邦
直,予同年進士,又交分殊款,其孤請爲墓碣銘,乃論次之。其銘
曰:

　　能者人,不能者天。得配而賢,獨爲始終之全。我銘詔之,以
慰下泉。

　　(《全集》卷二十二《史邦直墓表》)

孫德秀

　　正大中,内帑被盜,所失皆慈聖宮珠具。上怒甚。公時爲監察
御史,被詔按其事,而無迹可尋。法官讞疑,欲棄守者市,公執奏緩
之。會赦,得原。汴民李氏女,有姿色,已許嫁矣。首相白撒之姪,
恃勢奪婚,且欲以爲妾。夫家訴於官,官畏,徇不爲理,遂訴於公。
公爲奏聞,詔還已許。八年,親享太廟。郕國夫人溫敦氏,過廟門
而不偃蓋。公劾奏,以爲失臣妾禮。上不忍加姨母罪,敕有司杖御
者百,仍罰俸以愧之。舊制,承天門非犒軍不登。一日上無故登
焉。公奏:“人主不可示民不信。”上即日爲公犒軍。庚寅、辛卯以
來,雖軍出屢勝,而亡徵已具。危急存亡之際,大夫士以自保爲幸,
或高蹈遠引,脫屣世務;或酣歌縱酒,苟延歲月。公獨正色立朝,耿
耿自信,言事數十條,藹然有承平之風。《詩》所謂“風雨如晦,雞
鳴不已”者,惟公有焉。公諱德秀,字伯華。其先涇州長武人。大

父皋,遭靖康之亂,流寓太原之文水,因家焉。父枏,資稟淳直,樂於爲善,時與羽人禪客游,尤喜賙恤貧乏,或養之終其身,且葬祭之。用公貴,贈朝列大夫。有子五人,公,其長也。幼穎悟,有學性;及長,游太學,有聲場屋間。至寧元年,以三赴廷試,試補御史掾。興定六年,中開封府解試魁,臺掾考成,升尚書省掾。數月,以母樂安縣太君成氏春秋高,乞歸侍。俄,辟權國史院編修官。元光初,以選充豐備倉監支納官。正大元年,擢詞賦進士第,授奉直大夫。三年,辟京兆雲陽令。行省以長安劇邑,而令非其人,用便宜以公易之。雲陽之人相率請留,詞旨懇切,宰相不能奪,還公雲陽。六年,權行省左右司員外郎。七年,拜監察御史。終更,授太府監丞、遙領同知鎮南軍節度使事。壬辰之變,微服出汴京,客居大名,鬱鬱不樂,竟以成疾。以明年冬十有二月朔,春秋五十,終於寓居,權葬某所。娶要氏,吉州倅伯升之女弟,封安樂郡君。子,男三人:長頤,次觀,次孚,皆習儒業。女二人:長適祭酒吉州馮內翰子駿之子亨,次適進士太原王枏。孫,男五人:崇仁、崇義、崇禮、崇智、崇信,皆習儒業。女孫五人,尚幼。公美鬚眉,容服甚都,家居整肅,遇物以誠;臨官事官有法,絲毫不少徇;其憂國愛君,出於天性。惜其遭罹季末,抱利器而無所試,見於行事者,止此而已。季子孚以王內翰百一所撰家傳來乞銘,僕於公爲鄉人,敢用所以知公者爲之銘,以致懷賢之思。其銘曰:

和臣不忠,忠臣不和。碑石有銘,百世不磨。公起太原,儒素爲家。以貌言而觀,上其柔嘉。怫然聞義而起,勇莫我加。創罷我扶,剛瘝我訶。不量寸鐵之微,訴九閽而磔妖蟇。白筆風生,朝著無譁。宗周不綱,蕩而頹波。亦有不二心之臣,哀喪亂之宏多。幸大福之可再,憤卻日而麾戈。念君平生,慨然長嗟。委蛇委蛇,豸冠峨峨。蓬蒿一丘,窆此澗阿。天之廢商久矣,公其如命何,公其如命何!

（《全集》卷二十二《御史孫公墓表》）

楊　振（楊奐父）

　　君諱振，字純夫，一字德威，姓楊氏。唐鄶國十九世孫。鄶國賓於唐，唐以奉天之田四百頃奉之，子孫遂爲縣人。鄶國以行基嗣。行基生棻，棻生溫，溫生幼言，幼言生顒，顒生皋，皋生免，免生珍，珍生光贊，光贊生懷順。懷順官金紫，仕爲西台禦史。襲封至五代漢，乃除。夫人彭城劉氏，有子十二人：長曰公侯，次曰公神、公留、公賢、公洪、公素、公石、公祚、公良、公通、公演、公伏。始分世田，隨諸房所居，號十二楊村，總謂之隋楊氏。公侯之子舜靖，舜靖之子信，信之子禹，禹之子言，言之子宗，宗之子楸。楸配裴氏，於公爲王父母。金初，猶以大宗之家主祭祀事，居大楊，葬皆從西臺君。子超道，超道配尚氏。正隆後，避王統制之亂，寓乾州南，自爾族人號“城南翁”。公，城南翁次子也。幼喜讀書，與同里張子文善。嘗手抄經傳，尤愛王符諸論，與賓客談，時稱誦之。弱冠，仕州縣爲屬掾。復興郡王括陝西民田日，知公名，選之以從，甚信重之。公因爲王言：“軍與民，皆吾人。奪彼與此，其利安在？”王嘆曰：“我正以此獲罪，今日之役，再命也。掾史尚何言哉！”事將竟，吏有具瀕山民姓名，欲一切以盜耕當之者。公謂同列曰：“奪人之田，又誣以罪，豈朝廷意耶？”吏乃止。泰和中，見公府文移，因循苟簡，私謂所親曰：“我往在丹州時，見宋末案牘，不求事實，止以虛文相欺。比來官政殆似之矣。”及《泰和律》下，閱之逾月，不樂者久之，曰：“亂矣！”或問之，曰：“我見大定制不如皇統，皇統不如舊制。聖人立法，本從簡易。人情不同，罪狀亦异。我於法令，未嘗見一事可與相當者，但比附爲義，使司法者得以恕心從事耳。今乃事事先爲之防，是猶千堤萬堰以障江河，必無是理。知不可行，將日見抽易，紛紛不已，安得不亂耶？”蒲城令祁大舉、武亭令魏文叔、簿劉彥文、好時令侯舜臣、富平米顯道、延安張用章，時皆處下

僚,公率爲致禮。又大舉、顯道、用章嘗以事忤上官,幾至不測。公
力援之。數人者其後皆有善譽,至大官。公之知人多此類也。奐
好古文,戒之曰:"無與同輩較優劣,能似古人,乃古文耳。吾雖不
能,想理當然也。"有以白子西詩遺公者,公笑曰:"吾欲吾兒讀此
耶? 必欲學詩,不當從毛詩讀耶? 不然,亦須讀杜工部詩耳。我見
界上官榷場,兩國大商賈所聚,且苦無的貨,況入小牙郎手,復何望
耶! 所謂讀毛詩者,喻如瓜果菜茹,欲兒輩就地頭買之耳。"以貞
祐三年三月二十五日,春秋六十有三,終於華嚴里之正寢。先娶同
里崔氏,生子燧;繼室闅鄉程氏,生子炤、奐、炳、灼、煒、輝;繼室晁
氏,生子燦。奐、炳舉進士。奐三辟東省,署隴乾恒安撫司經歷官。
煒部令史。諸孫六人。以明年正月七日,葬公於州南小劉村新塋
城南翁墓次。三大人祔焉,禮也。公資雅重,儀矩可觀,居家未嘗
有惰容。子弟見者,必伺顏色,乃前。有所問,不反復思之,不敢對
也。當官公廉,所平反甚多。嘗夜臥,聞里中兒爲其父作黃籙。召
諸子,告之曰:"某家作醮事,人謂之有孝心,我視之殆兒戲耳。此
人我同列,其斷獄我知之矣。人有枉曲,世人且有不肯賣之爲直
者,況欲賂神耶! 我平生執法,過誤或有之;至於故以意害物,則必
無有也。後日我不諱,慎勿爲此,以爲識者笑。"耀人李安國雅重
公,嘗贈以詩,其引云:"純夫吏業而儒行、家貧而好客、居今之世
而古,賤金帛而貴硯墨,是四反也。"安國名流,其稱道公如此。故
嘗論:關中風土完厚,習俗不數易。正隆、大定間,去平世爲未遠。
公生於其間,世族之所遺,風化之所及,重以資稟之美,君子之言,
長者之事,宜不學而能之,況志於學如此耶? 今奐學爲通儒,有關
中夫子之目。往在京師時,宰相張信甫、侯莘卿、禮部閑閑公、盧尚
書子懋、呂内翰子成、李都運執剛、李右司之純,皆折位行與交。蓋
自百餘年來,秦中士大夫有重望者,皆莫能出其右。觀其子,可以
知其父矣。銘曰:

　　鄷唐虞賓,世食奉天。子孫下衰,渾爲齊編。惟公之生,其畀

也全。晨門抱關，斗室自捐。公德不酬，公息則賢。藏書名山，爲世《太玄》。殆造物者權衡之，以爲楊氏無窮之傳。然則古所謂獄聖之矜、法命所縣、袁氏五公、楚獄一言者，尚信其然耶？

(《全集》卷二十二《楊府君墓碑銘》)

楊奂

君諱奂，字煥然，姓楊氏。乾之奉天人，唐鄭國公之二十世孫也。譜系之詳見君自叙，載之先大夫墓銘，兹得而略之。曾大父郴，大父超道，父振，是爲蕭軒，翁及上二世皆在野。母程嘗夢東南日光射其身，旁一神人以筆授之，已而君生。蕭軒以爲文明之象，就爲制名。君甫勝衣，嘗信口唱歌，有紫陽閣之語，扣之不能答也。未冠，夢游紫陽閣，景趣甚异。後因以自號。年十一，丁内艱，哀毁如成人，日蔬食，誦《孝經》爲課，人以天至稱焉。又五年，州倅宗室永元謂翁曰："若老矣，守佐重以案牘相煩，聞若有佳兒，姑欲試之！"即檄君爲倉典書。時調度方殷，君掌出納，朱墨詳整，訖歲終，無圭撮之誤。倅愛之，謂他日當有望，勸之宦學。師鄉先生吴榮叔，指授未幾，迥出倫輩。賦業成，即有聲場屋間。不三十，三赴廷試。興定辛巳，以遺誤下第。同舍盧長卿、李欽若、欽用昆季惜君連蹇，勸試補臺掾。臺掾，要津，仕子慕羡而不能得者。君答書曰："先夫人每以作掾爲諱，僕無所似肖，不能顯親揚名，敢貽下泉之憂乎？"正大初，朝廷一新敝政，求所以改弦更張者。君慨然草萬言策，詣闕將上之。所親謂："其指陳時病，辭旨剴切，皆人所不敢言，保爲當國者所沮。忠信獲罪，君何得焉？"君知直道不容，浩然有歸志，即日出國門而西，教授鄉里者五年。歲己丑，乾州請爲講議，安撫司辟經歷官，京兆行尚書省以便宜署君隴州經歷，皆辭不就。再以參乾、恒二州軍事。親舊爲言："世議迫隘，不宜高蹇自便。"始一應之。庚寅，京師春試，授舘左丞張公信甫之門。張

公嘗謂人曰："諸孫得君，主善，老夫沾丐抑多矣。"癸巳，汴梁陷，
微服北渡。羈孤流落，人所不能堪，君處之自若也。寇氏帥趙侯壽
之延致君，待之師友間。會門生朱極自京師齎書至，君得聚而讀
之。東平嚴公喜接寒素，士子有不遠千里來見者。嚴公久聞君名，
數以行藏爲問，而君終不一詣。或問之故，曰："不招而往，禮歟？
且業已主趙侯矣，將無以我爲二三乎？"戊戌，天朝開舉選，特詔宣
德課稅使劉公用之試諸道進士。君試東平，兩中賦論第一。劉公
因委君考試雲燕。俄，從監試官北上，謁領中書省耶律公。一見，
大蒙賞異，力奏薦之。宣授河南路徵收課稅所長官兼廉訪使。陛
辭之日，言於中令公曰："僕不敏，誤蒙不次之用。以書生而理財
賦，已非所長。又河南兵荒之後，遺黎無幾。烹鮮之喻，正在今日。
急而擾之，糜爛必矣。願公假以歲月，使得撫摩創罷，以爲朝廷愛
養基本萬一之助。"中令甚善之。君初蒞政，招致名勝，如蒲陰楊
正卿、武功張君美、華陰王元禮、下邽薛微之、澠池翟致忠、太原劉
繼先等，日與商略條畫約束，一以簡易爲事。按行境內，親問監務，
月課如干，難易若何。有循習舊例以增額爲言者，君訶之曰："剝
下罔上，若欲我爲之耶？"即減元額四之一，公私便之。官長所臨，
率有餽餉。君一切拒絕，亦有被刑責、沒財物於官者。不逾月，政
成。官民以爲："前乎此，蓋未有漕司惠吾屬之如是也。"在官十
年，乃請老於燕之行臺，以猶子元禎襲職。壬子九月，王府驛召入
關。尋，被教參議京兆宣撫司事。累上書，乃得請。閑居鄉郡，築
堂曰"歸來"，爲佚老之所。雖在病臥，猶召子弟秀民，與之酒，諭
之曰："吾鄉密邇豐鎬，民俗敦朴，兒輩皆當孝弟力田，以廉慎自
保，毋習珥筆之陋，以玷傷風化。"及病革，處置後事，明了如平時。
敕家人："吾且死，勿以二家齋醮貽識者笑。"遂引觴大噱，望東南
炷香，命門生員擇執筆，留詩三章，恬然而逝。春秋七十，實乙卯歲
九月之一日也。後五十七日，葬於郡東南十里小劉里先塋之次。
夫人陳氏、劉氏祔焉，禮也。君三娶吳氏。子，男四人：保烜、萬駒、

嵩山、緱山，皆早夭。駒郎者，在孕有異，風骨不凡，齠齔知讀書，八九歲聞君講授，即通大義。尋爲人講說。十二，以羸疾至於不幸。君喪之，盡然有童烏之感。女四人：長嫁郡人張篪，次華陰王亨，二幼者在室。初，泰和、大安間，入仕者惟舉選爲貴科，榮路所在，人爭走之。程文之外，翰墨雜體悉指爲無用之技。尤諱作詩，謂其害賦律尤甚。至於經爲通儒，文爲名家，不過翰苑六七公而已。君授學之後，其自望者不碌碌，舉業既成，乃以餘力作爲詩文，下筆即有可觀。嘗撰《扶風福嚴院碑》，宋內翰飛卿時宰高陵，見之，奇其才，期君以遠大。與之書曰："吾子資稟如此，宜有以自愛，得於彼而失於此，非僕所敢知也。"君復之曰："辱公特達之遇，敢不以古道自期？"飛卿喜曰："若如君言，吾知韓、歐之門，世不乏人矣！"興定末，關中地震。乾守呂君子成，遍禱祠廟，請爲祝文。凡二十有四首，援筆立成，文不加點。在鄂下日，中秋燕集，一寓士忌君名，諷諸生作詩，請君屬和。君被酒，謂客曰："欲觀詩者，舉酒；欲和，以次唱韻。"意氣閑逸，筆不停綴，長韻短章，終夕成三十九首。長安中，目爲《鄂郊即席倡和詩》傳之。性嗜讀書，博覽強記，務爲無所不闚。真積力久，猶恐不及，寒暑饑渴，不以累其業也。中歲之後，目力差減，猶能燈下閱蠅頭細字，夜分不罷。作文劖刮塵爛，創爲裁製，以蹈襲剽竊爲恥。其持論亦然。觀刪集韓文及所著書爲可見矣。禮部閑閑趙公、平章政事蕭國侯公、內翰馮公、屛山李公，皆折行位，與相問遺。御史劉公光輔、編修張公子中諸人與之年相若，而敬君加等。河朔士夫舊熟君名，想聞風采，又被三接。文衡有在，所過求見者，應接不暇。其爲世所重如此。暮年還秦中。秦中百年以來，號稱多士，較其聲聞赫奕、聳動一世，蓋未有出其右者。前世"關西夫子"之目，今以歸君矣。有《還山集》一百二十卷，《概言》十卷，紀正大以來朝政號《近鑑》者三十卷，《正統》六十卷，其自叙曰："正統之說，所以禍天下後世者，凡以不出於孔孟之前故也。且夫湯武之應天順人，後世莫可企及，猶曰'予有慚德,武未盡善'。後世僻王,乃復賴前哲,概以正統之傳非私言乎?
今立八例:曰得、曰傳、曰襄、曰復、曰與、曰陷、曰絶、曰歸。始皇十
年,貶絶陷者何? 懲任相之失也。太宗傳之,而曰得者何? 志奪宗
之惡也。責景帝者何? 短通喪也。責明帝者何? 啓异端也。與明
宗者何? 有君人之言也。與周世宗者何? 世宗而在,禮樂可興
也。"如是八例,其說累數十萬言。以謂不如是,則是非不白,治亂
不分,勸戒不明。雖綿歷百千萬世,正統之爲正统,昭昭矣。此書
往往人間見之。有詰難者,則曰:"吾書具在,豈復以口舌爲辨?
後世有賞音者。"君不治生產,不取非義。仕宦十年,而家無十金
之業;然其周困急,恤孤遺,扶病疾,助葬祭,習以爲常,力雖不瞻,
猶强勉爲之。與人言,每以名教爲言。有片善,則委曲奬藉,唯恐
其名之不著;或有小過失,必以苦語勸止之,怨怒不計也。評者謂
君志立而學富,器博而用遠,使之官奉常,歷臺諫,掌辭命,治賓客,
必有大過人者。白首見招,日暮途遠,有才無命,可爲酸鼻! 丙辰
冬十月,予閑居西山之鹿泉。員生自奉天東來,持京兆宣撫使商挺
孟卿所撰行狀,以墓碑爲請,且道君臨終念念不相置,留語殷重,以
撰述爲顧。惟不腆之文,曷足爲君重? 竊念風俗之壞久矣! 冰雪
沍寒,往復四千里,爲其師爲不朽計,門弟子風誼如生者幾人? 此
已不可辭,況於平生之言? 乃勉爲論次之,而系以銘。其銘曰:

有文者螭,於趺者龜,是爲關西夫子楊君之碑。顧瞻佳城,泫
焉涕洟。學道之難成,使人傷悲。君擅名場,深叢孤罷。迨乎駢儷
而變古雅,快潛蛟之雲飛。謂君不逢歟? 奮回谿而漉池,一命而佩
金紫,何若若兮纍纍? 鄹賓于唐,世久衰微。河潤九里,蔚松檟兮
增輝。謂君爲逢歟? 徒以文窮而自喜,斬伐俗學,力涸筋疲。世無
玄聖久矣,望伯起其庶幾? 白首《太玄》,坐爲悠悠者之所譏。繄
正統之無適從,職予奪之非宜。君排諸儒,斥偏執與詭隨,彼月旦
之有評,且曩是而今非。豈有一定罪功之名,而概終世之成虧? 我
黜我升,我招我麾,不主故常,不貸毫釐。自我作古,奚竊取爲? 自

非慨然任當仁之重,能不懼於西河之見疑?維鼎之爲器也,雖小而重,屹神寶而弗移。孰謂漢、唐甚盛之際,亦不免於窮運之攸歸?我車司南,爾轍背馳,傳者嗟誰?异時有如君家子雲者出,邈千載今求知。

（《全集》卷二十三《故河南路課稅所長官兼廉訪使楊公神道之碑》）

劉昂霄

景玄年十六七許時,其先人朝請君官四方。景玄留學陵川。已能自樹立如成人,老師宿學,多稱道之。而朝請君獨未知也。及罷官歸,行視景玄所舍,見其架上書散亂無部帙,意不懌,因問:"讀書有後先,汝寧亂讀耶?"漫取一書試之,則隨問隨答,無所忘失。朝請君始大驚,拊其背曰:"及吾未老,當見汝聳壑昂霄時耳。"乃名之昂霄,字景玄,別字季房。泰和中,予初識景玄於太原。人有爲予言:"是家讀《廣記》,半月而初無所遺忘者。"予未之許也。杯酒間,戲取市人日曆鱗雜米鹽者,約過目,則讀之,已而果然。大率景玄之學,無所不闚。六經、百氏外,世譜、官制、地理與兵家所以成敗者爲最詳。作爲文章,淵綿緻密,視之若平易,而態度橫生,自有奇趣,他人極力追之,有不能到者。爲人細瘦,似不能勝衣。好橫策危坐,掉頭吟諷,幅巾奮袖,談辭如雲。人有發其端者,徵難開示,初不置慮,窮探源委,解析絡脉,漫者知所以統,窒者知所以通,旁貫徑出,不可窺測。要之,不出天下之至理。四座聳聽,嗫不得語。故評者以爲:承安、泰和以來,王湯臣論人物,李之純玄談,號爲獨步,景玄則兼衆人之所獨,愈叩而愈無窮。詩與文,則或有之;其辨博,則不知去古談士爲近遠,餘者不論也。其與人交也,不立崖岸,洞見心肺。世間機械,皆不知有之。河東梁仲經、渾源雷希顏、王官麻信之,皆海內名士,交久而無間言。人以此多之。至其善惡太明，黑白太分，則亦坐是而窮也。初舉進士，不中，以蔭補官。調監慶陽軍器庫，非其好也。諸公期以明年薦試辭科，而景玄病不起矣。正大乙酉夏，予自京師來，哭其墓。太夫人謂好問言："吾兒有當世志，今鬱鬱以死矣！子與之游，最為知己，當為作銘，無使埋沒也。"好問泣且拜曰："銘吾兄者，莫好問為宜。"乃作銘。景玄，陵川人，自言系出楚元王交，祖諱溥，不仕。朝請君諱俞，第進士，官至管勾承發司。太夫人上黨宋氏，封彭城縣君。妻永寧李氏。子，男一人，名庸；女一人，尚幼。以元光二年六月十三日，春秋三十有八，終於永寧之寓居。權殯郭西南一里所。庸將以某年月日，舉二世之柩，歸葬陵川之先塋。銘曰：

深心而文，洩人天和。聲光一流，有物禁訶。君起太行，學自為家。元精當中，散為雯華。有發其談，瀉江傾河。坦其正途，不涉誕夸。有喙三尺，有書五車。噤不得施，萬古長嗟。望君天門，奉璋峨峨。蓬蒿一丘，窆此澗阿，天如天如，命也奈何！

（《全集》卷二十三《劉景玄墓銘》）

郝天挺

泰和初，先人調官中都，某甫成童學舉業。先人思所以引而致之者，謀諸親舊間，皆曰："澤潞風土完厚，人質直而尚義。在宋有國時，俊造輩出，見於黃魯直、季父廉行縣之詩。風俗既成，益久益盛。迄今，帶經而鋤者四野相望，雖閭巷細民，亦能道古今，曉文理。為子求師，莫此州為宜。"於是先人乃就陵川令之選。時鄉先生郝君方聚子弟秀民，教授縣庠。先生習於禮義之俗，出於賢父兄教養之舊，且嘗以太學生遊公卿間，閱人既多，慮事亦審，故其容止可觀，而話言皆可傳。州里老成宿德，多自以為不及也。某既從之學，先生嘗教之曰："學者，貴其有受學之器。器者何？慈與孝也。今汝有志矣，器如之何？"又曰："今人學詞賦，以速售為功。六經百氏,分裂補綴外,或篇題句讀之不知。幸而得之,且不免爲庸人,況一敗塗地者乎?"又曰:"讀書不爲文藝,選官不爲利養,唯知義者能之。今世仕宦,多用貪墨敗官,皆苦於饑凍,不能自堅者耳。丈夫子處世不能饑寒,雖一小事,亦不可立,況名節乎?汝試以吾言求之!"先生工於詩,嘗命某屬和。或言:"令之子欲就舉,詩非所急,得無徒費日力乎?"先生曰:"君自不知,所以教之作詩,正欲渠不爲舉子耳。"蓋先生惠後學者類如此,不特於某然也。先人既罷官,某留事先生又二年,然後歸。先生歿於成皋。其子思溫,歸葬鄉里,以書抵某,言:"吾子往年赴弔成皋,曾以墓銘爲請。今卒事矣,願有以慰不肖孤之心。"某謝不敢當。六七年之間,思溫之請益堅。辛丑之秋,又屬其外兄牛元偉來,致辭曰:"先子生無一命之爵,歿無十金之産,賚志下泉,有識興嘆。授業得如吾子者,且不能一言半辭以見於後世,其命之矣。"某再拜,曰:"僕有罪。"乃叙而銘之。先生諱天挺,字晉卿。先世有自太原遷上黨者,宋末又遷陵川,遂爲陵川人。曾祖諱元。祖諱璋。考諱升,以選擇爲縣功曹。至先生之伯父東軒先生始宦學,蔚爲聞人。先生少日舉進士,預春官氏薦書,便能出諸公之右。多疾早衰,厭於名場,遂不就選。貞祐之兵,避於河南,往來淇、衛之間。爲人有崖岸,耿耿自信,寧落薄而死,終不傍貴人之門,故時無料理者。以某年月日遘疾,春秋五十有七,終於寓舍。臨終浩歌自得,若不以生死爲意者,其平生自處爲可見矣。前娶同縣張氏,繼室高平司氏。子,男一人,即思溫也;女一人,嫁進士侯公佐。男孫三人:曰經、曰恒、曰彝,經最知名。女孫一人。弟天禔,從弟天祐,猶子思忠,皆有聲場屋間。銘曰:

篤於其資,誠於其思。行可以士矩,政可以吏師。奉璋峨峨,其誰曰我私?昇鎡基而奪之時,操利器而莫施。窮巷抱書,在涅而不緇。曳履商謳,長與世辭。寧以一寒暑往來之暫,概細人而怨咨。良璞舍光,平價不賮。棄擲泥塗,識者涕洏。孰物之尸,孰命之司？吾欲問之。有如先生者而止於斯，有如先生者而止於斯！
（《全集》卷二十三《郝先生墓銘》）

曹　珏

　　歲丙午秋九月日，曹徵君子玉，以疾終於襄陰之寓舍，春秋七
十有四。嗚呼哀哉！世豈復有敦龐耆艾之士如君者乎！始予在京
師，登君鄉先生禮部閑閑公之門。公每論人物，及君姓名，必極口
稱道，謂：“今人少見其比。”其後，見君於方城，介於太原王右司仲
澤，乃定交焉。君長予十七歲，予以兄事之。壬辰之兵，君流寓宏
州。癸卯冬，予自新興將之燕中，乃枉道過之。死生契闊，始一見
顏色，握手而語，恍如隔世，不覺流涕之覆面也！又五年，予閑居鄉
里，與君相望六百里而近耳。妄人有傳予下世者，君聞之，寢食俱
廢，至問之卜筮，及就日者王希道，推予祿命，以自開釋。已而，知
其妄也，又爲之喜見顏間。居未幾，聞君九月之訃，予爲位而哭，且
爲文以哀之。孤子汝弼，徒步至雲州，求予銘先人之墓，不及見而
去。君之孫孝待於鎮州者，又三數月矣。追念平生之言，乃泣而銘
之。君諱珏，姓曹氏，子玉其字也。世爲磁州滏陽人。曾大父圓，
大父莘，父溍，皆潛德弗耀。君生數月而孤，養於祖母史氏。少長，
教之讀書，學性穎悟，有成人之量。及就舉選，即有聲場屋間，以兩
赴廷試，移籍大學。時輩翕然推重之。君資禀厚重，接物誠實；世
俗機械，舉不知有之。居方城二十年，教授爲業，僅有中人之產。
長子國器，力於幹蠱，故君得優游自便。賓客過門，厚相接納，爲具
豐潔，不類寒士家。不獨公卿達官愛敬之，至於軍府悍卒、閭巷細
民，望君褒衣皤腹，言笑和雅，亦皆欣欣焉。嘗再娶。未幾，婦卒。
其父哀悼成疾，君往候之，問之所親云：“公初不病，痛女嫁未幾而
徒捐奩具耳。”公盡其所得者直百金并兩女使悉歸之。方城人有
倉猝避吏，留一篋而去者，君敕家人毋敢竊視。事定，其人復來，發

篋驗之，貯金滿中，而封識宛然如手未嘗觸者。君之廉類如此。正大末，京南大司農楊公叔玉、丞康公伯禄薦君及猗氏薛曼卿、武陟宋予之、武清張仲升、汴梁高振之、大名王大用等六人文章德行，乞加官使，以厲風俗。事聞，徵聘有期，會兵動而罷。里中郭提控者，喪亂中聚老幼數千，守一砦自保。人有誣郭嘯聚爲亂者，州將捕繫之，將至不測。時立州治大乘山。君就爲申理之。郭以無罪，而君幾爲道梗不得還。避兵之民，無所逃死，君擇貧病之尤者留養之，賴以全活者甚衆。群不逞乘亂欲以兵相加，父老有曉之者，云："而曹粗暴如此，獨不愧曹先生父子邪？"居襄陰又十年，依尚書李仲臣。仲臣爲之起廟學，以師席奉君。州人化君之德，文風爲之一變。君既老，自號囂囂老人，有《卷瀾集》三卷，藏於家。君凡六娶，曰陳氏、徐氏、張氏、陳氏、顧氏，前君卒；曰姞氏，今無恙。子，男二人：曰國器，字大用，陳出也，端愿而信，有君之風，不幸歿於京師之兵，士論惜之；汝弼，顧出。孫一人，即孝也。曾孫二人，幼，未名。女孫一人，尚幼。銘曰：

仁信而篤誠，寬博而和平。以儒行概之，衆善具并。何負於人，而不能百齡？豈無百齡？孰愈君之名？城郭千年，貞石有銘，曰：是惟子曹子之墓，尚可以爲鄉人之榮。

（《全集》卷二十三《曹徵君墓表》）

常用晦

元光癸未，予過郾城，見麻徵君知幾，問所與周旋者，知幾以鎮人常仲明、中山趙君玉對。及仲明來舘客，因得接杯酒之歡，然未款也。北渡後，來鎮陽，仲明在焉。予首以知幾存歿訪之，仲明言："辛卯秋，邊報已急，以内鄉深固，可以避兵，且有吾子在，吾三人議南下。知幾卜之，不吉，乃止不行。及被兵，知幾病困中，尚以前日猶豫不行爲恨也。"予初謂知幾少許可，而獨于仲明有"端人"之取,固已慕嚮之。及知幾將遷內鄉,托於予者爲甚厚。仲明之先世,又出於代鴈門,用是交遂款。如是六七年。歲辛亥九月晦,自太原東來,過仲明之門,而仲明之下世十許日矣。孤子德雅知予敬其先人,涕泗以墓銘爲請,予復之曰:"此吾之志也,奚以請爲?"乃作銘,并論次之。君諱用晦,姓常氏,仲明其字也。上世家崞縣大木張家里,而墓於泉福鄉之石鼓原者,不知其幾昭穆矣。見於元祐中進士趙子良所撰墓銘云。常氏世豪於財,以孝弟力田見稱。宋初世,有諱素者,娶皇甫氏,生子慶。慶娶康氏,生子玘。玘娶檀氏,生子五人:長曰俊,次曰善。俊材幹宏博,殖産益豐,取予之際,已薄而厚於人。家近雲朔塞,群從率以武藝相尚,有"捉虎常氏"之目。娶王氏,生四子,二子起家,善以膽勇推擇爲鄉兵指揮使。俊之長子曰宗亮,慷慨多氣節,中武舉,官修武郎、鄜延路第四將,仕至知文水縣事;宗彥以騎射應募,官保義郎、河東路第四部將。文水即君之曾祖也。金朝初,避漢陽質子之役,族屬散居,有從建炎南渡而貴官者,有留居東門盧利者,有析居柏仁坊鹿者。文水居遷河朔,寓居平山,遂占籍焉。生九子:其一爲比丘,餘八子,娶兩族,先後無間言。時人爲之語曰:"三劉五李,和義無比。"是則文水之家政可見矣。君之祖諱大安,初東來時,道卒於黎城。父諱振,孝悌忠信,不學而能,好交結文士,自以不習儒業爲愧,一意課二子學。君之弟鼎,字仲華,甫成童,能屬文,鄉長者以偉器期之。未冠,而卒。故君强學自立,以成父志,自少日有聲場屋間。游梁之後,交文士益衆,賦業外,他書亦能研究。國醫宛丘張子和推明岐黃之學,爲說累數十萬言,求知幾爲之潤文,君頗能探微旨。親識間有謁醫者,助爲發藥,多所全濟,病家賴焉。資稟淳質,言行有法。遭值亂離,知時命不偶,安貧守分,不爲風俗所移。旅食僅足,而繼困之義無廢;年德俱茂,而卑牧之心愈篤。評者謂:"先世之義俠,閨門之姻睦,傳至於君,故家遺俗,有自來矣。"真定幕府以君承平學舍舊人,文行兼備,任師賓之位。辟本路府學教授。在職數年,士論歸之。不幸遭疾,臨終二三日,執筆紀先世事迹,垂示來裔。飲酒談笑,與家人訣,怡然而逝。春秋七十有四,實辛亥之九月十九日也。夫人劉氏,前君二十七年卒。繼室李氏。子德,彰德府宣課使。男孫小字舉孫,尚幼。德以某年月,舉君之柩,祔於溽河西岸班家里之先塋,禮也。(銘佚)

(《全集》卷二十四《真定府學教授常君墓銘》)

白全道(白華父、白樸祖)

歲辛亥冬十有二月,河曲白某持鴈門李某所撰先大夫行事之狀,請於某曰:"先大夫棄諸孤之養,内翰王君從之實表其墓,禮部閑閑趙公爲之書,并以'善人白公墓表'篆其額。某時階止六秩,未及贈官之制,故王君弗克載。遭離板蕩,閑閑手筆亦復失之。某惟先大夫積德累行,躬不受祉,子男之爵,僅見於告弟之書,而使之旌紀寂寥,隨世磨滅,孤負義方之訓,不肖孤死不瞑矣。敢以通家之舊,屬筆於吾子,幸爲論次之。"謹按,公諱某,字全道,姓白氏。其家於河曲者,不知其幾昭穆矣。曾大父諱重信,大父諱玉,父諱仲温,皆潛德弗耀。公生十二歲而孤。妣李氏,弱無所依。舅氏僧法澄爲經紀其家,拊育訓導,恩義備至。及長,乃能自樹立,營度生理,日就豐厚。其後澄殁,公不忘外氏之故,喪祭之禮有加;又爲建貳塋於白氏丘壠之側,一以祔外祖氏,一以葬澄。初,僧舅既奉浮圖,慇其家事(世)不傳,爲李氏置後,意甚專,初不以异姓爲嫌。已而事不果行。公承舅氏之意,挈此子養於家,以昆弟待之。大定初通掩,因附屬籍。舅已亡,又歷三推之久,弟爲妄人所教,遽求异財。公欣然以美田宅之半分之。人謂:"同胞而至别籍,往往起訟。白公乃無絲毫顧藉意,是難能也。"太原趙進規從其子文卿在官下,尤相嘆异,云:"古人以陰德見稱。如白全道,非但陰德,乃顯德也。"司户王伯常嘗都督部民之不率者云:"汝獨不能效白君以禮治身,以義教子耶?"其爲名流所重如此。崇慶壬申,避地太谷,不幸遘疾,春秋六十有九,終於寓舍,實八月十九日也。越七日,諸孤護喪歸祔於河曲王家里西原之先塋,禮也。初娶王氏,再娶李氏,皆前公卒。子,男五人:長曰彦升,留心典籍,而不就舉選;次曰賁,廣覽强記,尤精於《左氏》,至於禪學道書、岐黃之說,無不精詣,弱冠,中泰和三年詞賦進士第,歷懷寧主簿、岐山令,遠業未究,而成殂謝,士論惜之;次曰華,貞祐三年進士,歷省掾,入翰林,仕至樞密院判官、右司郎中;次曰僧寶塋,以詩筆見推文士間,有集行於世;次曰麟,早卒。女四人:長適州吏目楊桂,次適大族張訪,次適進士賈鐸,次未嫁而卒。彦升、女楊、女張,王出也。男孫五人:曰嗣隆,以蔭監滎澤酒;曰忱,曰恒,皆習進士;曰常山,曰中山,皆尚幼。女孫二人,皆適士族。曾孫三人:中和、泰和、安和。女一人,尚幼。公資稟聰悟,而謹厚自持,略通經史,精究曆算,中年耽嗜佛書,皆所成誦;爲人敦信義,樂施予,一言所諾,千金不易。家人化之,皆以賢行稱焉。正大中,累贈中大夫、輕車都尉、南陽郡伯。兩夫人,南陽郡太君。維火山自太平興國中升爲軍,雖有學校,而肄業者無幾。宣和末,僅有上舍宋生。歷大定、明昌官學之盛,然後公之二子擢巍科,取美仕。邦人築亭,以"榮鄉"名之。屏山李君之純爲作記,辭與事稱,相爲不朽。故公雖躬不受祉,所以起其家與善化一鄉者,其利豈有既耶? 銘曰:

齒以德尊,師以道存,習俗以教遷。惟仁人君子之所居,若時雨然。羽山之顔,疵癘爲蠲。愧心發之彦方,學業復於譙玄。禮所以祠鄉長者,而傳書先賢。在昔兵屯,河曲雄邊。爰及公家,乃誦乃絃。身爲義方,奉之周旋。兩息蹁蹁,起爲儒先。炭彼滎臺,大伏在泉。振而鼓之,有光屬天。仲也銅章,惠浹岐岈;叔也奉璋,入侍禁垣。藹兮芝蘭之庭,炯兮珠玉之淵。州里趨風,媚學蹮蹮。至於餘波所及,且孝弟而力田。古有之,種德欲深,望歲百年。有相之道,理無空捐。禄匪我榮,殆以爲黨塾亡窮之傳。樂石有銘,表公之阡。异時配縣社之食,尚有考焉。

（《全集》卷二十四《善人白公墓表》）

呂　豫

先生諱豫,字彥先,姓吕氏。懷州修武人。祖道,父炎,皆力田爲業。先生自成童知讀書;既冠,游學東州,以《易》爲專門,經明行修,高出倫輩。醇德先生王廣道特器重焉。一時名士,如秀容折安上、濟陽王善長、安陽苗景藩、舘陶段彥昌、冠氏孫希賢、田子發,從之學者甚衆。故家近太行五峰山,因以爲號,示不忘本也。有《易說》若干卷,傳于時。宗室復興鎮大名,聞先生之名,延致門下,以師禮禮之。初娶舘陶汲氏,繼室清平丁氏。先生往來兩縣之間,爲人廉介沉默,爲里人所尊。貞祐之兵,謂所親言:“吾年八十有四,天數當盡癸酉,唯有坐待歸盡而已。”是冬,在所殘破,吾民老幼相與逃亡。先生喟然嘆曰:“癸酉之期至矣,明日有乘白馬、衣皂衣、挾弓矢、馳逐於社原桑林之下者,吾死此人手矣。”詰旦,果有邏騎到,物色悉如所言。先生欣然就戮,實十二月之二十三日也。兵退,孤子天民收葬於舘陶大張里之東原。壬子之冬,距先生之歿四十年矣,天民與好問有通家之好,以墓表見屬。余亦懼先生之潛德將隨世而磨滅也,乃爲之銘。天民嘗任冠氏主簿。孫二人:長曰長慶,次曰公孫。其銘曰:

被髮銜刀,禍孰與遷?彈琴視景,命何可延?誠使之禽息鳥視而終白首,固已無貴於期頤之年。老聃玄虚,莊周氏之自然,死以爲真,兀以爲全。寧薪火之可續,直土梗之自捐。若夫鴻毛權重輕所宜,熊掌定從違之先,有岩墙之疾趨,有白刃之徑前。唯其知命而安於命,此深於《易》者之所以賢。

（《全集》卷二十四《南峰先生墓表》）

弋　潤

公諱潤，字天澤，姓弋氏，系出臨海。占籍汝州之梁縣者，不知其幾昭穆矣。大父整，生二子：長曰洪，次曰海。洪娶張氏，二子：曰祐，曰福。海娶酒氏，公，其所生子也。弋氏自先世不異財。公早孤，能自樹立如成人，事從兄祐殊恭遜。祐嘗以事客內鄉者二十年；比還，公殖產倍於舊。祐歸，求分居，公謂祐言："家所有，皆父兄所積，潤但謹守，僅無損耗耳。兄幸歸，請悉主之。潤得供指使，足矣。"祐悔悟曰："吾弟忠敬如此，我乃爲讒口所間，慚恨無所及，尚欲言分异耶?"乃更相友愛。官以公家訾雄一鄉，且膽勇過人，選之督捕盜賊。所至以恕心爲質，盜亦不敢犯。由是名聲籍甚，縣豪傑多畏服之。鄉之惡少，以犯法爲常，每以理訓諭之，遂有向善者。貞祐丙子，潼關破，汝、洛被兵，居民保險，多以私怨相劫殺，官不能制。公杖策往來山間，爲之開諭，辭情懇到，鬪者感悅，各平分而退，多所全活。公出大家，舉措不碌碌，振瞻貧乏，婚嫁孤幼，有古豪士之風。手力絕人，而資稟謙退，有相犯者，未始與之校。喜爲人解怨嫌，鄉鄰訴訟，往往不於官，而於公。長吏亦時以委之。嘗曰："縣外有弋某，橫逆無從生矣。"其爲人所倚信如此。中年，喜儒學，折節下士。以寶豐多文士，結夏課者多，故久居之，以便諸子之學。士子不能自給者，爲之經理其事，使得卒業。同郡張耒雄飛，資穎悟，日誦萬言。公得之童卯中，妻以甥，且招致其家，遂登進士第。及將涖官，復殷重教督。耒卒爲良民吏，河陽人至畫像事之。壬辰，河南破，公挈家避於西山。山柵破，公家亦被驅逐。一卒見公稱人中，請於主帥云："此吾鄉善士，其縱遣之！"帥遣公舉家去。是夜，所俘悉坑之，里社爲空，公家獨全。親舊嘆曰："爲善之報，見之今日矣！"明年春，鄉郡游騎遍滿，公自度不能受辱，乃自投水中，得年若干，實某年月日也。娶田氏。子，男三人：長縠英，師事程內翰天益，未冠，爲鄉府所薦，再赴簾試。文學行義，高

101

出時輩。兵間,以功授本州防禦副使;次世英,亦業進士,信厚如其兄;次庭英,七歲應童子舉,年十八,義俠有父風。州被圍,率壯士三十輩,潰圍而出,與千騎遇。且行且鬭,從旦至暮,有被數十創而戰不衰者,騎兵解去,遠近莫不嘆服。北渡後,歿於某所。女一人,適張氏,仁讓有"女士"之目。孫二人:惟敬、惟友,皆習儒業。縠英等以某年月日奉公衣冠,葬於同德里西南原之先塋。縠英,予交游中最可保任者。以墓表爲請,義不可辭。乃爲論次之,而系以銘。其銘曰:

汝水兮洋洋,山木兮蒼蒼。有墓其旁,是惟弌公衣冠之藏。子孫豆籩,歲時烝嘗。魂兮來歸,安此故鄉! 吁(于)嗟公兮,百夫之防! 惟其勇而進於學,所以爲自勝之強。沉潛可以屈獷頑,直諒可以扶善良。禁訶癉剛,莫我敢當。徼巡周廬,而辱在抱關;爲王前驅,而棄之戎行。孰侯伯之不如,僅斗食之見償。惟祿不計庸兮,知賦分之靡常。頹波天來,一柱獨障。彼囚虜之自甘,此慨然而國殤。志士不忘在溝壑,寧以假息而爲長。使奪志而皆可,在立懦其何望? 自古皆有死,惟義亡與亡者爲不亡。銘其表之,尚以發幽潛之光。

(《全集》卷二十四《臨海弌公阡表》)

趙　滋

泰和以來,天下以能書稱者,禮部閑閑趙公。學者多效之,而但得其形似而已。南渡後,始有蓬然子已。蓬然子筆勢飛動,得公不傳之妙。故一時學公者皆不及,而公亦有咄咄逼人之嘆。宗室胙國公,文采風流,照映一時。而蓬然子乃得以布衣從之游,與之商略法書、名畫,筆虛筆實之論,獨得於任南麓、王黃華之後。君于真贗,則望而知之,胙公亦以真賞稱焉。予官京師,始用二公意交之,而未款也。亂後,予客冠氏,蓬然子亦來東州,每見之,必連日

竟夕而不忍去也。大概蓬然子少日出閭里間，其曉音律、善談笑，
得之宣、政故家遺俗者爲多。及長，厭於游蕩，乃更折節，取古人書
讀之，久而學書學畫學詩學論文，立志既堅，力到便能有所得。爲
人强記默識，不遺微隱。唐以來名家者之詩文，往往成誦如目前。
考論文藝，解析脉絡，殆若夙昔在文字間者。畫入能品，詩學江西
派，至於《黃石廟》等作，今代秉筆者或亦未可輕議。東京大內隆
德、太一故宮，樓觀臺沼，門户道路，華木水石，悉能歷數之，聽之者
曉然如親到其處。至於宋名賢所居第宅坊曲，與其家行輩群從，孫
息姻婭，排比前後，雖生長隣里者不加詳也。嘗往長清一禪寺中與
僧談，僧言《五派傳授圖》大不易作，蓬然子笑曰："易與耳。"因索
筆作圖坐中。他日以舊本證之，不差毫末也。予居東州久，將還太
原，行有日，蓬然子聞之，誦予詩文，恨相見之晚，而相從之不得久
也，爲之泣數行下。丁酉冬，復來東州，而蓬然子下世已數月矣。
其婿商挺孟卿爲予言，予已北歸，蓬然子爲之飲食不美者數日。家
人輩問言："元子得歸，在渠爲可喜事，而公爲之捐眠食，何也?"蓬
然子曰："是豈兒輩所能知也哉?"他日，孟卿示予蓬然子故書，凡
予所談，往往記之紙墨間，予詩文則間亦記之也。因竊爲慨嘆：蓬
然子平生交不苟合，人與之言，一不相入，挾杖逕去，不返顧。其所
以愛我者乃如此！予愚謬，不足比數，何以得蓬然子如此哉？天下
愛予者三人：李汾長源、辛愿敬之、李獻甫欽用。是三人者，皆有天
下重名，然長源瘐死西山獄中；敬之則被掠而北，爲非類所困折，死
於山陽；欽用從死淮西，時年未四十也。予常以三人者之後，當無
有收衆人之所棄，曲相奬借如渠輩者，晚節末路，乃復有一蓬然子。
思欲與之隣屋相往來，杯酒相樂，就渠所談如東京故事者，悉記録
之。曾不五六年，而又若有物奪之而去者。豈予賦分單薄，善於招
殃致凶，所與游者，皆爲所延及耶？不然，何奪吾蓬然子之遽也？
蓬然子諱滋，字濟甫，姓趙氏。本出馮翊。其大父天會、貞元間來，
爲汴梁户籍判官。卒官下，妻子不能歸，遂爲汴人。父諱青，字漢

卿。蘧然子三男：長某，次某，兵亂中所失；小子尚幼。二女，次即
孟卿所娶者。蘧然子春秋五十有九，以病終，權葬於東平沂州門之
外若干步。庚子歲除日，予實銘之。其銘曰：

　　積之之深，守之之堅，傳人之所不傳，兼人之所獨專。自拔泥
塗，如蛻而仙。文以表之，慰彼下泉。顧雖愛我，豈以一言而敢私
焉？

　　（《全集》卷二十四《蘧然子墓碣銘》）

蘇　車

　　彥遠諱車，姓蘇氏。世為真定人。彥遠其字也。高祖，中大
夫，通判成都府。子贇，以父蔭補官，中遭大亂，不能歸。贇，金國
初，由換授至朝散大夫。祖仲文，胡內翰礪榜登科，終於朝奉大夫、
潞州黎城令。父世偊，以蔭補官宣武將軍、宿州靈壁主簿。彥遠，
靈壁君之長子也。初以父任為河北西路轉運司押遞、監平輿陽步
店商酒，再監曲陽之龍泉，俱以課最聞。升真定酒使司監，羨及百
分。貞祐二年八月朔，當滿替，明日，府官吏以兵至棄城，而彥遠守
職如故。事定，以羨餘進四階，城守三階，循資一階，授歸德下邑主
簿。未赴，丁太夫人王氏憂。服除，新制行，當再歷諸司，授蔡州稅
務使。羨及二分有奇，擢衛州獲嘉縣令，召為南京廣貯倉監支納，
除蔡州觀察判官，留為豐衍東庫副使，官鎮國上將軍。北渡之後，
閑居州里，以壬子年二月晦日，春秋六十有四，終於家。後三日葬
於元氏縣趙同里之先塋。先娶馬氏，前卒。再娶鄧氏。子一人，名
慶，藍田尉，官宣武將軍，年三十二，歿於王事。弟信武將軍、陳州
項城主簿，卒。猶子四人：德謙、德普、德恒、德履。彥遠資稟仁厚，
自幼重惜物命，有不忍之愛。及登仕版，喜於結納，周急繼困，不為
明日計，力或未足，亦強勉為之，故人人得其歡心。至於當世名士
嘗與彥遠周旋者，亦皆稱道之。予識之汴梁。汴梁破，見於夏津，

於鎮陽,凡二十年,每嘆其安貧自樂,不肯一傍時貴之門,雖士夫之守死善道者不能過,而或者乃以任子概之,可乎?蓋予於是鄉,得兩人焉:曰常先生仲明,而彦遠其一也。仲明之歿,予既表其墓矣;若彦遠者,可獨使之隨世磨滅與?乃作銘,授其弟彦和,使刻之。銘曰:

　　其應物也圜,其立節也堅。有來千金,散而浮烟。雖游道日廣,而所得皆賢。幅巾來歸,一室罄懸。州里督郵,漠然少年。顧不屑於謝仁祖之米,寧就陶生而乞憐?貪夫徇財,夸士死權。河朔諸豪,角逐相先。萬物并流而金石止,信賢否之天淵。趙郡之蘇,族世蟬嫣。南渡崩奔,混爲齊編。蓋君以宗起,而名氏待君而傳。我爲銘詩,表君之阡。百世而下,有考於鄉人之傳信者,尚有警言焉。

　　(《全集》卷二十四《蘇彦遠墓銘》)

張子厚(張澄父)

　　洺水張澄仲經狀其先人博平君行事,謂好問言:"澄不天,生四歲,先君捐舘舍。愚幼,藐然不克當大事,至有旌紀寂寥之嘆。二十年之間,蒙賴先德,得俎豆於士夫之末。念欲追誌墓穴,以俟百世。誠得吾子辱以銘賜之,不肖孤死不朽矣。"好問不敏,然以不腆之文,得幸於仲經,側聞先大夫之字有年矣,其可辭哉?乃述而銘之。按,張氏本出於遼東烏若族,國朝併烏若,遷之隆安,以世官統。至公之考黃縣府君,諱某,字某,正隆間,官洺水,遂爲洺水人。公即黃縣之仲子也。諱某,字子厚。資穎悟,略通經史,工書翰,醫學亦過人。黃縣初令欒城,召趙雋德新授舘。德新名士,仕亦達。公與兄胅昧道從之學。德新愛公,有"千里駒"之目。年十七,黃縣下世。太夫人吳氏,出介休衣冠家,治家嚴肅,人莫敢犯。知公有成人之量,即以家事付之。公內事母兄,外睦宗族,鄉人稱焉。凡有新衣，必先其兄之子，貨財不以入其室。御童僕，有恩信，不妄笞罵，而人人敬畏之。味道娶婦不諧，日致惡語，嘗欲絕之。公辭釋百至，味道爲感動，乃嘆曰：“負此嫗易，而違吾賢弟難。”嫂用是得不棄。太夫人疾病，公盛暑不解帶，藥必嘗而後進。及居喪，以孝聞。明昌初歲艱，以饑死者，十室而五。公日設糜粥，以贍旁近，病者親詣護之，賴以全活者甚衆。及公歿，人多爲感泣。公以承安四年八月某日，春秋三十有五，終於洺州之寓居，葬城安呂彪，從太夫人之塋。娶束鹿劉氏，同知睢州軍州事德溫之女。子男三人：長曰文，次曰慶，皆早卒；仲經，其季也。女二人，長適成安溫氏，次適雲中谷氏。公嘗用黃縣蔭仕爲監博平酒稅，然非其好也。嘗謂：士之有立於世，必藉國家教育、父兄淵源、師友講習，三者備，然後可。杜牧之論唐舜以來，下迨列國之賢大夫，皆出於公侯之世。傳記所載，有不可誣者。承安太和間，文治熠然勃興，士生於其時，蒙被其父兄之業，由子弟之學，而爲名卿材大夫者，嘗十分天下寒士之九。要不必盡爲公卿大夫，而公卿大夫之具故在也。古有之：“力田不如逢年，仕宦不如遇合。”又曰：“祇繫其逢，不繫巧遇。”如公者皆是也。今仲經學精而行修，聲光爛然，高出時輩，隆安張氏，遂爲海內文章家。推究源委，公可以無恨矣。銘曰：

履潔修體，柔嘉內美，充福不遏。哀哀蒼天，孰使然邪？天邪，人邪？其父母邪？從容以思，其得之邪？苗其芽，爵其華，其實孔多。父播而子穫，穰穰滿家。故曰：其源濫觴，其流江河。淵兮其未涯。不有以浚之，其末奈何？然則古所謂“不於其躬，必於其子孫”者，尚信然耶？尚信然耶？

（《全集》卷二十四《張君墓誌銘》）

元滋新

公諱滋新，字仲美。弱冠就科舉，一不中，即以力田爲業。年五十有七，終於家，距今天子開興壬辰，四十年矣。初病革，沐浴，具衣冠。子婿郭生者，就諸婦取一物，將奉公，公惡其非禮也，而切責之。其平生自處爲可見矣。爲人寡言，言則微雜詼諧。所居韓嚴五社，聚落千餘家，里中人日有聚話者，公時詣焉。山夫谷民，性既鄙樸，語又無根蒂，每及一事，則粗氣叫吼，攘臂紛競，移時不罷。公不能忍，必爲解之。已而曰："人言田舍翁不通曉，果然。"其人慚而去。日久慚者多，公至則稍又引去，至無一人留語者。嘆曰："鄉人惡我耶？我不復出矣。"乃敕其子之規、之矩："凡家之服食器用，必取諸左右而足，吾寧假人，不能假於人也。"自是，人罕見其面。婦班氏事公如事長，每問公："今日欲何所食？"鼓腹良久曰："此腹欲何食乎？此腹且欲某食，午欲某食，晡欲某食。"家人如言而辦。如是三十餘年，乃終。世衰道喪，是非好惡無有當其實。其處是非好惡之間者，又不能以理自固，聞譽而喜，聞謗而怒，爲一人所軒輊者多矣，況一鄉之人乎？故嘗論公：不合於一鄉，將不合於一邑；不合於一邑，將不合於一州；不合於一州，又將不合於天下四方；不合於天下四方，其耿耿自信者，當猶一鄉也。群眾不能易其介，一物不能屈其志；生而知所以養，歿而知所以順。古之特立獨行、輕世肆志、隱居放言之君子，如是而止矣。歿而不書，族黨之過，乃追爲之銘。嗚呼！此先君子之志，吾敏之兄欲成之而不及者也。銘曰：

　　志必於同，同則詭隨。且欲异焉，是謂自欺。理有固然，蕩如通逵。先之以司南，無容背馳。人取而己遺，百從而一違。匪直里閭，世所罵譏。吾寧汩濁流之泥？吾寧啜餔餘之醨？吾寧反關，樂我所知！來不爲所招，去不爲所麾。不屈之高，無貴可幾。孰能自信於毀譽失真之後，如是之不疑？

　　（《全集》卷二十五《族祖處士墓銘》）

元　升

公諱升，字德清。少不羈，喜從事鞍馬間，欲復以武弁取官。及長，乃更謹飭，舉措不碌碌。明昌、泰和，入仕路非有梯級不得進。公閑居鄉里，欝欝不得志，然日課家人力田治生，厚自奉養，禄食者不及也。貞祐丙子，自秀容避亂河南，客居嵩山。時公已衰，無復仕宦意。親舊競勸之，乃始以兄隴城府君蔭，奏補得係承奉班。明年，當調官，而以疾終於登封寺莊之寓居，春秋五十有五。曾祖誼，宋忻州神虎軍將領。祖春，不仕。考滋善，柔服丞。夫人，同郡史氏，無子，以從孫好謙之子搏奉其後。權厝金店東北一里所。道路阻絶，未卜歸葬，遂爲南遷第一祖矣。銘曰：

豪俠則鄉土之舊，幹局則父兄之傳。武可以材選，能可以吏遷；一命不霑，而老於編齊之間。鑽辭幽石，以慰下泉。

（《全集》卷二十五《承奉河南元公墓銘》）

元好古

兄字敏之，諱好古。性穎悟，讀書能强記，務爲無所不窺。年二十，就科舉。時東巖已歿，太夫人年在喜懼，望其立門戶爲甚切。及再試不中，意殊不自得。又娶婦不諧，日致惡語，遂以狷介得疾。嘗作《望月詩》，有"莫倦夜深仍坐待，密雲或有暫開時"之句。或言詩境不開廓，非佳語也。曰："吾得年不能三十，境趣能開廓乎？"未幾，歿於貞祐二年三月北兵屠城之禍，年二十九矣。嗚呼悲哉！銘曰：

賈傅南州，鵩鳥告凶。買臣歌謳，厄死溝中。馮衍幽憂，桀婦是逢。子雲自投，乃脫歆豐。莫難生才，百蛇一龍。有物妒之，隨以禍攻。窮巷抱書,薇藿弗充。天門九虎,十上莫通。長慟之途,萬轍一窮。斯前人所不免,顧獨欲亢吾宗邪?

（《全集》卷二十五《敏之兄墓銘》）

梁太君（李獻卿母）

夫人姓梁氏,廣寧人。曾大父忻,遼秘書監。弟援,某朝宰相。其後,秘書之孫某,大定中戶部尚書。相國之孫彬,明昌中濟南尹。故梁氏世爲閭山甲族。大父慶璋,定遠大將軍、相州酒使。父鐩,宣武將軍、鼓城尉。夫人在父母家,已知讀書,作字有楷法。年十有七,嫁爲河中李侯諱某之夫人。李侯自王父龍虎以來,占籍河中,以貲雄鄉里。侯資稟豪邁,好賓客,復嗜讀書,不切切於家務。簿書會計,至於鱗雜米鹽,無不經夫人之手。夫人天性孝友,媚睦族屬,內外無間言。侯於諸弟妹,皆審於擇配。夫人彌縫贊助,咸得其稱。侯之季弟彥實,娶龍山劉致君之女,於夫人爲姨妹。議往納幣,時次子獻誠生始期月,暑塗二千里,不以跋涉爲辭。振貧乏,撫孤幼,僮僕之無依怙者,聚之一室,躬自存養,有父母之愛。侯官蘇門,大奴弋信妻執僞券訴有司,云是陝右饑民,爲侯家強娶,法當爲良。眾謂宜辨其妄,夫人曰:"奴而良之,美事也,奚以辨爲?"聽其去者餘二十輩。侯有姬侍某,先有子矣,以嘗失意於侯,侯不顧省。夫人以爲言,侯亦莫之從也。夫人知侯意不可回,竟爲入粟縣官,度爲女冠,并割上田衣食之。晝哭之後,益以教子爲事。其後,獻卿中泰和三年進士第,獻誠、獻甫同以興定五年登科。鄉人榮之。獻卿釋褐華陰簿。夫人在官下,每以廉慎愛民爲戒。南征之役,朝廷修馬政,并(井)牧之馬似涉贏,療官有被真決者。獻卿方攝縣務,殊爲憂。夫人言:"馬遠至,難遽肥,立法雖嚴,可身任之,使一縣之民少蘇,不亦可乎?"夫人之兄思忠在中山得風痺,不良於行,且諸子皆幼弱。顧謂獻卿言:"若能爲舅氏覓一官,得近河中,使吾事老兄一日,可無憾。"獻卿如所教,爲求河東高公酒正,因迎事之。逮其下世,送終拊孤,禮無違者。獻卿佐坊州幕官,嘗與同官騎鞠,夫人戒之曰:"從仕之暇,宜讀書養性,鞍馬間乘危蹈險,非書生之事。正使能之,且爲識者笑,况必不能邪?"其慈恕有禮類如此。不幸遘疾,以貞祐元年八月二十有八日,享年五十有一,終於坊州之官舍。諸孤銜恤襄事,以某年月日祔葬於某原之先塋,禮也。夫人三子,獻卿其長,今爲正議大夫、宣差規措解鹽司、充鹽部郎中行部事。以故事,請於朝,贈夫人贊皇郡太君。獻誠,汝州郟城令。獻甫,京兆長安令、南京右警巡使、鎮南軍節度副使、尚書户部員外郎。女二人:長適夫人之從姪梁璵,次適經義省元興平令趙宇。正大辛卯冬,獻卿持夫人行事之狀,涕泗百拜,謂某言:"先夫人棄諸孤之養,亦已久矣,獻卿承乏天官民曹,日不暇給,孤奉慈訓,尚有旌紀寂寥之恨。惟先夫人爲淑女,爲良婦,爲賢母者,當世士君子皆耳目所接見。諸孤雖無所似肖,安敢自例流俗,附先夫人於碑誌之末乎?獻卿昆季及從弟獻能得幸吾子者有年,吾母猶君之母也,銘其可辭?"某再拜言:"先夫人之德之教,無愧古人,顧非不腆之文所能撰述。然得屬辭比事,以相兹役,昭我彤管,自托不腐,通家子姪,與其榮焉。其敢不策厲駑鈍,以少慰凱風寒泉之思乎?"乃爲銘曰:

主饋有儀,作室有基。秣驥問塗,司南通達。鼎於華腴,動與禮達。在生長見聞者而非所望,寧閨壺之可幾?嗟維夫人,女宗婦師。匪直宗師,母儀百之。油燈煌煌,誦書琅琅。兒不敢嬉,母也在旁。維龍虎公,北方之强。武庫再傳,化而文房。郁階庭之佳樹,乃异質而齊芳。版輿委蛇,子禄孫飴。上壽期頤,夫人則宜。事親之日今不可追,去何速兮來何遲?瞻昊天而靡及,泣風雨其安歸?防墓兮有碑,勒銘詩兮告無期。有親如是,而不得終百年之養,信人子之同悲。

　　(《全集》卷二十五《贊皇郡太君墓銘》)

白李氏（白華母、白樸祖母）

　　夫人姓李氏,世家平定。父琮,宋末來火山,遂爲隩州人。母
邢,生四子一女;以夫人天性孝友,特鍾愛焉。年二十,嫁爲贈朝列
大夫同郡白君諱某之妻。夫人事姑孝,撫前夫人子如所生。姑老
且病,飲食醫藥,必躬親之而後進。及持喪,哀毀過禮,鄉人稱焉。
性嚴重,不妄喜怒。白氏,大家也。夫人處之,不侈不陋,服食居
處,皆有法度可觀。以大安辛未三月丙辰,春秋五十有六,終於私
第之正寢。子,男四人:長曰賁,擢泰和三年進士第,官至岐山令;
次曰華,擢貞祐三年進士第,今爲樞密院判官;次曰瑩,棄家爲佛
子,有詩筆聞於時;次曰麟。女二人:長嫁進士同郡賈鐸。賁、瑩、
麟及次女皆早卒。男孫二人:曰汴陽、鐵山;女孫一人,尚幼。初,
華既冠,從兄賁官學,輩流中號楚楚者。鄉先生謂:"當就科舉,不
可以家事役之。"朝列君以爲然,謀之夫人。夫人曰:"彥升以長子
持門户,勞苦爲甚。賁舉進士,瑩與麟皆幼,可代彥升者,獨華耳。
今又使之從學。是逸者常逸,而勞者常勞矣。"執議者再三。語雖
未從,識者謂夫人有"鳲鳩均一"之義焉。夫人自幼事西方,香火
之具,未嘗去其手。病且革,沐浴易衣,趣男女誦佛名,怡然而逝。
生平待中表有恩,尤賙恤貧者。其殁也,哭者皆爲之盡哀。諸孤以
是月戊午,奉夫人之喪,殯於河曲王家里之西原。明年朝列君殁,
乃合葬焉。文舉既參機務,而贈夫人南陽縣太君。因請某銘其墓。
某自齠齔識文舉於太原,與之游,爲弟昆之友,今三十年矣。知夫
人之德與文舉念其親者爲詳且久,乃爲之銘,曰:
　　祿不於豐,惟祿之時。三釜逮親,萬石不賚。母氏劬勞,無報
可施。樹靜而風,霜露涕洏。悠悠蒼天,孰命之尸?含飴弄孫,彼
何人斯?嗟唯夫人,女宗婦師。德宜而家,物不瘝疵。玉樹階庭,
且蘭且芝。一善不可能,我則百之。見於彤管,永世有辭。重之以

五福之養,神則我私。列銘墓石,尚以慰凱風寒泉之思。

(《全集》卷二十五《南陽縣太君墓誌銘》)

聶舜英(聶天驥女)

五臺聶天驥元吉,爲尚書左右司員外郎。壬辰之冬,車駕東狩,元吉留汴梁。明年正月二十有三日,崔立舉兵反,殺二相省中,元吉被兵,創甚。女日夜悲泣,謁醫者,療之百方,至刲其股,雜他肉以進,而元吉竟不可救。時京城圍久,食且盡,閭巷間有嫁妻以易一飽者。重以喋血之變,剽奪陵暴,無復人紀。女資孝弟,讀書知義理,思以大義自完,葬其父之明日,乃絶脰而死。士大夫賢之,有爲泣下者。女字舜英,年二十二。嘗嫁爲進士張伯豪妻。伯豪死,歸父母家。嗚呼!壬辰之亂極矣!中國之大,百年之久,其亡也,死而可書者,權參知政事翰林學士承旨子政、右丞大用、御史大夫仲寧、戶部尚書仲平、大理德輝、點檢阿撒、郎中道遠、省講議仁卿、奉御忙哥、宰相子伯祥、宿直將軍長樂妻明秀、參知政事伯陽之夫人與孝女十數人而已,且有婦人焉。夫一脉存,不可謂之絶;一目張,不可謂之亂;一夫有立志,不可謂之土崩。痛乎,風俗之移人也!孝女合葬張氏,墓在某所。銘曰:

縈政之姊,哭徇其季。千祀有傳,猶聶之世。嗟唯孝女,之死自遂。死而有知,及父於隧。以子則孝,以婦則義。以斷則勇,以守則智。於今之人,麟鳳之瑞。莫靳者名,天曰美器。不於士夫,一女之畀。銘以表之,并志予愧。

(《全集》卷二十五《聶孝女墓銘》)

元阿秀（元遺山女）

　　孝女阿秀，奉直大夫、尚書省令史、秀容元好問第三女也。興定己卯，生於登封。年十三，予爲南陽令，其母張病歿，孝女日夜哭泣，哀痛之聲，人不忍聞。明年，得疾於汴梁，病已急，哭且不止。或以爲言：「親，一也。母亡而父存，汝不幸而死，爲棄父矣。」曰：「女從母爲順，寧從母死耳。」竟以開興壬辰三月朔死。死之二日，權厝報恩寺殿階之東南十五步。銘曰：

　　失乳而啼，襁褓之常。知所以悲，非乳可忘。木病本根，枝葉乃傷。愛生於心，血出肺腸。母在與在，母亡與亡。孝女之哀，千載涕滂。白水南東，維母之藏。羈魂搖搖，望女大梁。會以汝歸，以慰所望。

　　（《全集》卷二十五《孝女阿秀墓銘》）

嚴　　實一

　　歲庚辰秋七月，東平嚴公籍彰德、大名、磁、洺、恩、博、滑、濬等州戶三十萬，歸於有司……初貞祐南渡，豪杰乘亂而起。四方之人，無所歸命。公據上流之便，握勁鋒之選，威望之著，隱若敵國。人心所以爲楚爲漢者，皆倚之以爲重。至是曉然知天命所在，莫敢有异志，國家亦藉之以成包舉之勢。故自開創以來，功定天下之半，而聲馳四海之表者，惟公一人而已！非天使之倡大義、建大事，以應興王之迹，其能若是乎？公諱某，字武叔。其先博之博平人，後遷長清，遂占籍焉。曾大父啓、大父祺、父珪、皆以農爲業。妣同里楊氏。生二子，長彬，字才叔；次即公。公幼警悟，略知讀書。及長，志節豪宕，若以生産爲不足治者。爲人美儀觀，喜交結，好施予。落魄里社間，不自顧藉，屢以事被繫。俠少輩愛慕之，多爲之出死力，以故得脫去。癸酉之秋，國兵破中夏，已而北歸。東平行臺調民爲兵，以公爲衆所服，署“百夫長”。明年春，泰安人張汝楫據靈岩，遣別將攻長清，公破走之，以功授長清尉、東阿、平陰、長清三縣提控捕盜官。戊寅六月，攝長清令。八月，宋人取益都，乘勝而西，行臺檄公備芻粮爲守禦計。公出督租，比還而長清陷。尋以兵復之。有譖于行臺者，謂公與宋有謀。行臺疑公，以兵圍之。公挈老幼壁青崖崮，依益都主將，以避臺兵之鋒。宋因以公爲濟南治中。分兵四出，所至無不下。於是太行之東，皆公所節度矣。庚辰三月，河南軍攻彰德。守將單仲力不支，數求公救。公爲請於主將，主將逗留不行，公獨以兵赴之。比至，而仲被擒。公知宋不足恃者，謁先太師於軍門，挈所部以獻。太師時以王爵統諸道兵，承制封拜，乃授公金紫光禄大夫，行尚書省事。其年，進攻曹、濮、單三州，皆下之。偏將李信留鎮青崖，嘗有罪懼誅；乘公出征，叛降于宋。公兄及夫人杜氏皆遇害。明年，公以太師兵復青崖，擒信，誅之。進攻東平，守將何立剛弃城而奔，公始入居之。又明年，軍上黨。宋將彭義斌說青崖晁海叛公，公之家人復被掠去。義斌軍西下，郡縣多爲所脅。乙酉四月，遂圍東平。公間遣人會大將孛里海軍，軍久不至。城中食且盡，乃與義斌連和。義斌亦欲藉公取河朔，而後圖之，請以公事父。時麾下衆尚數千，義斌不之奪，而青崖所掠則留不遣也。其七月，義斌下真定，道西山，與孛里海等軍相望，分公以帳下兵，陽助而陰伺之。公知勢已迫，即連趣孛里海軍而與之合。戰始交，宋兵崩潰，乃擒義斌。不旬月，先所失部分盡復之。是冬，郡王戴孫取彰德，明年取濮、東平。又明年，太師攻益都。凡公之功，所在皆爲諸道之冠。庚寅四月，朝于牛心之帳殿。天子賜之坐，宴享終日。上歡甚，錫公金虎符，寵以不名。又數數目公，顧謂侍臣言：“若嚴公者，真福人矣！”又四年，朝于和林城，授東平路行軍萬户，偏裨賜金符者八人。初，公之所統有全魏，有十分齊之三、魯之九。及是畫境之制行，公之地於魏，則別大名、又別爲彰德；齊與魯，則復以德、兗、濟、單歸于我。丁酉九月，詔書命公毋出征伐。當是時，公以百城長東諸侯者十五年矣。始於披荊棘、扞豺虎，敝衣糲食，暴露風日。挈溝壑轉徙之民，而置之衽席之上，以勸耕稼，以豐委積。公帑所積，盡於交聘、燕享、祭祀、賓客之奉，而未嘗私貯之。辟置俊良，汰逐貪墨，頤指所及，竭蹶奉命。不三四年，由武城而南，新泰而西，行於野，則知其爲樂歲；出于塗，則知其爲善俗；觀于政，則知其爲太平官府。而公之心力亦已盡矣！上亦雅知公不便鞍馬，念其功而憫其勞，視之猶家人父子，欲使之坐享康寧壽考之福，故聖意優恤如此。公病風痺久，人有勸迎良醫者，笑曰："人豈不死耶？得無疾病以歿，足矣！"以庚子四月己亥，春秋五十有九，薨于私第之正寢。是夕，大星殞于縣界，人以爲公歿之應。五月壬申，舉公之柩，葬於鵲里之新塋，禮也。公既握兵柄，頗生殺，時年已長，經涉世故久，乃更折節自屬。間亦延致儒士，道古今成敗，至前人良法美意，所以仁民愛物者，輒欣然慕之。故雖起行伍間，嚴厲不可犯，至於仁心爲質者，亦要其終而後見也。彰德既下，又破水柵。郡王怒其反復，驅老幼數萬欲屠之。公解之曰："此國家舊民，吾兵力不能及，爲所脅從，果何罪邪？"王從公言，釋不誅。繼破濮州，復有水柵之議。公爲言："百姓未嘗敵我，豈可與兵人並戮之？不若留之農種，以給芻秣。"濮人免者又數萬。其後於曹、於定陶、於楚邱、於上黨，蓋未有不然者。大兵由武休出襄、鄧，公時在徐邳間。以爲河南破，屠戮必多，我當載金繒往贖之，且約束諸將，毋敢妄殺，有所鹵獲，必使之骨肉完保。靈璧一縣，當廢者五萬人，公所以救之者百方，兵人既素服公言，重爲資幣所誘，故皆全濟。中有求還鄉里者，悉縱遣之。是冬大饑，生口之北渡者多餓死，又藏亡法嚴，有犯者，保社皆從坐之。逋亡纍纍，無所於托，僵尸爲之蔽野。公命作糜粥，盛置道旁，人得恣食之，所活又不知幾何人矣！初，公之部曲，有亡歸益都者數十人，益都破，皆

115

獲之。人以爲必殺，而公一切不問。王義深，義斌之別將，聞義斌
敗，將奔河南，凡公族屬之在東平者，皆爲所害。河南破，公獲義深
妻子，厚爲賵賻之，且護送還鄉里，終不以舊事爲嫌。其能人之所
難能者又如此。東州既爲樂土，四外之人，托公以爲命者相踵也。
公爲之合散亡、業單貧、舉喪葬、助婚嫁，多求而不靳，屢至而不厭。
肉骨之賜，卵翼之惠，日積而月累之，蓋有不可勝書者矣！故聞訃
之日，遠近悲悼；境內之人，野哭巷祭，旬月不能罷。古之所謂愛如
父母，敬如神明者，於公見之。子男七人，長忠貞，金紫光祿大夫，
前公卒；次忠濟，襲公職；次忠嗣、忠範、忠杰、忠裕、忠祐。姪一人
忠輔。女七人；孫一人，忠貞之子朗。既葬之三月，孤子忠濟等狀
公之行，以神道碑爲請。敢以智愚之所共知者論次之，而系之以
銘。銘曰：

　　岱宗岩岩，清濟洋洋。佗彼嚴公，尹茲東方。維大國齊，維魯
所荒。大安衰微，元元邁凶。鋤耰棘矜，迭爲長雄。遺黎恫然，摛
埴斯窮。公乘其時，奮從兵戎。心爲蓍龜，往迓大同。挾右太行，
以入王封。人瞻者烏，我龍之從。儷景同翻，郁爲雷風。乾端坤
倪，一廓屯蒙。奔走先後，莫予敢侮。莫予敢侮，惟公之武。乃錫
金虎，民汝予撫。民惟天民，惟公受之。有內之溝，職公救之。大
布我衣，大帛我冠。斜傾我扶，蝹漏我完。爾有瘝罷，我逭我安。
金革之威，肅于凜秋。化而陽春，倅槁和柔。祥風愉愉，叶氣油油。
河潤之溥，暨於他州。民拜公賜，有憂斯禱。祝公壽考，爲國元老。
如山如河，受福則遐。齊政方報，魯婦已釐。布宣王靈，繄公是賴。
愛養基本，繄公是戴。巨室喬木，式瞻誰在？相彼邦民，古無遺愛。
有開必究（先），惟公之功。寵以不名，公名之崇。巍巍堂堂，哀榮
始終。誰其配之？錢氏孝忠。茌平之原，龜石穹窿。勒我銘詩，以
對景鐘。

　　　　（《全集》卷二十六《東平行臺嚴公神道碑》）

嚴　實二

方天兵南下，海宇震蕩，雷霆迅擊，無不糜滅。燕城既開，朔南分裂，瞻烏爰止，不知于誰之屋。公擁上流，握勁鋒，審大命之去就，一群疑之同异，乃以庚辰春，籍所統彰德、大名、磁、洺、恩、博、滑、濬等州户三十萬，獻之太師之行臺。形勢既强，基本斯固，國家所以無傳檄之勞，亡鏃之費，而成包舉六合之功者，公之力爲多。昔淮陰襲歷下軍，盡有齊地，高祖因之以成帝業；耿弇攻祝阿，竇融合五郡兵，光武因之以集大統；以公方之，尚無愧焉。好問客公幕下久，故能知公所以得民者，蓋公資禀沉毅，威望素著，且嚴於軍律，少所寬貸，見者流汗奪氣，莫敢仰視。中歲之後，乃能以仁民愛物爲懷。郡王兵破相下之水栅，繼破曹、濮，怒其翻覆，莫可保全，欲盡坑之。公百方營救，得請而後已。兵出荆、襄，公自邳、徐赴之，謂所親言："河南受兵，殺戮必多，當載金帛以贖之。"靈壁降，民方假息待命。公餽主兵者，下逌卒伍，亦霑膏潤，一縣老幼，皆被更生之賜，且縱遣之。計前後所活，無慮十數萬人。生口北渡，無從得食，糜粥所救者尚不論也。晝境之後，創罷之人，新去湯火，獨恃公爲司命。公爲之闢田野、完保聚，所至延見父老，訓飭子弟，教以農里之言，而勉之孝弟之本。懇切至到，如家人父子，初不以侯牧自居。官使善良，汰逐貪墨，貸逋賦以寬流亡，假閒田以業單貧，節浮費以豐委積，抑游末以厚風俗。至於排難解紛、周急繼困、收恤孤嫠、佽助葬祭，菽粟易於水火，冰霜化而紈袴，人出强勉，我則樂爲。故薨謝之日，境内之人號泣相吊，自謂一日不可復活。非策慮愊億，洞見物情，權剛柔之中，持操縱之術，始以重典立威，終以仁心爲質者，能如是乎？壬子孟冬，公之嗣子某，走書幣及好問於鎮陽，書謂好問言："先公功著興王之初，名出勳臣之右。虎符龍節，長魏、齊、魯五十城者，逾二十年。官有善政，政有遺愛，敬者比之神明，報之欲其長久。某猥嗣世爵，大懼弗克奉揚先德，輒與參佐、部曲、士庶、耆壽同力一志，作爲新廟，以致祔祠烝嘗之敬。宜有文辭，昭示永久，惟吾子惠顧之。"好問以爲，祠祭之爲大事，尚矣……如公之廟貌，獨不可以義起乎？祀典廢於一時，公議存乎千載。異時有援表忠觀故事言於朝者，尚有考焉。好問既述公之事，又系之以詩，使歌以祀公。其詩曰：

天造草昧福有幾？風雲感會神與期。乾龍用九方奮飛，潛蛟豈得留汚池？王伯之柄魏所持，金城千里山四維。公籍盈數數有畸，燕趙廓廓無藩籬。六合遂入天戈麾，猶之歷下開漢基。楚破竹耳將安歸？天官蔡功絶等夷。介三大藩畫郊圻，大帛之冠大布衣。煌煌德星出虛危，扶傷合散傾復支。民恃保障輕繭絲，年穀屢豐物不疵。諸侯代興公維師，誰謂華高可而齊？武公司徒屈於斯，眉壽保魯止於斯。昔歌且舞今涕洏，人疇依乎遽奪之！甘棠之蔭公之祠，麗牲有碑碑有詩，戰功日多民政慈，尸而祝之寧我私？公福我兮無已時，子孫衆民其世思。

（《全集》卷二十六《東平行臺嚴公祠堂碑銘》）

耶律思忠（耶律楚才兄）

公諱思忠，字天祐，以小字善才行，遼太祖長子東丹王之八世孫。曾大父内剌，贈定遠大將軍。大父聿魯，隱德不仕。考履，章宗明昌初拜尚書右丞。生三子，公其仲也。弱冠以宰相子引見，補東上閣門祗候。泰和四年終，更調衡水令、蘭州軍事判官，入爲西山閣門簽事。大安二年，改太子典儀，轉裁造署令。扈從宣宗南渡，以勞授儀鸞局使。俄遷太府少監，兼直西上閣門尚食局使。貞祐三年，出爲同知昌武軍節度使事，改章化軍。歷嵩、裕、息、延四州刺史、同知鳳翔府事、中京副留守、同知歸德府事。北兵襲荆、襄，京師戒嚴，詔公以都水監使充鎮撫軍民都彈壓。壬辰二月，公之季弟、今中書令楚才，奉旨理索公北歸，召見隆德殿。公再拜，乞留死汴梁。哀宗幸和議可成，贈金幣固遣之，君臣相視泣下。竟以某月十有七日，自投於内東城濠中水而歿。時年六十有一。上聞之震卓，贈工部尚書、龍虎衞上將軍。夫人郭氏先公卒，子男一人，曰鈞，仕爲尚書省譯史；女二人，嫁士族。男孫三人：寧壽、昌壽、德壽；女孫一人，皆尚幼。公資雅重，讀書知義理，遇事明敏，雖老姦不能遁其情。從仕四十年，未嘗有笞贖之玷，其畏愼如此。死之日，朝賢多嗟惜之。孤子鈞以某年月日奉公之柩，葬於義州宏政縣東南鄉之先塋。以好問於公有一日之雅，百拜請銘，故略爲次之。其銘曰：

其賦材也博以通，其植志也敬以恭。安靜以養民，敏給以赴功。斯足以爲賢，或生長見聞者之所同。至於憂國愛君，存亡始終，徘徊故都而不忍訣，則藹然有古人之風。

（《全集》卷二十六《龍虎衞上將軍耶律公墓誌銘》）

术虎筠壽

公諱筠壽，字堅夫，姓术虎氏。世爲上京人。五世祖術不從武元下寧江，王業漸隆，論功第一。一命銀青榮禄大夫，節度寧江。開國之後，一門世封猛安五人，謀克十七人，尚縣主者三人。子孫以世官故，移戍西北路桃山之陽，因占籍撫州。勳貴之盛，國史家牒詳焉。曾大父布苦德襲猛安，積官鎮國上將軍；妣完顔氏，金源郡夫人。大父查剌，明威將軍、比部詳穩官；妣温敦氏，金源縣君。考阿散，懷遠大將軍、霸州益津縣主簿，後用公貴，贈鎮國上將軍；妣金源郡君陀滿氏，進封太夫人。公即益津府君之長子也。初名雲壽，道陵特旨改焉。大定二十九年，以人門選充親衞軍，騎射驍捷，時輩無能出其右。初著籍，即衞直點檢司。泰和中，元妃李氏兄弟貴寵方盛，内外詔附。大奴文童者以事陵轢平民，市人聚觀，無敢爲救止者。公見之，唾掌大數曰："若，人奴耳！何敢爾邪？"

直前擊之，馬箠亂下。奴流血被面，號訴於都點檢喜兒。人爲公危之，公泰然自若，謂同列言："點檢公，宮闈之長，果解事，當加重我。或以一奴故而害正人，豈久於富貴者？我何懼爲！"喜兒召公入，善言慰之曰："外人見吾家鷹犬，且知愛之。君乃能辦此，可謂不畏強禦矣！奴輩儻復恣橫，無惜教督之。"公用是知名。嘗問一策論老生，曰："世謂親衛軍舉不能官，其病安在？"生言："公輩年二十許隸籍，又二十年乃出官，四十而學從政，蓋已晚矣！況衛士之職，尊君之外，無復餘事，平日唯知威制強脅。積習既久，豈復有平易近民者乎？"公復問："然則如何而可？"生曰："公試取律令讀之。"公退而讀《律》。不二三年，條例及注釋間無不知。他日又問生："我讀《律》，知大綱矣！竊謂刑法但能治罪惡之有迹者耳。假有情不可耐，而迹無可尋者，何以治之？"生曰："聖人作《春秋》，不誅其人身。子能讀《春秋》，則治心與迹，兩俱不困矣！"公復從人授《春秋》。泰和中，行臺駙馬都尉揆南征，詔給親衛軍二百五十人以從，而公爲之長。破羅山，得經生曹鼎，從之講授。從是言論開廓，又非吳下阿蒙矣。嘗言："吾初讀《律》，繼而授《春秋》，因之涉獵史傳，粗見成敗。比死者，須一見天子，不有所建明可乎？"復取劉顏輔弼名對、陸宣公奏議成誦之。其強學堅志類如此。八年軍還，用行臺薦，收充奉職，宣諭良厚。大安初，奉詔使高麗。立節清介，不聽以舘妓給使令；互市之利，僅不廢故事而已。御史上之，即日授中宮護衛，尋遷之御前。至寧初，右丞綱軍居庸，詔公爲參謀。數與綱議不合。綱積不能平，檄公從緙山高琪軍。時大朝兵已薄居庸，游騎旁午，道路阻絕。公從僮僕二三輩夜出關，無一卒與俱。會高琪移軍合河，公馳赴之，比至而軍已潰。單騎南還，且戰且走，僅入南山。與都統興哥收潰卒四千、騎二千，拒險而陣。軍中遣譯人好謂公言："我無他求，止欲得馬耳！"公報言："渠欲得馬，我欲得吾人之被掠耳！果以吾人見歸，馬非所惜也。"約既定，相與結盟，與馬十，得老幼千餘以歸。以功加鎮國上將軍，賜馬十

匹。貞祐二年,扈從南遷。公憤懑,欲有所言,而無自發之。行及
新樂,爲上言:"妃后車乘,綵畫鮮明,徒事外飾,而適用之具或不
足。任重而致遠,設有意外之變,非臣子所敢言!蓋積弊之極,以
致今日,非獨此一事而已。"宣宗感悟,詔公以便宜提控尚輦局。
七月,以扈從勞,授器物局副使。一日,內出鞠仗,命料理之,工部
下開封市白牯取皮。公以家所有鞠仗進,且言:"車駕以都城食
盡,遠弃陵廟,正陛下坐薪嘗膽之日。奈何以毬鞠細物動搖民間,
使屠宰耕牛以供不急之用?仇敵在邇,非所以示新政也。"上不
懌,擲仗籠中。明日,出公爲橋西都提控。是歲臨秋,公度遠近設
候望,河朔無警,則聽河防民丁暫歸,省薪糧以贍軍,公私便之。四
年冬十一月,潼關失守,樞密院檄公守虎牢。虎牢陵谷遷變,無險
可扼,倉卒中作大橋以拒西師。橋甫成而敵至,相去百舉武,長兵
已相接矣。公橫槊橋上獨當之。西師十六輩弃馬,潛由澗中路傴
僂而上,欲出公軍士之後,軍爲小却。公策馬大呼,後騎隨進,聲勢
甚張。十六人者皆倉皇失措,展轉澗底。公下馬立視,指麾後騎乘
高而下,顧盼之頃,梟六首而還。汜水東數城,西師雖不侵突,而群
不逞有因亂相剽竊者。獨公所鎮,軍民按堵如故。諸縣就河陰爲
立生祠。樞密院別帥軍二萬戍虎牢。此軍至自河朔,剽掠成俗。
且主帥馭之無紀律,變在旦夕。民謂公可恃,自陳苦急。公言之
帥。帥言:"我輩皆盜賊强梗之餘,當以漸柔服,急則生變,咎將誰
執?"公知帥不能軍,縛暴橫尤甚者三人,斬之以徇,軍中蕭然。俄
改武器署令。五年,除同知定國軍節度使事。自夏陽抵潼關,上下
千里,戍卒五萬,公兼領之。因上奏關輔被兵之後,殘民疲於供給,
在所城壍之役,乞以農隙爲之。秦民賴焉。興定二年,改同知隴安
軍節度使事。三年改環州刺史。夏人大舉入寇,城中軍不能二千。
公以老幼婦女乘城。度寇至木波,地狹道險,利用設伏。自將步騎
五百,乘夜襲之,寇果驚潰南走。追斬千人,奪老幼數千,獲將領一
人。寇奔往西道,公復邀擊之,斬首數百,獲牛羊萬餘。慶陽總管

121

子容以巡檢幕客再能有名馬二,欲取之。倚公同局之舊,私遣掾屬趙以情告公。公耻以求索見污,為趙言:"彼部落族以馬為死生。凡馬且不可得,況名馬乎?"於是總管者怨且慚,乃誣再能有叛計,遣趙掾勒公捕送。趙復得以此脅再能:"獻馬可免罪。"再能率所部千人,州署前望闕泣拜曰:"我曹受恩百年,何嘗有一人萌異志者?幸太守申明之!趙掾在,我亦不為冤死鬼矣!"公欲兩解之,總管愈怒。馳奏:"再能有叛計,刺史不奉府檄,擁獲罪人,可并按之。"有詔京兆行臺窮治其事。參知政事把公、延安帥完顏公,保公無他。詔勿問,猶以州府不相能,兩罷之。平荒(涼)行臺奏公為馬步軍都總領。公自以無罪,橫被廢弃,鬱鬱不自聊,雖擢置亞帥,非其好也。居無幾何,偕同官游峚峒,遂有終焉之志。不三數日,遘疾,疾遂革。所親問後事,公强起應之曰:"我,武人,不死疆場而死牀簀,獨是為介介爾!此外何必言?"言終而逝,享年五十有一。實五年七月之十一日也。元光改元冬十月,諸孤扶護束還,權殯汝陽。積官龍虎衛上將軍、金源郡侯。先娶夾谷氏,雲陽令阿合門之女,前公卒;再娶徒單氏,秘書監歐里白之女,後公十有八年而卒。并封金源郡夫人。子,男五人:長仲道;次仲貞,櫟陽監酒;次仲坦,閿鄉令;次彭孫、聘孫,俱早卒。女二人,皆適士族。男女皆前夫人出也。男孫二人:祖安、老安;女孫一人,尚幼。公儀幹秀偉,資稟沉毅,清儉公勤,為人寡言笑,不妄取予,事親孝,友愛諸季,恩禮備至。及弟兄析居,公悉有以處之曰:"季弟通貴,無俟分財;其弟戰歿,其孤當卹;小弱弟早失怙恃,尤可哀者。"孰多孰寡,咸適其當。公所取唯白玉帽環一雙而已,曰:"此大門時物也!"在軍中餘十年,與士卒同甘苦,至盛夏不操扇。或問之故,曰:"古名將類如此,吾願學焉!且身歷艱苦,亦從儉入奢之義也。"或言:"軍士近年,例無戰志,殆不堪用邪?"公謂:"不然!猶之鷹隼:往在田間,悉能自取食。人得而畜之,豈遽忘搏擊耶?婦人女子為氣所激,尚能持刃而鬭,況男子乎?吾謂兵士無不可用,亦猶鷹隼養之未至耳！”公既耽嗜書史，故親授三子者學，夜參半猶課誦不已。三子服教，悉能自樹立，有聞於時。某歲，仲坦舉公柩北歸，卜葬於輝州蕕門北之某原。枉道過好問新興，授公行事之狀，涕泗百拜，以神道碑銘爲請。仲坦從好問游，有昆弟之義，義不可辭，乃爲件右之。惟公故大家，生長燕、雲間，州閭貴游，華靡相尚。公家累鉅萬，僮僕千人，帷帳、軒車、琴、筑、棋、槊，可取諸左右而足，能被服儉素，攻苦食淡，不變老人大父國俗真淳之舊，此一難也；帶刀宿衛，從事獨賢，而於番宿更休之餘，爲幼學壯行之計，心樂性熟，寢食不廢，乃如寒苦一書生。雖明昌右文，海內嚮化，家存贏金之諺，士有橋門之盛，至於以衛士而治儒術者，唯公一人，是又一難也；流品既高，朝譽既著，高墉射隼，足致要津。公則剛近乎仁，義形於色，未信不虞於謗已，而奉公寧至於失名。蹭蹬一麾，有識興嘆！使之得時行道，持衆美而效之，君文武志膽，用無不可。徒以一言忤旨，不得久居中。何泰和封殖之難，而貞祐摧折之暴也！彼以假儒衣冠、生死利祿、碌碌無補，蘇而復上，六經掃地，沒世不復，反以武弁待公。自今觀之，其賢不肖，果何如也？銘曰：

　北方維強，間氣維雄。以宗起身，而以名起宗。金石獨止，而無并流。脂膏共處，而不自豐。直前徑行之謂剛，有犯無隱之謂忠。匪惟公賢，簡策之功。丞相材官，危戮鄧通。北山諫書，乃在筆公。使公不學無術，猶當有古人之風。大冠如箕，鉅儒宗工。徼巡周廬，實命不同。乃如之人兮，祿不計庸。我銘墓石，鬱孤憤兮何窮！

　（《全集》卷二十七《龍虎衛上將軍術虎公神道碑》）

張　柔一

　歲辛亥冬，行軍千户賈侯輔，持《順天路軍民萬户張公勳德碑》見示，謂僕言：“此内翰滹南王君從之之辭也。蓋自板蕩以来，我公爲吾州披荆棘、立城市、完保聚、闢田野、復官府、舉典制，摧伏强梗，拊存單弱，使暴骸之場，重爲樂國。其有德於州之人爲甚厚。如輔不敏，亦得稟授成算，自竭微效，猥先參佐，紆佩金紫。圖所以報謝者，不忘食息頃，而迄無萬分之補。姑取境内士庶、耆壽、偏裨、部曲之意，就公所以成，顯顯焉在人耳目者，著之金石，以昭示永久。王君偉公之功，而有取於吾屬之誠且一，故樂道之。凡我公率族屬，保壁障，由西山之東流堝，以功令定興，至節度雄州，從經略使苗公道潤；及賈瑀賊殺道潤，公殺瑀復仇，散其餘黨，戊寅之秋，策名天朝，以功加榮祿大夫，帥河北東西路，以寶書錫命，自千戶升萬戶，佩金虎符，順天別爲一道者，亦既載之矣。惟是碑之立將二十年，而公之勳伐積累日盛，而皆王君不之見者。區區之意，大爲欷然！考之古人：初令一邑，進而守一州；始將千人，終至於統百萬衆；若惠政，若戰多，其見之褒述者，不一而足，故有大書、特書、屢書之語。朝論以爲美談，史臣資其實錄，珪爵、旗常、鼎鐘、竹帛於是乎張本。有如我公，炳河山之靈，會龍興之運；開拓疆宇，爲國虎臣；治民涖官，威惠并舉；而英聲茂實，百不宣一！其於褒讚之義，得無未盡乎？今屬筆於子，幸以第二碑實之！”僕以不腆之文，不足以俎豆於王君之後，辭不敢當。而賈侯請益堅，度不可以終辭，乃勉爲次第之。初，公之下東流、軍滿城也，滿城小而缺，且無禦備，帳下纔數百人。恒山公武仙會鎮定、深冀步卒一萬、騎五百來攻。公以老幼婦女乘城，率壯士出戰。敵不能勝，然未退也。後數日，公策其老且怠，遣人假爲輜重，聲言救兵至，自西山曳柴揚塵，鼓噪其後。仙軍果驚潰。公追擊之，遺尸數十里。是歲六月，軍市川帥牛顯結高陽公張甫、河間公衆哥等軍數萬來攻，公登城拒戰，爲流矢所中。敵大呼曰：“射中張某矣！”公不爲動，開門出戰，甫、衆哥皆敗走。由是祁陽、曲陽、鼓城諸將帥降者二十餘城。易州守盧應，御下卞急，吏卒每欲爲變，畏公不敢發。公北覘，次于宣德，群不逞乃環應第攻之。應挺身而逸，妻子皆爲所擄。復大掠于

124

州,遂據西山之馬頭砦。公聞之,即棄輜重而南。問之路人,得賊
要害曰六門堂者,遣部曲任德等潛執守者,而反據之,故賊不之覺。
公先約德軍曰:"我砦下舉火,爾即發聲!"乃率卒至砦下,數賊以
叛逆,且諭之曰:"能以盧應家屬來降者,當貸爾命。不然,無遺類
矣!"賊且笑且罵曰:"盧應妻子非白金三千兩不可得!乃欲降我
乎?"公怒,呼之曰:"吾問爾三,不從,則攻爾矣!"問之者三,竟不
應,乃舉火攻之。德等如約轉石擊砦中,賊大驚,以爲從天而下,窘
無所逃,束手就縛。公歸應妻子,諸賊悉臠殺之。緣山反側,鹿兒、
和和、美女、擔車、堵墻、百峰、東西五峰、苑家、西水、姑姑堝、紅花
谷、閃堂、水谷、白虹、白家、野貍諸砦,望風降附。及武仙以兵來
犯,公與之戰。一月凡十七勝,每勝必斬馘千餘級。於是公之威名
震河朔矣!丁亥之春,以滿城隘狹,移軍順天。順天焚毀之後,爲
空城者十五年矣。公置行幕荒穢中,日以營建爲事。繼得計議官
毛居節,共爲經度,民居官府,截然一新。遂引雞距、一畝二泉,穴
城而入,爲亭樹,爲池臺。方山陽,則無蒸鬱之酷;比歷下,則無卑
濕之患。此州遂爲燕南一大都會,無復塞垣之舊矣!京城之役,守
者屢出接戰,我軍不能前。一日,公被重鎧,躍馬橫戈而出,大呼謂
諸帥言:"公輩平時陵轢同列,以驍果自名,乃今蓄縮不進,虧喪聲
實,氣岸果安在?能從我,即同入陣;不然,爾後當尊事我,勿復故
態爲也!"諸帥無應者。公即馳入陣中,呼聲所及,無不披靡。出
入數四,而氣益壯。歸德之役,城中兵夜斫營,并堤而進,其鋒甚
銳。北面守者,不戰而走,多溺水死;西北一軍,俄亦奔潰。公命軍
士繫舟南岸,示無還意。因諭之曰:"我輩得舟亦不得濟,濟亦不
能免,惟有決死而已!"衆心乃定。命一卒執幟立堤上,諸軍隱堤
自蔽,待敵下舟,即力卷之。敵果不敢下。公命軍士先渡,將校次
之,公殿其後,竟不失一卒而還。汝南之役,宋人聽節制。我欲決
柴潭,城中兵陣於南門外決死戰,宋兵瞻望不進。公率步卒二十
餘,涉水入陣,左右蕩決,莫有當其鋒者。諸軍壯之!徐州之役,攻

久不下。宋人出戰，大帥大赤令曰："田四帥先入，不能則張公繼之，又不能則我當往！"既而田不克入，公率死士五十人逆擊之，戰于分水樓下，敵退走，公追及于門，俘獲數人。明日急攻西南隅，城既毀缺，敵以重扉覆之，攻者不能上。公募死士乘城，擁一卒起推置扉之上，城隨陷。論功第一。邳州之役，諸軍築壘環其外。城中危迫，潰圍而出，望見公旗幟，即犯別帥軍。公率兵救之，敵不能出。又犯別一軍，公復救之，敵竟敗而諸軍亦賴之以全。棗陽之役，公奪傅城軍壘二，又奪外城據之。城中人啓南門出，諸軍爲木柵禦之。公繞出其後，敵大潰，衆十餘萬，多溺濠水。餘軍西走，復爲史侯所襲，而公橫蕩之。皇太子壯其勇而惜其材，傳呼止之；而公戰愈力，迫宋兵盡乃已。鄆州之役，城陷，州人奪西門出走。前即漢水，公乘勝擁之，溺水者如山崗然。曹武之役，公將度九里關。或言關路險惡，宋必設伏，不若候大軍，與之偕進。公曰："出其不意，可以得志。若止而不進，爲彼所先，建瓴之下，吾得其便乎？"乃率二十騎直前，果得關。宋兵覺，由西山之間翼而下。我軍方休息，不虞敵至，士皆輕衣、無鎧仗，猝爲所圍，皆倉皇失措。公單騎馳突，潰圍而出。宋軍不敢迫，遂屯曹武北之長封嶺，結陣而居。戰守不易，緣山保聚，皆攻下之，連破瀕江諸屯二十餘所。秋八月，攻洪山，與宋大軍遇，自旦至暮，宋軍潰，斬統制官十三人，脫走者纔一人耳。光州之役，大帥令公取敵壘。以公喜深入，戒勿親往。而公輒親往。壘既下，明日而城降。黃州之役，道出三山寨，寨高險不可上，公率衆攻。戰方交，公引數卒潛視要害處，即引還。夜四鼓起，黎明至寨下，會天大霧，咫尺不相辨，公曰："此天也。"即取昨所視路，發石伐木，橫戈而先之。敵殊死鬥，公奮擊之。馘虜數萬，自相踐踩，墜崖谷而死者不勝計。遂攻黃州，州之西有大湖，曰張大，與江通流。公攻下之，得戰艦萬艘。選十之一，順流而下，循江接戰，十日乃至城下。營於西北隅，有乘小舟來覘，公策之曰："此必欲伺吾隙來攻耳。"乃分軍爲三：一并江路爲偵伺，一伏赤壁

下,公自將一軍,陣而待。是夜,宋果水陸并進,公遮擊之,宋軍不
得前。會我軍合,并攻之,不戰而潰。往往溺水死,生獲者尚數百
人。州東門禦備甚堅,矢石如雨,諸軍爲之少却。大帥命公取之,
公被重鎧,率死士三十餘輩,奮戈而入,守者爲之奪氣。宋人請和,
乃班師還。及淮水南岸,有保聚曰張家砦,軍民十萬餘。諸帥議立
炮攻之。公曰:"不必爾。"獨率一軍攻之,顧盼之頃,守卒崩潰。
諸將懾伏,皆自謂不及也。滁州之役,公至自北觀,從二百人而南。
時盧泗、盱眙、安豐、濠州之間,皆宋重兵所宿。斥候旁午,屯戍相
望。有以四千騎斂退者,或勸公無行,公不之顧。且戰且前,一日
獨騎入一保聚,值敵兵二千餘人,環射之,矢著鎧如蝟。公馳突回
旋,每射輒中,敵不能近。良久,從兵至,合擊之,敵人殲焉,遂會滁
之兵。時大帥以城久不拔,議解圍。公前請曰:"某起身細微,猥
蒙寵遇,擢任非次,顧何功以堪之? 況新被异恩,圖報無所,知大軍
在此,故轉戰來會。誠不能奮力於諸君之後,遽爾北歸,將不與初
心相違背乎? 請身率士卒,以決一戰,雖死不恨也!"帥義而從之。
公馳入圍中,激石中其鼻,大帥謂公不能戰,合軍繼之。公裹創躍
馬而出,帥止之不顧。率銳卒先登,城遂拔。自大河放而南杞爲中
潬,東連淮海,浩瀚無際。國朝方有事南鄙,彼爭利舟楫間,殆無寧
歲。朝議以杞爲上流,不以大將鎮守之,則一葦所航,河不能廣矣!
公以甲辰歲,被朝命節制河南路軍馬。因地之形,殺水之勢,築爲
連城,分戍戰卒。衝要既固,姦謀坐屈。艟艨有橫截之阻;而走舸
無奔軼之便。北安濮、鄆,西固梁、豫,公之力爲多。初,大軍還自
滁,宋境連歲被兵,民物蕭條,耕稼俱廢。我軍爲因糧之計,初不以
餽饟自資。比軍還,間關千里,道殣狼藉。公一軍先事爲備,故獨
無饑色。許、鄭之間,亦有儲蓄,雖他帥軍,亦被贍給焉。軍興以
來,賈人出子錢致求贏餘,歲有倍稱之積。如羊出羔,今年而二,明
年而四,又明年而八,至十年則累而千。調度之來,急於星火,必假
貸以輸之。債家執券,日夕取償,至於賣田業、鬻妻子,有不能給

者。公哀而憐之，與真定史侯論列上前，乞債家取贏，一本息而止。聖度寬明，隨賜開允，德音四布，海隅欣幸。初移剌衆哥、張甫、牛顯，皆嘗與公爲敵。既殁，其妻子流離無所於托。公求得之，皆厚爲存卹。顯長子國祥，以材具，署爲郡守；次黑子爲大官所俘，公略以金繒，僅乃得歸，仍歲有白金之輸。自餘完復離散、婚嫁孤幼、周急繼困、扶病助喪者，日月不絕，蓋不可以十百計也。人徒知公席百勝之功，以取顓面之貴，威望崇重，見者起立拜揖，或周章失次；而不知寇奪略平之後，日與文儒考論今古，見仁民愛物之事，輒欣然慕之。恩撫吏民，恒若不及；雖笞罰之細，亦未嘗妄加。所謂仁心爲質，要其終而後見者也……僕既件右公之事，且系之以詩，使并刻之。其詩曰：

朔方幽都，燕曰北門。土風厚完，海山雄吞。戰國荆高，義烈言言。郁摧行歌，風流猶存。維清河公，殆車騎諸孫。軀幹中人，勇則孟賁。大安失邦，南渡崩奔。公乘其時，萬夫虆韃。乾龍天飛，霆裂厚坤。有盤者螭，儷景同翻。天子倚公，宣力四方。虎節麟符，以長戎行。太行西東，在所寇攘。盜販黥髠，自爲侯王。妖狐夜號，平民晝藏。千里蕭條，道殣相望。翩翩一軍，誅鋤暴強。指以神鋒，孰我敢當！扇靈風之威，訶禁不祥。曾是冰天，化而春陽。王旅嘽嘽，頻歲江濆。於光於黃，棘陽壽春。公不以大帥自居，而矢石必親。出入行間，勇氣益振。每戰而輒得志，古難其人。公殿南藩，淮海爲隣。中潭新城，蠹若長雲。吳兒艟艨，暮夜潛軍。有扼其吭，去如驚麕。望見鼓旗，謂公江神。徐方既平，荆楚既同。覲於王庭，三接日隆。何以錫之？雕戈彤弓。何以命之？侯國世封。臣拜稽首，天子之功。臣力方剛，臣報未終。教子若孫，惟孝與忠，布宣王靈，地天無窮。石西山，刻詩頌公。千年此碑，當配景鍾。

（《全集》卷二十六《順天萬户張公勳德第二碑》）

張 柔二

今萬户張侯德剛之起定興也，初保西山之東流塢，隸經略苗公。累功至永定軍節度使、權元帥右都監。及苗公爲其副賈瑀所害，侯慷慨憤發，期必報瑀。會麾下何伯祥獻苗公符節，即推侯爲長。事聞，興定戊寅五月以侯留守中都、行元帥府事。國兵由紫荆而下，侯率所部陳於狼牙嶺，馬跌爲所執。大帥以侯骯髒無所屈，義而釋之，且復舊職。侯招降旁郡，威信并著，遂下雄、易、安、保諸州，留戍滿城。西山豪杰，皆授印號爲部曲，兵勢大振。滿城隘狹，有不能容者。歲丁亥，乃移軍順天，以遏信安行剽之黨。時順天爲蕪城者十五年矣。侯起堂，使宅之故基，將留居之，隨爲水軍所焚。侯曰："盜所以來，揣我無固志耳。堂復成，吾且不歸矣！"於是立前鋒、左、右、中翼四營，以安戰士。置行幕荒穢中，披荆棘，拾瓦礫，力以營建爲事。適衣冠北渡，得大名毛居節正卿，知其材幹强敏，足任倚辦，署爲幕府計議官、兼領衆役。侯心計手授，俱有成算。正卿悅於見知，勞不言倦。底蘊既展，百廢具興。承平時州民以井泉鹹鹵，不可飲食爲病。滿城之東有南北泉，南曰"雞距"，以形似言；北曰"一㲼"，以輪廣言。宋十八塘濼發源於此。二泉合流，由城外濠出，爲減水口。侯顧而嘆曰："水限吾州跬步間耳！奇貨可居，乃棄之空虚無用之地。吾能指使之，則井泉有甘冽之變，溝澮流惡，又餘波之所及也。"乃度地之勢，作爲新渠。鑿西城以入水，水循市東行，由古清苑幾百舉武而北，別爲東流。垂及東城，又折而西，雙流交貫，由北水門而出。水之占城中者什之四。淵綿舒徐，青綠彌望，爲柳塘，爲西溪，爲南湖，爲北潭，爲雲錦。夏秋之交，荷芰如繡，水禽容與，飛鳴下上，若與人共樂而不能去。舟行其中，投網可以得魚。風雨鞍馬間，令人渺焉有吳兒洲渚之想。由是營守備。以甲乙次第之，則爲北衙，爲南宅。宅，侯所居，工材皆不資於官，役夫則以南征生口爲之，至別第悉然。爲南樓，因保

塞故堞而爲之,位置高敞,可以盡一州之勝。西望郎山,如見吴岳
於汧水之上;青壁千仞,顔行而前,肩駢指比,歷歷可數,濃淡覆露,
變態百出,信爲燕、趙之奇觀也。爲驛舍,爲將佐諸第,爲經歷司,
爲倉庫,爲芻藥場,爲商税務,爲祇供所,爲藥局,爲傳舍煖室,爲馬
院。市陌紆曲者,侯所甚惡,必裁正之。爲坊十,增於舊者七:曰雞
泉、吴澤、懋遷、歸厚、循理、遷善、由義、富民、歸義、興文。爲橋十。
而起樓者四:西曰來青,北曰浮空,南曰薰風,東曰分潮。爲水門
二:西曰通津,北曰朝宗。爲譙樓四:北曰拱極,南曰蠡吾,西曰常
山,東曰碣石。爲廟學一,增築堂廡,三倍其初。爲佛宇十五:曰栖
隱、鴻福、天寧、興國、志法、洪濟、報恩、普濟、大雲、崇岩、天王、興
福、清安、净土、永寧。大悲閣一。由栖隱而下,創者四而十一復其
舊。規制宏麗,初若不經毁者。獨大悲出侯新意,尤爲殊勝,金碧
爛然,高出空際。唯燕中仁王佛壇,成於國力,可等而上之耳。爲
道院十一:曰神霄、天慶、清寧、洞元、玄武、全真、朝元、玄真、清爲、
朝真、得一。創者九,而復其舊者二。爲神祠四:曰三皇、岱宗、武
安、城隍。爲酒舘二:曰浮香、金臺。亭榭皆水中,爲樂棚二。爲園
圃者四:西曰種香,北曰芳潤,南曰雪香,東曰壽春。城内外爲水碾
者四。水既出朝宗門,又將引蒲水爲稻田於西南波,乃合九龍之末
流。患其淺漫而不能載舟也,爲之十里一起閘,以便往來。每閘所
在,亦皆有灌溉之利焉。城居既有定屬,即聽民築屋四關,以復州
制。近而四郊,周泊千里,完保聚,植桑棗。樹藝之事,人有定數,
歲有成課,屬吏實任其責。攬轡問涂,駸駸乎齊、魏之富矣。庚戌
秋七月,予過順天。左副元帥賈輔良佐授侯經度之事,請記之於
石,曰:"始吾城無寸甓尺楹之舊,而吾侯決意立之。民則新造而
未集,寇則暫潰而復合。以戰以守,日不暇給。自常情度之,不牽
於道旁築舍之惑,則必安於聚廬托處之陋矣。侯仁以繼絶,義以立
懦,信以一异,智以乘時,技合力并,故能事之穎脱如此。夫立城
市,營居室,前人良政見於經、於史、於歌詠、於金石者多;今屬筆於

子，其有意乎？"予因爲言："自予來河朔，雅聞侯名，人謂其文武志膽，可謂當代侯伯之冠。起行陣間不十五年，取萬户侯、金虎符如探囊中物。統城三十，制詔以州爲府，别自爲一道，并控關、陝、汴、洛、淮、泗之重。將佐喬惟忠孝先而下，賜金銀符者十數人。光大震耀，當世莫及。夫佩金紫、秉節鉞、書旗常、著鐘鼎，古人之所重；奔馳角逐、筋疲力涸有不敢望者，侯則顧盼嚬呻而得之！況乎土木之計，力有可成者，豈不游刃恢恢有餘地哉？古有之，強可以作氣，堅可以立志。唯強也，故能舉天下之已廢；唯堅也，故能成天下之至難。非侯何以當之？是可書也已。"雖然，端本者必以正其末；謹始者必以善其後。侯，人豪也，顧豈以城恒山、池滹沱、空大茂之林以爲楹，盡枹陽之石以爲礎，然後爲快歟？吾意其必以行水之智，移之於利物；作室之志，充之以立政。寬庸調以資墾闢，薄征斂以業單貧；黜功利以厚基本，尊文儒以變風俗；率輕典以致忠愛；崇儉素以養後福。蓋公清净之化，寇君愛利之實，於是乎張本。予雖老矣，如獲見其成，尚能爲侯屢書之。

（《全集》卷三十三《順天府營建記》）

陳　彝（完顔陳和尚）

天興元年六月乙亥，尚書左丞臣蹊，上故禦侮中郎將陳和尚死節事，且言："臣以使事至朔方，有爲臣言者：'中國百餘年，唯養得一陳和尚耳！'乞褒贈如故事，以勸天下。"事聞，詔贈鎮南軍節度使。尚書省擇文臣與相往來而知其生平者，爲褒忠廟碑。宰相以東曹掾、吏部主事臣某應詔。臣嘗考於朋友之際：漢李陵以力盡降匈奴，武帝族其家，隴西士大夫至以李氏爲愧，而司馬遷亦以陵故而下蠶室。蓋天倫之重，美有以相成、惡有以相及，所繫之大如此！惟鎮南之事壯矣！以聖朝承學之臣之多，而猥用下臣概之，古人所以爲辱者，臣與有榮焉。謹百拜稽首而論次之。按蕭王諸孫曰乞

哥者,于國姓爲疏屬。其上世以上京軍戍天德,因而家焉。泰和南
征有功,授同知階州軍州事。及階州反爲宋,戰於嘉陵江之上,死
之。是生鎮南。鎮南,諱彝,字良佐,以小字陳和尚行。貞祐中,年
二十餘。北兵破豐州,執之而北。時從兄安平都尉鼎,亦以力戰没
入北中。二人者名爲群從,而義均同父。故鎮南之母留豐州,而安
平母事之。鎮南居帳下歲餘,托以省母,乞南還。北人以一卒監
之。至豐,乃與安平殺監卒,奪十餘馬,奉太夫人而南。北軍覺,合
騎追之,得由他道以免。既而失馬,載太夫人以鹿角車,而兄弟共
挽之。南渡河,朝廷官之,安平得以世爵爲都統,鎮南試護衛,中
選。宣宗知其材,未幾轉奉御,安平行帥府事,奏鎮南自隨,詔以提
控從軍。安平敬賢下士,有古賢將之風,辟太原王渥仲澤爲經歷
官。仲澤文章論議,與雷淵、李獻能相上下,故鎮南得師友之。天
資高明,雅好文史,自居侍衛日,已有秀才之目。至是授《孝經》、
《論語》、《春秋》、《左氏傳》,盡通其義。軍中無事,則窗下作牛毛
細字,如寒苦一書生。仲澤愛其有可進之資,示之新安朱氏小學
書,使知踐履之實,識者知其非吳下阿蒙矣。三年,安平罷帥職,例
爲總領,屯方城。軍中有太和者,與鎮防千户葛宜翁鬬,訟訴于鎮
南。鎮南在其兄軍中,一軍之事皆與知之,非特於其部曲然。葛之
事不直,即量笞之。葛素凶悍,耻以理屈受杖,竟鬱鬱以死。留語
其妻,必報鎮南。妻乃以侵官訟于朝,且有挾私仇之訴;積薪龍津
橋之南,約不得報則自焚,朝廷乃繫鎮南方城獄。國家百餘年,累
聖相承,一以人命爲重,凡殺人者之罪,雖在宗室,而與閭巷細民無
二律。南渡以後,郡縣吏以榜掠過差輒得罪去者相踵也。議者疑
鎮南狎于禁近之習,倚兵閫以爲重,不能如奉法之吏;横恣之犯,容
或有之。使者承望風旨,即當以大辟。奏上,久之不能決。鎮南聚
書獄中而讀之,蓋亦以死自處矣。安平病久而愈。明年,詔提兵而
西,因朝京師。上怪其瘦,問:"卿寧以方城獄未决故耶?卿第行,
吾今赦之矣!"明日,臺諫復有言。後數月,安平以物故聞,始馳赦

之。有旨："有司奏汝以私忿殺人。私忿未必有，至於非所得笞而强之，非故而何？汝兄死矣，失吾一名將；今以汝兄故，曲法赦汝，計天下必有議我者。他日汝奮發立功名，國家有所頼，人始當以我爲非妄赦矣。"鎮南泣且拜，悲動左右，竟不得以一言爲之謝。乃以白衣領紫微軍都統，再遷忠孝軍提控。五年，北兵犯大昌原，勢甚張。平章芮國公問誰可爲前鋒者，鎮南出應命。先已沐浴易衣，若將就木然者。擐甲上馬，不反顧。是日，以四百騎破勝兵八千，乘勝逐北，營帳悉遷而西。三軍之士爲之振奮思戰，有必前之勇。蓋用兵以來二十年始有此勝，奏功第一，手詔褒諭，一日名動天下。忠孝一軍皆回紇、乃滿、羌、渾部落及中原人被掠、避罪而來歸者，驚狠陵突，號難制之甚。鎮南御之有方，俯首聽諭，弭耳帖伏，東而東，西而西，易若驅羊豕而逐狐兔。所過州邑，常例所給之外，一毫不犯。每戰則先登陷陣，疾若風雨，諸軍倚以爲重。六年，有衛州之勝；八年，有倒回谷之勝。始自弛刑，不四五遷爲中郎將，官世襲。於是四方內外，知方城之獄聖天子所以定國是、結民心、厲士氣以宏濟于艱難者，至矣！其當之也，不以一人之私而廢萬世之法；其貸之也，不以匹夫之細而傷天下之功。不然，則生殺與奪，廷尉平一言之頃而決，何至歷十有八月之久耶？陛下之所以御將，鎮南之所以報國，君臣之間可以無愧千古矣！副樞密使蒲瓦無持重之略，嘗一日夜馳二百里而趣小利，諸將莫敢諫。鎮南私爲同列言："副樞以大將而爲剽劫之事，今日得生口三百，明日得牛羊一二千，而士卒以喘死者不復計。國家所積，必爲是家破除盡去矣！"人以告蒲瓦。蒲瓦一日置酒，手勸諸將。及鎮南，蒲瓦曰："汝嘗短長我，又謂國家兵力當由我而盡，至以比刑人時德全，誠有之與不？"鎮南飲酒竟，徐曰："有之。"蒲瓦見其無懼容，漫爲好語云："有過當面論，無後言也。"元年，鈞州陷，北軍下城，即縱兵以防巷戰者。鎮南避隱處。殺掠稍定，即出而自言："我金國大將，欲見合按白事。"北兵以數騎夾之，詣牙帳前。問姓名，曰："我忠孝軍總領陳和尚，大昌原之勝亦我，衛州之勝亦我，倒回谷之勝亦我。死於亂軍，則人將以我爲負國家。今日明白死，天下必有知我者矣！"北人欲降之，斫其脛，不爲屈；脛折，畫地大數，語惡不可聞。豁口吻至兩耳，噀血而呼，至死不絕。北人義之，有以馬湩酹之者，云："好男子！他日再生，當令我得之。"時年四十一。銘曰：
（銘亡）

（《全集》卷二十七《贈鎮南軍節度使良佐碑》）

康德璋（康瑭父）

公諱某，字德璋，康氏，世爲遼陽人。曾祖某，遼澄州刺史；祖斌，天會中進士，仕爲咸平路轉運副使；考道安，不慕榮利，優游鄉里，以讀書講道爲業，臨終敕諸子言："凡人在仕籍，豈有憂飢凍者？事當從正，貨利不得關諸心。"後用公貴，累贈輔國上將軍、京兆郡侯。公即侯之長子也。大定中，以咸平君蔭歷邯鄲、沂州酒官。明昌五年，積遷樂安鹽使司管勾。資廉介，動以繩墨自檢，佩服遺訓，無敢失墜。及莅是職，至家所食亦就市買之。鹽司所轄竈戶，舊出分例錢以資司官管勾，歷三周歲，乃成考，所得不下萬緡。公皆讓之同官黃思忠，不毫末取也。諸管勾分辦歲課，額外仍有積貯者，謂之附餘，管勾私用之。有司視之以爲例而不禁也。及公當受代，悉籍所餘上之，官使范文淵大爲驚異，嘆曰："康君奉公乃至此邪！"用課最當遷，且本道提刑司薦公材可臨民，七年，得升陳留令。時旱已久，公下車而雨。明年復旱，民大艱食，而無從賑貸之。公出俸粟爲之倡，縣豪傑共贊之，所得至萬斛。全活不可勝計，雖旁縣亦有受其賜者。承安二年冬，朝旨更定戶籍，異時郡縣通檢，名爲聚訟，豪民猾吏，囊橐爲姦。若新增，若舊乏，往往不得其實，徒長告訐而已。公精敏有幹局，縣人之肥瘠先已默識之，差次高下，一出其手。籍既定，無一人有言不平者。秩滿，赴常調，吏、工部連辟爲曹甸河防都提舉。都水使者言於朝："馬蹄埽河從東北流,害田爲多,閉之,則由徐州東南入海,所經皆葭葵荒穢之地,河壖腴田,可利東明諸縣。"乃檄公董其役。而河水湍駛,土木不能勝,水面高出堤上,危欲奔潰,已報都水而督之愈急。公具香火禱河伯,一昔水落丈餘。時人以正直感通許之。尋被按察司薦,泰和三年遷河北東路轉運司户籍判官。五年,遷授襄陵令。平陽縣屬此爲難治。公發姦擊强,尤更致力,旬月之頃,治效卓然。明年秋,在所蝗害稼,已及縣境。公率士庶齋沐致禱,其日蝗徑過,無留者。復爲按察司所保,八年授京兆府推官。公仁心爲質,加更事之久,故決獄之際,多所平反。京兆大府,公使庫例有所給官屬月酒,常費之餘,率賣之民間。公獨以爲不可,嘗謂其親言:"酒果有定額,吾屬侵縣官而益私藏,非害公乎?"三白渠業户,每以爭水爲訟,或至殺人浚渠。京兆檄幕官行視,幕官奉故事,往不加意。公受檄,爲親至渠上,求致訟之故,果得石刻,記渠以青石爲之地。蓋渠路歲久爲泥滓填塞,受水纔半,分溉不能給,因鬬起而爭之。公率役夫浚渠,以石地爲限,渠深常歲丈餘,自是無致訟者。俄致仕,愛林慮山水,有終焉之志。以貞祐二年五月之五日,遘疾終于私第之正寢。累官輔國上將軍、護軍京兆郡侯,食邑千户,食實封一百户。兩娶高氏,俱封京兆郡侯夫人。子男一人:瑭,興定五年擢詞賦進士第,官正奉大夫、鈞州刺史,權沁南軍節度使兼懷州招撫使。孫男二人:天英、世英。孫女三人,曾孫女一人,俱尚幼。瑭以癸卯十月十有二日,奉公之柩,葬於林慮縣三陽里東南原,禮也。既卒事,以公事狀來謂某言:"劉內翰極之誌先府君墓,已納之壙中矣。神道有碑,碑當有銘,敢質之以爲請。"某於瑭爲同年生,義不得辭,乃爲之銘,并敘其平生如此。其銘曰:

秩侯其腴,山澤其瘴。身處脂膏,不以自濡。執法與游,御史與居。退食自公,飲水飯蔬。清白所遺,吾以觀發源之水初。士不於材,相彼潔污。百藝不足,一節有餘。趙、張三王之治聲,非不藹如。使九微至焉而有所愧，君子悼諸。貪夫我愚，曲士我迂；我愚我迂，不與義俱？無碑有銘，大書特書。是維古廉吏之墓，可勿表歟？

（《全集》卷二十七《輔國上將軍京兆府推官康公神道碑銘》）

耶律辨才（耶律楚才兄）

公諱辨才，遼太祖長子東丹王之八世孫。曾祖諱内刺，贈定遠大將軍。祖諱聿魯。考諱履，章宗明昌初，拜尚書右丞，謚文獻公。生三子，公其長也。資倜儻，軀幹雄偉，每以志節自負，不甘落人後。年十八，以門資試護衛。校射者餘七百人，皆天下之選，而公中第三。俄以公事免。泰和中，從軍南征，攻取三關，以十一騎輕身入光州。時宋已復三關，復奪而出，身被十三創。以功授冀州録事判官，轉曹州司侯。中夏受兵，山東西路行臺檄公戍東平。尋詣北軍議和事，遂爲所劫。行及居庸關，潛謀歸國，奪老幼數萬入都城。宣宗嘉其功，授順天軍節度副使，賞賜鉅萬。扈從南渡，奏充孟津提控。興定中，選授京兆府兵馬使、静難軍節度副使，左降河中府判官，復次同知睢州軍州事兼歸德府推官，歷中京兵馬副都指揮使。召見，問以軍政利害，公慷慨爲之言：“將相多非其材。”遂忤權貴，出爲許州兵馬鈐轄，召授武廟署令。壬辰正月，公之季弟，今中書令楚才，奉命理索公昆季北歸。二月朔，諭旨於隆德殿。公涕泣請留死汴京，哀宗幸和事可成，賜金幣固遣之。公歸，留寓真定。以丁酉歲十一月十有一日，春秋六十有七，遘疾終。夫人靖氏，前公卒。子男一人，曰鏞。男孫二人，曰志公奴、謝家奴，皆尚幼。鏞以癸卯秋九月，奉公之柩葬於義州宏政縣東南鄉之先塋。鏞弱冠而有老成之風，以嘗從予學，來請銘，故略爲次第之。其銘曰：

以射則絶傳，以戰則無當前；虎視鷹揚，而風義凛然。材則人，

耦奇則天。賫志一棺,埋辭九淵。千年而見白日,尚有望於攓蓬之
賢。

（《全集》卷二十七《奉國上將軍武廟署令耶律公墓誌銘》）

耶律貞

　　金天興初元三月二十七日,金昌府陷,靜難軍節度使致仕、漆
水郡侯貞死之。公遼族,河間人。初以護衛事章宗,累遷左將軍。
貞祐丙子,奉旨分領關陝軍。朔方兵猝破潼關,主帥訛可力不支,
失利於乾石壕之間,將卒多被俘執。公義不受辱,引佩刀自刺,且
投大澗中。刺不殊,下澗數丈,礙大樹而止。明日朔方兵退,左右
求公,得之,扶舁歸洛陽。事聞,朝廷馳遣尚醫救之。即拜同知河
南府事。未幾,改孟州經略使,歷歸德知府、西安軍節度使、昌武軍
節度使、知河州,再任昌武。入爲殿前右副都點檢,換左副,轉武衛
軍都指揮使。河南改金昌府,升中京,以公權留守,行帥府事。俄
拜靜難軍節度使。明年請老,閑居洛陽。至是城陷,公族屬有在朔
庭秉大權者,得公兵亂中,將由孟津渡北行。公嘆曰:“吾家世受
國恩。吾由侍衛起身,至秉旄節。向在乾石壕已分一死,今北行,
欲何求耶?”乃不食七日而死,時年六十七。夫人納合氏,負遺骨
藁葬聊城。後二年夫人殁,乃合葬焉。夫人在時,嘗求予銘公墓;
其殁也,其弟重以臨終之言爲托。故略爲次第之。嗚呼! 世無史
氏久矣。遼人主盟將二百年,至如南衙不主兵,北司不理民,縣長
官專用文史,其間可記之事多矣。泰和中,詔修《遼史》。書成,尋
有南遷之變。簡册散失,世復不見。今人語遼事,至不知起滅凡幾
主,下者不論也。《通鑑長編》所附見,及《亡遼錄》、《北顧備問》
等書,多敵國誹謗之辭,可盡信耶? 正大初,予爲史院編修官。當
時九朝《實錄》已具,正書藏秘閣,副在史院。壬辰喋血之後。又
復與《遼書》等矣,可不惜哉! 故二三年以來,死而可書如承旨子

137

正、中郎將良佐、御史仲寧、尚書仲平、大理德輝、點檢阿散、郎中道遠、右司元吉、省講議仁卿、西帥楊沃衍、奉御忙哥、宰相子伯詳、節婦參知政事伯陽之夫人、長樂妻明秀、孝女舜英，予皆爲誌其墓。夫文章天地之元氣，無終絶之理。他日有以史學自任者出，諸公之事，未必不自予發之。故不敢以文不足起其事爲之辭。嗚呼，可惜哉！銘曰：

謂辱也，而不屈焉；謂喪也，而不失焉。頹波方東，有物屹焉。天奪于人，我獨也天；孰爲爲之？樂我所然。國殤纍纍，骨肉棄捐。維公之藏，土厚木堅。殆天以後死者，爲金石無窮之傳。銘以表之，慰彼下泉。

（《全集》卷二十七《故金漆水郡侯耶律公墓誌銘》）

耶律履（耶律楚才父）

右丞文獻公，在大定間所以爲通儒、爲良史、爲名卿材大夫者，其事未遠。當代耆舊，尚及見之。好問嘗從事史館，每見薦紳先生談近代賢臣，莫不以公爲稱首。公自初入館，即被顧問。忠言嘉謀，不可一二數。及薊州召還，世宗始有意大用。公於是時汩没文字間者餘二十年，其衰且病亦已久矣，故才入政府，即乞罷。未幾，果以不起聞……以公之材，當春秋鼎盛時，不能使之極其所至，以建久安而隆長治，故雖爲章宗所相，至論得時行道，識者猶以不能亟用，爲世宗惜。公諱履，字履道，遼太祖長子東丹王突欲之七世孫。東丹生燕京留守政事令婁國，婁國生將軍國隱，國隱生太師合魯，合魯生太師胡篤，胡篤生定遠大將軍內剌，內剌生銀青榮禄大夫、興平軍節度使德元。公之考曰聿魯，興平之族弟也。公早孤，養於興平。五歲時，嘗夏夜露卧，見天際浮雲往來，忽謂乳母言："此殆'卧看青天行白雲'者耶？"興平聞之，驚且喜曰："吾兒文性見於此矣。"自是日知問學，讀書一過目輒不忘。及長，通六經、

百家之書，尤邃於《易》、《太玄》。至於陰陽、方技之說，歷象、推步
之術，無不洞究。善屬文，早爲時輩所推。爲人美風儀，善談論，見
者悚然敬之。嘗以鄉賦一試有司，見露索失體，即拂衣去。蔭補內
供奉班，尋辟國史院書寫。素善契丹大小字，譯經潤文，旨辭達而
理得。大定初，朝廷無事，世宗鋭意經籍，詔以小字譯《唐史》，成，
則別以女直字傳之，以便觀覽。公在選中，獨主其事。書上，大蒙
賞異，擢國史院編修官兼筆硯直長。改置經書所，俓以女直字譯漢
文，選貴胄之秀異就學焉。一日，世宗召問公：“朕比讀《貞觀政
要》，見魏徵忠諫，恨不與之同時。近世如徵者獨未之見，何也？”
公乃感奮爲上言：“徵輩不難得，特太宗不常有耳。”世宗曰：“卿謂
我不納諫耶？卿識劉用晦、張汝霖否？二人者皆不應得三品，朕以
其屢有忠言，故越次用之。朕豈不納諫耶？”公曰：“臣自幼未嘗去
朝廷，彼二人者，誠未見其諫也。且海陵杜塞言路，天下緘口，習以
成風。願陛下懲艾前弊，開忠諫之路，以通下情，則天下幸甚。”初
議以時務策設女直進士科，禮部以所學不同，未可概稱進士。詔公
定其事。乃上議曰：“進士之科起於隋大業中，始試以策，唐初因
之。至高宗時雜以箴銘賦頌，文宗始專用賦。且進士之初，本專策
試，今女直諸生以試策稱進士，又何疑焉？”世宗説，事遂施行。十
五年，授應奉翰林文字，兼前職，以《大明曆》積微浸差，乃取金國
受命之始年，撰《乙未元曆》云：“自丁巳《大明曆》行，正隆戊寅三
月朔，日當食而不之食，曆家謂必當改作，而朝廷不之邮也。及大
定癸巳五月朔、甲午十一月朔，日食皆先天；丁酉九月朔，乃反後
天。臣輒迹其差忒之由，冀得中數，以傳永久。”書成上之，世推其
精密。十九年，遷修撰。二十年，詔提控衍慶宮畫功臣像。以稽程
降應奉。逾年，復爲修撰，轉尚書禮部員外郎。章宗爲金源郡王，
以公該洽，每以經、史疑義爲質。公承間請曰：“殿下注意何經？”
章宗曰：“吾方授《左氏春秋》。”公曰：“左氏雖授經聖人，率多權
詐，駁而不純。《尚書》、《孟子》載聖賢純一之道，願留意焉。”章宗

善之，曰："醇儒之言也。"二十六年，進本部郎中，兼同修國史、翰林修撰，表進《孝經指解》言："宋仁宗時，司馬光以爲，古文《孝經》，先秦所傳，正得其真。因爲《指解》上之。臣愚，竊觀近世，皆以兵、刑、財、賦爲急，而光獨以童蒙所訓者進之君，正以孝爲百行之本，其至可以通神明、動天地。爲人君者，誠取其辭旨，措之天下四方，則元元之民，受賜溥矣。臣竊慕焉，故敢以爲例。"世宗母、睿宗貞懿皇后，睿宗厭世，即爲比丘尼。當時朝命嘗有"國師"之號。及是世宗議遷祔于景陵，朝臣有以"《孝寧宮碑》所載遺訓，當用出家禮葬，不可違改"爲言者，事下禮部講求。"往時主上在潛，貞懿身奉釋教，業已受朝命，必當別葬，無可議者。尚以人情所難，恐傷主上孝心，故出明訓使之遵行。出於母慈，灼然可見。本不知有今日之事而然。今則子爲天子，母后稱號，不得不尊；'國師'之命，固已革去矣。向使主上登極之後，貞懿萬福，尊崇之數，自有典常，母后聖性明達，必不重違有司之請，以從桑門之教。以此言之，碑文所載不可質於今日，明矣！"從之。世宗嘗問宋名臣孰爲優，公以端明殿學士蘇軾對。世宗曰："吾聞蘇軾與駙馬都尉王詵交甚款。至作歌曲，戲及帝女，非禮之甚！其人何足數耶？"公曰："小說傳聞，未必可信。就令有之，戲笑之間，亦何須深責？豈得并其人而廢之？世徒知軾之詩文爲不可及，臣觀其論天下事，實經濟之良材。求之古人，陸贄而下未見其比。陛下無信小說傳聞而忽賢臣之言。"明日，錄軾奏議上之。詔國子監刊行。俄以疾求解。世宗憫其勞，授薊州刺史。爲郡寬猛適中，旬月之間，政聲藹然。此州寶坻，鹽司所在，瀕海之民煎鹵而食，鹽官時以弓兵捕之，亦有平民被羅織者。一陷於禁，往往爲之破産。官吏疾其然，凡以鹽事逮捕者，一切勿遣；或捕得弓兵，則幽之獄中。鹽司隨亦取報。前後數政不能解。一日捕得弓兵，公召僚屬，諭以和解之意，即縱遣之。口授文移，過爲謙抑，鹽官大爲感悅，前弊遂革。薊人至今德之。是年車駕東狩過州，聞公疾稍平，召爲翰林待制，同修國史。

明年,擢禮部侍郎兼翰林直學士,進官五階。世宗不豫,詔公入侍,遂預太師淄王定册之功。二十九年春三月,章宗即位。進禮部尚書兼直學士、同修國史,特賜孟宗獻榜進士及第。初,世宗遺詔,移梓宮於萬寧宮。章宗詔百官議其事,皆謂當以遺詔從事。獨公奏曰:"非禮也! 天子七月而葬,同軌畢至。其可使萬國之臣朝大行於離宮乎?"上從之,乃遷座於大安殿。七月,拜參知政事,兼修國史,進官兩階。公辭以才薄任重,恐貽天下笑。章宗曰:"朕在東宫時熟卿名,今觀卿言行,無不可者,故首命相朕。此自朕意,非左右爲之先容。卿其毋讓!"公乃拜命。自以兼直學士入拜,乃舉前代史院故事,以錢五十萬送學士院,學者榮之。明昌元年,進尚書右丞。夏六月丙午,春秋六十一,薨於位。天子聞而震悼。戊申,權殯於都城南柳村。詔百官會喪,中使宣慰其家,賜錢一百萬。秋八月辛巳,車駕臨奠,宰相、百官陪,賜謚曰"文獻",賜錢二百萬、帛四百匹、重幣四十端。九月庚午,葬於義州宏政縣東南鄉先塋之側。其發引也,敕百官郊送,遣使祭於路,給鼓旗二十事以導。詔同知臨海軍節度使營護喪事。凡飾終之具,皆從官給,哀榮終始,當世莫及。積官正議大夫、漆水郡開國公。始娶蕭氏,遼貴族;再娶郭氏,岠山世胄之孫;三娶楊氏,名士曇之女。公以時制"人子之養於諸父者,不得別贈所生父官",故三夫人皆亦不爲請封。子男三人:曰奉國上將軍武廟署令辨才,曰龍虎衛上將軍贈工部尚書善才,曰領中書省楚才。女三人,嫁士族。男孫四人:鈞、鈜、鏽、鑄。公資通敏,善辭令,胸懷倜儻,有文武志膽,酬酢事變,若迎刃而解。與人言,必盡誠無隱;得人一善,若出諸己,至稱道不絕口。推賢讓能,力爲引薦。後生輩借公餘論,多至通顯。論事上前,是非利病,惟理所在,未嘗有所回屈。世宗朝御史大夫張景仁領國史,公爲編修,受詔修《海陵實錄》。他日世宗問侍臣:"海陵弑熙宗,血濺於面,霑及衣袖。景仁何爲隱而不書?"或曰:"景仁事海陵,頗被任使,故爲諱之。"世宗作色曰:"朕不謂景仁乃有是心。"

公曰："臣與景仁嘗有隙。必不妄爲蓋蔽，然景仁未嘗有是心也。"世宗曰："景仁與卿何隙?"曰："臣以小字爲史掾，景仁以漢文爲史官。予奪之際，意多不相叶。且謂臣藏匿《遼史》，秩滿，移文選部，使不得調。此私隙也。今對上問，公言也。臣不敢以私害公。"世宗又曰："隋煬帝弑逆，血濺於屏，史亦書之。卿謂景仁無是心，何不如《隋史》書之?"曰："煬帝自諱其惡，故史臣不載之《帝紀》而詳見於他傳，此所謂暗而章者也。海陵以廢昏爲辭，明告天下，居之不疑。此不同也。且與之弑君而不辭血濺之罪，雖不書可也。"世宗怒遂解。章宗朝，太府少監宇特里先爲漢王長史，吏卒苦其苛暴，誣以怨望，語連漢王，有司論當死。公上封事言："陛下飛龍之始，當以親親爲先。宇特里之獄，本出構成;就使實如所論，猶當以漢王之故容之，況疑似之間乎?"書奏，即日原之。初，興平養公爲子，後生子震。興平捐館，悉推家資予之。及震卒，妻子貧，無以爲資，復收養之。族人有負人債而宦遊不返者，公代爲輸息者十年。既又無以償，遂代償之。奉使江左，得金直千萬，皆散之親舊，旬月而盡。薨之日，庫錢才餘二千而已。體素臒瘁，一旦暴得吐疾，遂至委頓。家人憂懼，不知所爲。公曰："死生如去來，人之恒理，何憂懼之有? 取吾冠服來!"服之，怡然而逝，其安常處順又如此。晚稱忌言居士。有文數百篇，論者獨推其《撲蓍說》，蓋不階師授而獨得之者。癸卯秋八月，中令君使謂好問言："先公《神道碑》，泰和末，先夫人教授禁中，章宗以魏搏霄所撰《墓銘》爲未盡，欲喬轉運宇爲之而不及也。今屬筆於子，幸而論次之，以俟百世之下。"好問再拜曰："謹受教。"乃爲之銘曰:

德星煌煌出東方，讓王七世蔚有光。高陽苗裔襲衆芳，得《易》貞、幹《書》潛、剛。帝前巍冠講虞唐，德音一鳴鳳朝陽。謂公不逢相明昌，謂公爲逢違所長。風后、力牧望顔行，老之著作暨典常。興陵用公殆未嘗，丘山萬牛償且僵。顧以根閫待豫章，緊國短修奚我傷? 維公之息季獨良，不周柱天屹堂堂。有來殷士作祼將，

力挈一世歸壽康。泝游推之公不亡，千年萬家置冢旁。龜石有銘
示不忘，淵兮漆水其未央。

（《全集》卷二十七《尚書右丞耶律公神道碑》）

劉德柔

　　天兵南下，經略中土。歲甲戌秋，師次燕西。今行臺龍門公年
甫十二，隨其家人避兵德興之禪房山。既而盡室被俘。公在一大
首領麾下。一日，避役御營，犒宴之人什伍爲偶，公輒入座共食，意
態自如。上舉目見之，親問姓名及所以來者。公跪自陳："主帥不
見恤，無以自存。願留止營中。"上召主帥，名索公；得之，隸中宮
帳下。不三四年，諸部譯語，無不嫻習，稍得供奉上前。公資稟聰
悟，異於常人，進退應對，無不曲中聖意。未幾擢之奉御之列，出入
帷幄。寒暑旦暮，斯須不少離。千載之會，實始於此。其年出使諸
道，所至以稱旨聞。車駕征契丹餘族，是爲西遼。歷古續兒國、訛
夷多等城，戰合只，破之。遂征遜丹之斜迷思于普花兒，拒印度嗊
木，連破其軍二十餘萬。公皆在焉。五六年之久，艱難險阻備嘗之
矣。上試公已久，熟其材量而憫其勞苦，隨以西域工技戶四分二千
之一，立局燕京，兼提舉燕京路，徵收課稅、漕運、鹽場及僧道、司天
等事。山東十路，山西五路，工技所出軍，立二總管，公皆將之。錫
之玉印金虎符。公上奏："臣有舌在，不煩符節。意以爲聖訓諄
復，孰不畏服？臣口能宣布之。"因固讓金符於佐官宋元、高逢辰，
別請銀章而歸。是後立行宮、改新帳殿、城和林、起萬安之閣，宮闈
司局，皆公發之。明聖繼統，萬國連紹，勳舊大臣，行尚書省事於漢
境。節制所及，凡二十餘道。分陝之命，公實膺之。以公前後而
言，蓋勝衣而入侍燕閑，未冠而肅將使指。帶刀宿衞，從事獨賢；周
廬徼巡，靡國不到；經涉萬里，出入三朝；仁信篤誠，自結知遇。至
於成白門之婚媾，辨讒夫之媒孽（櫱）；新宮落成，則以有功遍諭；

中州撫治，則以無過見知；合侍御而爲家人父子之親，由爪牙而得股肱心膂之寄。眷顧殷重，賜賚稠疊，開國舊臣，莫與爲比。古所謂攀龍鱗、附鳳翼、依日月之末光、挹雲雨之餘潤者，蓋不足道也！公每以國恩天大，不勝臣子區區之情。丙午冬，詣闕拜章："既以鄉郡所創大清安寺爲僧衆祝嚴之所矣，恭惟河潤九里、澤及三族；姑姊群從，仁恤嫺睦，率從大慶得之；而於揚名顯親，尚或闕如。人子之心，其何以自處乎？"乃命家老，件右積累之舊，命文士撰述，銘諸麗牲之碑。謹按：劉氏世居宣德縣北鄉之青魯里，孝弟力田，蓋有年矣。曾大父雲，自遼日爲大家，有子四人：曰璋、曰瓊、曰玹、曰瓚。玹之子四人：顯仁，字仲明；祖仁，字仲昌；用仁，字仲至；體仁，字仲康。仲至府君即公之考也。公家故大族，又以貲雄其鄉，委積豐實，畜牧蕃息。北山之奚家關、西鄉之土厚，皆有別業，與世官榮祿家同里閈。出入遊觀，裘馬相尚，輕財好施，少不靳固，求者多所全濟。故州里以隱德稱焉。府君娶同鄉李氏，生三子：長敦，字德厚；季效，字德信，皆無祿早世；公其第二子也。自大父以來，不常厥居，而其先塋止於青魯西北原而已……公家出燕、遼之大姓，席曾高之世業；華腴之奉，鬱爲素侯。至於排難解紛，周急繼困，任俠尚氣，與時貴並名。源深流長，概見於此。惟公資風土之厚，炳川岳之靈；威德沉潛，策慮悃愊；坐鎮衰薄，含納垢污；獨見幾微之先，審度剛柔之際；人不能一，我則百之。若夫武臣宿將，專制方隅；交搆既興，怨嫌斯在；公折之以正理，示之以赤心，智勇既殫，重爲輯睦。又若失意杯酒，意氣妄加；人以兵憂，我惟誠往；和氣甫浹而宿怨已平。又若論列御前，皆天下大計；辭情激烈，上爲動容；一言興邦，古無與讓。至於賓禮故老、崇尚儒雅，古今治亂了然胸中；慕高賢之歸休，師道家之知止；無心富貴而富貴如見逼，畏遠權寵而權寵常自至；年甫知命，福祿方來；其深略遠圖、忠良明智，上以尊主、中以庇民、下以爲劉氏無窮之傳，當大書、特書、屢書之，不特一書而已也！夫忠以報國，孝以起家；立身行道之義彰，慎終追遠之德厚。不有金石，後裔何觀？乃爲之銘。公名某，字德柔，以小字某行。八子，某其長，已襲世爵云。其銘曰：

有佳者城，武寧其原；是爲龍門，劉氏之阡。劉爲大家，出用武國；從公曾門，孔武且碩。孔武且碩，唯幽燕之習；曾是義俠，而多潛德。斤斤我公，有見於幾；年甫勝衣，知大福所歸。惟左右是奉而不違。開闔風雲，出入範圍；婉孌龍姿，躍而天飛。股肱心膂，成體而一；穆陵無棟，賜屨而十。命以南伯，方國是式；于蕃于宣，汝明汝翼。丘山其崇，川谷其容；望之巍然，允矣鉅公。紀有殊常，勒有鼎鐘；何以配之，錢氏表忠。袞冕巍峨，奮無所階；世尋玉祚，公有自來。宗起起宗，疇宗之德。公泝其流，謂必有開。公侯之世，其終必復；家食舊德，史遺往躅。獄有平反，將無妄戮；神理不遐，敢專其福。岷山導江，小川三千；發源濫觴，其必不然。我作銘詩，述劉宗之先。祝公眉壽，而保魯爲忠孝無窮之傳。

（《全集》卷二十八《大丞相劉氏先塋神道碑》）

完顏懷德

公諱懷德，字輔之，以小字得孫行。族完顏氏，隸上京路司屬司。武元、文烈之從弟劾徹，封國於趙。子斜不出降國而郡，封於金源。子阿魯，熙宗朝平章政事；子習捏，驃騎尉上將軍、義州節度副使，即公之考也。母曰金源郡夫人，郭氏。公其子也。甫成童，以宗子第五從承應走馬局，俄遷內承奉班。三歷監務，用課最調密州倉使。衞紹王至寧元年，選注臨淄令。公生長華腴，而能以法度自檢。初到官，吏民畏公修整，謂其中有不可測者。及見其不飲酒、不畏怒、不事苛細、不以榜掠立威，不三數日，上下歡然，猶一堂之上矣！貞祐二年，受代有期；而中夏被兵，盜賊充斥，互爲支黨，衆至數十萬。攻下郡邑，官軍不能制。渠帥岸然以名號自居。仇撥地之酷，睚眦種人，期必殺而後已。若營壘、若散居、若僑寓托宿，群不逞闞起而攻之；尋蹤捕影，不遺餘力。不三二日，屠戮淨盡，無復噍類。至於發掘墳墓，蕩棄骸骨，在所悉然。獨臨淄之民，感令君之仁，視猶血屬，百方藏匿，有以合家父子甘就死地者。人心既定，確然不移，其掩蔽愈更深固。如是數月之久，大帥駙馬都尉僕散公統兵而東，乃詣軍自陳。都尉知公仁愛所感，脫身於萬死不一生之地，承制拜官。公南歸之計已決，再四退讓，乃聽自便。是後僑居亳州，無復宦情。以宣宗興定五年十二月之三日遘疾，春秋六十，終於私第之正寢。越三日，權厝某所。夫人郭氏，亦功臣藥師之女孫，封號如其姑。子男一人，曰從政；男孫三人：阿海早卒，曰守英，曰守傑；女孫一人，嫁須城令信某，早卒；曾孫女二人，尚幼。天興壬辰，河南破，從政率老幼千人歸行臺特進公於東平給使帳前。承事既久，委之筦庫之任，稍遷工匠副官。今年閏月，今相君度其付委未盡，改本道課稅所副使。未幾進副爲長，且授以提領之職。提領永念先世積累之厚，兵亂流離，猥蒙特進公父子特達之遇，思所以顯親揚名者，唯金源陪葬。大房平章出鎮錦州而薨於鎮，葬此州之某山。副節度葬宏政之宏山下。臨淄邈在河外，誠懼陵谷變遷，墓失其處，則遺孤投死無後矣。乃遣長子阿海護輀車而北，卜安厝之宅，惟須城東金谷鄉之盧泉爲吉。定爲新阡，我先府君是爲北遷之祖。竊謂私門之事，無此爲大，乃於省介參某人，以墓碑爲請。蓋提領君之子婿世昌，予門弟子也，故予於君之平生，頗知其崖略。君嘗以族屬授官，而不樂仕宦。宗室諸老怒其閑放自棄，欲強致之京師。君百計求免，久乃得遂。然亦以覃恩從進義校尉至昭勇大將軍矣。亳下多世官，恣縱不法，良民或被侵愁者，往往以氣使訶護之，識者稱焉。亳被兵而軍亂，軍中有挾宿怨謀相圖者。主者私以情告，君得先事爲備，竟免於難。迄今身領漕政。守英官胡魯。女孫適某人。循流測源，豈偶然哉！銘曰：

殷士膚敏，厥作裸將；亦惟我周，王德而不強。遼江浟流，玉牒散亡；獨金源有傳，見於東方。見於東方，朱芾斯皇；維先世所歸，

陪燕大房。再遷而南,邈如投荒;喪亂宏多,曠於烝嘗。溫序思歸,
睠言涕滂;輀車北轅,金谷其藏。鬱鬱佳城,松檟有光;惟彼臨淄,
銅墨之良。梁肉疲羸,紈袴冰霜;惠利所漸,愛於桐鄉。殆天以慈
衛之,俾壽而康;何血肉之場,而有萬夫之防?侃侃嗣侯,福艾者
龐;對於前人,祗懼弗忘。八世相唐,本仁柔之梁;天道靡常,福善
其當。我卜盧泉之原,萬家其旁。

(《全集》卷二十八《臨淄縣令完顏公神道碑》)

張漢臣

　　范陽張公漢臣遣其參佐陳玠、李侃、侯玠,自曹南走書幣及予
於順天。書謂予曰:"子良不敏,爰自束髪以良家子隸軍籍,轉戰
南北將四十年。憑藉先世積善之舊,生還鄉國。乃辛丑某月得用
侯伯之服之禮,展省墳墓。考之令甲諸仕及通貴,廟與墓俱有碑,
應用螭首龜趺之制。竊不自揆度,思得文士之見信於人者撰述之,
以侈光寵,以昭前人,以俟百世之下。維吾子惠顧之。"曩予在大
梁,承乏左曹之都司。壬辰之圍,外援阻絕,危急存亡,朝不及夕。
或有言宿州節度、宗室衆僧奴之幕客張子良由間道賫奏牘至者,都
堂趣召,問所以來。公爲言:"國用安自漣水來歸,糾合義徒,刑牲
歃血,誓爲勤王之舉。以游騎旁午,跬步千里,無敢進奏者。子良
感激自奮,獨與裨將張平夜行晝伏,間關百死,乃今瞻拜京闕。幸
疾得歸報,無失事機。"即日召對便座,勞賜殷重。凡奏牘所請眷
倚用安者,無不開允。符節、印綬、衣帶、弓矢、書詔、誥命,凡繫之
左曹者,予得與聞之。朝議多公機警絕出、占對詳盡,雖素官無以
過,嘖嘖稱嘆,率以遠業期之。及公將使指還,都人日望東師之至。
而用安天奪之魄,心計蹉跌,進退狼狽,迄無所成。公信義昭著,獨
爲時論所保任,故繼有鷹揚騎都尉、徐、宿節鉞之命。予亦備聞之。
公初北歸,介於東明商君孟卿父子及崔君君佐、王君安仁兩君,以

此碑爲言。蓋公頗知予，而予亦嘗望見眉宇於衆人之中，願交之日久矣。誠得秉筆以相茲役，使孝子之情盡、諸侯之禮備，固所願也，其敢以固陋辭？維張氏族出范陽，其家於縣東仇家里者不知其幾昭穆矣。自公曾大父甲而下，皆隱德不耀。大父臣甫，資稟高亮，不親細務，恤貧乏、樂施予；又謹於事佛，日誦《般若》爲課，重惜物命，未嘗烹割。行及庖湢，聞家人菇葷，則睨而不顧；壽八十有七，怡然坐逝。祖妣王氏、李氏，生子三人，其季諱珪，純質有父風。明昌壬子之夏，三水汎溢，漂壞廬舍，至於丘隴亦爲湮沒。珪與長女李乘船筏，百計訪求，僅得祖考遺骸於泥淖之下。其瀕於死者屢矣。妣宋氏，慈仁勤儉，孝於舅姑；生子二人，長即公，次曰子明。子明仕爲郿州、洛郊主簿。母有前識，謂公材幹特達，後當貴顯，常戒之毋妄殺，以仁愛爲懷。墓故在三水之陽，懲創水禍，改卜其陰，乃在所居之西南原。見於辛丑新阡者，特二世耳。初，大安兵興，公以材選爲軍中千夫長，以功遷都統。時耕稼既廢，道殣相望，乃率涿州定興、新城戶數千，就食東平。甲申秋，樞密院檄公遷壽春，充坊城都提控。州將夏全反覆變詐，動與公不相合，公謀舍去之，未能也。壬辰正月，全劫州民出屯雞口，州隨爲李敏所據。公棄家屬，募死士數十輩，徑入敏營。敏一夕三召公，公辭情慷慨，感動左右，三欲害公而不能也。夏全北行，公與宿州帥勃石烈阿虎劫之，遮老幼數萬，靈璧之圍遂解。全不勝憤，會邳、徐軍來復仇，公復與宿帥衆僧奴斫全營於蘄縣，全僅以身免，至遺其金虎符而去。未幾，疽發背，死于揚州。公在兩淮，初非本策，重以地土卑薄，風俗不相一，感念先塋，遂有鴻鵠高翔之志。以戊戌冬，擁麾下數萬衆，自泗州北歸。大帥以聞，隨拜專制方面之命……公策慮悃愊，氣節豪宕，其走夏寇、使大梁，特暫有所試，已足以信眉高談，無愧天下，況乎膂力方剛，委任伊始。側聞下車睢陽，首以增築學舍爲事。幕府省靜，日得近見文儒，考論今古。衣冠之整潔，車騎之閑雅，駸駸乎承平禮法之舊。他日極其所至，豈特長一道將軍而已邪？故予既論次先德，并以公出處附之，欲人知張氏所以起其宗者蓋如此。其銘曰：

> 立木柏松，文石龍蛇。鬱彼新阡，鄉國之華。千騎來歸，大纛高牙。展墓而入，州人驚嗟。繄張世之先，秉心柔嘉。播而穫之，猶上農之禾，月計之則有餘，理無僭差。西周既東，兵連兩河。鋤耰棘矜，奮而橫戈。矯矯維公，砠立不頗；維軍律是從，戰功日多。夏寇黥髡，劍佩巍峨；食飽而颺，誕爲盜夸。公斫其營，壯士無譁；慚憤亡幾時，化而蟲沙。有來同盟，唇齒輔車；詣闕拜章，畏途褰斜。孰爲田疇，而充負荷？公之義聲，金石不磨。大邦維翰，淮海無波，公力方剛，公壽亦遐。相彼發源，淵其未涯。我卜行營之原，當置萬家。

（《全集》卷二十八《歸德府總管范陽張公先德碑》）

郭　嶠

公諱嶠，字子崇，族郭氏，世家臨潢之長泰。曾大父英，潛德弗耀。大父願誠，遼日進士擢第，由左班殿直仕至侍御史。生二子：長曰元徽，金朝詞賦甲科，未仕而終；次曰元弼，換遼官充尚書省譯史，遷儀鸞局副使，遂占籍大興左警巡院。興陵朝，詔舉內外官三十年無過犯者，宰相以儀鸞姓名對，且薦其清慎有幹局；特旨進階五品，授遼東路轉運副使。生二子：長曰岐，大定十九年進士，釋褐薊州軍事判官；車駕東獵，聽萬姓縱觀，上親問薊州孰爲好官，父老合辭，以軍事判官對；問之他所，對如前；上欲擢爲朝官，以避親換宛平令；累遷監察御史、戶部員外郎，歷解、深、單三州刺史，終於大名等路按察副使。次則公也。公早習舉業，知詩文律度。以父任試補尚書吏部掾屬，終，更調禹城南宮丞、再調沂州防禦判官，以廉能升兼費縣令。資稟孝友，臨政仁信篤誠，不事表暴。既久，吏民安之，歡然有父母之愛。使者復以廉幹聞。貞祐之亂，河朔郡邑在所毁没，費亦受兵，公能以計自脫。家四十口，逃難解散，無復歸顧之望。兵退，縣治復立。不旬日，農民護送公族屬皆獲完聚，下迨狗馬，無所棄失。同官諸人均被殺掠，有不遺噍類者。識者謂公之仁政驗於此矣！公春秋已高，無復宦情。長子令永寧，洛西山水佳勝，衣冠之士多寓於此。公與賈吏部損之、趙邠州慶之、劉文學元鼎、李澤州温甫、劉内翰光甫、名流陳壽卿、薛曼卿、申伯勝、和獻之諸人，徜徉泉石間，日有詩酒之樂。天興元年二月日，年七十有六，先洛陽陷一日，以病終于寓舍。官懷遠大將軍、上騎都尉、汾陽郡開國伯，食邑七百户。娶高氏，上林署令某之女，封汾陽郡君。子男四人：遹祖，繼伯氏按察副使房，以蔭仕爲太原交鈔庫使，歷陽曲令，終於府治中；嗣祖，以祖蔭試補刑部掾，自同州録事永寧、中升陝縣令，入爲吏部主事員外郎、京西大司農丞，天興初授本路安撫使兼行大司農分治户部事，今爲行尚書省左右司郎中；興祖，以公蔭試補户部掾，今爲燕京總府參佐；顯祖，未仕。男孫九人：曰蒙、曰履、曰泰、曰謙、曰豫、曰隨、曰臨、曰觀、曰賁；女孫五人：長適士族涿州王氏，次適燕中王氏，餘幼在室。夫人前公三十年卒，祔宛平魯郭里東原之先塋。孤子等以壬寅三月日，奉公衣冠，合葬於汾陽郡君之墓，禮也。好問往在洛西，辱公以篇什見賞，且於二子有通家之好，見屬墓碑，不敢以固陋辭，因爲論次而系以銘。其辭曰：

析木天街，碣石海壖。唐風具存，不爲邊遷。公生其間，氣質渾然。入門其華，詩禮其傳。可以登三老賢能之書，而屈於吏銓。有來銅章，仁信藹然。淪浹之深，人合而天。崑崗火炎之日，裋負不捐。孝于親而賢，友于弟昆而賢，孝友而施於政又其賢。愷悌君子，胡不百年？我知岷江之濫觴，三百維川。大書豐碑，識公之阡。是惟良民吏之墓，過者式焉。

（《全集》卷二十八《費縣令郭明府墓碑》）

郭　珇

　　貞祐初，中夏被兵。二年之春，兵北歸。既破平陽，取道太原，分軍西六州。時岢嵐無主將，同知軍州事完顏昭武以城守計訪於君。君爲言：“城守固善，然自北兵長驅而南，燕、趙、齊、魏蕩無完城，公獨欲以掌許地抗掃境之兵，强弱衆寡無乃不敵乎？且守禦有具，非倉猝所能辦；就使可辦，客軍皆有去心，驅市人而使之戰，果能恃乎？兵家有戰有守，不能戰不能守，唯有避其鋒耳。今游騎已入境，不早爲計，則悔無及矣！”昭武者從君言，乘夜以軍夾老幼走西南龍門砦，北兵隨至。汾、石、嵐、管無不屠滅，唯岢嵐無所得而還。宣撫司録君功，以便宜授嵐谷簿、攝録事。至今鄉里皆以一州之命，自君得之。君諱珇，字子玉，姓郭氏，世爲岢嵐人。唐以來，忠武王之子孫散居汾、晉間，不見於譜系而得之承傳，君蓋其苗裔也。曾大父晏、大父興、父詡，三世在野。然自大父以來，以貲雄鄉曲，任俠尚氣，樂於周急，嘗日出緡錢一千以給丐者。如是數十年，故人以陰德歸之。君弱冠以律學應選，再上不中，議罷舉。會明昌官制行，乃用良家子明法理、慎動止，推擇爲吏。歷仕州縣久，叙年勞，授忠勇校尉，自嵐谷簿調陝州知法，改平陽知法、河東南路行元帥府檢法兼提領犒賞。興定元年，入爲尚書左三部檢法，改嵩州知法，遂充行尚書六部主事。累官廣威將軍、汾陽縣開國子，食邑五百户。以正大二年，歲在乙酉，正月元日，春秋五十有八，終於嵩州之寓舍。君天禀渾厚，有晉人淳篤之風。自持者甚廉而施予無少厭。議獄餘二十年，仁心爲質，所以致忠愛者無不盡。在陝州，明劉狗兒者無罪，積年之冤不數語而決，闔郡爲之稱快。寧化頻年荒歉，時疫流行，君躬自調護，多獲全濟。最後主部事，危急之際，調度百出，君區處餽饟，視民力爲緩急，上官以吏能許之。莘公胥和之、參政李公君美雅知公才，及行臺平陽，首被獎拔。宣慰使李公仲修，亦以恩門之舊，時以書問及焉。居伊川既久，先以酒交於屏山李先生之純、許司諫道真。歸老此州，與馬倅之良、趙宰壽卿日相追從，徜徉山水間。雲屛泛舟，見於圖畫，其爲名流所重如此。身殁之日，送葬之人傾動州里，行路爲之悲愴。則君之生平誠於接物、不以貧賤爲輕重者，於此見之。夫人同郡李氏，閨門整肅，有婦師之目，封汾陽縣君，後公八年殁於襄陽。子男五人：長曰蛻，用丞相高壽公薦，試補隨朝掾屬，充平陽、孟州兩帥經歷官，嵩州刺史；次曰仲彧，舉進士；次曰擇善，棄家爲黃冠；次曰仲文，以君蔭補遙領西安軍節度副使；次曰仲器，亦用蔭祇候承奉班，早卒。女一人曰妙延，爲女官。孫五人：曰汝霖、曰棟、曰同寅、曰叶恭、曰和衷。曾孫三人皆幼。某等將以某年月日奉公之柩，祔於郡北天澗南原之先塋。歲甲辰冬，予過洛西，仲文方從事鄧州之行幕，介於教授吳子賢，涕泗百拜，以墓表爲請。仲文溫淳有蘊藉，一府之事，皆所倚辦。擇善操履能正，博於玄學，道價重一時。而竊嘆郭氏世業淳雅，潞（晋）人少見其比，推究原委，知廣威君之後，方興而未艾也！乃爲論次之而系以銘。銘曰：

敦分其純良，有自勝之剛；温分其慈祥，無寡恩之傷。橫流湯湯，身爲舟航，拯溺於其鄉。再世而昌，神理孔彰。吾文表之，尚以發其幽光。

（《全集》卷二十八《廣威將軍郭君墓表》）

毛伯朋

君諱某，字伯朋，族毛氏，世家臨清；靖康之亂，遷大名，遂占藉焉。曾大父瑜，宋成忠郎；大父詢，金朝初，洎弟評同登進士第，仕爲泗水令，官至朝散大夫。父大壯，廣威將軍，永年縣主簿。內翰東明王公百一述先德備矣。永年三子，君爲之長。自幼以孝稱，友愛二弟，遂及宗黨。資稟剛毅，廉介自守，人不敢以非禮犯之。明

昌中，以父任係承奉班，歷監差者五，皆以課最聞，而未嘗以勺水自
及。泰和初，超靈寶縣主簿，令有故不事事，君攝縣務者幾二年。
平賦理訟，有愛利之實，憲司以廉能舉之。將受代，丁太夫人李氏
憂。赴喪之日，老幼號泣，攀送數十里不絕。其得民如此。禫服向
終，復遭大故，比葬斬焉。衰経中，日誦佛書爲課，迄于終制。言動
之間，鮮不如禮，人以爲難能。大安初，北鄙用兵，選授昌平縣軍資
庫使。到官未幾而大敵至，吏民狼狼逃死，隨潰軍而南。庫所貯金
帛，先備犒賞用者，以鉅萬計。姦人乘亂，公爲攘斂，同官亦挾輕資
而遁。僕隸因以爲言，君訶之曰："官不能守，既無所逃責矣，尚敢
以盜竊自陷，違天理、累子孫乎？"貞祐元年，調潞州錄事，待次鄉
里。府尹知公有幹局，檄監漕事。赴都時，游騎充斥，道路阻絕，篙
工役夫日議逃避，君安慰百至，糧運竟達。尹益以軍食付之。乙亥
冬，敵再至，大名受攻，君方計餽饟而城已陷。兵人脅君使降，怒其
偃蹇不爲屈，欲兵之。君盛氣憤激，義不受辱，大叫觸牆，立致殞
絕。得年五十，實十二月十有二日也。兵退，葬之府城北三里所吳
莊原之先塋。積官廣威將軍、勳騎都尉，封滎陽縣男，食邑三百户。
夫人涿郡王氏，泰和名臣大尹儵然之女孫，封滎陽縣君，略通書傳，
事舅姑孝謹，訓飭二女，動有禮法，中表以婦德母儀歸之。稟命不
融，與君同日遇害。子男四人：居謙，明威將軍、臨淮簿；居政，忠顯
校尉、魏縣五星鎮酒官；居仁，修武校尉、通許醋監；喜喜，早卒。女
二人：長適千户喬惟忠，次適順天路軍民萬户張德剛。男孫三人：
漸，業進士；渙、澄皆尚幼。初，君欲就蔭補，而弟廣威將軍敬之年
未及；君待之數年，竟與同解而仕。敬之仕宦連蹇，累坐課殿。被
拘，君每加營護。事過之後，慮其不自安，不復一語及之。兵興以
來，良家子多從軍，君昆弟未嘗別籍，丁壯六七輩。軍帖下，敬之房
一子被選。其母以征人往往陷没，行坐涕泣。君聞而憐之，卒以己
之子代行。女弟嫁上谷畢氏，游宦隔闊，無歸省之便。君問遺殷
重，不以遠道爲嫌。二女及笄，州里名門競求姻對，君俱不之許。

夫人問之故，君曰："吾女賢淑，當媲貴官；筅庫常族，何足辱之?"
卒之兩婿皆開國勳臣，寶書龍節，位望崇顯，在當代侯伯之右。庇
蔭所及，外舍有光，誠不負君所期矣。居仁避亂南渡，居數年，始知
二姊所在，嬴服裹糧，千里就訪。及兵破河南，張侯委居仁舉夫人
族屬之留汴梁者北歸，令群從安居雒水之上，歲時燕樂，復見大門
之舊。雖出侯恩義，而德義之力爲多。順天盛衣冠，德義從先生長
者授諸經章句，黶黶乎性理之學。君之世，蓋未易量也。曩予婦翁
提舉君，以宗盟之故洎君伯仲通譜牒，恩文備至，有骨肉之愛。奉
公夫人之命，德義以墓表爲請，因爲論次之。君尚多可稱，弗著；著
以孝爲忠者。其銘詩曰：

義如泰山力莫勝，惟其舉之孝也能。受親髮膚敬所承，一許之
國刃可陵。我思古人得伯朋，任重道遠毅以宏。大河無梁豈樂馮?
以孝則勇信有微。千年華袞取美稱，禽息鳥視奚足矜? 忠臣之門
後必興，天何言哉理則應!

(《全集》卷二十八《潞州錄事毛君墓表》)

吳　璋

君諱璋，字器玉，姓吳氏。石晉末，有官獻州從少帝北行者，又
自遼陽遷泰州，其子孫遂爲長春人。六世祖匡嗣，遼開府儀同三
司、同中書門下平章事陳國公；五世祖昊，咸雍十年劉霄榜登科，仕
未達而歿；四世祖敬良，潛德不耀；子讓，東頭供奉官，贈安遠大將
軍，即君之曾祖也。祖鐸，閣門祗候，金朝天會中左班殿直。考德
元，貞元中監崞縣烟火公事，贈明威將軍。姚傅氏，濮陽縣太君。
君即明威之元子也。生七歲而孤，養於其姑樂亭齊氏。稍長，即能
自樹立。大定十年，以蔭補官，歷遂城、滿城四務酒官。明昌四年，
調保州軍器庫使，改太原大備倉副使。泰和初，以六品諸司差監歷
城稅，課最，遷濟南軍資庫副使，轉鄧州草場副使。會錄事缺員，父

老狀於州,請君攝司事。不期月,政成,郡人以吏能稱焉。衛紹王
即位,用大安霈恩,官顯武將軍、騎都尉,濮陽縣男,食邑三百户。
因爲所親言:"吾猥以賞延,入仕將四十年。得不償勞,寧不自知?
徒以先君子早世,不及通顯,故强顏末秩耳。今品及列爵,當預追
錫之典,生平之志畢矣。今不自止,欲何求邪?"乃投牒請老。武
勝節度高侯雅知君,勸止之,曰:"選法蔭子,五品例入一差,隨有
超擢。君淹筦庫久,能少忍之,且當被百里之命,何求去之决邪?"
君不得已,起調得監方城税。到官不數日,以崇慶元年五月二十五
日,春秋六十有五,終於官舍。君資孝友,姑氏殁,哀過所生。識者
以爲生長見聞宜有加於人者。爲人誠實樂易,重然諾,輕施予,有
以急難来歸者,必極力營贍之,以故家屢貧,然不恤也。少日酒不
能亂,中歲以止飲自誓。賓客過門,歡宴彌日,不見惰容。人尤以
此多之。身殁之日,識與不識,皆爲之嗟惜。名士赴吊者數十人,
其得人心又如此。夫人某郡張氏,閨門肅睦,有内助之效,封濮陽
縣君,後君二十年而殁。子男二人:長仲侃,忠顯校尉;次仲杰,鄧
州教授。孫七人:曰綱、曰維,既冠而卒;曰綽、曰綰、曰績、曰級,皆
早卒;繼僧未名。仲杰將以某年月日,奉公之柩,歸祔於大興府宛
平縣玉河鄉黄村里之先塋。歲甲辰冬,予過洛西,仲杰涕泗百拜,
以墓碣銘爲請。仲杰學爲通儒,德爲善人,殆"維其有之,是以似
之"者。乃爲論次之,并用予之所感爲作銘。銘曰:

　　我足天衢,彼責守閽;我器函牛,彼求柱車。論族膏腴,卒不能
以自濡。管庫之須,仕無他途;選部一拘,同滯賢愚。然則前日之
所謂任子者,非敝法也歟?

　　(《全集》卷二十九《顯武將軍吴君阡表》)

任德懋

前泌陽令任嘉言亨甫,狀其考忠武君之行,涕泗百拜,謂某言:

“先君子棄養十年，惟是轉徙南北，不得以時安厝。今北還矣，期以明年春勉卒大事。墓當有碣，碣當有銘，敢以撰述為請。”某於亨甫有州里通家之舊，不可以不敏辭，乃為論次之，并著予之所感焉。按任氏世為汾陽人，有諱才珍者，登天會六年進士第，由洪洞令入為尚書省令史，皇統中坐吏部田侍郎穀之黨，歿於貶所。田初為朝廷所倚用，慨然以分別流品、慎惜名器自任。群小積不能平，造作飛語，構成大獄鍛煉，田以下伏首惡者八人，以敢為朋黨、誑昧上下、擅行爵賞之權，皆置極刑。自餘除名為民，杖決徙遠方者，又二十八人。明昌初，始蒙昭雪，洪洞預贈典，復朝散大夫。生子微，以蔭補官，監惠民司。君即惠民之元子也。諱德懋，字君範，資稟醇雅，有受學之質。弱冠就舉，屢為鄉府所薦。惠民早世，事繼母無間言。泰和南征，以良家子被推擇，署軍中千夫長，積官忠武校尉。已而罷歸，閑居鄉里，愈更樂易，雖在愚幼，皆知其為善人君子。嘗為人言：“先大夫以直道立朝，橫被羅織，自明昌昭雪之後，右丞蘇公而下凡二十有六家，往往將絕而復續，稍微而更盛；吾知吾子孫必不獨為神理所遺也。”乃力課亨甫學。其後果以正大庚寅收世科，鄉里榮之。中歲之後，即置家事不問，惟日誦《般若》而已。積習既久，靈應昭著，休咎多前知之。避貞祐之亂於鄜、於京兆。以天興壬辰五月十有六日，春秋六十有七，終於鄧州之寓舍。臨終遺命：以所誦經內懷中。纊息定，家人發哀。良久復開目云：“經安在？”家如言奉之，怡然而逝。其明了如此。先娶柳氏，再娶劉氏，子男三人：長即亨甫，次震亨、鼎亨皆早亡。女一人，適士子白季昌。皆柳出也。亨甫以某年奉君之柩，祔於郡西南洪哲里之東原……銘曰：

　　善為吉先，壽為福元。有子而賢，卒歸骨於九原。惟其有之，是以似之。吾得推其源，至於人眾勝天。而天定亦能破人者，盍當以我為知言。

　　（《全集》卷二十九《忠武任君墓碣銘》）

曹　元

　　己酉秋九月，予以事来燕都。行臺參佐曹侯椿年，持其先人信武君事狀，再拜涕泗，爲予言："往者過太原，嘗以宗人益甫咫尺之書之故，得見顏色。時先人始就安厝，欲求阡表以昭示永久，而未敢也。側聞從者在燕，將往拜之而邂逅於此，今願竊有請焉！"案事狀益甫所撰。益甫，予同舍郎，其言可信不妄；且曹侯之意甚賢，故爲次論之。君諱元，字長卿，曹氏，世爲隰州人。隰州之以貲雄鄉里者，累十數代矣。曾大父秀，妣張氏；大父繼純，賢而有文，以善人獲稱。妣郭氏、朱氏、何氏，朱氏，宋朝散大夫某之女；父鎮，資仁厚，有士風，妣靳氏、張氏，生子五人，君其第五子也。齠齔受學，年十二孤。初父病革，獨念君未有所立，殊以爲憂。及父沒，君持喪如成人。未幾母卒，勺水不入口者累日，廬墓側至終喪，鄉黨稱焉。其後兄弟析居。君力學自奮，不數年博通經傳，以至陰陽、醫藥、法理之學，無不精至。爲人謹厚，舉動不硉硉。喜賓客，好施予，周急繼困，不責報謝，郡長吏而下，皆推重焉。兄槙既老，君事之惟謹，疾則躬侍湯藥，存拊諸孤，更爲賙贍。有間之者，君不聽，曰："鄉人不能自存者，且當救之，況兄之子乎？"貞祐之兵，隰州破，群不逞之徒乘亂剽掠。君具牛酒，集壯士，得千人。約曰："吾州被兵，惟州倅獨存，今逃匿他境。吾欲與公等立州事，迎倅以歸，可乎？"衆曰："諾。"乃安集境內，還倅於州。群黨破散，遺民賴之以安。有欲推君爲官長者，君義而卻之。明年大饑，民無所於糴。君出所餘以救餓者，全活不勝計，而初不一錢取也。興定己卯秋八月二十四日，將適終陽，遘疾終於途，春秋四十四。夫人霍氏，同郡檢法某之女，閨門肅睦，內助之力爲多。君歿之兩月，州乃陷，盡室被俘，惟椿年調官京師。夫人給兵士言："我主婦，蟄財所在，當盡指示，餘人何所知？"以故家人得少寬。夫人私語之曰："若等自爲計！吾老矣，終不能苟活以重吾兒憂。"遂俱兵士至其家，正色言曰:"吾家父子皆食官禄,吾殺身以報可矣,財豈可得邪?"兵士怒縛之,夫人駡不絶口而死。生子三人:長即椿年,次松年、大年。一女,嫁郡人周惠,今爲真定參謀。椿年大安中出粟佐軍,仕爲綏德令,階五品,得贈君信武將軍、某縣男,夫人縣太君。松年、大年俱以兄蔭祗候承奉班。諸孫皆尚幼。孤子等實以己亥十一月十有九日,葬君某里某原之先塋,夫人祔焉。銘曰:

孝子之志慈且祥,仁者之勇直且剛。衣冠堂堂,百夫之防。無移官之階,而有爲政之方。施於閨門,義存義亡;凛凛瞠瞠,崐玉秋霜。墓石有銘,德潛而光;我卜曹宗,偕隰川其未央!

(《全集》卷二十九《信武曹君阡表》)

喬惟忠

公諱惟忠,字孝先,涿州定興人。大父恩、父順,世爲農家而以義俠見稱。公資禀沉默,見於童幼。及長,驍勇善騎射,志膽堅決,輩流中少見其比。衛紹王大安初,北鄙用兵,良家子有以戰功取階級夸示鄉閭者,公慷慨奮發,不甘落其後,乃棄家事不問,俠游燕趙間。貞祐南渡,河朔板蕩,豪杰競起。公從今萬户張公聚族屬鄉曲,保西山之東流塌,別自爲一軍。及張君副經略苗公道潤承制封拜,公亦受定遠大將軍、恒州刺史。居無幾何,國兵由紫荆而南,張公以馬跌被執,而公不知,其守東流者如故也。大帥以張公至塌下,諭公使降。公盛爲禦備,日戰數十合,力盡乃降。張公先以公爲爪牙,且嘉其忠慎不撓,力爲保全,益以心腹倚之。宋將彭義斌既破東平,隨據大名,聲勢甚張。南北軍待爲勍敵,無敢試之者。一日,義斌提鋭卒數千北向,猝與公遇於真定之南。公以騎數百直前挫其鋒,義斌慴焉。武仙劫殺主帥,并山郡縣反爲金,張公會諸道兵擊之。公時攝帥府事,將騎五百、步卒三千,鼓行而西。聞敵將保郎山,行列方整,殆不可犯。公謂部曲言:"歸師而遏之,兵家所禁。不若設伏山下,開其歸路。彼得路則無鬭志,吾邀擊之,取獸於穴,得志必矣!"已而敵兵過,公出其不意,大敗之,如公所料。時別將有陷陣中者,公以單騎出之。不旬日,諸叛者日繼降附。進逼真定,仙懼南奔,轉戰逐北,遂攻彰德。彰德下,略地齊、魯,駐軍滕州之牙山。紅衲軍夜至,公獨搏戰,奮戈大呼,營中驚奮,皆殊死鬭。衲軍敗走,填壓山谷間無慮數百人。益都之役,宋援兵數萬將及城下,公逆戰,走之,獲軍資甚衆。城中軍突出,將爲掎角,公随以短兵遮擊,敵退保不復出。大帥會諸將,特稱公之勇,以褒异之。先是張公開幕府滿城,公爲元帥都監,以功遷左副元帥。及師還,兼行兩安州帥府事,移軍唐縣鎮,遏西山者累年。辛卯冬,南渡河,戰於陽翟之三峰山。明年圍汴梁。汴梁圍解,公北渡。天興,軍北渡,平章白撒攻圍衛州,公力戰卻之。河南平,張公入覲,公復攝府事,從征淮右。歲甲午,朝廷第功,張公因陛奏:"臣之副喬惟忠,出入百戰,功最多,乞加寵擢。"於是特恩以寶書、金符,授公行軍千户。自是愈自奮勵,其破棗陽、攻光、黃,率以先登被賞。張公勇而有謀,能得士死力,每以方略授公使戰;公亦稟而後行,故所至克捷。幕府統城三十,遭離喪亂,人物憔悴。而能生聚教育,使之去愁嘆而就妥安,出于翼贊者爲多。計公之功,蓋不特攻城戰野而已也。公生而孤,事太夫人某氏,孝敬純至,問安視膳,躬侍湯藥,士大夫以爲知禮。壬寅秋,丁内艱,適在病中。比襄事,哀毀骨立,用是病增劇,竟以丙午年五月二十有七日,春秋五十有五,終於正寢。越某日,權厝順天城東之某原。娶大名毛氏、廣威將軍潞州録事之女,閨門肅睦,中表以爲法。子男五人:長珪,襲公職,出屯河南;次曰琚,順天路人匠總管,雄州、新城等處長官;次琇,皆毛出也;次璋、次琳。女五人:長適千户買某,早卒;次女繼焉,亦毛出也;次適聶氏,餘在室。男孫三人,女孫一人,皆尚幼。公美須髯,舉止詳雅,有素宦之風。恬於喜怒,未嘗見於色。每戰勝,將佐共爲欣快,而公初不以功伐自高。其攻黃州也,宋兵乘昏莫奄至,公率銳卒與戰，主帥命舉火視之，見青甲而黃馬者戰甚力，而不知爲公也。明日懸賞求之，公竟不自言。其推讓又如此。太夫人素慈仁，事佛老惟謹，教公毋妄殺，重惜物命。公亦視母意所在，以寬厚從事，所捕生口，多縱遣之。冠氏李君玉先在俘中，間知爲士人，即館之門下，令授諸子學。古人北面降虜者，今真見之。嘗以時俗侈靡相尚，中歲以來，尤尚純素，出入會計見之朱墨者，率無浮費之妄。然人以緩急來赴者，必重爲賙給，負債則往往折券以貸之。識者謂公孝以安親，忠以立節，義以扞難，仁以濟物。視履考祥，必當敦龐耇艾，五福具備。今祿不酬庸、壽不符德者乃如此！天之報施，可易量邪？孤子某等以某年月日，祔公於東王里之先塋。以僕辱在葭莩之末，以神道碑爲請，乃爲件右之。其銘曰：

沈鷙其姿，角逐其時。鬱無所施，豪杰以爲資。成周既東，日薄崦嵫；志橫潰之獨障，勢一木之弗支。義釋嚴顏，殆天使之。大邦維藩，虎臣桓桓；爪牙方張，而傅之羽翰。蛇矛突前，奮力如湍。堅陳枯株，名城彈丸。有來創罷，革膚靡完；豺狼荊棘，挈之妥安。我恩我威，爾煦爾寒；疾疫剛癉，孰我敢干。北方之強，礧石盤盤；戰功日多，公與不刊。勒銘豐碑，以永後觀。重侯累將，憂憂乎厥初之難。

（《全集》卷二十九《千戶喬公神道碑銘》）

張榮祖

公諱榮祖，字孝先，姓張氏，世爲獲鹿人。曾大父明，大父顯，父丙，三世在野。叔父帥府監軍昇，少日以良家子充南征軍士。貞祐改元之明年，六飛南狩，真定幕府得用便宜拜官。取鄉曲之譽，辟監軍，爲本縣尉。及縣改西寧州，遷縣令。未幾改代，爲今經略使史侯所倚信，累功至監軍兼行西寧州事。被檄招集未附，爲叛者所脅，偃蹇不屈，竟及於難。幕府存念勞舊，以軍屬公，兼領縣務。

時年甫二十，卓然有成人之量。爲人有志膽，善騎射，時輩少有及者。庚寅冬，河平失利，陷堅陣中，率死士五十餘人，突圍而出，所向披靡，莫有當其鋒者。流矢中面而鏃不得出，醫者破骨取之，神色不少變。經略公壯其勇，以爲不減古人，具以名聞。遷總統巡山軍民千户。恒山公仙壁雙門，遣别將屯抱犢山，宣權萬户親以軍守之。臨狹可上者十有八所，而山上皆有備禦，不便仰攻。公期以三日破之。乃潛軍由鳥道攀援而上，出其不意，山軍震蕩，謂從天而下，投死無所。問知公名，皆束手自歸。黨與未盡者，依太行爲巢穴，在所有之；根結盤互，時出剽掠。旁近之民陰爲齎助，以紓焚劫之禍。嘗乘隙入吾境，公測其來，設伏擊之。軍卒踴躍而戰，戮首領一人而擒其副，餘衆悉降。郡邑倚公爲重，亦得少安。甲午歲大旱，百姓飢窘，軍賦減於平時，而終亦不辦。公出粟代輸之，縣當關輔、汾、晋驛傳之衝，供億倍於他邑，公時以財給之，斂於民者，什纔二三而已。不幸遘疾，以庚戌夏五月日，春秋四十有七，終於私第之正寢。先期自刻云："吾明日日中逝矣！"已而果然，其明了如此。夫人同邑戎氏。子男二人：長曰伋，次曰某。孤子伋等以某年月日奉公之柩，葬於某鄉某原，禮也。公幼出大家，以施予爲常事，故其周急繼困，不計有無，賓客過門，供給承事，一出誠款，椎牛灑酒，與相娛樂，下逮廝養，亦獲饜飫。生平結交如某人某人，契分款密，終始如一。赴人之急如恐不及，故得其報力爲多。太原大帥郝侯，氣岸高亢，少所降屈；一見公，結爲昆弟，不敢以爵齒自居。公起身戎行，不嫺文墨。裁決訴訟，以情爲斷，不三數語而是非曲直立判，未嘗有留滯者。凡所區處吏民，奔走從事，無敢惰窳。言政者不敢以武人概之。初，監軍没，其子繼祖纔十歲，公襲其任三十年。於今伋輩既冠婚矣，公念爲叔父所保養，生死報之，屢以縣章讓繼祖，至於再三；辭旨懇切，人爲感動。經略公不之許，慰遣之曰："轉輸期會，急於星火，應卒之材爲難，况乎縣治繁劇，須習慣然後可。君雖不忘叔父之惠，如公家何？"及病且革，復申前請，幕府不得已許之。竊嘗謂風俗之壞久矣！同父之人，往往自爲仇敵，血戰於錐刀之下，顧肯以大縣萬家推之群從之間乎？惟公不出於生長見聞之素，而不階於教育講習之益，爲能自拔於流俗如此。雖曰未學，君子謂之學矣！是可書。乃爲之銘云：

重甲兩鞬，馳突翩翩。唯勍敵是求，而與相周旋。蛇矛之所蕩決，莫當其前。破骨出鏃，不廢笑言。一死鴻毛，效之所天。劍服短後，殆先趙之所然。嶪嶪西山，逋逃之淵。刁斗嚴更，通曙不眠。我軍之所撫臨，人爲息肩。大縣萬家，意氣盛年。敝屣千金，食客四筵。弟昆之交，金石其堅。急難而赴之，白刃空弮。自世道下衰，人理絕焉。同父子參商，且百且千。孰於禮服之群從，釋銅墨而自捐？戎行區區，乃有士夫之賢。惟不學而至於學，知氣質之渾全。鬱鬱佳城，海山之原。我銘表之，尚以信無窮之傳。

（《全集》卷三十《西寧州同知張公之碑》）

王德禄

東平軍民彈壓段遷，狀其友王公生平，屬予爲墓銘，曰：“始遷與王同行伍，年相若，志相得，故嘗約爲兄弟。王之歿，今十年，遺女孤弱，藁殯不克舉。遷將以今年三月十六日，遷其柩於憲王陵之東。幸吾子爲誌之。”予謂朋友之廢久矣！自退之時，大夫士以古人自期者，不爲不多，士之相與者，宜若無愧。然子厚請以柳易播，事未嘗行，退之極口稱道，若將曠世而不復見。當時且然，尚何望於今之世邪？古有之，朋友死無所歸，曰：“於我殯。”又曰：“久要不忘平生之言，亦可以爲成人矣。”段，武人也，而能學者所難能之事，銘其可辭哉？按總領諱德禄，北京興中府人，世爲農家。貞祐癸酉，以騎兵從錦州將王守玉屯東平。辛巳夏，東平不守，歸今行臺嚴公，隸五翼軍，以功轉總領。凡行臺略地所在，必以之從。積六七年，遷同知兗州軍州事。爲人資善柔，而戰陣勇捷，人少有可

敵者。甲申五月十五日，與宋將彭義斌軍戰，被創，年三十二以歿，
一女許嫁日照張左相之孫濱壽。其葬也，公感念平昔，贈以信武將
軍云。銘曰：

突如其馳，蕩如其麇。馬革自隨，非壯夫之悲。魂兮来歸，汝
友是依。

（《全集》卷三十《兗州同知五翼總領王公墓銘》）

閻　珍

辛丑元日，余方客東平，載之盛爲具召予，及大興張聖予、祁人
宋文卿、東光句龍英孺、鎮人劉子新、太原崔君卿、渾源劉文季、壽
春田仲德輩，飲於家之養素齋。載之先病于酒，醫者戒勿飲。然其
所致客皆名士，樂籍又京國之舊，飲既洽，談謔間作，坐客無不滿引
舉白者。載之歡甚，不自顧藉，亦復大醉。明日，疾暴作，一仆地遂
不起。載之資樂易，不近貨利。與人交，無大小，能得其歡心。以
故来哭者皆爲之盡哀。將葬，孤子德榮請於予曰：“先人得幸吾
子，前日之飲亦惟子之故。今大故矣，忍使之随世磨滅邪？”予即
爲叙其平生，使刻之石。載之姓閻氏，先諱輪，後有所避，改名珍。
上世有自太原官于上黨者，因而家焉。考諱謹，鄉人以孝直稱。娶
邢氏，生四子，載之其第三子也。少穎悟，知讀書。及長，仕州縣，
累至公府掾。上黨公開壁馬武砦，遣別將李松守潞州。壬午三月，
東平行臺嚴公偕國兵略地上黨。上黨選懦不能軍，乘夜潰圍而遁。
載之醉不及從。明日，父老請載之主州事，遂以城降。行臺授宣武
將軍、潞州招撫使。當是時，州人數萬，八縣又以千百計，非載之知
權變，則其禍有不可勝言者矣！尋有譖于行臺者，以爲載之多斂部
民金而私貯之。行臺按籍問之，其出入皆有朱墨可尋。行臺直之，
加懷遠大將軍、元帥左監軍兼同知昭義軍節度使事。先太師承制
封拜，載之用行臺薦，授輔國上將軍、左副元帥、昭義軍節度使，佩

金虎符,且命載之積粮數萬,選壯士數千守潞州。馬武軍頻出攻北兵,大帥懼守者不能堅,乃命遷州人真定,散處溏水之上。恒山公仙既降,復謀南歸,乃劫載之送馬武。上黨公開頗知載之,參佐諸人又爲之出力,乃釋不誅,放之河南。河南破,載之復還行臺公,留之東平。載之雖失侯故將,而公以賓從處之,凡燕犒賞賜無不豫,浮沉酒間者十年,卒以樂死。時年五十七。娶常氏,有子二人:長即德榮,次義榮。女一人,嫁爲進士王得臣妻。卒後三十日,權葬府五里之某原。銘曰:

不崖岸而孤,不邊幅而拘。不藪澤而枯,不木石而愚。身爲鷗夷,日與酒俱。憤則以舒,燥則以濡。虛舟悠然,聽其所如。六合蘧廬,八荒庭除。蝸左區區,化而大庭之居。亦何知須史之非萬期,而萬期之不須史?彼有衣而弗妻,有車而弗驅。溘死中涂,他人是娛。顧雖不死,殆暴骨露骼,鬼籍而强行者歟?

(《全集》卷二十九《故帥閣侯墓表》)

畢叔賢

乙卯秋八月,予來自鎮陽,東平參佐王君璋以畢侯叔賢之子之子婿來請曰:"侯之葬久矣!墓當有銘,以吾子於侯有一日之雅,敢以屬筆,使不隨世磨滅爲幸也。"按畢氏本易人,其遷永清者,不知其幾昭穆矣。侯諱某,叔賢其字也。大父某、父某,皆以農爲業。貞祐之亂,侯年甫十一,從其親避兵至濟南之章丘,猝爲游騎所馳,因逃難散走。濟南總管成侯江得侯草間,愛其風骨不凡,子養之。時宰相蕭國侯公摯行尚書省事於東平,成侯隸焉。侯因被蕭公指使。少長,知讀書,且習於省寺衣冠文物之盛,故能自樹立如成人。興定戊寅,宋軍出漣水,益都宣撫使田公琢會兵進擊,侯從成侯而東,以功補昭信校尉、遥授章丘尉。田公知侯姓名,署軍中都統。張林反,山東土崩,宋保寧節度李全入據益都,用爲帳前都統、換承

信郎、遷統制。丁亥，國兵圍益都，城中食盡，保寧計無所出，閉户
將自經。侯排户直前，曰："公死城即破，大兵一縱，城中無噍類
矣！太師日望公降，公降必不死，何惜屈一身，而不爲數十萬生聚
之地乎？"保寧悔悟，随詣軍前。太師受其降，悉以全境付之，而不
戮一人，竟如侯所料者。先相崇進以太師命召成侯，成侯從之而
西，自是奉公周旋，戮力一心，不間夙夜。公信倚之如家人父子。
他部曲莫能比也。凡略地于澶淵、于淮、楚、于徐、亳、于歸德，侯無
不在，亦皆以功遷。先相資剛嚴，威望素重，人有往訴者，率以不測
爲憂。侯曲爲營護，使得自安。至於決重刑，亦時得與議，賞貸末
减，前後不勝數。侯不自言，亦無能知者。妖人李佛子之獄，詿誤
萬人，已會諸鎮兵，守之長清，三日不與食，將盡誅之矣。侯言之先
相："愚民自陷於死，尚有可哀，其老幼何罪？垂死之命，恃公如父
母，一言之重，人獲更生之賜，何忍坐視而不救乎？"先相惻然感
動，爲之別白故誤，剖決生殺。力所不及，且以金繒贖之，故被僇者
不能什三四。侯與有力焉！事先相首尾十五年，行臺得承制封拜，
自行軍總領、遥授鄒平、齊河兩縣令、裏翼總領、提領本路僧道，累
官宣武將軍。癸巳，先相命侯復畢氏之姓。時其父及妣王氏，亂後
病殁於章丘，邑人以侯故，收瘞之，至是始備展省之禮，立新塋於魯
城之東原，追贈如故事。庚子，嗣相莅事，以總府都提領出爲臨清
令。丙午，復充左總領、遷懷遠大將軍、遥授濮州刺史。求解軍職，
改營屯都總領以便之。甲寅，選充本路課稅所長官。幹局既優，歷
練亦久，不事苛細而曹務畢舉，時議稱焉。是歲十二月之二十七
日，不幸遇暴疾，卒於崇仁坊之私第，得年五十有五。娶納合氏，鎮
國上將軍、鎮西軍節度使思烈之女，封河南縣君。子男一人，曰守
約，業進士。女二人：長嫁府學生張守謙，其幼在室。孤子守約以
今年正月二十一日舉侯之柩，祔於新塋之次，禮也。侯性忠厚，敬
老慈幼，出於自然，家所有臧獲，得於南中之生口者，多放之自便，
一毫無所取。與人交有終始，終身不言短長，皆人所難能。然予獨

取其有及民之功者，爲之銘。銘曰：

　　郁郁佳城，東澗之阿。畢氏有子，姬姓故家。維侯之初，童子執戈。童子執戈，而大事克荷。青社食畢，九虎磨牙；非排戶直前，嚱類奈何？鄭公堂堂，高山大河；不怒而威，有物禁訶。侯承事之，子職有加；敏給赴功，而秉心柔嘉。從容一言，陰慘化而陽和。合散扶傷，疲捬瘡摩；曾是殿屎，載笑載歌。功歸所天，不以自夸。若夫興哀無知之場，援手高懸之羅，計長清之所全活，并青社爲尤多！不龍不蛇，而有賢人之嗟。積厚而報不豐，神理爲差！汝邪濟邪？其未涯邪？公侯之世必復其始者，尚信然邪！

　　（《全集》卷三十《濮州刺史畢侯神道碑銘》）

孫　慶

　　君諱慶，字伯善，姓孫氏，世爲濟南人。曾大父某，大父某，考榮，皆隱德不仕。君資稟信厚，早有成人之量，鄉父兄以起宗期之。貞祐之亂，先相光禄公壁青崖山，君挈家往依焉。以對問當公意，得隸帳下。公所戰攻，降下餘五十城，君皆從焉。指使既久，爲所倚信，部曲諸人，少與爲比。大名彭義斌乘濟、鄆耕稼廢，倉無現糧，悉衆爭之。公審度事勢，與之連和。義斌拜公爲長，強之而西。公密遣騎卒，告難于國兵大帥。大帥聞報，率數千騎來援，與義斌遇於贊皇之西山。兵刃甫接，君獻計於公曰：“援兵既至，我當入北軍以張其勢。成敗在此舉，機不可失也！”公即馳赴之。將士氣倍，皆殊死鬭。大名軍遂潰。義斌投死無所，尋即授首。不數日，故地盡復。公承制封拜，乃授君忠武校尉、濟南府軍資庫使，改行尚書省應辦使。壬辰，遷武略將軍、威節軍都指揮使兼巡捕事。公猶以贊皇之功爲未報也。再加宣武將軍。已亥，遷本路鎮撫軍民副彈壓兼行東平府錄事。君涖事嚴明，有能吏稱，然性剛直，與時多忤，卒見罷去。今行臺公念君先相舊人，不宜久在退閑，復都指揮使及巡捕事。未幾以疾告，公又惻然憫之，且謂君長子天益，向學知義理，氣節不凡，命代父任。而君之疾竟不治，以某年月日，春秋五十有七，終於私第之正寢。娶薛氏，封富春縣君，後君八年卒。子男三人：天益、天瑞、天寵。女一人，嫁金鄉縣丞欒珍。男孫五人：德安、翁安、壽安、世安、永安。孤子等以某月日，舉公之柩，葬於長清縣黃山之新阡，遵治命也。癸丑之冬，予以行臺之召東來，天益謂予頗知其先人，持府學教授康侯顯之誌文見示，涕泗再拜，以墓碑之銘為請。按康侯所載，君所善二人，其一兗人劉德潤，其一潞人閻載之。德潤仕行臺詳議官二十年，家無餘財，病且歿，泣為君言：“遭離喪亂，無歸顧之望。曾大父以來，皆在未殯；身後獨一老嫗在，渠安能辦此？吾死不瞑目矣！”君慨然曰：“吾子無慮，我當任其事。”及德潤歿，君為之送終，并葬三世，一如平生之言。此予所親見者。載之失侯故將，落魄嗜酒，身歿之後，家貧子幼，無以為葬。君感念疇昔，營護葬事，威儀繁盛，祖祭填塞，與時貴無異。亦予所親見者。維君事長如此，與人交又如此，又得康侯撰述，其不朽也必矣！尚何俟於不腆之文？因辭不敢當。天益三請益堅，度不可以終辭，乃強為論次之。其銘曰：

鷙勇兮翩翩，纓緌胡兮事戎旃。許公驅馳，死生必前。魏寇來攻，孰擣其堅？君於其間，知掎角之權。材官蹶張，發機其先。齊五十城之復，與有勞焉。迄今贊皇之謀，弦聲骎然。郁郁佳城，磐石千年。誌以康侯之文，賁彼下泉。顧雖志節之所自致，其亦出於有子而可傳。

（《全集》卷三十《宣武將軍孫君墓碑》）

趙振玉一

歲癸酉冬十月，先太師以王爵統諸道兵，長驅而南，兵及永清。都元帥、金紫光祿大夫史公首倡大義，建開國之功。太師承制封

拜,命公開幕府,駐軍高州。又明年春正月,破北京,龍山降。今真
定路工匠都總管趙侯振玉在籍中,遂隸金紫公幕下。侯雅以幹局,
爲公所知,選署龍安府庫使,改永安令,遷軍中都提控。乙酉春,公
遭變,侯及從兄眞定府判官眞玉脱身走滿城。衆推金紫公季弟、五
路萬户帥本軍。其六月復眞定,八月命侯招降臨城、杏樹等砦,遂
下邢、趙兩州。州民之在保聚者,不啻數千百家,悉復故居。幕府
啓太師,復趙州慶源軍之號,以侯爲節度使、兼趙州管内觀察使。
己丑十月,改河北西路按察使兼帥府參謀。辛卯秋,復授慶源。丁
酉秋,幕府以侯前後功上於朝,宣授今職。癸卯冬十月,侯介於同
官李稚川、周才卿爲予言:"吾趙氏世居保塞,以仕遷大梁。五代
末有諱匡穎者,官至静江軍節度使兼桂州管内觀察使;弟匡衡及八
世孫襄,疊仕於宋,皆至通顯。金朝兵破大梁,吾宗例爲兵所驅,盡
室北行,至龍山,遂占籍焉。雖譜牒散亡,而其見於祖塋石誌者蓋
如此。振玉之曾大父伸,隱田間,致貲鉅萬;娶王氏,生大父憲。資
倜儻,好施予,人多以急難歸之;娶馬氏,生子八人,吾父琳,其第四
子也。幼出大家,頗以裘馬自喜。爲人知義理,排難釋紛,有豪俠
之風。由大父而上,皆葬鄉里。振玉之考妣,兵亂中權厝縣西佛
寺。北避兵還,而寺屋被焚,遂失藁殯所在。振玉去鄉餘二十年,
歸顧之理既絶,感愴霜露,殞身無及。向辱我公誤知,承乏大都。
安習既久,眷焉有桐鄉之戀。乃用故事,卜於平棘縣西北鄉蘇村里
之南原,爲顯考衣冠之藏。日者室人冀氏物故,因從祔焉。維遠祖
自保塞遷大梁,既無歲月可考;自大梁遷龍山則僅能志之。今南原
卜宅,亦吾趙宗之大舉,不勒之金石以昭示永久,後世其謂我何?
誠得吾子辱以文賜之,爲幸多矣!敢再拜以請。"自予北渡河時過
慶源,聞廟學之盛,他州郡莫與爲比,嘗往觀焉。堂廡、齋除、像儀、
禮器,遭離喪亂,初若未嘗毁而又加飾焉!問之諸生,蓋一本於侯
之經度。出貲於家,雇庸於民,躬自督視,寒暑不少懈。數年而後
乃克有成。固以爲賢於時之人遠矣。范、蕭兩煉師及參佐諸人,亦

皆稱侯滿城之舉，竭事君之節，奮復仇之義，獎厲士卒，輯穆同異，禆益之力爲多。初涖慶源，户不能百。爲之披荆棘、拾瓦礫、招散亡、立廬舍、勸課耕稼、流通貿易。西山群盜時出剽略，侯深入搜討，州境晏然。及入爲參佐，豪猾無所顧忌，有白晝殺人於市者。侯受命再至，郡民鼓舞迎勞，歌謡載路，下車未幾，即按殺人者之罪，救怨家婦，手刃以報之。闔郡稱快。故言治郡之效者，率以侯爲稱首。予竊嘆之。嗚呼！兵禍慘矣！自五季以來，明德雅望之後，重侯累府之族糜滅，所存曾不能十之一。然且狼狽於道路，汩没於奴隷，寒飢不能自存者，不可勝數也。趙氏固名族，然先之以靖康之兵，繼之以貞祐之亂，將絶而復續，稍微而更熾，期功群從，布列伯府；以報施言之，非先世有以開之邪？趙侯幼仕州縣，乘時奮起，遂有良民吏之目。雖其材幹足以自致，推究源委，益知世德之自矣。夫忠以事上，敬以涖官，孝以顯親揚名，義以慎終追遠，是可書也。乃爲書之……侯年運而往矣，更事既多，植節亦固。誠能廣興學之志，充治郡之善，進進而不已，新新而不既，他日冢置萬家，室祭三世，當有鴻儒碩士如燕公、昌黎公者，演《招魂》之辭而紀麗牲之碑。至於不腆之文，所以記新塋者，乃其濫觴耳。趙侯其勉諸！

　　（《全集》卷三十《龍山趙氏新塋之碑》）

趙振玉二

　　趙州廟學初廢於靖康之兵。天會以來，郡守趙公某始立廟殿，而任公某增築學舍。泰和名臣、陵川路公元爲門、爲廊廡、爲講堂，土木之功乃備。自貞祐南渡，河朔喪亂者餘二十年。趙爲兵衝，焚毁尤甚；民居官寺，百不存一。學生三數輩逃難狼狽，不轉徙山谷，則流離於道路。廟學之存亡，亦付之無可奈何而已。户牖既壞，瓦木隨撤，當路者多武弁，漫不加省，上雨旁風，日就頽壓，識者惜之。

歲癸卯，真定路工匠總管趙侯，慨然以修復爲事。發貲於家，顧工於民，躬自督視，不廢寒暑。裁正方隅、崇峻堂陛，斜傾者起之、腐敗者易之，破缺者完之，漫漶者飾之。曾不期年，截然一新，若初未嘗毀而又有加焉者。乃八月上丁，諸生釋菜如禮，衣冠俎豆，駸駸乎承平之舊。予過慶源，嘗往觀焉，問所以經度者，郡人高德茂等合辭道其然，且請予記之。予以爲學宮之廢久矣！儒學之士，雖有任其責者，亦以爲不急之務矣。比歲，郡縣稍有以興學爲事者，率有由而然。力制勢劫劇甚，調度僅能有成，怨讟盈路，所謂可爲美觀而不可以夷考也。趙侯不出於强率，不入於承望，崇儒嚮道，自拔於流俗者如此！在於學古之士，其喜聞而樂道之，宜何如哉？故爲記之……侯名振玉，龍山人，先節度慶源，有良民吏之風。其與文士游，蓋其素尚云。

（《全集》卷三十二《趙州學記》）

信亨祚

大行臺特進公當朔南分裂之際，合散亡，一同異，挈全魏、齊、魯，歸命有司，乃得承制封拜，麾下諸將，剖符錫壤，懷黃佩紫者，不可悉數，今四十年矣。凡公與之共功名者，往往取奇龐福艾之士；然乘時倔起，徼倖萬一，舍短取長，爲公所錄用，翕忽變化、由鼠而虎者，抑多矣。公亡恙時，撫罷療之民恒若不及，繭絲所入，務以給公上，周困乏，業單貧，奉賓客而已。身服補紉之衣，家無肉食之奉。故一時化之。上而偏裨參佐，下而閭巷細民，莫不畏公之威而效公之儉，弓刀舊習，爲之一新。蓋德風之所偃，有不得不然者。若夫覆轍知戒，迷途隨復；嫉貪冒而廉介，斂雄夸而信厚，救餓推食，臨深援手，心之所安，非出於矯揉者，猶以光祖爲稱首云。光祖諱亨祚，姓信氏，光祖其字也。魏公子無忌號信陵君，子孫因以爲氏。《北史》信氏有名都芳字玉琳者，以藝術著稱，後遂無顯人。

光祖家上谷,葬縣之榆河者,不知其幾昭穆矣。大父懷陽,父慶壽,以貲雄鄉里,有萬千之目。好交結、樂施予,知名燕、雲間。光祖幼有志膽,不甘落人後。貞祐兵興,以良家子係軍籍,從平章政事蕭國侯公鎮天平。蕭公還朝不一二年,國勢淪敗,它帥不能軍。軍遂亂。軍中有欲圖光祖者,光祖偕鄉曲千餘人壁梁山。提控鄭偶来攻,前後三數月,出入百戰,未嘗挫衂。聞光祖姓名者,皆恐怖毛竪。偶敗走,自是歸光祖者益衆矣。宋將彭義斌據大名,聲勢甚張,頻以官賞誘降光祖,策其坐談終無所成,不從。以辛巳春,歸特進公於青崖。公知其可用,署五翼都總領,佩金符,奉檄招降石城,爲屯田經久之計。濟南軍来襲,一戰敗之,殺獲甚衆。壬午,守曹州,不解甲。逾三年,事定,還帳下。公破黃山、取恩州、先登陷陳,光祖之功爲多。東平食盡,公與義斌連和。光祖知事勢所在,提孤軍涉太行,及太師於火炎。義斌誅死,光祖復從公東還。時劉慶福者猶爲義斌城守,太師進軍,慶福敗。第功遷同知曹州軍州事,官宣武將軍。畫疆既定,官府粗立,且無戰攻之事,光祖給使左右,特見保任,公以兒子畜之。公治軍嚴,動以軍法從事,光祖從容救止,多所全活。祖徠山司仙,統户萬餘,因光祖自歸。光祖受之,秋毫無所犯。五翼號爲難馭,光祖統之久,能得其歡心,少有被笞罰者。軍之族属萬家,散處梁山、祖徠之間,光祖未嘗輒至所部,使有供張之勞。生平不治生産,至婢無完裙。人有以急難告者,百方賙卹,不計有無。生口北渡,道殣相望,作糜粥以救餓者,思欲遍及之。其仁心爲質,多此類也。幕府暇日,日與文士歌酒相燕樂,談笑謔浪,不爲小廉曲謹,人亦以此多之。河南破,家所購法書名畫,無慮數十百種。客至時出展玩,欣然忘倦,如畜未名之寶。聞人談閑閑趙公書法,愛而學之,落筆即有可觀。兒子入小學,也漸買書,經史完備,雖儒素家少有及者。時譽既盛,今相君方議擢用,不幸遘疾,以庚子夏六月二十有三日,春秋四十九,終於私第之正寢。以其年九月十有四日,舉公之柩,葬於須城縣盧泉鄉金谷山東原之新阡,禮也。夫人竇氏，真定甲族，婦道母儀，中表以爲法。子男一人：世昌，須城令；女二人：長適某氏，次適某氏。男孫三人：曰同寅、曰協恭、曰和衷，皆學舉業。女孫一人，幼在室。世昌受學於予，以墓碑爲請。予謂光祖能教其子學，而世昌果以諸生釐戎務，今十年。大縣萬家，調度百出，他人筋疲力涸有不能辦者，世昌常有餘暇。吏曹求代者而不可得。生子如此，光祖爲不亡矣。黃金滿籯，何足道哉！銘曰：

排難解紛，朱家俠聞。百戰策勛，卿子冠軍。收之桑榆，遂有濁涇清渭之分。燕、趙固多奇士，尚有考於斯文。

（《全集》卷三十《五翼都總領豪士信公之碑》）

郝和尚

宣差五路萬户郝侯和尚，貞祐（下缺）今年夏五月，侯朝行闕，對于幄殿者餘七十日，且以上廄馬二、西域馬三、彤弓四、鎧胄三、金錦三、并金虎符錫之。夫人劉氏亦拜雙錦之賜。（下缺）按郝氏安肅人，葬于縣之玄兔鄉千秋里者不知幾昭穆矣。曾大父諱廣，資善良，有陰德聞里中。年八十三，遇異人教之良禁，齒髮更生，又十年乃終。妣曰劉氏。大父諱全，任俠尚氣，勇于赴難，有朱家、郭解之器。妣曰田氏，生二子。侯之父諱增，氣節豪宕，人多歸之，不幸早世。妣曰孫氏。從上三世，皆潛德不耀，獨叔父彥自承平時以貲爲恩州酒務使、次令安肅，迄今康寧壽考，坐饗榮養，歲時問安，孫息滿前。郝宗陽報之慶，斯濫觴也。雖侯襲已積之善，擁方來之福，而生子如此，祖考可以無恨矣。

（《全集》卷三十一《安肅郝氏先塋碑》）

陳仲謙

　　君諱仲謙，姓陳氏。其先京兆大族，唐末避巢賊亂，遷眉州之青神。宋天聖中，居四世矣。太常少卿贈刑部尚書公弼始起家。遷洛陽，東坡爲其季子愷作家傳，述其風節備矣。刑部生京東轉運使忱。忱生文林郎、慈州司士曹事揮，遂爲臨晋人。揮生儒林郎灝，灝生克基，登天德三年進士第，仕爲國子監丞，即君之考也。君幼穎悟，監丞君授之賦學，即有聲同輩中。年未二十，繼遭家難，不能卒業，乃以父蔭係供奉班。自美原四歷榷酤，用課最遷山東鹽使司管勾。遭貞祐癸酉之兵，棄還鄉里。已而南渡河，愛永寧山水之勝，遂欲終隱。朝議以危急之際，仕子多避難，吏部下所在，凡終更逾兩季不赴選調者，□□以瞻望畏退受罰。君不獲已，赴京，換三白渠規措使。自陝右受兵，水曹之官廢，渠路淤墊，收入不能平歲之半。監卒係空籍，坐縻廩倉而已。君到官，白於行臺，得用便宜從事。行視塞門，經流復通，力鏟姦弊。豪右不得專輒，公私咸賴其利。村落間作佛事，有爲君薦福者。俄用薦書，辟京城監支納。君自少日置家事不問，既老，尤欲翛然於塵垢之外，米鹽薄書，閉目不願視。未幾，謝病去。三縣大夫士所聚：賈吏部損之，趙漕使慶之，麻鳳翔平甫，劉鄧州光甫，日有觴詠之樂。□□氏□□鄉女几辛敬之、定襄趙宜之、邑子和獻之，皆高人勝士。君從容期間者餘十年。洛西盛集，此一時也。正大九年壬辰夏六月，不幸遭疾，終於長子廙之陝州鹽部官舍，得年六十有一，實二十有九日也。積官昭勇大將軍、驍騎尉、潁川郡伯，食邑七百戶。娶同縣賈氏，大定中進士河東丞恕之女，封潁川郡君，後君二年卒。子男五人：廙，河東山西道行中書參議；庚，平陽路提舉學校；廙，金朝近侍局奉御；庠，早卒；膺，東平路勸農使。女二人，皆早卒。男孫五人：元凱、元義、元忠、元英、元振。女孫五人，幼，在室。諸孫於辛丑年二月初三日卜吉，舉君之柩，葬於縣北原巋山之先塋，夫人祔焉。禮也。君天性沖粹，與物無競，材技超絕，而恂恂退讓似不能者。與人交，雖愚幼且賤，未見有惰容。在三白時，業戶以瓜葉茶茹爲餽者，亦以溫言卻之，其審於持己又如此。幼工分隸真草之書，文人以爲竹谿党承旨之流。嗜讀書，寒暑饑渴不以廢。至於陰陽星諱方伎之學，無不淹貫。晚年留意內典，遂不茹葷。寫《華嚴經》數千萬言。細書累累，如以一髮貫群蟻也。陳氏太常公後，宦學者皆有名。簡齋先生去非，遂參大政。特天會以後，仕途乃連蹇耳。蓋金朝任子，盡與唐宋異。衣冠盛德以後，雖有文武全才，碌碌常不調，有終身不離筦庫者。故有志之士抱利器而無所試，至以輕去遠引以爲高，如君者是也。使之乘時遇合，少行其志，豈廟堂諸人以薦紳先生自名者所能萬一哉？君之不樂仕進，必有知其微旨者。及問不敏，辱從君游，又與君諸子有連。尚記竹閣觀君書雷內翰《寺記》時，筆力清勁，而有漢石經餘韻。以心畫卜之，知君之世有不可量者矣。賢弟昆以墓銘見征，敢以一一知君論次之。其銘曰：

士漫焉而不利謀，藝焉而不智誇。文雅從容，悃愊無華。尚友古人，安丘壑爲榮華。□□樂我所志，然所得亦多者。筆盤經石之不磨，藹然粹溫，見於行間，卜陳宗其未涯。南渡崩奔，猿鶴蟲沙。獨君子孫，蔚爲大家。此所謂公侯之世終必復者，將必有以啓之耶？

（《全集》卷三十一《故規措使陳君墓志銘》）

趙天錫一

河朔用武之國，自金朝南駕，文事掃地，後生所習見，唯馳逐射獵之事。涖官政者，或不能執筆記名姓。風俗既成，恬不知怪。惟侯在軍旅中，日以文史自隨，延致名儒，考論今古，窮日夕不少厭。時或投壺、雅詠、揮麈清坐，倡優、雜戲不得至其前。又子弟之可教者,薄其徭役,使得肆業,而邑文人亦随而化之。行臺所統百城,比年以來,將佐令長皆興學養士,駸駸乎齊、魯禮義之舊。推究原委,蓋自侯發之。侯諱天錫,字受之,姓趙氏。世爲冠氏人。曾祖諱存,金國初官保義校尉;祖諱誠,明昌中歲飢,發粟賑貧,爲鄉曲所歸;考諱林,貞祐之亂,以鄉豪保冠氏有功,大名主帥用便宜授縣令、階忠顯校尉,殁于王事。事見先塋碑,此不具載。侯即忠顯君之次子也。趙爲大族,大安末,侯始弱冠,即入粟佐軍,補修武校尉、監洺水縣酒。罷官歸,遂爲縣防城提控屬。大朝兵勢浸盛,避於洺水。洺州防禦使蘇政召幕下,擬充冠氏令。耕稼既廢,城邑無所恃,乃挈縣人壁桃源、天平諸山。以辛巳春歸大行臺特進公于青崖崗。行臺聞侯之名,隸帳下。從征上黨,以功授冠氏令。俄遷元帥左都監、仍兼前職。甲申,宋將彭義斌據大名,屢以兵來侵,人心頗摇。侯謂業已事行臺公,不可以貳,兵勢雖不振,姑少避其鋒以圖後舉耳。乃率將佐往依大將孛里海軍。未幾,破義斌於真定,授右副元帥、同知大名府路兵馬都總管事、階鎮國上將軍。乙酉八月,復還冠氏。先是故帥李泉爲義斌所攻,既降之矣;大軍至,怒其反復,有屠城之議,侯救護百至,老幼數萬竟得全活。時泉已在大名。不數月,又結蘇椿輩,納河南軍。從宜鄭倜主兵柄,日以取冠氏爲計。侯每戰每勝,氣不少衰。某月,倜自將萬人來攻,侯率死士乘城,力戰三晝夜。倜度不能下,乘大風晦冥而遁。己丑五月,朝於北庭,所上便民事,皆優詔從之。行臺公亦以其論列且當,尤加重焉。壬辰正月,黃龍岡失利,將佐千餘人被俘,侯皆以計活之。又明年,用行臺公薦,宣授行軍千戶,仍賜金符。戊戌南征,駐兵蘄、黃間,被病還。以庚子夏五月二十有四日,春秋五十,終於縣治之正寢。娶杜氏,封某郡夫人。子男六人:長復亨、次泰亨、賁亨、柔亨、萬亨,幼未名。女二人:長嫁東平路鎮撫軍民都彈壓吳荅里甲,幼在室。侯資重厚,造次必以禮。事太夫人孝,意所嚮必奉之,惟恐不及。撫存幼孤,皆使有所立。孤女亦擇時貴嫁之。在軍中二十年,未嘗妄笞一人,誅殺不論也。人有以急難来歸者,力爲贍䘏之,脱之于奴虜、活之于屠戮者,前後不勝算。他日有負之者,亦不以爲意也。初,縣經喪亂之後,荆棘滿野,敝衣糲食,與士卒同甘苦。立城市、完保聚、合散亡、業單貧、備禦盗賊、勸課耕稼,所以安集之者,心力俱盡。經畫既定,上下如一,四境之内,獨爲樂土。賓客至者,燕享犒勞,肅然如太平官府。禮成而退,皆相與稱嘆,以爲侯之材蓋有大過人者矣!大概侯所長者甚多,所以自待者殊不薄。又其所與游,皆天下名士;氣節之所感激,論議之所薰習,鷹揚虎視,自當有萬里之望。百未一出,竟賫志以歿。此有識之士所以深悼而屢嘆也。孤子復亨等,以某年十二月庚寅朔,舉侯之柩,葬於保義里之先塋,禮也。既已事,以予嘗得幸於其先人,辱以神道碑爲請。予往客平陽者六年。歲戊戌七月,以叔父之命將就養于太原,侯留連鄭重,數月不能别。軍行河平,予與之偕。分道新鄉,置酒行營中;夜參半,把燭相視,不覺流涕之覆面也!明日使人留語云:“欲與吾子别而情所不忍,唯有毋相忘而已!”於是疾馳而去不反顧。嗚呼!此意其可忘哉!乃爲之碑,而系之以銘。銘曰:

趙侯翩翩早有稱,乘時雲風志騫騰。伯府選勞迺進登,樹之旂旄冠氏懲。大縣萬家既分崩,疲癃之民侯所矜。摩撫不給剸暴陵,逋亡日来月有增。田野載闢歲載登,昔無粗麻今繐繒。賓禮師儒講顏、曾,奕邑子弟前伏膺。絃歌洋洋通薛、滕,東州百城文治興。繄誰宏之侯所宏,仁心爲質莫我能。躬不受祉豈所應?孰爲除之又孰乘?我侯種德既有徵,趙方亢宗理可憑。咨爾嗣人其敬承。

(《全集》卷二十九《千户趙侯神道碑銘》)

趙天錫二

冠氏帥趙侯録其世次見屬,曰:“貞祐之季,中原受兵,先人忠顯君起田間,有功於鄉里,鄉里推爲邑丞。太中解公以便宜行諸道升黜，縣長佐謂先人統率有方，莫有犯之者。言之招撫使、宗室惟宏，乃自丞遷而令大名，所統三州十一縣義軍。吾兄顯，署軍中都提控；弟顗，軍民都彈壓，仍佩銀符；天錫亦以恩例補官。於是吾趙宗固以雄視於齊、魏之間矣。及六龍南駕，豪杰并起，大名、東平皆爲大有力者所割據。先人介於强敵之間，率創罷之民而爲城守計，百誘而不變，百戰而不沮。人事既窮與城俱陷。概之當世，孰與倫比？天錫既隸今行臺特進公，出入行陣，頗著微效。及再受父任，而縣民人力又憊於往時，軋於他盜，困於凶荒。弱而振、離而合、立官府於攘敓之際、闢田疇於榛莽之域，重爲公所録，假之旄節。歲丁亥五月，乃用故事上於臺，承制之命，榮及祖禰。梁君用之記贈官之事，已備之矣。惟是數世之殰，昭穆具舉，松檟百年，而有旌紀寂寥之嘆。天錫無所似肖，蒙賴先世，以武弁起身，大懼前人之隱德無所發見，將遂湮滅，宜以文辭以昭示來裔。敢再拜以請。"按趙氏世爲縣人。宋靖康初，侯之曾大父諱存，從高宗南渡，以騎射得召見。數年後北歸，換保義校尉。鄉人至今以"保義"名其居。大父諱誠，明昌中歲饑，民無所於糴，能出其家所有，以活旁近。忠顯君諱林，喜賓客、好施予，負欠之家有貧不能償者，率折券以貸之。喪亂之後，富商往往被掠，乞丐道路，無歸顧之望，君悉資遣之。風義所激，州里稱嘆，故有令丞之舉。嗚呼，兵興三十年，河朔之禍慘矣！盛業大德、名卿鉅公之後，遭罹元元，遂絕其世者多矣。僅得存者，亦顛沛之不暇也。趙侯居則食萬家之邑，出則爲千夫之長；年未五十，孫息滿前，群從自生齒而上餘七十輩。侯之姊氏，乘時奮興，所握萬夫，如臂之使指；錦衣繡帽，角逐於草昧之日，東西數千里，識與不識，皆以女王目之。蓋先之以靖康，後之以貞祐，再涉大變；嚮絕而復續，稍微而更熾，不曰先世之所開，則無以考天人之際矣！故予樂爲之書。雖然，此予聞而知之者然也。侯之太夫人董，資善良，夙尚內典。忠顯君之時，中饋之位，乃爲上僭者所奪。於夫人也，揮斥如媵侍，陵轢如囚虜，井臼之事，率躬親之，如是積三十年。夫人推之以夙業，堅之以苦行，怡然委順，惡言未嘗出諸口。晝哭之後，僭奪者故在，反以其老寡而憐之，時往慰藉，且救諸子事之惟謹。既没之後，葬祭過禮，無降殺之貶。夫妁爲婦之常，而怨亦人之所必報，不妒不報，直千萬人而一耳！況乎其奪也，不以怨而以恩；其報也，不以直而以德；不出於强勉，不由於沽激；傳記所載，如是者幾人？女有健婦之稱，男有時豪之選；期頤甫及，福禄方來。乃今野服蕭然，脱屣世事，躬不受祉，其安歸乎？予見而知之，趙宗之所積在此母矣！因述侯之世，并以夫人之事附之。侯字受之，今爲東平左副元帥兼分治大名府路同知兵馬都總管事，宣授行軍千户官鎮國云。戊戌歲七月初吉記。

（《全集》卷三十《冠氏趙侯先塋碑》）

趙天錫三

冠氏廟學，貞祐初知縣事魯仔所增建。泰和中，主簿折元禮畫七十二子像。喪亂以來，民居皆被焚毁而廟學獨存。歲乙未，右副元帥趙侯憫其頹圮，復爲完補之。學之制，初亦儉狹，侯就爲料理，而作新之意蓋未已也。侯崇儒重道，出於天性。在軍旅中，亦常以文史自隨；一府之人，若偏裨、若府吏，皆隨而化之；興學之事，特其濫觴耳。

（《全集》卷三十二《代冠氏學生修廟學壁記》）

趙天錫四

東平左副元帥趙侯之太夫人既老矣，即棄家爲全真師。師鄆人、普惠大師張志剛，居冠氏之洞清庵。庵之制初亦甚陋，乞名于丘尊師，改號紫微觀。趙侯爲之起殿閣，立堂宇，至於齋厨、庫廄所以奉其親於家者無不備……侯名天錫，字受之，崇儒重道，出於天性，雖在軍旅而文史未嘗去手。嘗與奉天楊煥然讀徂徠石君《唐鑑》，至論釋、老家，慨然以爲知言。決非漫爲風俗所移者……年、月、日，河東人元某記。

（《全集》卷三十五《紫微觀記》）

李　通　李天民

自大安失馭，中夏板蕩，民居官寺，燬爲焦土。天造草昧，方以弧矢威天下，俎豆之事宜有所待也。甲辰之春，予歸自燕、雲，道壽陽，知有新學，往觀焉。見其堂廟齋廡，若初未嘗毀而又加飾焉者。問所以然，諸生合辭曰："吾邑舊有廟學。元祐中，知縣事張不渝實更新之。既乃廢於貞祐甲戌之兵。大變之後，民無百家之聚；縣從事李通、李天民者，竊有修學之議而病未能也。會臺牒下，於壬寅之冬，課所在舉上丁釋菜之典，乃得偕令佐暨縣豪杰諸人經度之。蓋三年而後有成……通字彥達，縣人；天民字仲先，上世秀容人；其先世皆儒素云。

（《全集》卷三十二《壽陽縣學記》）

張德輝

王以丁未之五月，召真定總府參佐張德輝北上。德輝既進見，王從容問及鎮府廟學，今廢興何如。德輝爲言："廟學廢於兵久矣。徵收官奉行故事，嘗議完復，僅立一門而已。今正位雖存，日以傾圮。本路工匠總管趙振玉方營葺之。惟不取於官，不斂於民，故難爲功耳。"於是令旨以振玉、德輝合力辦集，所不足者，具以狀聞。德輝奉命而南，連率史天澤而下，曉然知上意所嚮，罔不奔走從事，以賞以力，迭爲儌助。實以己酉春二月庀徒藏事，亶勉朝夕，罅漏者補之，斜傾者壯之，腐敗者新之，漫漶者飾之。裁正方隅，崇峻堂陛。廟則爲禮殿，爲賢廡，爲經籍、祭器之庫，爲齋居之所，爲牲薦之厨；而先聖先師七十子、二十四大儒像設在焉。學則爲師資講授之堂、爲諸生結課之室、爲藏廎庖湢者次焉。高明堅整，營建合制，起敬起慕，于是乎在。乃八月落成，弦誦洋洋，日就問學。胄子漸禮讓之訓，人士修舉選之業；文統紹開，天意爲可見矣！既丁酉，釋菜禮成，教官李謙暨諸生合辭屬好問爲記，以謹歲月。

（《全集》卷三十二《令旨重修真定廟學記》）

賈仲温兄弟

癸丑之夏，余以事來故都。進士新城王惇甫、温陽張無咎謂余言：“武川賈仲德、仲温，貪慕高誼，久欲奉杖屨致師賓之敬。日者以守義輩爲介，吾子既惠顧之矣。仲德故家世淳厚，兄弟力供子職。所以事其母者，瀹瀝脂膏，醲醴乳藥無不給；昏定晨省，寒温燥濕無不戒。故賈氏以謹厚稱燕中。比年以來，仲温者又能歲授一經，《孝經》《語》《孟》以次卒業，駸駸乎行己之學，非但涉獵之而已。事母既孝，而事其兄惟謹，友愛弟者甚篤，閨門雍睦，中表以爲法。母氏春秋高而神明未衰，弄孫之外，尚能視諸婦補紉。歲時獻壽，言笑晏晏，諸福備具，方來而未艾也。與之共學者，因以‘致樂’名其堂，取‘養則致其樂’者。堂未有記，幸吾子終教之。”余謝曰：“僕也衰謬，顧何以答盛意……然則名堂之意，殆惇甫、無咎愛人以德而然耳，故予樂爲記之。”

（《全集》卷三十三《致樂堂記》）

180

曹德甫

　　觀察判官曹君德甫,以書抵某云:"武勝一軍,雄視南服,重兵所宿,兼倍諸道,故廩庚之積,尤爲吾州之大政。今漆水公之鎮是邦也,至之日,即以新倉爲事。度材於山,賦庸於兵,心計手授,百堵皆作。蓋經始於正大六年之八月,而斷手於八年之四月。文石既具,子爲我記之。"……唯公爲徐、爲陝、爲鳳翔、爲京兆、爲洛陽,盡力民事二十年於兹,知民之所難,知戰之所資,知廢政之不可不舉,知積弊之不可不去。是役也,易腐敗爲堅整,廣狹陋爲宏敞,增卑濕爲爽塏,導壅蔽爲開廓。環以複垣,鍵以重扃。圭撮有經,新陳有次,暵曝有所,檢視有具,出入有籍,巡衞有卒。條畫周密,截若畫一。萬箱踵來,千倉日盈,陳陳相因,如岡如陵,望之巍然,有以增金城湯池之重;京師仰給,於是乎張本。

　　(《全集》卷三十三《鄧州新倉記》)

宋九嘉

　　汴京官府寺舍,百年以來無復其舊。車駕南渡,百司之治往往以民居爲之。如兩警院之繁劇緊要者,亦無定所焉。夏津宋侯之領右院也,以爲吾之職,有前世長安、洛陽令之重,其權則又右內史之所分,乃今僑寓於編戶細民之間,余也不敏,就得以倥傯爲辭,後之君子奚賴焉? 陛級之不崇,何以示民? 寢處之不飾,何以待賢? 貴賤無章,上下混淆,則又非所以謹官常而侈上命也。乃以故事請於縣官。久之,得故教授位於樂善坊之東。教官廢久,屋爲民居,罅漏邪傾,風雨弗庇。侯以暇時易而新之。治有廳事,寢有堂奥,厨庫井廐,以次成列。外周以垣,內鍵以門,不私困,不公滯,蓋百

181

日而後成,即以其事屬余記之。竊嘗謂:治人者食於人;勞其心者
逸其身。於此有人焉! 朝夕從事,使斯民也皆得其所欲安;民安
矣,至於吾身之所以安,則謂之私而不敢爲,夫豈人情也哉? 履屨
之間可以用極;鼓鐘之末可以觀政。若曰:"此猶傳舍耳,不足用
心於其間。"君子以爲不智可也。故予樂爲書之。侯名九嘉,字飛
卿,擢進士甲科。文采風流,照映一時。歷高陵、三水、藍田、扶風
四縣令,皆有能聲云。

(《全集》卷三十三《警巡院廨署記》)

李子成

　　州倅定襄李侯介於教官劉浚明之深,以《漊水新渠記》爲請,
曰:"漊水之源,出於雁門東山之三泉,過繁時遂爲大川。放而出
忻口,並北山而東,去僕所居橫山爲不遠。上世以來,知水利可興,
故嘗興之,由宋爾朱氏而下,凡三人焉。爾朱,丘村人,家有賜田百
頃,因以雄吾鄉。役家之僮奴,欲從忻口分支流爲渠。鄉之人以是
家公爲較固之計,莫有助之者,且姍笑之,因自沮而罷。大定戊子,
無畏莊信武喬公,號稱'十萬喬氏'者,度其財力易於興造,復以渠
爲事。開及日陽里,農民以盜水致訟,有避罪而就死者。事出於曖
昧,甲乙鈎連,無從開釋,役夫散歸,至以水田爲諱。承安中,吾里
齊全羡率鄉曲大家,按喬公故迹,欲終成之,而竟亦不成。僕不自
度量,以先廣威嘗與齊共事,思卒前業。賴縣豪傑、鄉父兄子弟俠
助之,歷二年之久,僅有所立。蓋經始於壬寅之八月,起湯頭嶺西
之北村,上下逾六十里,經建安口乃合流,又明年之三月既望,合鄉
人預議,洎執役者置酒張樂以落之。老幼欣快,歡呼動地,出平昔
所望之外。宜有文辭以垂示永久,幸吾子留意焉。"……今河朔州
郡非無川澤,而人不知有川澤。捐可居之食,失當乘之機,如愚賈
操金,昧於貿遷之術。旱暵爲虐,乃無以療之。求象龍,候商羊,坐

爲焚尫暴巫攘禬家之所誤，搏手困窮，咎將誰執？方新渠之成也，余往觀焉。流波沄沄，净潒盈溝，若大有力者擁之而前。農事奮興，坐享豐潤，禾麻菽麥，鬱鬱彌望。計所收拾，如有以相之。夫孤倡而合衆力，一善而兼萬夫，暫勞而有亡窮之利，若李侯者其可謂有志之士矣！雖然，水利之在吾州者，非特潼河而已也。出東門一舍，少折而南，由三霍而東，盡南邢之西，其間無井邑，無聚落，無丘壟，特沮洳之瀀而已。誠能引牧馬之水，以合三會於蒙山之麓，隄障有所，出内有限；纔費數千人之功，平湖渺然，當倍晋溪之十。惜無大農尺一之版，使扁舟落吾手中耳！因記侯興建始末，慨然有感於中，故兼及之。侯名子成，先廣威用承直郎蔭，當補官，州牒已上吏曹矣。而新令限至，朝請大夫者乃係班。廣威詣登聞鼓院自陳，道陵從之。預供奉者四百二十人，仕至蠡州酒務使。李侯，所謂是以似之者歟？年月日記。

　　（《全集》卷三十三《創開潼水渠堰記》）

張耘夫　劉才卿

　　州北郭有三水焉：其一潦水；其一曰達活泉，父老傳爲佛圖澄卓錫而出，"達活"不知何義，非訛傳則武鄉羯人之遺語也；其一曰野狐泉，亦傳有妖狐穴於此。潦水由枯港行，并城二三里所，稍折而東去，爲蔡水。喪亂以來水散流，得村墟往來取疾之道，潰隄口而出，突入北郭，泥淖彌望，冬且不涸。二泉與港水舊由三橋而行。中橋，古石梁也，淤墊既久，無迹可尋。數年以來，常架木以過二泉。規制儉狹，隨作隨壞，行者病涉久矣。兩安撫張君耘夫、劉君才卿思欲爲經久計，詢訪耆舊，行視地脉，久乃得之。經度既定，言於宣使，宣使亦以爲然。乃命里人郭生立準計工，鎮撫李賈董其事。分畫溝渠，三水各有歸宿。果得故石梁於埋没之下，矼石堅整，與始構無異。隄口既完，潦水不得騁，附南橋而行。石梁引二泉分流東注，合於柳公泉之右。逵路平直，往來憧憧，無褰裳濡足之患，凡役工四百有畸，纔四旬而成。擇可勞而勞，因所利而利，是可紀也。嘗謂古人以慮始爲難，改作爲重；重以惡勞而好逸，安卑而習陋，此天下之能事無所望於後世也歟？且以二君之事言之：有一國之政，有一邑之政，大綱小紀，無非政也……若二君者，謂不知啓閉之急與不知爲政，可乎？雖然，此邦之無政有年矣！禁民，政也；作新民，亦政也。禁民所以使之遷善而遠罪；作新民所以使之移風而易俗。賢王付畀者如此，二君之奉承者亦如此……僕知石梁之役，特此邦百廢之一耳。异時過高明之壤，當舉酒落之。二君勉哉！

（《全集》卷三十三《邢州新石橋記》）

劉惠之

　　燕城自唐季及遼爲名都，金朝貞元迄大安，又以天下之力培植之。風土爲人氣所移，物産豐潤，與趙魏無异。六飛既南，禁鑰随廢。比焦土之變，其物華天寶所以濟宮掖之勝者，固已散落於人間矣。御苑之西有地焉，深寂古澹，有人外之趣；稍增築之，則可以坐得西山之起伏。幕府從事劉公子裁其西北隅爲小圃，引金溝之水渠而沼之。竹樹葱蒨，行布棋列，嘉花珍果，靈峰玉湖，往往而在焉。堂于其中，名之曰"臨錦"。癸卯八月，公子觴予此堂，坐客皆天下之選。酒半，公子請予爲堂作記，并志雅集。予亦聞去秋堂之南，來禽再華，騷人詞客多爲作樂府、歌詩……名章雋語，傳播海內。夫營建之盛、游觀之美，以今日較之，十倍于臨錦者抑多矣，而臨錦獨以名天下，何邪？蓋劉公子出貴家，春秋鼎盛，志得意滿，時輩莫敢與抗。乃能折節下士，敦布衣之好，以相期於文字間，境用人勝，果不虛語。河朔板蕩以來，公宮、侯第、曲室、便房，止以貯管絃、列姬侍，深閉固拒，外內不得通。其不爲風俗所移者，纔一二見耳。异時有嚮儒術、通賓客、置鄭莊之驛、授相如之簡，以復承平故事者，予知其自臨錦主人發之，故樂爲之書。

（《全集》卷三十三《臨錦堂記》）

馬慶祥一

君諱慶祥，字瑞寧，姓馬氏，以小字習里吉斯行。出于花門貴種。宣政之季，與種人居臨洮之狄道，蓋已莫知所從來矣。金兵略地陝右，盡室遷遼東，因家焉。太宗嘗出獵，恍惚間見金人挾日而行，心悸不定，莫敢仰視，因罷獵而還。敕以所見者物色訪求。或言上所見殆佛陀變現，而遼東無塔廟，尊像不可得，唯回鶻人梵唄之所有之。因取畫像進之，真與上所見者合。上歡喜讚嘆，爲作福田以應之。凡種人之在臧獲者，貰爲平民，賜錢幣，縱遣之。君之祖諱迭木兒越哥，父把騷馬也里黜，又遷靜州之天山。天山占籍，今四世矣。此地近接邊堡，互市所在，於殖產爲易。君家勤儉自力，耕墾、畜牧，所入遂爲富人。君之父生三子，其二早卒，獨君資稟聰悟、氣量宏博，儕輩無出其右。年未二十，已能通六國語，并與其字書識之。泰和中，試補尚書省譯史。使者報聘麗、夏，君率在行中。大安初，衛紹王始通問大朝，國信使副，倚君往復傳報。皇帝賞君談吐辨捷，欲留不遣；君百計自解，竟獲復命。其年乙里只持譯書，多所徵索，君白於有司，諸所徵物，皆畫一供進。自以身在名取之目，匿而不言。乙里只見衛王，自陳所以名取君者。王召問，君面奏不願行之意，辭情懇到。王爲感動，連賜之酒，出內帑重幣，并所酌金鍾賞之。宣宗遷汴梁，乙里只再至，復斥名索君。朝廷幸和事可成，諭以敦遣之旨。君以死自誓，行議遂寢。於是，君相以腹心倚君，頻歲遷擢。乃自常調中，特恩授開封府判官、進官昭武大將軍。內城之役，奏充應辦使。城成，以勞遷鳳翔府路都總管判官。元光二年秋，大兵有深入之耗，行臺檄君與治中胥某分道清野，去城不三四里，猝爲游騎所馳，君與其子三達，俱爲所執。兵人欲降君，擁迫而行，言語相往復，竟不屈而死。得年四十有六，實十一月之二十二日也。三達以是夜亡還。主帥惡於坐視而不能救也，出騎兵千人，輿尸而歸。三軍之士爲之慟哭，官吏士庶，旦夕臨者三日，葬之。尋具君死節，驛奏之。詔贈恒州刺史、輔國上將軍，立像褒忠廟，歲時致祭，且徵一子入侍。皆异恩也。君娶馬氏，子男三人，長即三達，次鐸剌，次福海；女一人，適楊氏。君嚴於教子，動有成法，必使知遠大者。三子亦能自樹立，有君之風。女弟適安氏，甥天合，父沒後，躬自教督，逾於所生，習諸國語，洎字書授之，爲它日起家之地。其後馬氏宅相，果有成之者。己酉秋九月晦，三達涕泗再拜，以君墓銘見請。予謂南渡以來，死節之士皆耳目所接見，恒州之事，固已飽聞而屢道之矣！蓋君平生時，每謂所親言："君父之恩大矣！在狄道，則捕爲生口而全活之；在遼東，則衣食之；衣食之矣，又縱遣之；在大興，則開仕進之路，而官使之；官使之矣，危急之際又以腹心倚之。顧以盡此身以答萬分耳！"是則忠義奮發，不謂之素定於胸中可乎？是可銘也！乃爲論次之。君尚多可稱，弗著；著所以與享於褒忠者。銘曰：

墓木柏松，碑石蛟蛇。君得所以歸，而行路齎嗟。莫嗇者才，賦君則多；沉潛而剛，悃愊而無華。曾是象胥，孰從漸摩？主恩岱嵩，我乃負荷。何以失之？之死靡它！參乎吾前，不磷於磨。寧以四方之强，偕妾婦而嬋娟。河源九天，放爲頹波；砥柱中流，終古不頹！彼美人兮，何直去裔而即華？匪我前知，神理不遠。漢貂七葉，其必爾家！

（《全集》卷二十七《恒州刺史馬君神道碑》）

馬慶祥二

天山馬侯作孝思堂，請予爲記。予以爲孝子之念其親，無乎不在;君獨以名其堂者,其必有説歟? 馬侯涕泗言曰:"吾先人恒州府君,以習諸部譯語,且通其字書,仕爲都省掾屬。凡使者聘報麗夏,吾先人率在行中。忠信爲貴人所保任。積十數年之久,乃爲朝廷所知。自常調中特恩授開封幕職。內城之役,被命經度,復以勞遷鳳翔路都總管判官。平日教語諸子,以爲吾家始于狄道,被俘,則有全活之賜;遼東占藉,則有撫存之賜;象胥之任,銓選有常,又不次遷擢之。主恩天大,無從報稱,惟有盡此身以答萬分耳! 精誠激烈,有如白日;造次顛沛,無念不在。果能以千載事自任,持忠入地,與古烈丈夫并游。諸孤無所似肖,其以'孝思'名所居者,欲吾子孫不忘先人之故,爲無窮之傳耳!"予太息曰:"有是哉! 古人有言,不孝,則事君不忠,莅官不敬,朋友不信,戰陣無勇;是故爲百行之本。先恒州忠義奮發,無愧千古,贈典之追崇,褒忠之□□□□□豫享,其必有以得之。"聞諸朝著舊人,公之教子也嚴以法,其撫育孤甥也恩以備。今諸子布列府寺,悉有事功之望。其甥則材量宏博,庶幾能成外家之宅相者。蓋恒州純孝天至,以父事君。就諸子及其甥,觀其身教之實,既有成效矣。諸孫雖不迨事王父母,其生長見聞,寧不以忠臣孝子之門高自表見乎?《經》有之:"孝子不匱,永錫爾類。"登斯堂也,雖在於塗之人,聞恒州之風亦必有興起者,又豈特馬氏孫息而已哉! 于是乎書。年月日,河東人元某記。

　　(《全集》卷三十三《馬侯孝思堂記》)

李　麟

　　近代以陽翟爲鈞之州治……自昔號爲"東望"……市南之西有宅一區……鎮人李參軍麟居之,築亭其中,以攬九山之勝;心之所存,目之所見,唯山之爲歸,故以"友山"名之。庚戌之夏,自汴梁來請記於予。疑而問焉,參軍者復於予曰:"麟,故大家,由王父以來,以好事名鄉里。家鎮之闤闠中,而庭宇高敞如素封之侯。居有竹里,有堂曰清閟。黨承旨世杰、張都漕仲淹、李都司之純、李治中彥明、禮部閑閑趙公翰墨故在。一時名勝若公卿達官,每車騎過門,吾先人必盛爲具館之。或苟留至旬浹。管絃絲竹,雜以棋槊之戲,窮日竟夕而後已。客亦愛主人之賢而不能去也。貞祐初,麟避兵南渡河,僑寓此州,樂其風土,遂有終焉之志。未幾州廢。二十年之間,雖城郭粗立,纔有殘民數百家而已。麟老矣,遭離喪亂,轉徙半天下,僅得復來;時移物換,滋深華表之感。其特用自慰者,賴吾九山在耳……麟無所以業,無可致賓客;清閟之業,掃地而盡。惟人將拒我是懼。其敢以三損速戾,五交買釁,自附于王丹、朱穆、劉孝標之後,褰裳裹足,遠引高蹈,以與麋鹿同群而游乎?"予笑之曰:"有是哉!予向所疑釋然矣。子歸,幸多問草堂之靈。"

（《全集》卷三十三《李參軍友山亭記》）

賈益謙

東平賈氏,自真定三祖始見譜牒。始祖曰鎮州都督法曹諒,再世爲大理少卿瑾,次爲司封員外郎、贈尚書杓,次爲給事中、史館修撰、中書舍人右丞緯。累贈尚書令、太師、魯國公,葬獲鹿西北三十里之牛山。翰林學士陶穀碑銘在焉。次爲左正諫議大夫、樞密直學士、贈尚書左丞琰,即給事中之第五子也。次爲殿中丞、贈工部侍郎汾。汾之昆弟,六歲神童,十六擢進士第,參知政事致仕黃仲。次爲太常少卿、直昭文館、知管州昌齡。弟魏國文元公判都省昌朝,即工部汾之兄,而著作郎、贈太師注之子也。次爲宣奉大夫、知饒州蕃,蕃即太常昌齡之第三子、而朝散大夫常之兄也。常行第四,左丞益謙出此房。次爲光祿大夫、知鄆州公直,知饒州蕃之子、范丞相希文之外孫,致仕于鄆,因而家焉。次爲知滄州君文,大觀中,武舉第一人,策問選將,以仁智勇對,其說累二千言。次爲顯謨

閣直學士、尚書、户部侍郎偉節，嘗著《勸弟姪修進書》，與滄州君
文皆鄆州公直之子也。次爲都水内監使者洵，滄州之長子，宋末奏
補；金朝初出官。次爲蔭補，贈明威將軍棣。次爲山東東路按察司
知事焲，明昌五年經義進士，嗜古學，尚友嚴子陵、陶淵明、白樂天、
邵堯夫，號“四友居士”，故詩有“高風希四友，古學守三玄”之句，
即今東平河倉提領起之父也。自法曹而下，有言行文筆見於紀錄
者：魏國文元公《戒子孫文》二首。仁宗朝議裁減浮費，文元建言：
“將相戚里之家，多占六軍，耗縣官衣粮而爲私門奴隸，在京不啻
數千人，浮費可減，孰此爲急。”朝議是之。仁宗朝戚里之家，兄弟
補邊，多不聽許。仁宗以語文元。文元對曰：“母后之家，自昔固
多蒙恩。今陛下重惜爵賞，不肯輕授，非惟示天下以公，抑亦保全
外家之福也。”太平興國寺災，文元以《易》、《春秋》進戒，因言：
“近歲屢灾寺觀，天意蓋有所在。可勿繕治，以稱陛下畏天威、重
民力之意。”上從之。康定間，劉平爲元昊所得，邊吏告以降敵，議
收其族。文元時爲御史，建言：“漢殺李陵母妻，陵不能歸而漢有
後悔；真宗撫王繼忠家，而其後竟賴其力。事固未可知，今收其族，
恐貽後日之悔。”上從其言而止。慶歷四年，元昊歸石元孫，議賜
死。文元言：“自古將帥被執而歸，多貰其死。”上從之。都水君知
邳州，州新去湯火，殺戮之餘，盡爲俘虜，故州有户曹而無籍民。君
建白都統府，願出金帛贖生口，由臧獲而良者，凡七百三十餘人。
州有籍民始於此。皇統中改陝西轉運使，適歲饑，民無所於糴，君
拜章乞賑貸，未報而民益急。君輒開倉救餓者，坐專擅，奪四官，降
刺石州；既而改内監，督燕都十三門之役。郡衆聚居，病疫所起，君
出己俸市醫藥；有物故者，又爲買棺以葬之。某不敏，常被省檄，登
左丞公之門。公嘗由諫議大夫出刺寧化，不半歲政成，州人爲立生
祠。祠喪亂後故在也。大安初，知河中，有旨宣諭：“河東南北，百
姓艱食，而絳、解尤甚。朕以卿朝廷舊臣，夙著德望，可兼南北路安
撫勾當，仍以便宜許之。”公至鎮，移他州餘粟以活飢民。汾晉受

兵,游騎已及晋安,公命老幼婦女乘城,悉兵東下,鉦鼓之聲聞數十里,游騎爲之宵遁。晋安獻牛酒,犒師而還。官吏請曰:"吾州兵力單寡,自救不暇;公乃往援晋安。設吾州有警,何以備之?"公笑曰:"君未之思耳!吾救晋安,所以守河中。"正大初,公致政,閑居鄭下。哀宗即位,史官乞因《宣宗實錄》,遂及衛紹王。初,虎賊弑逆,乃立宣宗。宣宗之人至謂:衛王失道,天命絶之;虎實無罪,且於主上有推戴之功。獨張左相信甫言,虎賊大逆不道,當用宋文帝誅傅亮、謝晦故事。章奏不報。爾後舉朝以大安崇慶爲諱。及是,朝議謂公大安中參知政事,宜知衛王事,乃遣編修官一人就訪之。公知其旨,謂某言:"我聞海陵被弑,大定三十年,禁近能暴海陵蟄惡者得美仕,史臣因誣其淫毒鷙狠。遺笑無窮。自今觀之,百可一信耶?衛王勤儉,重惜名器,較其行事,中材不能及者多矣。吾知此而已。設欲飾吾言以實其罪,吾亦何惜餘年!"朝論偉之。某初及公門,三往而後見。及見,頗賜顔色。問及時事,輒一二言之;若有當於公之心者,公移坐就之,以至接膝。留連二十許日。某獻詩云:"黃閣歸來履舄輕,天將五福畀康寧。四朝人物推耆舊,萬古清風在典刑。鄭圃亦能知有道,漢庭久欲訪遺經。帝城百里瞻依近,長傍弧南候極星。"公答云:"見說才名自妙年,多慚政府舊妨賢。物華天寶無今古,鳳閣鸞臺孰後先?鄭圃道尊何敢望,漢廷書在子當傳。莫言老眼昏花滿,及見風鵬上九天。"公又救諸子、賢卿臺掾、翔卿閣門:凡某京師用物,月爲供給之。其曲相獎借如此。某北渡後,獲從公從孫河倉提領起游。起字顯之,少日爲名進士,資稟信厚,生長見聞,藹然有名門之舊。仕東平行臺,歷平陰簿、提領堂邑歲課、提點河倉。惠養疲民,歡謡載路。某嘗以三口號紀之云:"今年堂邑有清官,三尺兒童也喜歡。縣帖追來不驚擾,丁絲納去得餘殘。""休言清慎少人知,三十年來更數誰?今代取魚須密網,東州新有放生池。""三歲終更舊有期,吏民安習枉遷移。平陰奪得來堂邑,却是行臺未盡知。"壬子冬十月,自真定來東原,顯之以此本見示，且徵後記。某以賈宗名德相望，奕葉公輔，宋以來文士極口稱道，如蔡内翰君謨、王臨川、學易劉先生之哀挽、屏山李君之純《故人外傳》、《過賈侯故居》及《上賈明府求易説》等二詩具在，尚何待不腆之文？雖然，某以晚進小生，辱大賢特達之遇，且於顯之有通家之舊，使公家名德懿範不白於後世，概之門生故吏之義，不亦甚闕乎？謹述家傳所未載者三數條如右。冬至日，河東人元某斂衽書。

（《全集》卷三十四《東平賈氏千秋録後記》）

毛端卿

　　毛氏上世出於汝州，遷耀州之三原，三原迄今有毛氏村。其後又遷徐州。房從中有留之大名者，今大名機察房是已。本房既來彭城，遂爲彭城人。祖諱珍，自宋日雄於財，有“十萬毛氏”之號。生一子諱允。金朝初，允以户計推擇爲吏，一郡以吏能稱之。生子曰矩、曰贈。矩字仲方，承安元年由州掾屬保隨朝吏員試秋場，中甲首。二年，補吏部覃科令史，轉貼黄科房長。太和二年考滿，授忠勇校尉、博州防禦判官。四年，改永豐庫使；六年，轉遼陽縣丞，吏民畏愛，有廉能之譽。大安二年，用宰相薦，特授恒州軍事判官。三年，北兵攻恒州，刺史以力不支議降，公不從。城陷，自縊于軍資庫，壽五十八。崇慶元年，以殁身王事，贈宣武將軍、同知恒州軍州事，誥敕有篤堅忠節之語。先娶靳氏，生子一人曰端卿。女一人，嫁關中欒君玉，名宦甚顯。再娶鄭氏，同殁於桓州……端卿字飛卿，少日有志節，宣武欲蔭以官，不就，去學進士。自父祖以廉介自持，家甚貧。年二十餘，負書來濟南，從名士劉蟠於章邱，備歷艱苦。蟠知其有成，傾意教之。初試東平，中經義解魁；再試益都，第五，遂登泰和三年進士第。調嶧縣簿，摧折豪右，姦民斂手。官委排比户計，貧富適當，甚有遺愛。貞祐三年，入爲尚書省令史。洛

陽多流亡，當官者不善撫治，君以風力選注河南府錄事判官，果以
政迹聞。召爲户部勾當官。復用薦書，授同提舉南京路榷貨兼户
部員外郎。馳驛襄、葉，值監察御史，以私忿被誣。時宣宗用法急，
凡臺察被推，例皆誣伏。下降外路七品，借鄭州司候、再調孟津縣
丞，竟以冤憤感疾，終於官下，壽六十。官至少中大夫。娶同郡秦
氏，生一子曰思通。再娶遼陽高氏、西京路轉運使曼卿之女，生女
三人。思通以蔭再仕酒官，娶孟氏，生二子一女，曰從，曰復，女尚
幼。

（《全集》卷三十四《毛氏宗支石記》）

樊天勝

知郡定襄樊侯天勝，以武功積官。服民政者垂二十年。思所
以昭積厚於祖考，侈寵榮於鄉國，今年冬十月，修治先塋，列松檟，
樹碑表，以吉日壬辰，合祭三世。牲幣來助者傾動州里。諸侯之禮
備而孝子之情盡，且欲作壽冢，以爲他日寧神之地，謀於葬家師。
鄉之父兄皆以爲，往在丙戌之春，吾侯方從征淮海，常山軍取太原
及吾州。行省大帥怒其二三，聚境中之民而守之，將盡戮而後已。
吾侯奉郡王命，至自益都，以吾民被脅之故，不當妄有屠滅者愬於
帥，辭旨哀切，有足感動。且自與山軍鬭，轉戰逐北，不旬日而東山
平。帥知侯之忠，即日并所守者縱遣之。又三年，常山復取平定、
盂、五臺、阜平，軍東山。先鋒大帥已廢州民三十餘聚落，且命侯入
滹沱原。侯設方略，鬭山軍，擣其巢穴，殺獲甚衆。主帥知侯無
它，則引兵去。州之民，再被更生之賜，皆從吾侯得之。侯之福祿，
如川之方增，何遽以身後爲計乎？又謀於州之士。僕僭爲侯言：
"……吾侯雖未之學，而識趣自遠，悟代謝之必至，要歸藏之有所，
終焉之志有不期合而合者。雖不謀於人，可也！"侯喜而飲予酒，
再拜謝曰："有是哉！請刻子之文於石，以曉來者。"於是乎書。

（《全集》卷三十四《樊侯壽冡記》）

閻德剛

歲丁未春二月，梁鍊師辨疑過新興，踵門爲予言："初，國兵以庚辰冬攻破絳陽及解梁屬邑，思問僑寓雲、朔間。當是時，崞山軍節度閻侯德剛經畫略定，境内休息，頗與方外士周旋。所居衞村里，白水出焉，侯愛其景氣古澹，有終焉之志，因以'清溪'自號。幅巾便服，香火晨夕。有薦思問於侯，若謂有所取焉者，侯即走書幣，猥以賓禮見招，握手而歡如平生。爲之闢旁近西園，規作廬舍，以爲談經講道之所。顧謂所親云：'他日道院成，與吾松檟相直，遠不能一里所。没而有知，得神游於此，致足樂也。'然未幾，侯下世，纔畢垣墉而已。"今師歸自朔庭，悼先志未究而尚冥福之可徼也，疕徒蕆事，土木皆作。蓋經始於庚寅之七月，而斷手於明年之六月。像設有殿，襐襘有壇，講授有堂，賓御有次。下迨門廡庫廄，截然一新。又參佐、部曲諸人，請爲侯立祠以致甘棠之思。衆議思問先住安邑之朝元，乃以此觀仍朝元之舊。文石既具。幸吾子以先友溪南辛敬之、劉鄧州光甫之故而爲之記。予諾之曰："侯之事固樂爲道之矣。"予聞黄老家黜聰明、去健羨之説，前賢以爲大概與《易》道何思何慮者合；自年少氣鋭者觀之，往往以墮窳不振爲嫌……大方之家，方以拱璧駟馬，不如坐進此道。彼功定天下之半，聲馳四海之表，且不能滿渠一笑；其下者當置之何地哉？故雖文成君之豪杰，一旦自視缺然，願棄人間事，絕粒輕舉，以從赤松子游，非自苦也。惟侯知物之不可太盛，知名之不可久處，權之不可不畏，而退之不可不勇，故慨然自拔於流俗，思欲高舉遠引也如此。其所乏者，呼吸煉化，俛仰詘信，以適神而養壽耳。

（《全集》卷三十五《朝元觀記》）

吳庭秀

交城吳君庭秀……博覽强記，九經《傳》、《註》率手自抄寫，且諷誦不去口；史書又其專門之學；文賦華贍，有聲場屋間；教授生徒，必使知己之所知，能己之所能。時議以此歸之。貞祐兵亂，負母入山，道中遇害，年甫四十云。庚戌五月晦日，新興元某序。

（《全集》卷三十六《十七史蒙求序》）

張行信

左轄公以"拙軒"自號……以清白傳世德，以忠信結人主；出入四朝，再秉鈞軸，危言高論，聳動天下。發凶豎未形之謀，則先識者以爲明；犯强臣不測之怒，則疾惡者以爲高。視千載無所於讓。其以"拙"爲號者，非欲賢于斯世而已也。濂溪先生論拙之極致，有"天下拙，刑政徹，上安下順，風清弊絕"之語。夫能至於上安下順，風清弊絕，則天下之能事畢矣！然則公之所以自名者，乃所以自任邪？

（《全集》卷三十六《拙軒銘引》）

完顏璹

密國公諱璹，字子瑜，越王長子而興陵之諸孫也。明昌初已受封，公以例授金紫光祿大夫。衛紹王時，除開府儀同三司。宣宗南渡後，封胙國公。哀宗正大初，進封密。自明昌初，鎬厲等二王得罪後，諸王皆置傅與司馬、府尉、文學，名爲王府官屬，而實監守之。府門啓閉有時，王子若孫及外人不得輒出入；出入皆有籍，訶問嚴甚。金紫若國公，雖大官無所事事，止於奉朝請而已。密公班朝著者如是四十年。初，燕都遷而南，危急存亡之際，凡車輅、宮縣、寶玉、秘器，所以資丕天之奉者，舟車輦運，國力不贍，至汴者千之一耳。而諸王公貴主，至有脱身而去者。公家法書名畫連箱累篋，寶惜固護，與身存亡，故他貨一錢不得著身。方遷革倉卒，朝廷止以乏軍興爲憂，百官俸給，減削幾盡。歲日所入，大官不能贍百指。而密公又宗室之貧無以爲資者，其落薄失次，爲可見矣。元光以後，王薨，門禁緩，文士稍遂款謁，然亦不過三數人而止矣。公資稟簡重，而至誠接物，不知名爵爲何物。少日師三川朱巨觀學詩、龍嵩任君謨學書，真積之久，遂擅出藍之譽。於書無所不讀，而以《資治通鑑》爲專門。馳騁上下千有三百餘年之事，其善惡是非、得失成敗，道之如目前。穿貫他書，考證同異，雖老於史學者，不加詳也。名勝過門，明窗棐几，展玩圖籍，商略品第顧、陸、朱、吳筆虛筆實之論，極幽渺；及論二王筆墨，推明草書、學究之説，窮高妙，而一言半辭皆可紀録。典衣置酒，或終日不聽客去；爐薰茗碗，或橙蜜一杯，有承平時王家故態，使人愛之而不能忘也。字畫得於蘇、黄之間；參禪於善西堂，名曰“祖敬”。自題寫真有“枯木寒灰亦自神，應緣來現胙公身。只緣苦愛東坡老，人道前身趙德麟”之句。舊制，國公祭山陵，則佩虎符、乘傳，號曰“嚴祭”；若上清儲祥宮、若太乙宮、五岳觀設醮，上方相藍大道場，則國公代行香。公多預焉。又有詩自戲云：“借來羸馬鈍於牆，馬上官人病且尫。無用老臣還有用，一年三五度燒香。”蓋實録云。公詩五卷，號《如庵小稿》者，汴梁鬻書家有之。樂府云：“夢到鳳凰臺上，山圍故國週遭。”又云：“咫尺又還秋也，不成長似雲間。”識者聞而悲之。予竊謂古今愛作詩者，特作晉人之自放酒耳；吟詠情性，留連光景，自當爲緩憂之一物。在公，則又以之遯世無悶，獨立而不懼者也。使公得時行所學，以文武之材，當專面正朝之任，長轡遠馭，何必減古人？顧與槁項黄馘之士，爭一日之長於筆硯間哉？朝家疏近族而倚疏屬，其敝乃至於此，可爲浩嘆也！天興壬辰，曹王出質，公求見

於隆德殿。上問:"叔父欲何言?"公奏:"聞亨德雖議和,李德不甚
諳練,恐不能辦大事者。臣請副之,或代其行。"上慰之曰:"南渡
後,國家比承平時有何奉養?然叔父亦未嘗沾丐。無事則置之冷
地,無所顧藉,緩急則置於不測。叔父盡忠固可,天下其謂我何?
叔父休矣!"於是君臣相顧泣下。未幾,公感疾,以其夏五月十有
二日薨,春秋六十一。後二十有六年,此集再刻於大名。門下士河
東人元某爲之引。

(《全集》卷三十六《如庵詩文叙》)

楊宏道

　　貞祐南渡後,詩學大行,初亦未知適從。溪南辛敬之、淄川楊
叔能以唐人爲指歸。敬之舊有聲河南,叔能則未有知之者。興定
末,叔能與予會於京師,遂見禮部閑閑公及楊吏部之美。二公見其
《幽懷久不寫》及《甘羅廟》詩,嘖嘖稱嘆,以爲今世少見其比。及
將往關中,張左相信甫、李右司之純、馮内翰子駿,皆以長詩贈別。
閑閑作引,謂其詩學退之《此日足可惜》,頗能似之;至比之金膏水
碧,物外自然奇寶;景星丹鳳、承平不時見之嘉瑞。叔能用是名重
天下,今三十年。然其客於楚,於漢、沔,於燕、趙、魏、齊、魯之間,
行天下四方多矣,而其窮亦極矣!叔能天資澹泊,寡於言笑,儉素
自守,詩文似其爲人。其窮雖極,其以詩爲業者不變;其以唐人
爲指歸者亦不變也。今年其所撰《小亨集》成,其子復見予鎮州,
以集引爲請。予亦愛唐詩者。唯愛之篤而求之深,故似有所得
……今日讀所謂《小亨集》者,祇以增愧汗耳。予既以如上語爲集
引,又申之以《種松》之詩,因爲復言:"歸而語乃翁:吾老矣,自爲
瓠壺之日久矣!非夫子,亦何以發予之狂言?"己酉秋八月初吉,
河東元某序。

(《全集》卷三十六《楊叔能〈小亨集〉引》)

高　鳴

　　恒府，天壤間大都會，在今爲長樂宮之湯沐邑，且乾龍潛躍之淵也。自文統紹開，俊造駢集，七八年之間，鶴書特徵與鳳尾諾之所招致，視他郡國爲尤多。乃七月甲申，漕司從事河東高鳴雄飛被賢王之敎，當來傳北上。聲光四馳，歡動州里。僉謂高子春秋鼎盛，卓然以問學爲業，真積力久，故胸中之言多六《經》、百氏、《史》、《漢》、陳、范之書，司馬氏、范氏《通鑑》、《唐鑑》之學，六朝、唐以來之篇什，馳騁上下，累百數萬言，往往見於成誦。文章翰墨，宜在茂异之科。古所謂立談可以致雙璧，一日可以致九遷者，在此行矣。高，晋産也。僕以犬馬之齒之故，謬爲之一言……是則爲吾高子者，亦豈輕負所學，棄以爲雙璧之甘餌、九遷之捷迳乎？諺有之：“見卵而求時夜，謂之早計；椎牛饗客，會其已食，謂之後期。”智無後期，亦無早計。行矣吾子，今正是時。請賦《南山有臺》，勸爲之駕云。壬子秋二十有七日，新興元某引。

　　(《全集》卷三十七《送高雄飛序》)

趙　述

　　工部高平趙公，德宇冲粹，與物無竸。揚歷中外餘三十年。朝廷自公、宰、士，皆以爲君子長者。晚節末路，浮湛里社，乃無失侯故將幽憂憔悴之態。《詩》所謂“風雨如晦，鷄鳴不已”者，於公見之。新居有堂，取古人爲善自得之義，名之曰“最樂”。以公平生考之，可謂無愧其名矣。新興元某爲作銘：

　　樂外有終，樂內莫窮。惟樂爲有外內之別，斯君子小人之不同。大本在中，至和與融；涵浸薰釀，四體以充。孰不秉彝，而天獨以厚公？醪醴腐腸，鼓鐘閉聰；誠有囂囂者存，淘憂畏其誰攻！相彼力田，祗繫於逢；就七遇之皆北，要萬折而必東。遼海管寧，鹿門龐翁；幽蘭深林，穆如清風雖心逸日休，人知作德之所自至；於身康強而子孫吉者，將非為善之功乎？

（《全集》卷三十八《最樂堂銘》）

薛居中

興定二年冬十月二日，詔以王屋令薛侯莅登封。侯之來，前政適為飛語所被，群小焰焰，如棼絲、如沸糜，殆若不復能措手者。侯曰："內之不治，不可以言外。"於是退悍卒、併冗吏、決留務、釋滯獄，不旬日，縣中廓廓無事。即召里胥、鄉三老之屬，凡民之貧富、丁之衆寡、里社之大小、輸送之近遠，諦問詳審，纖悉具備；著為成籍，按其次而用之。貸逋賦以寬流亡，假閑田以業單貧。一粟之斂，一夫之役，均配周及，權衡之必平，錙銖之必分也。寬以期日，不復強責，計以追胥之費之半，而公上給矣。方春勸耕，遭田父野叟於途，慰以農里之言，而勉之孝弟之訓。懇切至到，人為感動，以為前乎此蓋未嘗有令惠吾屬之如此也。大概侯之治，仁心以為質，不屑屑於法禁。人有犯，薄示之辱，教以改過而已。至於老姦宿惡，不可以情用者，深治而痛繩之，終不以為夸也。故吏畏而愛，民愛而畏；上官不敢撓以事，賓客不敢干以私。教化興行，頌聲流聞，四外之人莫不以崧前為樂土焉。明年，邑之民有借寇之舉。會官以辟舉令，法有不便者，一切罷之。民即相與言曰："吾侯如是，而不得終惠茲邑；侯往矣，吾屬能久於此乎？雖然，侯之政不可以無述也。"於是刻石頌德，以致其去思之心焉。侯名居中，字鼎臣，泰和中進士乙科。釋褐滏陽簿，即有聲。其辭曰：

吏姦而漁，吏酷而屠。軒裳賄階，章綬盜符。魚肉視人，以膏自濡。百勝踵来，惠而不鋤。饞喙既饜，督之公輸。嗟嗟遺黎，寒餓而劬。斂摯幾何，日臘以枯。孰當膏之，俾還數腴。侃侃薛侯，仁信篤誠。優爲趙、張，恥以自名。我靖我民，而不震驚。涵浸薰濃，千室更生。侯勸于郊："民爾良苦。治爾未耦，安爾田畝；輕家而逋，孰爲汝所？不奪汝時，不急汝租；無惰不勤，游末是趨；辨爾種穉，相爾蓄儲；區爾欲深，苗爾欲疏；稂莠既芟，蟊賊既除；穰穰滿家，貢以美餘。"民拜侯教："我敬我事，迨其有秋，維侯之賜！"有來督郵，責賦失期。侯惠我民，吏不叩扉。丁男有言，趣輸無遲；及此暇時，從侯于嬉。有嘉者禾，將獻而失；民謂我侯，豈當移秩？蕭蕭馬鳴，我侯于征；侯無慍容，民有嘆聲。吏昔屏氣，今當誰畏？盜昔知義，今當誰愧？予渴未濡，蔽其泉流；予暍未蘇，徹其庇庥。侯去不留，云如何憂？中天之雲，是陰下邑；出而爲雨，崇朝萬國。我思我侯，與雲偕來；引領南東，顧瞻裴回。嵩丘盤盤，潁水湝湝；我侯之思，其有既哉！

　　（《全集》卷三十八《登封令薛侯去思頌》）

曹居一

　　松柏歲寒，莫重死生之托。金蘭天屬，亦有急難之求。久要不忘，交情乃見。通甫曹君，牧之風調，張祐才名。誰謂雍容閑暇之平生，而有零落棲遲之暮景。風霜十月，身去國而不歸，蓬藋一丘，事蓋棺而未了。且行路有匍匐之救，豈徒哀無賵賻之文？凡我同盟，忍忘斯義？城旁塚地，何如溫序之鄉間；汴上麥船，會有范家之父子。

　　（《全集》卷三十九《曹子歸葬疏》）

毛居正

渭南君避地中方，正卿方從事洛陽之西樞。君手書戒敕，以
"公清廉正，不昧神理"爲言。內翰王君伯翼述之備矣。某向在汴
梁，婦翁提舉以宗盟之故，與君通譜牒，相好善已數十年矣。兩君
資禀高亮，略相彷彿，言行之間有不期合而合者。提舉馳驛方城，
御史以私憤橫造飛語，遂陷詔獄。一債而不復振，無所告語。書與
渭南，敘述始末，終之以"許國之誠，唯天地神祇可知"。朝廷雖復
知誣染，亦無爲昭雪之者。此書正卿亦嘗見示，因得并渭南手筆紬
繹之。私竊慨嘆。東坡有言："人無所不至，唯天不容僞。"壬辰之
亂，侯王家世之舊，忠賢名士之裔，不顛仆於草野，則流離於道路者
多矣！大名毛氏將絕而復續、稍微而更熾，河潤九里，澤及中表，孰
謂不有以啓之？吾知中方執筆之際，渭南之子孫弟姪，固已安居於
雞水之上矣。己酉冬，某自燕還，幕府館客勤甚。公夫人，予姨也。
獲觀世德名氏，敢以蕪辭繼於王內翰之後。十一月二十六日，姪婿
河東元某斂衽書。

（《全集》卷四十《〈毛氏家訓〉後跋語》）

張度娥

順天張萬戶德剛第八女，小字度娥，資質秀爽，眼尾入鬢。丙
午秋入小學。生七年矣，日誦數百言。比戊申二月，女史屬詞。
《孝經》、《論語》、《孟子》、《易乾傳》至《下繫》、《詩·二南》、《曲
禮》、《內則》、《少儀》、《中庸》、《大學》、《儒行》、《祭統》、《祭義》、
《經解》、《冠婚》諸篇，班氏《女戒》、郝氏《內則》、《內訓》、《通喪
記》六卷，皆成誦。日兼二詩，古律至十篇。學書，下筆即有成人

之風。旦夕家居,見家人或不整肅,以禮責之。又所誦書多能通大
義,時爲講說。其對屬,才思敏捷,無小兒女子語:"睡眠昏昏如醉
思,閨心寂寂似禪心。桃李東風蝴蝶夢,關山明月杜鵑魂。"識者
謂此詩不佳。後日果得病,又四月亡。甫九歲。郝伯常爲詩弔之。

(《全集》卷四十八《續夷堅志三·張女鳳慧》)

焦 燧

開封焦燧,以廉能擢大興推官。凡鞫囚有不伏者,即腦勘。及
爲河東路提刑官,忽病腦疽,不勝楚。自嘆曰:"吾鞫獄用腦勘,人
亦痛如是乎?"百方療之,竟不起。

(《全集》卷四十九《續夷堅志四·焦燧業報》)

孔孟後人

宣聖五十三代孫名元措,字夢得,仕至太常卿,遙領泰寧軍節
度使。顏子五十三世孫名珍,辛丑年見之,六十餘矣。長清有子貢
之後木老,嘗有官廣威將軍,人目之爲"木威"。冉子之孫一農家,
在長清之鵲巢,小兒子牛兒,子改曰阿韃。孟氏亦有後,予未之見
也。孔氏在曲阜者避聖諱,讀"丘"曰"區"。

(《全集》卷四十九《續夷堅志四·孔孟之後》)

劉祖謙

時然後言,真默者存。理然後默,至言之實。予欲無言,惟聖
人能。餘皆數窮,以默自懲。有喙三尺,而學喑啞;規以自藏,物不
我假。智如挈瓶,靜如持城,其中鏗鋐,萬物震驚。酒見於面,病見

於脉，眼有否臟，口無青白。欲息子言，當息子機；一庵虛白，天地同歸。

（《全集》卷三十八《默庵銘爲劉司正光甫作》）

王　胡

定襄邱村王胡，以陶瓦爲業。明昌辛亥歲歉，與其子王生者就食山東。一日，有强寇九人爲尉司根捕急，避死無所，就此家藏匿。以情告云：“我輩金貝不貲，但此身得免，願與君父子平分之。”王因匿盜窰中，滿實坯瓦。尉司兵隨過，無所見而去。胡父子心不自安，且利其財，乘夜發火。不移時熏九人死。即攜金貝還鄉。數年，殖產甚豐，出鄉豪之上。泰和中，王生禮五臺。將及興善鎮，恍惚中有所見，驚怖墜馬，遂爲物所憑。扶舁至其家。生口作鬼語，瞋目怒罵云：“尉司追我輩，已得脫，中分貨財，足以致富，便發惡心，都將我輩燒死！尋之數年，乃今見汝，償命即休。”時或持刀，逢人亂斫。其家無奈，召道士何吉卿驅逐之。何至，作法，鬼復憑語辨訴。何知冤對非法篆可制，教以作黃籙超度，或可解脫。胡陳狀齋壇，吐露情實，人始知其致富之由。大建一祠，日夕祈禱。生未幾竟死。

（《全集》卷四十九《續夷堅志四·王生冤報》）

雷　氏

雷氏，渾源人，是西仲、南仲從姊妹行。年十七，嫁爲應州丁倅妻。雷氏群從有不悅者，訐告服内成親，婚遂聽離。丁謂夫人言：“絕婚固非我二人意。然夫人此去，再適人否？”雷曰：“我若再嫁，當令兩目瞎！”丁云：“夫人果有此心，我亦當同此誓。”其後丁達前言,再娶,未幾果喪明。雷氏十八寡居,九十七乃終。從孫希顏常欲爲文記之,竟不及也。

（《全集》卷四十八《續夷堅志三·雷氏節姑》）

呂忠嗣

呂防禦忠嗣,生平經學有所得,故每以古人自期。臨終敕諸子云:"我死無火葬,火葬是爲戮屍。無齋僧作佛事,齋僧佛事是不以堯、舜、文、武、周、孔之教待我。有違我言,非呂氏子孫!"諸子從教,無一敢違者。范司農拯之、梁都運斗南每爲予言。近歲斗南遺令:"送終不以僧佛從事。"有自來矣。

（《全集》卷四十八《續夷堅志三·呂內翰遺命》）

王中立

王中立,字湯臣,岢嵐人。博覽强記,問無不知。少日治《易》,有聲場屋。家豪於財,客日滿門,延待備極豐腆。其自奉則日食淡湯餅一杯而已。年未四十喪妻,不娶,亦不就舉,獨處一室中如僧,如是三四年乃出。時人覺其談吐高闊,詩畫超絕,若有物附之者。問之不言也。大安初,遇閑閑趙公於平定,遺之詩曰:"寄與閑閑傲浪仙,柱隨詩酒墮凡緣。黃塵遮斷來時路,不到蓬山五百年。"因言:唐士大夫五百人,皆仙人謫降。爲世味所著,亦有迷而不返者,如公與我皆是也。一日來都下,館於閑閑公家。《中秋》詩有"印透山河影,照開天地心。人世有昏曉,我胸無古今"之句。閑閑大奇之。因索墨水一盂,如言與之。明旦不告而去。壁間留"龜鶴"二字,廣長一丈,墨水具在,不知何物書之也。少之,先生從外來,問所以然,不答。題其旁云:"天地之間一古儒,醒來

不記醉中書。旁人錯比神仙字,只恐神仙字不如。"先生詩如:"醉
袖舞嫌天地窄,詩情狂壓海山平。忽驚風浪耳邊過,不覺神形來世
中。因君感激從君說,鑿破機關亦有驚。"此類甚多。人有問世外
事者,亦一二言之。好作擘窠大字,勢極飛動,閑閑極愛之。屏山
李之純嘗見先生,商略前代人物,引先儒論議數十條在目前,如人
人自相詰難,然後以己意斷之。以為辨博中第一流也。臨終預尅
死期,如言而逝,年四十九。晚年易名雲鵬,號擬栩道人。人物如
世畫呂公,肩微聳耳。

（《全集》卷四十八《續夷堅志一·王雲鶴》）

董文甫

董文甫,字國華,潞人,承安中進士。資淳質,泊于世味,人知
重之,而不知其何所得也。子安仁,亦學道。閑居寶豐,父子閉戶
讀書。朝夕不給,宴如也。先生歷金昌府判官、禮部員外。正大
中,以公事至杞縣。自知死期,作書與家人及同官,又與杞縣令佐
詩,多至三十餘首。書畢坐化。

（《全集》卷四十八《續夷堅志一·董國華》）

衛文仲

王文仲,襄城人,承安中進士。性好淡泊,讀書學道,故士宦不
進。平居好歌東坡《赤壁詞》。臨終沐浴易衣,召家人告以後事,
即命閉戶。危坐床上,誦《赤壁詞》,又歌末後二句。歌罷怡然而
逝。

（《全集》卷四十八《續夷堅志一·衛文仲》）

高有鄰

　　高工部有鄰，字德卿。父飛狐令集，嘗尉和南，以公事活千餘人。德卿生於此邑。四十年後，拜安國軍節度使。父老有及見當時事者，扶杖迎勞，歡呼馬前。德卿亦爲立碑尉廳，道所以陰德陽報之故。不逾月，子嵩、猶子鑄，同榜登科。時人榮之。

　　（《全集》卷四十九《續夷堅志二·高尉陰德》）

呂　卿

　　呂卿字祥卿，大興人。刺汝州一月而罷。題詩望崧樓有："珍重樓中舊山色，好將眉黛事新官。"未幾物故。人以爲詩讖云。

　　（《全集》卷四十九《續夷堅志二·呂守詩讖》）

胡彦高

　　胡彦高，明昌二年以廉舉爲即墨令。縣廨在古城之隅，爲妖狐所據，晝伏夜出，變化狡獪：或爲獄卒，縱遣囚繫；或爲官妓，盜驛傳被襆，媚惑男女。有迷亂至死者。邑人無如之何，反以香火奉之。餘五十年矣！彦高到官，問知其然，顧謂同僚："官舍所以居賢，今令不得居，而鬼物據之耶？"時室空已久，頹圮殊甚。即令完葺之。明日，即廳事理務，抵暮張燭而坐。夜半，狐鳴後圃中，一倡百和，少頃全集，周匝庭內。中一大白狐據地而吼，如欲搏噬然。卒伍散走，投避無所。彦高端坐不動，而狐亦不前，良久引退。如是者三日，遂不復來。又十許日，傳一女奴，跳踯歡笑，狂若寐語。彦高以朱書置奴釵間，逼逐之，奴即日知人。明旦，尉自巡邏還，遭群狐數百，由縣東南去。狐復感登州吏目江崇家一婦。崇就海島中請道

205

士行法：乘婦人狂亂，縛置車輪上，埋軸地中，令人轉之。既久，婦人快吐腥涎，乃道是即墨狐，爲胡公逐至此。即墨父老爲彥高刻石，名“胡公去狐碑”。屏山李之純之記也。彥高，武安人，仕至鳳翔同知。

（《全集》卷四十九《續夷堅志二·胡公去狐》）

孟友之

孟内翰友之，大定三年，鄉、府、省、御，四試皆第一，供奉翰林。歷曹王府文學，以疾尋醫。久之，授同知單州軍州事。丁内艱，哀毀致卒。友之未第前，夢中豫知前途所至，其後皆驗。鄰人李生言：“友之死之年，六月中，連夕星殞於虛軒前。”汴人高公振特夫挽之曰：“見說平生夢，前途盡目前。”又云：“人嗟埋玉樹，天爲啓文星。”詩雖不甚工，有以見友之出處之際，生死之變，造物者皆使之前知。其以海内重名界之者，爲不偶然也。

（《全集》卷四十九《續夷堅志二·孟内翰夢》）

麻九疇

麻九疇字知幾，獻州人。三歲識字，七歲能草書，作大字有及數尺者。所至有神童之目。章宗召見，問：“汝入宮中，亦懼怯否？”對曰：“君臣猶父子也，子寧懼父乎？”上奇之。明昌以來，以神童稱者五人：太原常添壽，四歲作詩云：“我有一卷經，不用筆寫成”；合河劉文榮，六歲作詩云：“鶯花新物態，日月老天公”；劉微七歲，被旨賦《鳳皇來儀》；新恩張世杰，五、六歲亦召入，賦《元妃素羅扇畫梅》云：“前村消不得，移向月中栽”，其後常隱居不出；餘三人皆無可稱道，獨知幾能自樹立。一旦名重天下，耆舊如閑閑公,且以"徵君"目之而不名云。

（《全集》卷四十九《續夷堅志二·麻神童》）

陳大年

陳大年字世德,吉州人。泰和中刺吾州。時秋旱,蝗自南而北。世德祭於石嶺關,遂不入境。死囚馬柏兒,移勘更數州,已十三年矣!陳已決其死,止待署字矣。陳夜禱星下:"決囚無復疑,尚慮有冤。今旱已極,囚果不冤,明當大雨;如冤,則雨且止。以此卜之。"明日大雨,遂決此囚。是歲大熟。

（《全集》卷四十九《續夷堅志二·陳守誠感》）

虞仲文

虞令公仲文質夫,四歲賦《雪花》詩云:"瓊英與玉蕊,片片落階墀。問著花來處,東君也不知。"仕爲遼相,歸朝授平章政事、濮國公。

（《全集》卷四十九《續夷堅志二·虞令公早慧》）

馬光塵

馬資深之子光塵,十許歲,畫山水,有遠意。甫成童而卒。王子端內翰題其畫云:"珠璧佳城下,丹青敗稿間。殘年兩行淚,絕筆數重山。"人謂童草而以畫稱,且爲名流所嗟惜,古亦不多見也。

（《全集》卷四十九《續夷堅志二·馬光塵畫》）

梁　肅一

廣寧閭山公廟,靈應甚著,又其象設獰惡,林木蔽映,人白晝入其中,皆恐怖毛豎。旁近言:靜夜時聞訊掠聲。故過者或迂路避之。參知政事梁公肅,家此鄉之捧馬嶺。作舉子時,與諸生結夏課,談及鬼神事,歷數時人之膽勇者,梁公都不之許。因自言:"我能以昏暮或陰晦之際,入閭山廟,巡廊廡一周。"諸生從臾之曰:"能往,何取以信?"梁公曰:"我當就周行處以物畫之。用是為驗。"明日晚,約偕往。諸生待於廟門外。奮袖徑去。畫至廟之東隅,摸索有一人倚壁而立,梁公意其為鬼,負之出。諸生迎問何所見?梁公笑曰:"我負一鬼至矣!可取火照之。"及火至,見是一美婦,衣裝絕與世俗不同。欲問詰之,則氣息奄奄,狀若昏醉。諸生真謂鬼物,環立守之。良久開目,見人環繞,驚怖不自禁。問此為何地,諸生為言其處,及廟中得之者;且詰其為人、為鬼,所何從來,婦言:"我揚州大族某氏女,以吉日迎往婿家。在輿中忽為大風所飄,神識散亂,不知何以至此。"諸生喜曰:"梁生未受室,神物乃從揚州送一妻至,誠有冥數存乎其間!可因而成之。"梁公乃攜婦歸。尋擢第。不十數年,致身通顯。婦舉數子。故時人有"天賜夫人"之目,至於傳達宮禁。梁公以大定二十年節度彰德,相下耆舊仍有及見之者。兵亂後,梁氏尚多,問其家世,多"天賜"諸孫行云。

(《全集》卷四十九《續夷堅志二·天賜夫人》)

梁　肅二

參政梁公肅舉子時祈仙問前途。仙批云:"六十入相而已。"

後節度彰德,年適六十,以入相未應。會世宗怒宋人就驛中取國書,選於朝,孰可爲詳問使、不辱君命者,宰相以公應詔。使還,稱旨,拜參政。入相之應乃在此。闍內翰子秀筆錄,記公臨終前二日言:"上帝召我爲北面大王。"遂卒。

(《全集》卷四十九《續夷堅志二‧北面大王》)

黨懷英

承旨黨公,初在孕,其母夢唐道士吳筠來託宿。爲人儀表修整,望之如神仙。在西掖三十年,以承旨致仕。大安三年九月十八終於家。是夕,有大星殞於居。公篆籀入神,李陽冰以後,一人而已!嘗謂唐人韓、蔡不通字學八分自篆籀中來。故公書上軋鍾、蔡,其下不論也。小楷如虞、褚,亦當爲中朝第一。書法以魯公爲正,柳誠懸以下不論也。古人名一藝,而公獨兼之,不謂之全可乎?其爲當世推重如此。東坡謂韓退之,生也有自來,而逝也有所爲;以公生死之際觀之,亦可以無愧斯語矣!

(《全集》卷四十九《續夷堅志二‧黨承旨生死之异》)

劉 政

洺州人劉政,初,幼有至性。母老失明,政以舌舐之,經旬復見。及病,晝夜奉醫藥,衣不解帶,刲股肉啖之,至於再三。母死,負土成墳,鄰願助之,不受。禽鳥哀鳴集於墓樹。廬墓側終喪。守臣以聞,世宗嘉之,授太子掌飲丞。以事附史院《本紀》。

(《全集》卷四十九《續夷堅志二‧劉政純孝》)

田紫芝一

紫芝,字德秀,滄州人。其父濟爲部掾,娶定襄趙氏,生德秀於中都。生數月,鄰李媼見之,潸然出涕。人問之,媼曰:"老婦一兒子,生二十五歲,在太學有聲,以去年亡。此兒極相肖也。吾兒死時,老婦齧其面破,此兒面瘡口痕宛然,可以證前身矣!"德秀幼孤,養於外家,多居於忻。六七歲知屬文,一覽萬言。十三,賦《麗華引》,詩意驚人,有李長吉風調。十六與予游從。曾大雨後有詩見示云:"醉夢蕭森蝶翅輕,一鐙無語夢邊明。虛簷雨急三江浪,老木風高萬馬兵。枕簟先秋失殘暑,湖山徹曉看新晴。對床曾有詩來否?爲問韋家好弟兄。"予兄敏之私謂予言:"詩首二句非鬼語乎,吾謂其非壽者相也。"果以弱冠下世也。

(《全集》卷五十一《續夷堅志四·田德秀夙悟》)

田紫芝二

田德秀少孤,養於外祖廣寧府治中趙君家。紈袴間作詩多憔悴之語。亂後登凌雲台云:"愁思紛紛不易裁,凌雲台上獨徘徊。亂鴉背著斜陽去,寒雁帶將秋色來。破屋無煙空碎瓦,新墳經雨已蒼苔。天翻地覆親曾見,信得昆明有劫灰。"明年客死五臺。無憂而戚,古人所忌。王荆公詩:"少壯不宜輕感慨,文章尤忌數悲哉。"真名言也。

(《全集》卷五十一《續夷堅志四·田德秀詩》)

烏古論德升

烏古論德升,第進士。興定戊寅,以參知政事行臺太原。九月
六日城陷遇害。以其日受生慶陽移剌倉使家兒。四五歲能說前生
事,沈厚寡言,人傳爲异事。

（《全集》卷五十一《續夷堅志四·德升後身》）

張居士

澧州人張居士,於禪學有所得。臨終之歲,禪坐靜室,約其徒
閉之,滿百日乃開。及期開户,見其凝然不動,謂是已逝。良久開
目,拂塵而起,沐浴更衣,周行庭宇,與親舊相勞苦,已而復入室中,
索紙留偈云:"了脱幻緣,復何幻我? 游戲大方,從容自可。"擲筆
而化。登封令張效景說此事。

（《全集》卷五十一《續夷堅志四·張居士》）

張彌學

張先生彌學,東阿人,平章政事壽國文貞公良輔之父。神道碑
載其事。内座右銘云:"欲求聰明,先當積學;欲求子孫,先當積
孝。"以爲名言。

（《全集》卷五十一《續夷堅志四·張先生座右銘》）

范元質

范元質令平輿。函頭村彭李家,兄弟皆豪于財。彭李三水牯

生一犢，數日死，棄水中。鄰張氏水牸亦生一犢。李三爲牧兒所誘，竊張犢去，令其家水牸乳之。張家撻之，遂告張曰："李家犢死，投水中，今所乳，君家犢也！君告官，我往證之。"張愬之官。元質曰："此不難。"命汲新水兩盆，刺兩牛耳尖，血瀝水中，二血殊不相入。又捉犢子亦刺之，犢血瀝水上，隨與張牛血相入而凝。即以犢歸張氏。縣稱神明。元質名天保，磁州人。進士趙公祥親見。

（《全集》卷四十九《續夷堅志二·范元質決牛訟》）

二、史觀與政治

李世民平竇、王之亂

臣聞天地之大無不容,王者所以悉臣而悉主;雷霆之擊無不滅,神兵所以萬舉而萬全。其有怙奸自終,同惡相濟,雖合從連衡而自為得計,而禁暴誅亂者理有固然。輔車之勢未成,連頸之刑已及。陳餘之輔趙歇,竟成泜水之亡;公孫之得隗囂,何救咸門之酷?明鑒不遠,覆轍相尋。我國家統接軒符,亂除秦跡,斷鼇足以立四極,射旄頭而靖八荒。南征北怨,而俱荷來蘇;西被東漸,而無思不服。獨茲狂狡,猶爾跳樑。竇建德、王世充者,闒茸下材,昏迷小丑,要領不足以膏斧鉞,名姓不足以污簡書。僭號位以自居,意兵刑之莫及。狐鼠不神於晝出,鷹鳩當化于陽和。敢為犄角之謀,自隔照臨之遠,魚肉兆姓,塗炭二方。稔惡貫以既盈,諒靈誅之莫逭。五侯共憤,期分項羽之屍;四塚既成,待葬蚩尤之骨。臣與諸將等致行天討,勳稟睿謀,謂虢既滅則虞自亡,故燕可先而齊當後。肅將禁旅,進次東都。賊既身來,義當面喻。人有請師之舉,天開悔禍之期。今不自歸,後將無及。計即從於馴伏,乃更肆於憑陵。不虞當轍之難,遂有背城之役。臣等先登進擊,深入合攻。戰聲騰洛水之波,怒氣動邙山之色。紛投戈而蔽野,殷流血之成川。健將既殲,餘眾皆潰。世充則堅壁自固,恃求援之方來;建德則掃境赴期,曾胥亡之不悟。臣等鼓已捷之勇,迎自送之師。破竹未比乎發機,建瓴莫喻其乘勢。武牢方啟,突騎直前。諸將引陣以當其衝,微臣卷甲以出其後。鯨鯢自警,蟣蝨相悲,以彼氣之既衰,當我軍之方銳。亂難復整,徒誇軍屬于鵲山;勢不久存,果見豆亡于牛轂。臣以既擒夏賊,尋詣洛師,示之已獲之俘,縱其所遣之使。世充外謀已敗，內勢又窮，知無地而可逃，乃詣軍而自縛。一卒不損，二盜克平。其東都吏民等，虐政久罹，王靈甫及，金鼓動發生之氣，旌旗導長養之風，莫不動地歡呼，戴天感泣。廓妖氛而一掃，混文軌而大同。升平之期，自今以始。茲蓋伏遇皇帝陛下，沉幾先物，神武應期。從容高拱乎九重之中，纖悉周知於萬里之外。日將旦而群陰伏，顧小竊之何施；天不言而四時行，宜雋功之丕應。臣某等謬司戎律，初乏將材。仰憑折箠之神，俯遂請纓之志。七旬來格，微勞深愧于禹征；萬壽無疆，善頌敢忘于武拜？

（《全集》卷十五《秦王擒竇建德降王世充露布》）

爲金哀宗立太子擬詔文

惟王建國，篤爲長世之謀；惟國立儲，茂正萬邦之本。位號定而莫不以爲悅，典禮崇而莫敢以爲私。眷予上嗣之良，優有中興之略。內則視膳問安之禮備，外則尊道讓齒之義隆。藹然仁孝之稱，粹矣溫文之表。朕自紹休於大統，猶虛位於東朝。乃考蓍龜之占，乃稽方冊之寶。夏後與子，天人之望攸歸；周家尚親，廟社之尊斯在。載涓穀旦，爰闢青宮。下以副四海之心，上以對兩宮之訓。某可立爲皇太子。於戲！文昭武穆，夙詒燕翼之謀；震長離明，本有承華之象。尚因主鬯之重，嗣啟迓衡之期。

（《全集》卷十五《擬立東宮詔》）

爲金哀宗任樞密使擬制文

在天垂象，璣衡通紫極之嚴；稽古象賢，宥密極洪樞之峻。故非智辯無窮，則不足以語成敗安危之要；非威望素重，則不足以馭梟俊強悍之臣。敷求天下之奇才，以屬國家之大計。誕告於眾，予得其人。具官某，沈鷙有謀，矜嚴不撓。達用兵之善志，厲許國之精忠。戎陣有年，膚公屢奏。出奇應變，森然武庫之雄；厭難折衝，隱若長城之固。屬機庭之虛職，咨群牧以擇賢。才氣無雙，士皆樂屬李廣；策慮愊億，時則有若陳湯。是用假以本兵之權，置諸右府之長。於戲！漢有汲長孺，邪謀寢於淮南；唐相李文饒，威令行於河朔。蓋屈人貴乎不戰，而銷患在於亡形。予將以中興而責成，爾其以上策而自任。尚恢遠略，無及近功！

（《全集》卷十五《擬除樞密使制》）

爲御史大夫讓樞密使擬表文

憲府備員，積有妨賢之畏；樞庭謀帥，遽膺制勝之求。拊陋質以何堪，對寵光而知懼。中謝臣聞受祿過量，忠臣恥其素餐；因能任官，明主不以私授。蓋物勝於權，則衡爲之殆；馬竭其力，則御速於顛。臣雖至愚，敢忘斯義？伏念臣智靈弗競，器蘊尤疏。初無落落過人之材，徒有區區自信之志。薦更中外，無補事功。竊憂大譴之方來，敢謂异恩之橫被？而況樞極通帝位之紀，宥府嚴師律之謀。周設六官，司馬聯於冢宰；漢分三府，太尉列于中台。故必文武智能之臣，乃付腹心爪牙之任。人歌宣后，豈無吉甫之憲邦；天啟高皇，宜得留侯而籌幄。顧以非才而叨據，在於公議而謂何？伏望皇帝陛下，大道曲全，至明博照，察臣心之有愧，憫臣力之弗勝，追還誤恩，妙簡良輔。退而勞力，足昭名器之至公；因是得人，旋致朝廷之增重。

（《全集》卷十五《擬御史大夫讓樞密使表》）

爲金哀宗任司農卿擬制文

田政維天下之大綱，古有播百穀之命；農臣分户曹之外務，今爲治六府之官。況假以部使者之權，位於中執法之次，自非智數足以豐財賦，風采足以動搢（縉）紳，則何以察吏治之否臧，究貨源之通塞？疇若予采，僉曰汝諧。具官某，志大而氣剛，智明而才邵。遇事不滯，嶪然新發之鋒；挺身而前，懍乎後凋之節。自預時髦之選，浸階華貫之游。蔚爲名臣，簡在朕聽。是用進以稽臣之貳，委茲邦計之繁。朕惟西北用兵以來，朝廷多事之際，斂散之術既廢，罪功之辨不明，官必仰給於創罷之民，民或重困於侵漁之吏。蓋基本急於愛養，而綱紀貴乎設張。朕方以一道之事而責成，爾得以三載之功而自效。於戲！生之有道，則財恒足；率之以正，則令必行。劉晏之輕重相權，算不忘於馬上；范滂之澄清自任，志已見於車中。罔俾斯人，專美前世！

（《全集》卷十五《擬除司農卿制》）

論天命所在乃有帝王之興

竊嘗考于前世興王之迹，蓋帝王之興，天將舉全所覆者而畀之。時則有魁偉宏杰之士，爲之倡大義、建大事，一六合之同异，定群心之去就，猶之天造草昧，龍見而躍，雲雷合勢，爲之先後，然後騰百川而雨天下者易爲力。臣主之感遇，天人之參會，無不然者……人心所以爲楚爲漢者，皆倚之以爲重。至是曉然知天命所在，莫敢有异志，國家亦藉之以成包舉之勢……非天使之倡大義、建大事，以應興王之迹，其能若是乎？

（《全集》卷二十六《東平行臺嚴公神道碑》）

論治國以教育爲重

嗚呼！治國治天下者有二：教與刑而已。刑所以禁民，教所以作新民，二者相爲用，廢一不可。然而有國則有刑，教則有廢有興，不能與刑并，理有不可曉者。故刑之屬不勝數，而賢愚皆知其不可犯。教則學政而已矣，去古既遠，人不經見，知所以爲教者亦鮮矣，況能從政之所導以率於教乎？何謂政？古者井天下之田，黨庠遂序，國學之法立乎其中。射鄉飲酒、春秋合樂、養老、勞農、尊賢、使能、考藝、選賢之政皆在。聚士于其中，以卿大夫嘗見於設施而去焉者爲之師，教以德以行，而盡之以藝。淫言詖行，詭怪之術，不足以輔世者，無所容也。士生於斯時，揖讓、酬酢、升降、出入于禮文之間。學成則爲卿爲大夫，以佐王經邦國。雖未成而不害其能至焉者猶爲士，猶作室者之養吾棟也。所以承之庸之者如此。庶頑讒說，若不在時，侯以明之，撻以記之。記之而又不從，是蔽陷畔逃，終不可與有言，然後棄之爲匪民，不得齒於天下。所以威之者又如此。學政之壞久矣！人情苦於羈檢而樂於縱恣，中道而廢，從惡若崩。時則爲揣摩、爲捭闔、爲鉤距、爲牙角、爲城府、爲阱擭、爲溪壑、爲龍斷、爲捷徑、爲貪墨、爲蓋藏、爲較固、爲乾没、爲面謾、爲力詆、爲貶駁、爲譏彈、爲姍笑、爲陵轢、爲瘢癥、爲睚眥、爲構作、爲操縱、爲麾斥、爲劫制、爲把持、爲絞訐、爲妾婦妒、爲形聲吠、爲崖岸、爲階級、爲高亢、爲湛静、爲張互、爲結納、爲勢交、爲死黨、爲囊橐、爲淵藪、爲陽擠、爲陰害、爲竊發、爲公行、爲毒螫、爲蠱惑、爲狐媚、爲狙詐、爲鬼幽、爲怪魁、爲心失位。心失位不已，合讒疾而爲聖癲，敢爲大言，居之不疑。始則天地一我，既而古今一我。小疵在人，縮頸爲危。怨讟薰天，泰山四維。吾術可售，無惡不可。寧我負人，無人負我。從則斯朋，違則斯攻。我必汝异，汝必我同。自我作古，孰爲周孔？人以伏膺，我以發冢。凡此皆殺身之學，而未若自附於异端雜家者爲尤甚也。居山林，木食澗飲，以德言之，則雖爲人天師可也,以之治世則亂。九方皋之相馬,得天機於滅沒存亡之間,可以爲有道之士,而不可以爲天子之有司。今夫緩步闊視,以儒自名,至於徐行後長者,亦易爲耳,乃羞之而不爲。竊無根源之言,爲不近人情之事,索隱行怪,欺世盜名,曰:"此曾、顏、子思子之學也。"不識曾、顏、子思子之學固如是乎? 夫動靜交相養,是爲弛張之道,一張一弛,遊息存焉。而乃强自矯揉,以靜自囚。未嘗學而曰"絕學",不知所以言而曰"忘言"。靜生忍,忍生敢,敢生狂,縛虎之急,一怒故在,宜其流入于申、韓而不自知也。古有之:桀紂之惡,止於一時;浮虛之禍,烈於洪水。夫以小人之《中庸》,欲爲魏晉之《易》與崇觀之《周禮》,又何止殺其軀而已乎? 道統開矣,文治興矣,若人者必當戒覆車之轍,以適改新之路。特私憂過計、有不能自已者耳,故備述之。既以自省,且爲無忌憚者之勸。

《全集》卷三十二《東平府新學記》)

論禮教治國

先王之時,治國治天下,以風俗爲元氣,庠序黨術無非教,太子至於庶人無不學。天下之人,幼而壯,壯而老,耳目之所接見,思慮之所安習,優柔於弦誦之域,而饜飫于禮文之地。一語之過差,一跬步之失容,即赧然自以爲小人之歸。若犯上,若作亂,雖驅逼之,從臾之,誘引之,有不可得者矣。故以之爲俗則美,以之爲政則治,以之爲國則安且久。理之固然而事之必至者蓋如此。嗚呼! 王政掃地之日久矣。戰國吾不得而見之,得見兩漢斯可矣。兩漢吾不得而見之,得見唐以還斯可矣。唐以還且不可望,況於爲血爲肉之後乎? 喪亂既多,生聚者無幾,蚩蚩之與居,倀倀之爲徒,亦有教焉,不過破梁碎金,"胡書記詠史"而已。前世所謂《急就章》、《兔園册》者,或篇題句讀之不知矣。後生所習見者,非白晝攫金,則禦人於國門之外。取箕帚而誶語，借擾鋤而德色，秦人之抵冒殊捍，賈子之所爲太息而流涕者，蓋無足訝。由是觀之，父子、夫婦，人倫之大節，亦由冠履上下之定分。冠而履之，履而冠之，非正名百物，則倒置之弊無所正，父不父、子不子、夫不夫、婦不婦，必肇修人紀者出，而後有攸叙之望矣。況草昧之後，道統方開，明經者例有復身之賜，而此州將佐首以興起學宮爲事，士之有志於此道者，其喜聞而樂道之宜如何哉！故爲記其興造之始末，且以學校之本告之曰：有天地，有中國。其人則堯、舜、禹、湯、文、武、周、孔；其書則《詩》、《書》、《易》、《春秋》、《論語》、《孟子》；其民則士、農、工、賈；其教則君令臣行、父慈子孝、兄友弟恭、夫婦睦、朋友信；其治則禮樂刑政、紀綱法度，生聚教育、冠婚喪祭、養生送死而無憾。庠序黨塾者，道之所自出也；士者，推庠序黨塾所自出之道而致之天下四者也。由是而之焉，正名百物，肇修人紀者尚庶幾焉！如曰不然，則爾愛其羊，我愛其禮。以是學爲告朔之餼可也。

（《全集》卷三十二《博州重修學記》）

論立功事宜合天時人事

余以爲立功立事，必天時人事合而後可，然繫於人事者爲尤多。曩余官西南鄧之屬邑，多水田，業戶餘三萬家。長溝大堰，率因故迹而增築之，而其用力有不可勝言者。試一二考之：夫水在天壤間爲至平，且善利萬物而不爭。有餘者損之，不足者補之，時乃天之道。兼并之家，力足以制單貧，而賄足以侮文法。身私九里之潤，人無一溉之益者多矣。以至平爲不平、不爭爲必爭，補有餘，損不足，傷水之性，逆天之道。覆車之轍，前後相接。田野細民，有敢復與大豪共公者乎？矧夫非大變之後，無不爭之田；非屢豐之年，無供役之食。事艱於慮始，人習于惡勞。賢否异情，理難吻合。彼己分利，孰爲綱維？故雖有萬折必東之心，而終屈於七遇皆北之勢。使臨之以公上之命，且無望于必成，況創始於鄉社二三之議乎？有其時而乏其人，有其人而無其志，力不前勝，事必後艱。大哉，志乎！唯强也，故能立天下之懦；唯堅也，故能易天下之難。由是而充之，關輔之三白、襄樊之黔蘆，皆此物也。故嘗謂江鄉澤國，巧於用水，凡可以取利者無不盡。舉鍤投袂，隨爲豐年。

（《全集》卷三十三《創開滹水渠堰記》）

論用兵有時

僕，老經生耳，何足以知兵……嘗妄論之：天地一氣也，萬物一體也，同仁一視，宜莫三代聖人者若也。今見之於《書》，則曰："天吏逸德，火炎昆岡。"又曰："前徒倒戈，血流漂杵。"信斯言也！謂不戰而屈人之兵也而可乎？三代以來，將兵者何啻千萬人，孰不欲不鼓不成列、不禽二毛，曠然爲仁義之舉？然而百姓安堵，獨稱忠武侯；市不易肆，獨稱李良器。其餘豈皆樂戰嗜殺、執兇器而履危道、得已而不已乎？抑所遭之時有同有不同也？

（《全集》卷二十六《順天萬户張公勳德第二碑》）

論朋黨

嗚呼！朋黨之禍，何其易起而屢作也？宣、政之季，蔡京、呂惠卿輩至指司馬丞相爲元祐奸黨魁，列其姓名，著之金石，自謂彰善癉惡，可爲萬世臣子不忠不孝者之戒。碑石甫立，隨爲雷火所擊。惠卿等懼大禍將及，乃赦党人，死者復官，流徙者復還。自今觀之，元祐黨禁不過追削竄逐，禁其子弟不得至京師而已，曾不若皇統之禍之慘也！余嘗深求讒夫之心，而後知讒之所以爲病者。蓋心魄既喪，瘁爲讒疾所乘，嘗糞爲甘，嗅足爲香，口、鼻、耳、目，皆失所守而不自知。謾疾不已，矯亢忌嫉，合而爲聖癲。始於天地一我，卒之古今一我。敢爲大言，居之不疑。造大謗、起大獄，視正人端士若有血仇骨怨，期必報而後已。苟可以售其術，雖殺身滅親、亡人之國，有不恤焉者。余觀於成敗之變多矣。自有天地以來，未有食人而不爲人所食者。凡爲讒夫者，其才智類出於人遠甚，寧不知事有必至，理有固然！乃今至於殺身滅親、亡人之國而莫之恤焉者，獨何歟？殆受病既深，至於中風狂走，雖和扁操萬金良劑，亦無如之何耳！古語有之："憂心悄悄，慍於群小。"又曰："朕聖讒說殄行，震驚朕師。"又曰："惡利口之覆邦家者。"蓋聖人之所惡，又其所甚畏者也。人無所不至，惟天不容僞。奸人敗類，交亂四國，作於其心，害於其事，不有人禍，必有天刑。生爲天下所咀嚼，死爲海內所痛快，唯遺臭無窮，是所得耳！蔡、呂諸人，欲以黨議誣天下士，而天下反以不豫溫公黨爲恥；又欲以党禍絕士大夫之世，而後之名卿、才大夫、賢宰相皆出於党人之門。然則爲朋黨之論者，其亦未之思歟？

（《全集》卷二十九《忠武任君墓碣銘》）

論重農本與謹兵賦

某以爲：天下之謀食者莫勞于農，而莫不害于農。農之力至於今極矣！叱牛而耕，曝背而耘，一人之勞不能給二人之食，水旱霜雹，螟蝗蟊賊，凡害於稼者不論也。用兵以來，調度百出。常賦所輸，皆創痍之民終歲勤動，不得以養其父母妻子，而以之佐軍興者。兵則恃農而戰，農則恃兵而耕。朝廷旰食宵衣，惟穀之恤，勸農冠蓋，相望於道。廩人之制非不具備，而有司或不能奉承，精粗之不齊，陳腐之不知，度量之不同，簿領之不一，收貯之不謹，啟閉之不時，訶禁之不嚴，檢察之不恒，冒濫之不究，請託之不絕，一隙所開，百姦乘之。百家之所斂，不足以給雀鼠之所耗；一邑之所入，不足以補風雨之所敗。四方承平，粒米狼戾時然且不可，況道殣相望之後乎？然則有能爲國家重民食而謹軍賦者，業文之士宜喜聞而樂道之也。

（《全集》卷三十三《鄧州新倉記》）

論吏之賢愚

吏部爲六曹之冠，自前世號爲前行。官屬府史由中後行而進者皆以爲榮焉。國朝故事，掾屬之分有左右選。右選之在吏曹者，往往至公卿達官，然不能終更者亦時有之。古人以爲吏猶賈然。賈有賢有愚。賢賈之取廉，日計不足，月計有餘；愚賈之求無紀極，舉身以徇貨，反爲所累者多矣！此最善喻者。自風俗之壞，上之人以徒隸遇佐史，甚者先以機詐待之。廉恥之節廢，苟且之心生，頑鈍之習成，實坐於此。夫以天下銓綜之繁，與夫公卿達官之所自出，乃今以徒隸自居，身辱而不辭，名敗而不悔。甚矣，人之不自重也……孰善孰惡，孰由此而達，孰由此而敗，觀者當自知之，得以監焉。

（《全集》卷三十三《吏部掾屬題名記》）

論道橋之政

有一國之政，有一邑之政，大綱小紀，無非政也。夏官之屬曰司險，山林之阻，則開鑿之；川澤之阻，則橋樑之。僖公春新作南門，傳謂"啟塞有時"。門戶道橋謂之啟，城郭牆塹謂之塞，開閉不可一日而闕，特隨其壞而治之。修飾南門非閉塞之急，故以土功之制譏之。是則道橋之爲政，不亦甚重已乎！子路治蒲，溝洫深治，孔子以"恭敬而信"許之。子產以所乘輿濟人溱洧之上，孟軻氏至以爲惠而不知爲政。若二君者，謂不知啟閉之急與不知爲政，可乎？雖然，此邦之無政有年矣！禁民，政也；作新民，亦政也。禁民，所以使之遷善而遠罪；作新民，所以使之移風而易俗……猶之陋巷有敗屋焉，得善居室者居之，必將正方隅、謹位置，修治杞梓，崇峻堂構，以爲子孫無窮之傳，豈止補苴罅漏、支柱邪傾而已乎？

（《全集》卷三十三《邢州新石橋記》）

論用才之難

私竊慨嘆，以爲生材爲難，盡其材爲尤難。古之人急於拯世，至於分陰爲惜，歲不我與，忽焉有齎志之恨。觀姚元崇之薦張柬之，與張嘉貞之所以自薦，爲可見矣。世宗重惜名器，百執事之人，必擇焉而後用，得人之盛，近古所未有。至於孤俊偉杰之士，困於資考，限於銓選，百未一試，兀然而空老者，抑多矣！

（《全集》卷二十七《尚書右丞耶律公神道碑》）

論人君寬聽盡下爲尤難

天家包舉六合，臣屬萬國，立武事以兼文備，由草創而爲潤色。延見故老，網羅豪雋，必當考古昔之理亂，論治道之先後，察生民之休戚，觀風俗之媺惡，以成長治之業，以建久安之勢。金城千里，太山而四維之，顧豈汲汲于文章翰墨之用，糜羔雁而敝玄纁乎？且夫人臣以納忠爲難，人君以寬聽盡下爲尤難。蓋義則古今之體同，而情則天淵之路絕。逢、干之游未遠，伊、管之辨易窮。諛臣嫉立仗之鳴，說家懼攖鱗之怒。況乎裹糧三月，被髮九閽，事重而言輕，威尊而命賤，雖復憤泉秋沸，冤霜夏零，思欲片辭自明，胡可得已？乃今首登瀛之選，接曳裾之游。使者牽車，太官捅酒。主好善而忘勢，士見義而得爲。陸太中之詩書，叔孫奉常之典禮，賈長沙之經濟，魏相國之謀謨，有懷不攄，生才奚用？

（《全集》卷三十七《送高雄飛序》）

論治國賴人才

《易》有之："天造草昧"，"君子以經綸"……自漢、唐以來，言良相者，在漢則有蕭、曹、丙、魏，在唐則有房、杜、姚、宋。數公者固有致太平之功，而當時百執事之人毗助贊益者，亦不爲不多。傳記具在，蓋可考也。夫天下大器，非一人之力可舉。而國家所以成就人材者，亦非一日之事也。從古以來，士之有立於世，必藉學校教育、父兄淵源、師友之講習，三者備而後可。喻如修明堂總章，必得梗楠豫章、節目礧砢、萬牛挽致之材，豫爲儲蓄數十年之間，乃能備一旦之用。非若起尋丈之屋，榱櫨根楔、楹杙薨桷，雜出於榆柳槐柏，可以朝求而暮足也。竊見南中大夫士歸河朔者，在所有之。聖者之後如衍聖孔公，耆舊如馮內翰叔獻、梁都運斗南、高戶部唐卿、王延州從之，時輩如平陽王狀元綱、東明王狀元鶚、濱人王賁、臨淄人李浩、秦人張徽、楊煥然、李庭訓、河中李獻卿、武安樂夔、固安李天翼、沛縣劉汝翼、齊人謝良弼、鄭人呂大鵬、山西魏璠、澤人李恒簡、李禹翼、燕人張聖俞、太原張緯、李謙、冀致君、張輝卿、高鳴、孟津李蔚、真定李冶、相人胡德珪、易州敬鉉、雲中李微、中山楊果、東平李彥、西華徐世隆、濟陽張輔之、燕人曹居一、王鑄、渾源劉祁及其弟郁、李全、平定賈庭揚、楊恕、濟南杜仁傑、洛水張仲經、虞鄉麻革、東明商挺、漁陽趙著、平陽趙維道、汝南楊鴻、河中張肅、河朔句龍瀛、東勝程思溫及其從弟思忠。凡此諸人，雖其學業操行參差不齊，要之皆天民之秀，有用於世者也。百年以來，教育講習非不至，而其所成就者無幾。喪亂以來，三四十人而止矣。夫生之難，成之又難。乃今不死於兵，不死於寒餓，造物者挈而授之維新之朝，其

亦有意乎？無意乎……使脫指使之辱,息奔走之役,聚養之,分處
之,學館之奉不必盡具,饘粥足以糊口,布絮足以蔽體,無甚大費,
然施之諸家,固已骨而肉之矣。他日……求百執事之人,隨左右而
取之,衣冠禮樂,紀綱文章,盡在於是。

　　(《全集》卷三十九《寄中書耶律公書》)

三、政　事

金廷官制

　　蓋金朝官制，大臣有上下四府之目。自尚書令而下，左右丞相、平章政事二人爲宰相；尚書左右丞、參知政事二人爲執政官。凡在此位者，內屬、外戚與國人有戰伐之功、豫腹心之謀者爲多，潢霄之人以閥閱見推者次之，參用進士則又次之。其所謂進士者，特以示公道、繫人望焉爾。軒輊之權既分，疏密之情亦異。孤寒之迹，處乎危疑之間；難入之言，奪於眾多之口。以常情度之，謂必以苟容爲得計，循默爲知體矣。然而持區區之忠，以盡心於所事，如石右丞琚、董右丞師中、胥莘公鼎之流，慨然以名臣自任者，亦時有之。

　　（《全集》卷十六《平章政事壽國張文貞公神道碑》）

金廷賢相

　　貞祐甲戌，車駕遷南都，武元立國至是百年矣。自中州被兵，朝廷大政雖以戰守爲急，而大綱小紀，典則具在。武備文事，不容偏廢。若禮樂，若祠祭，若曆象，若宴饗，若學校，若選舉，凡隸於春官氏者，率奉行如故事。故大宗伯之任，尤難其人。時則有若太子太保張公敬甫泊其仲尚書右丞信甫、內翰閑閑趙公周臣、內相楊公之美，迭膺是選。四賢之後，而公繼之。二十年之間，典章文物，粲然可觀，繄數公是賴。竊謂：養士之效，猶種樹，猶作室。培植厚則庇蔭之利博；堂構勤則維持之功固。周家之作新民，漢氏之旁求儒雅，數世之後，人有士子之行，家食名氏之舊。王室下衰，而喬木故在。僑、札鬱爲時棟，陳、許坐鎮雅俗，名德相望，視全盛爲無愧。是知列國大夫流風善政，固已發源于菁莪樂育之日，三國人物高出近古者，猶興廉舉孝餘波之所及也。《語》有之："魯無君子者，斯焉取斯？"

（《全集》卷十八《通奉大夫禮部尚書趙公神道碑》）

金廷守道之士

僕嘗謂：聖人澤後世，深矣。今虞、芮有閑田，豐、鎬之間，男女异路。孔子近文王六七百歲，故言衣冠禮樂，則莫齊、魯爲盛，宜矣。百年以來，東平劉莘老斯立，宣叔之祖孫，文元賈公昌朝之家世，滕陽張丞相永錫，日照清獻張公父子，東阿壽國張公，蕭國侯公，參政高公，奉高承旨黨公，黄山内翰趙公，嵫陽内翰閻公，敦龐耆艾，海内取以爲法。其餘經明行修，由晦道商公、醇德王先生而下，何可一二數？至於人代變革，才、智、勇皆廢，守道之士懷先王之舊俗，區區不能自已者，往往有之……古有之："魯無君子者，斯焉取斯？"其澤及後世之謂乎？

（《全集》卷二十一《御史張君墓表》）

金廷汴梁賢者

予嘗愛予同年進士通許趙君仕不近名、隱不違俗，藹然有古人之風。故嘗求其淵源，得汴人之賢者四人焉：曰王磵逸賓、王世賞彦功、游總宗之、學易高先生仲震正之。明昌中，故相馬吉甫判開封，逸賓、彦功、宗之俱以德行才能薦於朝。逸賓鹿邑簿，就請致仕；彦功以親老調鞏州教官；宗之讓不受。三人者，趣向不同，而時人皆以高士目之。高出於世家，而能以清介自守，死心於六藝之學，隱居嵩山二十年，人望之以爲神仙。蓋逸賓則君之所師尊；而高則其交久而敬者也。惟汴梁，聖賢所宅，典章法度之所在，流風善政之所從出。興廉舉孝，養士太學，薰濃涵浸，作成人物之日久矣。雖其細民，溺于宣政侈靡之習而不能返，至於學士大夫通經學古，安貧樂道，懷先王之澤而不爲風俗之所奪移者，故未絕也。《語》有之："魯無君子者，斯焉取斯？"

（《全集》卷二十二《奉直趙君墓碣銘》）

金廷入仕之路

維金朝入仕之路，在近代爲最廣，而出於任子者十之四。國初監州縣酒稅，亦以文資參之，故任子多至大官；其不達者猶得俎豆于大夫士之列。大定以後雜用遼制，罷文資之注酒使副者，純用任子，且增內廷供奉臺傔直之目。凡歷監當久及課最者得他遷，謂之"出職"，如唐人入流之比。是後權酤日增，風俗隨壞，六七十年之間，遂有愚賢同滯之嘆。論者以爲此誠選曹泥法之弊。至於廉恥道喪，自同商販，亦爲任子者有以來之。然且以國家舊人觀之，使人人有士君子之操，清慎自守，不爲利惑……其敢以今日任子法待之乎？

（《全集》卷二十七《輔國上將軍京兆府推官康公神道碑銘》）

圍城崔立碑事

窮于途者返於家，乃人情之必至；勞以生而佚以老，亦天道之自然。方屬風霜偃薄之餘，而有里社浮湛之漸。茲焉卜築，今也落成。遺山道人，蟫蠹書癡，雞蟲祿薄，猥以勃窣盤跚之跡，仕於危急存亡之秋。左曹之斗食未遷，東道之戈船已御。久矣公私之俱罄，

困于春夏之長圍。窮甚析骸，死唯束手。人望荆兄之通好，義均紀
季之附庸。出涕而女於吳，莫追於既往；下車而封之杞，有覬于方
來。謀則僉同，議當執抗？爰自上書宰相，所謂試微軀于萬仞不測
之淵；至於喋血京師，亦常保百族於群盜垂涎之口。皇天后土，實
聞存趙之謀；枯木死灰，無復哭秦之淚。初，一軍構亂，群小歸功。
劫太學之名流，文鄭人之逆節。命由威制，佞豈願爲？就磨甘露御
書之碑，細刻錦溪書叟之筆。蜀家降款，具存李昊之世修；趙王禪
文，何豫陸機之手迹？《文選・謝平原內史表》伊誰受賞，於我嫁
名？悼同聲同氣之間，有無罪無辜之謗。耿孤懷之自信，聽眾口之
合攻。果吮癰舐痔之自甘，雖竄海投山其何恨！惟彼證龜而作鱉，
始於養虺以成蛇。追韓之騎甫還，射羿之弓隨彀。予北渡之初，獻
書中令君，請以一寺觀所費養天下名士。造謗者二三，亦書中枚舉
之類也。以流言之自止，知神理之可憑。復齒平民，僅延殘喘。澤
畔而湘纍已老，樓中而楚望奚窮？懷先人之敝盧，可憐焦土；眷外
家之宅相，更愧前途。豈謂事有幸成，計尤私便，東諸侯助竹木之
養，王錄事寄草堂之貲。占松聲之一丘，東皋子《北山賦》："菊花
兩岸，松聲一丘。"近桃花之三洞。予此別業與白子西所居相近。
東牆西壁，無補拆之勞；上雨旁風，有閉藏之固。已與編戶細民而
雜處，敢用失侯故將而自名？因之挫銳以解紛，且以安常而處順。
老盆濁酒，便當接田父之歡；春鴂晚菘，尚愧奪園夫之利。彼扶搖
直上，擊水三千；韋杜城南，去天尺五。坐廟堂佐天子，蓋有命焉；
使鄉里稱善人，斯亦足矣！輒取合歡之意，演爲助役之謠：

兒郎偉！拋梁東，人笑家山蕙帳空。老大讀書無用處，且將耕
獲教兒童。

南，羊谷山中好石龕。杖履一遊無腳力，會稽禹穴更須探。

西，未要坊名改碧雞。種下五株桃樹子，本無心學浣花溪。

北，老怯寒冬思密室。嶺頭騎馬是官人，萬里風來沙土黑。

上，何人落日心猶壯？雲間道有少微星，兩眼眵昏無復望。

下,百尺長松繞茅舍。他年拈出次山詩,七十腰鐮行時稼。"長松萬株繞茅舍",又云:"老公七十自腰鐮,將引兒孫行時稼。"此吾家次山公詩也。

伏願上樑之後,里仁爲美,鄰德不孤。子期永作知音,曹子期,吾先友。季鷹早思命駕。張緯文留滯燕京。起居飲食,身爲無事之人;伏臘歲時,家有長生之釀。旁沾親舊,共樂安閑。

(《全集》卷四十《外家別業上梁文》)

甄全濫殺

定州帥甄全,己卯歲爲北兵所攻,求救恒山軍。恒山逗遛不進,全逾城逃死,爲北所獲。恒山以全爲叛己,誅甄族故之在軍中者,又劫全入頭山寨。寨上人半出運糧,外軍猝至,守者不之備,殺虜甚眾。運糧者不知被劫,坦然還寨。恒山軍陰伺之,謀盡殺而後已。是夜,寨上大青鬼現,眼如杯,赤紅,有光焰。軍士驚怖散走,甄眾乃得脫。

(《全集》卷五十《續夷堅志三·神救甄帥軍》)

劉齊建元

天會八年,冊劉豫爲大齊皇帝,都大名。諸門舊有巽齊、安流、順豫之號,以門名色瑞,因取三市門名阜昌者建元。雖出於傅會,亦有數焉。

(《全集》卷四十九《續夷堅志二·巽齊之讖》)

四、儒學與教化

論君子之氣、量、品

所貴於君子者三：曰氣、曰量、曰品。有所充之謂氣，有所受之謂量，氣與量備而才行不與存焉。本乎才行氣量，而絕乎才行氣量之上之謂品。品之所在，不風岸而峻，不表襮而著，不名位而重，不耆艾而尊。是故爲天地之美器，造物者靳固之不輕以予人。閱百千萬人之眾，歷數十百年之久，乃一二見之。同乎其時，非無孤雋偉杰之士，從容於禮文之域，角逐乎功名之會，唯其俗不可以爲雅，劣不可以爲勝，故自視缺然。陳太丘事業無聞，而名重天下；房次律坐鎮雅俗，而舉世以王佐許之。施之當時，未必適用，然千載而下有爲之斂衽者。非品何以得之？

（《全集》卷十九《内翰馮公神道碑銘》）

論誠爲名教所在

名教者，天地之大經，而古今之恒典，惟天下之至誠爲能守。故人臣之于君者，有天道焉，有父道焉。大分一正，義均同體。吉凶禍福，不以回其慮；廢興存亡，不以奪其節。任重道遠，死而後已，猶之父有罔極之慕，而天無可逃之理。微子之過舊都，包胥之哭秦廷。王蠋布衣，義不北面于燕；樂毅終其身，不敢謀趙之徒隸。非誠何以當之？是故誠之所在，即名教之所在，有不期合而合焉者。《語》有之："善人，吾不得而見之矣；得見有恆者，斯可矣。"

（《全集》卷二十《資善大夫武寧軍節度使夾谷公神道碑銘》）

論人之材性出于天

生而静之謂性,静而應之謂材。材與性出於天,其初則通,而中有大不同者:蓋性者材之體,而材者性之用。體喻則璞也,用喻則璞之雕也。然性不害爲不及,而材每患於有餘。惟其不及,故勉于成;惟其有餘,故趨於壞。人知椎鈍樸魯、拙於變通、顢於鎸鑿之爲無所取,而不知聰悟敏給、敢于負荷、安於墮窳爲大可哀也! 古有之:博學,雖愚必明,況賢者乎? 困而學之,又其次也,況不至於困者乎?

(《全集》卷二十七《龍虎衛上將軍術虎公神道碑》)

論祭祀貴沿人情

好問以爲:祠祭之爲大事,尚矣! 以勞以功,三代不易之道。若欒布之立社,甄子然、宋登之配食。後世亦有以義起之者,蜀人祭忠武侯於道陌,而博士拜章;王珪通貴不營私廟,而法官劾奏。禮固不可以變古,而亦貴於沿人之情。況乎時則綿蕝未遑,人則蒿將見。

(《全集》卷二十六《東平行臺嚴公祠堂碑銘》)

論死生之際

死生之際大矣! 可以死,可以無死。一失其當,不以之傷勇,則以之害仁。然自召忽、管仲折衷于聖人之手,斯不必置論。至於忠臣之于國、義士之于知己,均爲一死,而中有大不相侔者,蓋不可不辨也。嘗謂:意氣感激,眾人之所同;夭壽不二,君子之所獨。今夫傳記所載猝然就一死以取千載名者多矣! 及就其平素考之,果嘗以千載自望乎？夫惟志士仁人知所以自守也，不汩於義利之辨，不乖於去就之理。端本既立，確乎不拔，靜以養勇，剛以作強。其視橫逆之來，曾虛舟、飄瓦之不若；控摶之變，如寒暑、旦暮之有常。心為權衡，自量輕重，知有泰山之義，而不知有鴻毛之生。結纓之禮不至，無取於海隅之伏劍；漆身之志既篤，不屑於督亢之獻圖。孰先孰後，必有能次第之者！《語》有之："君子無終食之間違仁，造次必於是，顛沛必於是。"信斯言也！匹夫為諒，自經於溝瀆，其可與求仁而得仁者一概論乎？

（《全集》卷二十七《恒州刺史馬君神道碑》）

論天道與致福

降福非難，所以致之者為難；致福非難，所以養之者為尤難。予閱人多矣！長劍拄頤，大冠如箕，以揖讓人主之前，可謂極矣！其變也，至一簪不得著身。河潤九里，澤及三族，名園甲第，佈滿州郡，可謂盛矣！其衰也，子孫或不得聚廬而托處。是天道特未定也。夫端正者必以正其末，善始者必以令其終。古有之：父作室，厥子仍弗肯構，蓋有任其責者矣。為山九仞，功虧一簣，亦必有任其責者矣。夫江之發源也微，至於放而與洞庭、彭蠡同波，沛而與北溟、南海同味，特大川三百、小川三千有以廣之耳。

（《全集》卷三十《龍山趙氏新塋之碑》）

論學政為天下之本

竊……以為仁、義、禮、智出於天性，其為德也四；君臣、父子、兄弟、夫婦、朋友著於人倫，其為典也五。惟其不能自達，必待學政振飾而開牖之，使率其典之當然，而充其德之所固有者耳。三代皆有學,而周爲備。其見之經者,始于井天下之田。井田之法立,而後黨庠遂之教行。若鄉射、鄉飲酒,若春秋合樂、勞農、養老、尊賢、使能、考藝,選言之政,受成、獻馘、訊囚之事無不在。又養鄉之俊造者爲之士,取鄉大夫之嘗見於施設而去焉者爲之師。德則异之以知、仁、聖、義、忠、和;行則同之以孝、友、睦、姻、任、恤;藝則盡之以禮、樂、射、御、書、數。淫言詖行,凡不足以輔世者,無所容也。故學成則登之王朝;蔽陷畔逃不可與有言者,則撻之、識之,甚則棄之爲匪民,不得齒於天下。民生于其時,出入有教,動静有養,優柔饜飫,于聖賢之化日益加而不自知,所謂人人有士君子之行者,非過論也。或者以爲井田自戰國以來掃地矣,學之制不可得而見之矣。天下之民既無以教之,將待其自化歟?竊謂不然。天佑下民,作之君師,夫豈不欲使之正人心,承王道,以平治天下?豈獨厚于周而薄於世乎?由周而爲秦,秦又盡壞周製,燒詩書以愚黔首,而黔首亦皆從之而愚。借穮鋤而德色,取箕帚而詬語,抵冒殊扞,熟爛之極,宜莫秦民若也。高帝復以馬上得天下,其於變狂秦之餘習,復隆周之美化,亦不暇給矣。然而叔孫典禮,僅出綿蕝之陋;陸賈詩書,又皆煨燼之末。孰謂斲雕爲璞者,乃於不旋踵之頃而得之?寬厚化行,曠然大變。興廉舉孝,周暨郡國。長吏勸爲之駕者,項背相望。是則前日所以厚周者,今易地而爲漢矣。況乎周製雖亡,而出於人心者固在,惟厭亂所以思治,惟順流易於更始。始於草創而終之以潤色,本末先後還相爲用,爲周爲漢,同歸于治,何詳略遲速之計邪……六經不可不尚,邪說不可不絀,王教不得不立,而舊染不得不新。順考古道,講明政術,樂育人材,儲蓄治具,修大樂之絕業,舉太常之墜典。其見於恒府廟學者,特尊師重道之一耳。夫風俗,國家之元氣;學校,王政之大本。不塞不流,理有必至。癃老扶杖,思見德化之成……獨吾賢王爲天下倡,是可爲天下賀也,故樂爲天下書之。

（《全集》卷三十二《令旨重修真定廟學記》）

論興學爲儒者事

　　吾道之在天下，未嘗古今，亦未嘗廢興。君臣、父子、夫婦、兄弟、朋友之際，百姓日用而不知。大業廣明五季之亂，綿蕝不施，而道固自若也。雖然，庠序黨塾，先王之所以教。後世雖有作者，既不能復有所加，亦豈容少有所損？羊存禮存，此告朔之餼所以不可廢也。夫興學，儒者事也。用武之世而責人以儒者之事，不可也。異時時可爲，力可致，而使學宮有鞠爲園蔬之嘆，不必以前世趙、任、路三使君爲言，視今趙侯，能不少愧乎？

　　（《全集》卷三十二《趙州學記》）

論學校爲大政

　　予謂二三君言：“公輩寧不知學校爲大政乎？夫風俗，國家之元氣，而禮義由賢者出。學校所在，風俗之所在也。吾欲塗民耳目，尚何事於學？如曰：‘如之何使吾民君臣有義而父子有親也？夫婦有別而長幼有序也？’則天下豈有不學而能之者乎？古有之：‘有教無類。’雖在小人，尤不可不學也。使小人果可以不學，則武城之弦歌，當不以割雞爲戲言矣。予行天下多矣，吏姦而漁，吏酷而屠，假尺寸之權，朘民膏血以自腴者多矣！崇祠宇，佞佛老，捐所甚愛以求非道之福，嚬呻顧盼，化瓦礫之場爲金碧者，又不知幾何人也！能自拔於流俗，崇儒重道如若人者乎？且子所言‘無以自達’者，亦過矣。興學之事，賢相當任之，良民吏當爲之。賢相不任，良民吏不爲，曾謂斗食吏不得執鞭於其後乎？使吾不爲記茲學之廢興則已，如欲記焉，吾知張不渝之後，唯此兩從事而已！奚以斗食之薄、萬鍾之厚爲計哉？”

(《全集》卷三十二《壽陽縣學記》)

論金代學制

近代皇統、正隆以來,學校之製,京師有太學、國子學,縣官餼廪生徒常不下數百人,而以祭酒、博士、助教之等教督之,外及陪京、總管大尹府、節度使鎮、防禦州,亦置教官。生徒多寡,則視州鎮大小爲限員。幕屬之由左選者,率以提舉繫銜。刺史州則繫籍生附於京府,各有定在。外縣則令長司學之成壞,與公廨相授受,故往往以增築爲功。若仕進之路,則以詞賦、明經取士。豫此選者,多至公卿達官。捷徑所在,人争走之。文治既洽,鄉校、家塾弦誦之音相聞……士或帶經而鋤,有不待風厲而樂爲之者。化民成俗,概見於此。

(《全集》卷三十二《壽陽縣學記》)

論上古聖人與《三墳》

老子職柱下史,閲人代之久,其述伏羲、神農、黄帝氏以來,有"太上下知有之,其次親之譽之"之論。邵康節因之亦謂皇與帝爲千萬世之人,其次第蓋如此。自三墳爲吾夫子所删,三聖人者與天同功,乃無德業可考見。醫家者流,謂神農一日嘗七十毒,與岐黄至真。大要三墳書特止於此。

(《全集》卷三十二《三皇堂記》)

正誼與謀利之辨

自功利之説行,王伯之辨興,墮窳者得以容其姦,而振厲者無以盡其力。蓋嘗疑焉：仁人君子，正其誼不謀其利，明其道不計其功，與夫安靜之吏，悃愊無華，日計不足，月計有餘者，理誠有之。然唐虞之際，司空則平水土，后稷教民稼穡，司徒則敬敷五教在寬，士明於五刑，虞則若予上下草木鳥獸，伯典禮，夔典樂，龍納言。三載考績，三考黜陟幽明。君臣相敕，率作興事，必于成而後已。謂之不計其功也而可乎？漢宣帝之治，樞機密而品式具，上下相安，莫敢苟且。政平訟理，固出於良二千石德讓之風，至於摘奸伏、擊豪右，敢悍精敏、喜喜雋快如刃之發於硎者亦多矣！三代之民治，漢之民亦治。孰王孰伯，必有能辨之者。嗚呼，道喪久矣！召、杜之政，豈人人能之？唯稍自振厲，不入於墮窳斯可矣。若夫碌碌自保，寂寥而無所聞，去之日，使人問姓名而不能知，雖居是邦，謂之未嘗居是邦可也！

（《全集》卷三十三《南陽縣令題名記》）

論孝道一

天地立人，聖人立名教，天大地大，而孝亦大。孔子作經，師弟子之問答，必以因心爲言。謂孝與生俱生：生則嬰兒慕，壯則五十慕；五十而慕者，則終身而慕。不幸而至大故，焄蒿淒愴。《蓼莪》所述，始于鞠育顧復，卒至於昊天罔極。吾知頃步而忘其親者，直無父之人耳……古人有言，不孝則事君不忠，蒞官不敬，朋友不信，戰陣無勇。是故爲百行之本耳……《經》有之："孝子不匱，永錫爾類。"

（《全集》卷三十三《馬侯孝思堂記》）

論孝道二

嘗聞之師:"致樂"云者,所以卜孝者之淺深,懼其乍出乍入,若存若亡,使之時自省察焉耳。蓋親之於其子,子之於其親,一體而分也,邇遠相通也,憂患相感也,猶草之有實,木之有根心也。天地間大順至和之氣,自然之理,與生俱生,于襁褓、於膝下、于成童、至於終身焉。雖僻居四無人聲之鄉,疾痛困苦,必呼親而訴之,不謂之根于心、成於性而可乎?故有深愛者,斯有和氣;氣和矣,斯有愉色;色愉矣,斯有婉容。怙恃之下,托二天以爲庇,日爲無聲之樂之所感發,鼓舞動蕩,喜不自任。老萊子衣斕斑之衣,弄鳥雀於親側,非矯飾也。惟聖人有因心之教,然亦不能教人以性之所無有者。要必就其材而封殖之,使有日新之功、省察之說。其憂天下後世,不既懇切至到矣乎!予行天下四方,惟燕析木之分,風土完厚。有唐三百年雅俗之舊,而不爲遼習之所變遷。是以敦龐耆艾之士,視他郡國爲尤多。至於子弟秀民,往往以橫經問道爲事,若之子者,皆是也。是家不階於儒素之業,不漸於教育之化,乃能自樹立如此,所謂"行有餘力,則以學文"者,尚庶幾焉……嗚呼!昊天罔極,父母之德也;白駒過隙,父母之年也。人子之情,曷維其已。言不稱老,禮別自尊之嫌;我獨何害?詩存終養之慕。故牲牢不加于菽水,三釜無羨乎萬鍾。古人所以願爲兒之日長,而惜報劉之日短也。孟子有言曰:"君子有三樂,而王天下不與存焉。"其一曰有親可事。是則有親可事者何其幸歟?樂哉斯堂!吾於是乎有感。

(《全集》卷三十三《致樂堂記》)

論死生一致

死生之際，非我所敢知，亦自毋庸知。試以常理爲之說：夫形器之域，古今同盡。至於太上立德，其次立功，其次立言，三者於人道爲極致，無以加矣！然亦有能出形器之外，壯而不老、老而不死者乎？生死之在人，萬世更相送，猶夜之必旦、寒之必暑，雖甚愚無知，亦知其必至。世乃有烹金煉石合駐景之劑，銜刀被髮爲厭勝之術，戀嫪殘喘，僥倖萬一。甚者至聞凶禍滅亡之語，必向之而唾，可不大哀邪！唐高士司空表聖自作冢棺，時或引客坐壙中，飲酒賦詩，裴回終日。客或難之，表聖笑曰："君何不廣？死生一致，吾寧暫游此中哉！"此語載之史册，作範來裔，其視漢魯相孔耽之神祠，趙岐之墓石，晋陶徵士之自祭，唐王無功、杜牧之之墓銘，宋米元章坐棺木黄堂上，表聖之言尤爲殷重。

（《全集》卷三十四《尚藥吳辨夫壽冢記》）

論墓葬

生而養，死而葬，中國之大政而聖人之中道。自佛老家之說勝，誕者遂以形骸爲外物，天地爲棺槨，日月爲含襚。甚者至有"狐狸亦可，螻蟻亦可"之說。雖畚鍤後隨，以曠達自名者，猶見笑於大方之家。雖然，彼自有方内外之辨矣。吾處方之内，聖人之中道舍而不由，尚何從乎？漢以來，太宗指走霸陵道，武帝治茂陵五十年。至尊且不以陵寢爲諱，況其下者乎？漢相孔耽、高士趙岐、吳人范慎皆作壽冢。唐司空表聖豫作冢墓，圖先賢其中，時往醉飲。人有難之者，表聖曰："吾寧暫游此中邪！"米元章知淮陽，自尅死期，作棺櫬置黄堂上，飲食坐臥對之。彼皆名世大賢，顧豈爲驚世詭俗之行以取崖異邪？

（《全集》卷三十四《樊侯壽冢記》）

論祀神

予嘗謂：小人之情，畏之而有不義，恥之而有不仁，威之而有不懲，獨於事神若有所儆焉。何邪？徼福于方來，逃罪于已然，百求而百不可得，然終不以百不可得而廢其所以求也。富貴、光榮、壽考、繁昌，人既有以求諸神；忠信、孝弟、廉讓、篤實，神亦有以望於人。吾嘗見夫世俗之所以事神者矣：崇祠宇、嚴像設、刲羊豕、具儀衛、巫覡、倡優雜然而前，拜跪甚勞，迎送甚勤，求神之所以望於人者，無有也！陰害賊詐，刮利次骨，利之所在，無復天理，公噬潛搏，難得是期，内人于溝不恤也，血人於牙不饜也。志得而意滿，則曰：“我求於神，神報我者如是也。”搏噬愈獲，報謝愈豐，禱求愈奢，香火未收而陰害賊詐之心已沸然於胸中矣。此直蛇神牛鬼之所不忍臨，而謂岳祇之聰明正直者而臨之乎？《記》有之：“雖有惡人，齋戒沐浴，可以事上帝。”謂小人之不可以事神，不可也。豈弟君子，求福不回，好是正直，介以景福，謂神之可欺，尤不可也！嗚呼！神有固然，三尺童子所能知，而人有不能知者，特溺於貪而不能自還耳。惜乎！莫有以三尺童子之所知者而告之也。

（《全集》卷三十二《葉縣中岳廟記》）

論以誠祈雨

鄧之西百里而遠，是爲内鄉之東鄙。有山焉，岡巒起伏，與淅、酈諸山絡脈相屬而爲之殿。其麓二泉，灌田千畝有奇。泉之上有龍祠，耆舊以爲禱之有雨暘之應。旁近之民有以飲羊牛、浣裙裾

者,泉輒匯而遷焉。考之辨方,無所知名。俚俗所稱,訛謬失實,且
不雅馴。今以其地名之長慶泉。正大丁亥,予承乏是邑。夏五月,
赤旱近百日。凡縣境之名湫,無慮數十所,奔走禱祠,卒無感通。
道路嗷嗷,無望來秋。有以此泉爲言者,予率父老詣焉。幣祝甫
登,雲氣四合,車轍未旋而澍雨浹。明年,里之民作新廟於泉之西
南,且以紀其事爲請。夫龍之靈固也。然古人之于禱祠,不幸而不
見答,自咎而已;幸而應焉,則亦不敢以爲功。今也不德,其何以致
然? 將適與雨會歟? 影響之報,蓋不如是之捷也。天之恩與威令
龍實屍之。油然而雲,殷然而雷,不崇朝而雨。天下利於物者豐,
則享諸己者厚。道家所言恍惚之外,神龍之所居,瑤宮璇室,萬舞
在庭,金支翠蕤,紛蔽輝映。雖首出萬物,奉以四海九州,有不足進
焉者。山夫谷民乃以一畝之宮,牲不掩豆而祠之,豈度德、審功、報
稱之道哉? 聞之:天即神,神即人,人即天,名三而誠則一。東鄰之
牛,不如西鄰禴祭。實受其福,凡以恃吾誠而已。不然,所持者狹,
所求者奢,彼乘雲氣而游天地之間,是區區者,寧足以留其一盼邪?
正大己丑九月日。

　　(《全集》卷三十二《長慶泉新廟記》)

論民間私祭

　　唐崔子玉府君祠,在所有之。或謂之亞岳,或謂之顯應
王者,皆莫知其所從來。府君定平人,太宗時爲長子令,有惠愛之風。本
道採訪使與長子尉劉,内行弗備,且有贓賕之鄙。時縣有名虎,府
君謂二人者宜當之,已而果然。及一孝子爲所食,乃以牒攝虎至,
使服罪,一縣以爲神而廟事之。世所傳蓋如此。廟之在陽平者有
年矣。貞祐之兵,燒毀幾盡。東平副元帥趙侯以其父之志爲完復
之。其成也,侯命予以歲月記,故爲書之。傳曰:"有功於民則祀
之,以勞定國則祀之。"此不爲小德小善者言。漢丞相忠武侯之

殁,蜀人求爲立廟,朝議以禮秩不聽,百姓遂因時節祭之道陌上。言事者或謂可聽,于成都立之,安樂公不從。習隆、向充拜章言:"巷祭野祀,非所以存德念功,若盡順人心,則瀆而無典;建之京師,又偪宗廟。止可令其近墓爲之,所親以時設祭。故吏欲奉祀者,皆限至廟。斷其私祀,以從正禮。"於是始從之,爲廟于沔陽。從是觀之,漢人于忠武侯,其難之也如是,況其下者乎?且夫君縣之良吏血食一方,見於今者多矣,然卓茂則止于密,魯仲康則止于中牟,朱邑則止於桐鄉,召父杜母則止于南陽,蓋未有由百里之邑達之天下四方,如府君之祠之侈者也!高門之蕩然、廣殿之渠然、袞冕之巍然、侍衛之肅然,雖五帝之尊且雄無以進。使其止於爲土木偶焉,斯可矣;或有物焉,則將疾走遠引、逃避之不暇,矧敢馮幾負扆以當天下四方臣僕之敬乎?嗚呼,祀典之壞久矣!惟祀典壞而後撤淫祠之政舉。喪亂以來,天綱弛而地維絕;人心所存,唯有逃禍徼福者在耳。惟逃禍徼福者在,故凶悍毒詐有時而熄。若曰"淫祀無福,非其鬼而祭之爲諂,爾所敬非吾之所謂敬,爾所懼非吾之所當懼",彼將蕩然無所畏忌,血囊仰射,又何難焉?使梁公而在,吾知前日江淮之舉,有不暇施於今日者矣。故并及之,使人知侯之意有在。

(《全集》卷三十二《崔府君廟記》)

論鄆州之學

鄆學舊矣。宋日,在州之天聖倉,有講授之所曰成德堂者,唐故物也。王沂公曾罷相判州,買田二百頃以贍生徒,富鄭公弼《新學記》及陳公堯佐《府學題榜》在焉。劉公摯領郡,請於朝,得國子監書,起稽古閣貯之。學門之左有沂公祠祭之位,春秋二仲祭以望日。魯兩生泰山孫明復、徂徠石守道配焉。齊都大名,徙學於府署之西南,賜書碑石隨之而遷,獨大觀八行碑蔡京題爲聖作者不豫焉。齊已廢，而鄉國大家如梁公子美、賈公昌朝、劉公長言之子孫故在，生長見聞，不替問學，尊師重道，習以成俗。泰和以來，平章政事壽國張公萬公、蕭國侯公摯、參知政事高公霖同出於東阿，故鄆學視他郡國爲最盛。如是將百年，貞祐之兵始廢焉。先相崇進開府之日，首以設學爲事，行視故基，有興復之漸。今嗣侯涖政，以爲國家守成尚文，有司當振飭文事，以贊久安長治之盛，敢不黽勉朝夕，以效萬一。方經度之始，或言皁昌所遷乃在左獄故地，且逼近闤闠，湫隘殊甚，非弦誦所宜。乃卜府東北隅爽塏之地而增築之。既以事聞之朝，庀徒藏事，工力偕作。首創禮殿，堅整高朗，視夫邦君之居。夫子正南面，垂旒被衮。鄒、袞兩公及十哲列坐而侍，章施足徵，像設如在。次爲賢廊，七十子及二十四大儒繪像具焉。至於栖書之閣、豆籩之庫、堂宇齋館，庖湢庭廡，故事畢舉，而崇飾倍之。子弟秀民備舉選而食廩餼者餘六十人，在東序，隸教官梁棟；孔氏族姓之授章句者十有五人，在西序，隸教官王磐。署鄉先生康曄儒林祭酒以主之。蓋經始於壬子之六月，而落成於乙卯六月初。五十一代孫衍聖公元措嘗仕爲太常卿，癸巳之變，失爵北歸，尋被詔搜索禮器之散逸者，仍訪太常所隸禮直官、歌工之屬，備鐘磬之縣，歲時閱習。以宿儒府參議宋子貞領之。故鄆學視他郡國爲獨異。乃八月丁卯，侯率僚屬諸生舍菜于新宮，玄弁朱衣，佩玉舒徐，釁落之禮成，而饗獻之儀具。八音洋洋，復盈於東人之耳。四方來觀者皆大喜稱嘆，以爲衣冠禮樂盡在是矣！越翌日，學之師生合辭謂僕言："嚴侯父子崇飾儒館以布宣聖化，承平文物頓還舊觀。學必有記，以謹歲月，幸吾子文之石，垂示永久。"僕謝曰："老生常談，何足以陳之齊魯諸君之前？顧以客東諸侯者久，猥當授簡之末，俎豆之事，固喜聞而樂道之，何敢以不敏辭？"

（《全集》卷三十二《東平府新學記》）

論博州廟學

博之廟學,當泰和中州倅遼東王遵古元仲之所建。元仲有文行,道陵謂之"昔人君子"者也。甲申之兵,民居被焚,州將閭侯義以廟學、州宅、龍興寺殿,土木之麗甲於一州,特以兵守之。其後廟學獨廢不存。今行臺特進公以五十城長東諸侯,凡四境之內仙佛之所廬及祠廟之無文者,率完復之,故學舍亦與焉。防禦使茌平石侯青、彰德總管兼州事趙侯德用,乃以行臺之命,茸舊基之餘而新之。大正其位,又爲從祀之室於其旁。至於講誦之堂、休宿之廬、齋廚庫廐,無不備具。經始於某年之某月,落成於某年之某月。文石既具,趙侯請予記之。予竊有所感焉。博自唐以來爲雄鎮,風化則齊魯禮義之舊,人物則魯連子、華歆、駱賓王之所從出。在承平時,登版籍者餘三十萬家,其民號爲良善而易教。特喪亂之後不能自還耳。雖然,豈獨此州然哉?

(《全集》卷三十二《博州重修學記》)

論儒學與佛學

竊唯達人大觀,通天地人爲一體。人於天地間,又同之同者也。元首股肱,古有成說。若民吾同胞,則至道學家乃發之。是故君有輔相裁成之道,臣有幹蠱用譽之責,而民亦有職焉,特張頤待哺而求飽爾。古之任天下之重者,匹夫匹婦有不被堯舜之澤者,若己推而內之溝中。譬之群飲,一人向隅而泣,滿堂爲之不樂。此特爲名教言。至於瞿曇氏之說,又有甚焉者。一人之身,以三世之身爲身;一心所念,以萬生所念爲念。至於沙河法界,雖仇敵怨惡,品彙殊絕,悉以大悲智而饒益之。道量宏闊,願力堅固,力雖不足,而心則百之。有爲煩惱賊所嬈者,我願爲法城塹;有爲險惡道所梗者,我願爲究竟伴;有爲長夜暗所閡者,我願爲光明炬;有爲生死海所溺者,我願爲大法船。若大導師大醫王,微利可施,無念不在。世諦中,容有同異,其惻隱之實,亦不可誣也……若夫有開必先,千載而一,臣能歸美以報其上,君能下下以成其志,炳耀乎典册,揄揚乎雅頌,當有鴻儒碩生秉筆以俟,豈草茅賤士所得而議之?故今所述直以謹歲月云耳。

(《全集》卷三十五《龍門川大清安禪寺碑》)

儒 教 一

聖人之憂天下後世深矣,百姓不可以逸居而無教,故爲之立四民,建三綱五常。士、農、工、賈各有業,父慈、子孝、兄友、弟敬、君臣嚴、夫婦順,各有守。九官而有司徒,仁義禮智,典章法度,與爲士者共守之。天下之人,耕而食,蠶而衣,養生送死而無憾。粲然而有文,歡然而有恩。於聖人之教也,若飢者之必食,寒者之必衣。由身而家,由家而達之天下四方。由不可斯須離,至百世千世萬世而不可變。其是之謂教,而道存焉於其間。《傳》有之:"天祐下民,作之君,作之師。"道之行與否,皆歸之天。

(《全集》卷三十五《清真觀記》)

儒 教 二

竊以窮則變,變則通,聖人之道所以亘萬世而無敝;庶而富,富而教,司徒之官所以敬五典之克從。方屬靈台偃伯之秋,宜有庠序盈門之勝。眷紫微之舊治,肇清廟之新基。緊改作之良難,知樂成之有在。中國有《詩》、《書》之教,風以動之;瘵老思德化之成,今其時矣。

（《全集》卷四十《南宮廟學大成殿上梁文》）

儒家綱常

三綱五常之在，猶衣食之不可一日廢。今千室之邑，豈無人倫之教者？至於挾《兔園策》，授童子之學者，乃無一人焉！寒不必衣，饑不必食，痛乎風俗之移人也。嗚呼！

（《全集》卷三十五《明陽觀記》）

布衾儉德

百世溫公，布衾終身。服公之服，嗟予何人。人以貧爲辱，我以貧爲福。人以儉爲詐，我以儉爲德。惟福惟德，服之無斁。

（《全集》卷三十八《布衾銘》）

論忻州廟學

始定終綏，守文之期式遒；有教無類，作人之效可徵。言念吾州，久崇廟學。傅侯完復于天德小康之際傅守名慎微，字機先，要公增築於大定承平之時要守名介，字伯升。極地位之高明，副師儒之嚴重。華表俯窺於雙鶴廟學下有雙鶴觀，連岡雄鎮于九龍學在九龍岡最上。弦歌絕井邑之譁，章甫易弓刀之舊。孫內翰之科名相踵孫名九鼎，字國鎮，國初狀元，郡人，姚隱君之文石具存《學記》，醉軒先生所作。名孝錫，字仲純，徐州人。不圖劫火之餘，遽有園蔬之嘆。顧慚小己，猥守大藩。方舉廢之是圖，亦少文之當變。昔魯僖以泮宮發頌，齊宣由稷下垂聲。不能廣廈以庇賢，良愧

萬夫之觀政。況乃玄壇并峙,佛屋載新。開檀施于奔馳戰敓之場,
化金碧於顧盼嚬呻之頃。何私有百神之秩,而公無二仲之祠?既
責任之有歸,豈經營之敢後!下車修庠序之教,猶竊恨其遲;扶杖
思德化之成,夫何遠之有!孰相茲役,我懷其人。

(《全集》卷三十九《忻州修學疏代郝侯作》)

論晉之多士應以榮晉任其責

晉北號稱多士。太平文物繁盛時,發策決科者,率十分天下之
二,可謂富矣!喪亂以來,僵仆于原野,流離于道路,計其所存,百
不能一。今年豫秋賦者,乃有百人焉。從是而往,所以榮吾晉者,
在吾百人而已;為吾晉羞者,亦吾百人而已。然則為吾百人者,其
何以自處邪?將僥倖一第,以苟活妻子耶?將靳固一命,蹦蹦廉
謹,死心于米鹽簿書之間,以取美食大官耶?抑將為奇士,為名臣,
慨然自拔於流俗,以千載自任也?使其欲為名臣、奇士,以千載自
任,則百人之少亦未害。如曰不然,雖充賦之多至十分天下之九,
亦何貴乎十分天下之九哉!嗚呼!往者已矣,來者未可期。所以
榮辱吾晉者,既有任其責者矣。凡我同盟,其可不勉!

(《全集》卷三十七《興定庚辰太原貢士南京狀元樓宴集題名
引》)

五、釋　家

相禪師

　　清凉,唐廢寺。大定中,第一代琇公開荆棘立之,在兩山間,初無所知名。琇歿後,遂虛席。久之,西巖德來居。德,輩流中號爲楚楚者,又屏山李公爲之護持,苟可以用力,則無不至,而亦竟無所成。蓋又一再傳,而得吾西溪師。西溪道行清實,臨濟一枝以北向上諸人,至推其餘以接物,則又以爲大夫士之賢而文者也。山中人舊熟師名,及受請,無賢不肖皆喜曰:"相禪師來,清凉不寂寞矣!"當是時,諸禪方以贄雄相誇,齋鼓粥魚之聲,殷然山谷間。清凉儉狹僻左,僅庇風雨,石田不能百畝。師一顧盼而雲山爲之改色,向之相誇者,皆自是缺然矣。師諱宏相,出於沂水王氏。幼即棄其家爲佛子,事沂州普照僧祖照。年十九,以誦經通,得僧服。乃恣讀内外書凡十年,多所究觀。聞虛明亨和尚住普照,道價重一時,乃盡棄所學而學焉。虛明知其不凡,欣然納之。又十年,乃佩其印出世。住鄭州之大覺、嵩山之少林、沂州之普照,最後住清凉。師勤於接納,有諸決之者,爲之徵詰開示,傾困倒廩,無複餘地。故雖退居謝事,而學者益親之。以某年月日示疾,終於寢室,閱世六十有四,夏坐四十有六。所度十人,曰義、曰喆,而爲上首。所證三人:曰顯,今嗣師席;曰靜,曰雋。所著文集三:曰《歸樂》,曰《退休》,曰《清凉》,并録一卷,傳諸方。顯等以某年月日奉師遺骨,塔於西溪之上,以狀來乞銘。凡此,皆狀所言也。初予未識師。有傳其詩與文來者,予愛其文頗能道所欲言,詩則清而圓,有晚唐以來風調,其深入理窟,七縱八橫,則又于近世詩僧不多見也。及登其堂,香火間有程沂州戳名幡,問之侍者,云:"師與程游甚款,歿後歲時祀之。"予用是與之交。嘗同游蘭若峰,道中談避寇時事,師以爲凡出身以對世者,能外生死,然後能有所立。生死雖大事,視之要如翻覆手然,則坎止流行,無不可者。此須從靜功中來,念念不置,境當自熟耳。時小雪後,路峻而石滑。師已老,力不能自持,足一跌,翻折而墜。同行者失聲而莫能救。直下數十尺,僅礙大樹而止。予驚問:"寧有所損否?"師神色自若,徐云:"學禪四十年,腳跟乃爲石頭所勘。"聞者皆大笑,然亦嘆境熟之言果其日用事而不妄也!予嘗論:師之爲人,款曲周密而疾惡太甚。人有不合理者,必大數之,怫然之氣不能自掩。平居教學者:"禪道微矣,非專一而靜,則決不可入。世間學,謾廢日力耳!"及自爲詩,則言語動作,一切以寓之,至食息頃不能忘。此爲不可曉者。今年西堂成,約予來習靜度此夏。比京師歸而師殁矣!惜予欲叩其所知而不及也。乃爲之銘曰:

理性與融,物迹與通。不雷不霆,有聲隆隆。宴坐中林,薇蕨不充。朝詩有瓢,暮詩有筒。澹其無心,愈出愈工。處順而老,安常而終。覺海虛舟,莫知所窮。嘗試臨西溪揖層峰,萬景前陳,而白塔屹乎其中。悠然而雲,泠然而風。頹然而石,鬱然而松。彼上人者,且未泯其音容。孰亡孰存?孰異孰同?招歸來而不可待,耿月出兮山空。

(《全集》卷三十一《清凉相禪師墓銘》)

惠寂禪師

師諱惠寂,姓王氏,西河陽城裏人。爲童子時,白其父求出家,父定以一子故,難之。及長,於佛書無不讀,授華嚴法界觀於汾州天寧寶和尚。父殁,乃祝髮,居孝義之壽聖,時年已五十有一矣。崇慶初,以恩例得僧服,俄賜紫,遂主信公講席,學者日盈其門。避兵南來,居汝州之普照,又遷南陽之鄂城。師以華嚴爲業,手鈔全經，日誦四帙爲課。既客居，徒衆解散，獨處土室中而不廢講說。人有問之者，云："吾爲龍天說耳。"龕前叢竹，既枯而華，隨採隨生，人以爲道念堅固之感。正大丙戌九月五日夜，說世界成就品，明日以偈示衆，告以寂滅之意，且曰："何從而來，何從而去。"於是右脅而化，壽七十有九。會葬萬人。所得舍利及它靈异甚多，此不具録。起塔于普照、華嚴、廣陽之大聖、舞陽之宏教。傳法界觀四人：祖登、法昌、福柔、尼了遇。落髮三人。辛卯夏四月，昌等因比丘尼净蓮求予銘其墓。蓮即道學郝葉縣之甥，父尉南陽，秩滿棄官。翁媼及諸弟如漢上龐禪家。說師平生於禪那有所得，故不與他義學僧同。其言不妄也。乃爲之銘。銘曰：

大方無隅，涉迹則偏。攝一切法，歸頓漸圓。究竟云何？且實且權。彼上人者，言外之傳。于華嚴海，爲大法船。一龕宴居，幽祇滿前。曾是枯株，秀穎鬱然。靈塔相望，有光燭天。鈴音演法，普爲大千。

（《全集》卷三十一《華嚴寂大士墓銘》）

僧法雲（墳雲）

南陽靈山僧法雲，往在鄉里時，已棄家爲佛子。遭歲饑，乃能爲父母輓車，就食千裏。母亡，廬墓旁三年，號哭無時。父歿亦然。山之人謂之"墳雲"，旌其孝也。元光二年冬十二月夜中，僧給詣師求講法界觀，明旦出門，見庵旁近雨雪皆成花，大如杯碗狀。居民聞之，老幼畢集，其在磚瓦上者，皆持去。文士爲賦詩道其事。又山之東水泉不給用，講學者患之。一日，寺西巖石間出一泉，衆謂純孝之報也。世之桑門以割愛爲本，至視其骨肉如路人。今師孝其親者乃如此！然則學佛者亦何必皆棄父而逃之，然後爲出家邪？師臨汾人，姓劉氏。七歲不茹葷，十一出家于洪洞之圓明，師僧智真。二十五具戒，受義學於廣化僧慧，學禪于韶山義公。來南陽主崇勝之觀音院，住靈山，爲之起報恩寺。以正大三年冬十二月十五日，壽六十四，示疾而化。弟子四人，覺懿、行思、行了爲上首。明年起塔於山前。劉鄧州光父，師鄉曲也，知師爲詳，託予銘其墓。予以劉爲不妄許可者，乃爲之銘。銘曰：

　　僧雲之來晉臨汾，六年居廬哭親墳。地泉瀼沸天花紛，孝聲香如世普薰。何以表之今有文。

　　（《全集》卷三十一《墳雲墓銘》）

僧法贇

　　龍興汴禪師爲予言：「汴落髮於告山贇公，承事五六年，始避兵而南。北歸，贇公去世已久。師生於正隆初，而歿於興定之末年，年過六十。但以喪亂之後，時輩凋喪，師之行事無從考按，至於卒葬時日，亦不能知。今所知者，特某甲未南渡時事耳。吾子嘗試聽之。師諱法贇，出於兗州侯氏。自幼出家，事嶧陽明首座。大定間，以誦經通得僧服，即以義理之學從事。根性穎利，同學者少所及。游參扣詰，洞見深秘。得法于告山明和尚，嗣法靈巖才師，即大名曾孫也。出世住告山。方世路清夷，禪林軌則未改，師道風藹然，爲諸方所重。再往兗州之普照。州倅信都路公宣叔，文翰之外兼涉內典，與師爲淘汰之友。師開堂，宣叔具文疏，朝服施敬，繼爲先大夫薦冥福，禮有加焉。其爲中朝名勝所推服如此。汴老矣，尚能記師沉默自守，不以文字言語驚流俗爲門戶計，住持不勝營造。學者雖多，迄無授記者。行義如是，而使之隨世磨滅，門人弟子實任其責。竊不自揆度，敢以撰述爲請，幸吾子惠顧之。」不肖交於汴公者三十餘年矣。汴南遷後，嗣法虛明亨公，在法兄弟最後蒙印可。於臨濟一枝，亭亭直上，不爲震風凌雨之所摧偃。龍興焚蕩之餘，破屋數椽，日與殘僧三四輩灌園自給，不肯輕傍時貴之門。予嘗以五言贈之，有「大道疑高謇，禪枯耐寂寥。蓋頭茅一把，繞腹

251

簨三條"之句。意其孤峻自拔如此，必有所從來。循流測源，乃今知所自矣。因略記贇公遺事，故兼及之。

（《全集》卷三十一《告山贇禪師塔銘》）

僧澄徽

師諱澄徽，出於平定和氏。弱不好弄，行值塔廟，如欲作禮然。七歲白其父求出家。父知其代值善根，送之冠山大覺寺，師宗圓大德洪公。一日，詣洪公言："今釋子迴迴，率言誓求佛果。如經所說，沙門修行歷三數劫，以至大千世界，無一臥牛許地，非其捨身命處，乃得成道。信斯言也，世豈有一人可證佛果者？"洪雖心異之，而不知所以答也。崇慶初，以恩例得僧服。洪命師歷講席以求義學。不三四年，能爲先學者指說。既久，厭抄書之繁，投卷嘆曰："渠寧老於故紙間也！"即拂衣去，依清拙真禪師于亳、泗間。真一見師，知其不凡，贈之詩，有"三尺枯桐傳古意，一根藜杖知歸程"之句。再參少林隆、寶應遷，最後入龍潭虛明壽和尚之室。虛明風岸孤峻，特慎許可。師扣請未幾，即以第一座處之。有爲虛明言者："公於徽首座推激過稱，不重加爐錘，則吾恐一軍皆驚將復見於今日矣。"虛明笑曰："君未之知耳！我二十年不了者，渠一見即了，尚待爐錘耶？"癸未冬，佛成道日，眾以師心光赫發，有不可掩焉者，請於虛明，願爲師舉立僧佛事。師不得已升座，舉嚴頭奯法語云："見過於師，方可傳授；見齊于師，減師半德。今日徽首座爲是見齊于師，爲復見過於師？若謂見過，辜負虛明老人；何止辜負虛明，亦乃喪身失命。若謂見齊于師，寧不辜負徽首座！何止辜負徽首座，雲門一枝，掃地而盡！然則究竟云何？"徐拈柱杖云："一朝權在手，看取令行時。"虛明大喜，至以得人自賀。正大甲申，住陳留之東林。明年，開堂於亳州之普照。名士史內翰季宏而下，爲具疏。於是，師之道價隱然于東南矣。師以世將亂，從虛明於靜安，築室汴水上五六年。杖策北渡，故吏部尚書張公履，留師住彰德之天寧。師天性簡重，且倦於迎接，不二年，遁居大名，閉門卻掃，人事都絕。雅善琴道，且于詩律有功，惟以二事自娛。而學人之來者日益多，編茅爲屋，乞米爲食，有依止歲久而不忍去者。師幡然曰：「今狂解塞路，誠羞於同列。然玄綱之墜久矣，將不有任其責者乎！」乃聽學人入室徵詰，開示極爲周悉。因師得證者繼有其人。俄以補印《藏經》，賜號寂照通悟大禪師。以乙巳冬十一月之五日示微疾。卻後五日，沐浴更衣，留偈而逝。得年五十有四，僧夏三十有三。度弟子于内得法者十有一人：智贇、子昶、善明、子廣、德澄、善惠、惠臻、普瓊、淨瑞、子源、道忠。所著《升堂語錄》、《解道德經》并詩、頌、雜文，傳于諸方。師没之七日，遠近會葬，傾動州邑。荼毗之際，靈異甚多。起塔于二祖元符禪寺與山陽之白茅寺，遵遺令也。往予過大名，曾一謁師。予先世家平定，然未嘗語及之也。今年秋九月過平定，遊冠山，矗帥庭玉指似予：「此寺即徽上人落髮處也。渠已老，故瞻枌榆，有終焉之志，旦夕往迎之矣。」時殿後一大松，槃礴偃蹇，高出塵表，予拊而愛之。庭玉又言：「此松先有虬枝，及地而起，畫工往往貌之以爲圖。此夏忽爲大風所折，松今非向比矣。」予私念言：「成都石筍折，隨有當之者。上人其不歸乎？」及到大名，而師之逝已三日矣。僧贇及瓊輩，以予師鄉曲，丐爲塔銘。予正宗無淘汰之功，謝不敢當。贇三請，益勤。度不可終辭，因就師象前，問：「師能爲我說法否？」寂聽良久，捧手曰：「法王法如是。」乃退而爲之銘。銘曰：

父無此兒，祖不渠孫。秘窟龍潭，孤奉佛恩。其生也坐斷水月之場，其没也臥護稠禪之門。歸然一塔，如不動尊。渺冠山之雲，澹兮似無所存。异時觸石而起，又安知其下涵蓋乎乾坤。

時大朝丙午年四月初十日嗣法小師子昶建塔，門人德澄立石。施碑人翟評事，鑴字人張天才。

（《全集》卷三十一《徽公塔銘》）

昭禪師

慈明與琅邪覺皆法兄弟，共扶臨濟一枝。慈明而下十餘世，得玄冥青禪師；琅邪而下亦十餘世，得虛明亨禪師。玄冥風岸孤峻，無所許可，寧絕嗣而不傳；虛明急於接納，故子孫滿天下，又皆稱其家，加慈雲海、清涼相、羅漢汴與法王昭公，皆是也。屏山為虛明作墓誌，以為二公傳與不傳雖異，而其道并行而不相悖也。正大初，予在史館。昭公屬予，求書屏山所作銘於禮部閑閑公。公初以目疾為辭。予請之堅，公因問："法王皆來有何言句？"時昭公方為虛明作塔于法王之朝臺，有偈云："以塔為身，以鈴為舌；萬仞岡頭，橫說豎說。"予為公舉似。公欣然曰："銘安在？我當為書之。"蓋師家父子為時賢所稱如此。歲丁酉八月，予自大名還太原。師之徒蔚某出師語錄，求作序引。吾家微之有言："若佛法，師當為予說，而予不當為師說。"故略以數語遺之。太原元某引。

（《全集》卷三十七《太原昭禪師語錄引》）

論佛學

浮屠氏之入中國千百年，其間纔廢而旋興，稍微而更熾者，豈無由而然？天下凡幾寺，寺凡幾僧，以鄉觀鄉，未必皆超然可以為人天師也。唯其死生一節，強不可奪；小大一志，牢不可破。故無幽而不窮，無高而不登，無堅而不攻。雖時有齟齬，要其終則莫不沛然如湍流之破堤防，一放而莫之禦也。道則異術也；教則異習也。梯空接虛，入神出天，與吾姬、孔氏至列為三家。儒衣冠之子孫，有奔走而從之者，況乎誘庸俗而役之，以為區區之塔廟，豈不聲咳嚬呻之頃而得之？噫！使吾聖人之門，有若信、若果、若因、若忔者,旦旦如是,世世又如是,就不能推明大道卓如日月之明,至於一畝之宮,亦何遽有鞠爲園蔬之嘆乎?吾於是乎有感。

(《全集》卷三十五《威德院功德記》)

論佛學盛行

佛法之入中國,至梁而後大,至唐而後固。寺無定區,僧無限員。四方萬里,根結盤互。地窮天下之選,寺當民居之半,而其傳特未空也。予行天下多矣。自承平時,通都大州若民居、若官寺,初未有閎麗偉絕之觀。至於公宮侯第,世俗所謂動心而駭目者,校之傳記所傳,曾不能前世十分之一。南渡以來,尤以營建爲重,百司之治,或僑寓於編户細民之間。佛之徒則不然,以爲佛功德海大矣,非盡大地爲塔廟,則不足以報稱。故誕幻之所駭,堅苦之所動,冥報之所讋,後福之所徼,意有所嚮,群起而赴之。富者以貲,工者以巧,壯者以力,咄嗟顧盼,化草萊爲金碧,撞鐘擊鼓,列坐而食,見於百家之聚者乃如此。其說曰:"以力言者,佛爲大,國次之。"吁,可諒哉!

(《全集》卷三十五《竹林禪院記》)

興國禪院

軌轍交馳,塵勞先起;皮毛盡落,真實具存。星河同是一天,淮濟更無別水。談空說有,何妨掀轉話頭;指東畫西,究竟不離當處。眷兹興國,初議安禪。誰堪選佛道場,來舉開山公案?集公清風匝地,滿月當秋。不甘北覬之鈴鎚,自得壽寧之衣鉢。僧嗣壽寧月。光明既露,難擬蓋藏;賓主相詶,共爲推挽。雲山改色,鐘鼓同聲。暫從華表之遊,盡革青氈之舊。法筵龍象,同歸佛祖之權;大地山河，永祝南山之壽。善哉行矣，今正是時！

福慧兼全，萬為稀有；人境相值，一變從新。載惟父祖之田園，遠歷隋、唐之歲月。透龕仍在，露塔相望。雖齋鼓粥魚粗供朝夕，而樹林水鳥未極幽閑。幸我賢侯，特紆深眷，謂打地之清風未遠，而開門之勝概空孤。變遷既异于古今，授受寧論於甲乙？誰其作古，自有當仁。固知不出當家，終亦難逃公議。月輪桂樹，斬新別出一枝；佛國旃檀，何暇更求他木？某公清標孤峻，道照虛明。袖裏圈繩，穿透向上諸人鼻孔；林間几席，坐斷天下衲僧舌頭。既為大事因緣化身，合與末法眾生援手。自教自禪之已竟，誰賓誰主以何言？勿云鶴戀舊巢，自是龍行故道。高提正令，行十三八棓之權；永為皇家，延百億萬年之壽。無勞擬議，便可承當。

（《全集》卷三十九《興國院改律為禪請住持疏二首》）

永寧竹林寺

竹林寺在永寧之白馬原。其初為佛屋，居人以修香火之供。既廢矣，鄉豪麻昌及其族弟岊稍完葺之，以龍門僧廣居焉。廣，解梁人，自言白雲杲之徒。居而安之，即以興造自任，興定中，請于縣官，得今名。乃為殿、為堂、為門、為齋廚、為庫廄，凡三年而寺事備。南原當大川之陰，壤地衍沃，分流交貫，嘉木高蔭，良穀美稷，號稱河南韋、杜，而寺居其上游。東望女儿，地位尊大，居然有岳鎮之舊。傀蹠劫立，莫可梯接。仙人諸峰顔行而前，如進而侍，如退而聽，如敬而慕，如畏而服。重岡複嶺，絡脈下屬，至白馬，則千仞突起，朗出天外，儼然一敵國之不可犯。金門、烏啄奔走來會。小山累累，如祖龍之石，隨鞭而東。雲煙杳靄，濃淡覆露，朝窗夕扉，萬景岔入，廣一攬而洛西之勝盡。蓋嘗嘆焉。

（《全集》卷三十五《竹林禪院記》）

六、道　家

孫伯英（王守素）

　　伯英在太學時，所與游皆一時名士。故相程公日新判河南，伯英居門下，甚愛重之。貞祐初，中原受兵，朝廷隔絕。府治中高庭玉獻臣接納奇士，號爲“衣冠龍門”。大尹復興慭之。會有爲蜚語者云：“治中結客，將據河以反。”遂爲尹所構。凡所與往來者，如雷淵希顏、王之奇士衡、辛願敬之，俱陷大獄，危有一網之禍。伯英出入府寺，人爲出死力者多，故得先事遁去，依殷輔之商州，變姓名，從外家，稱道人王守素。會赦乃歸。貞祐丙子，予自太原南渡，故人劉昂霄景玄愛伯英，介予與之交，因得過其家。登壽樂堂，飲酒賦詩，尊俎間談笑有味，使人久而不厭。伯英時年四十許，困名場已久，重爲世故之所摧折，稍取莊周、列御寇之書讀之，視世味蓋漠然矣。予意其本出將家，氣甚高。已折節爲書生，束以詩禮，優柔厭飫，偶以蘊藉見名。其鬱鬱不能平者，時一發見，如縛虎之急，一怒故在。世已亂，天下事無可爲，思得毀裂冠冕，投竄山海，以高蹇自便，日暮途遠，倒行而逆施之。古人或爲抱關、或仕執翶、或妄從博徒賣漿者，其盡皆出於無聊賴之至耳，非本志也。又明年，客有來崧山者云：“伯英真爲黃冠師矣。”正大庚寅十月十九日，歿於亳之太清宮，春秋五十有一，因即其地葬之。始祖堅，國初以軍功贈龍虎衛上將軍隴州刺史。祖汝楫，武略將軍魯山令。父鈞，武義將軍昌州鹽使司判官。室劉氏，前歿。子璋。婿，同郡王好禮。伯英初名邦杰，後改天和，孫氏，雄州容城人，居洛陽四世矣。銘曰：

　　馬逸要駕，犢健破車。霸略所貪，世議之拘。我足天衢，彼責守閭。我材明堂，彼求侏儒。蚩蚩之與曹，而昧昧之與居。俱腐草

257

木,孰別以區?千百載而下,或有攓蓬而問者,又焉知其輕世肆志、
自放于方之外,以耗壯心而老歲月歟?

（《全集》卷三十一《孫伯英墓銘》）

袁從義

先生諱從義,字用之,族袁氏,世爲虞鄉著姓。母娠十二月而
生,且有神光照室之异。幼沉默,不好爲童子劇。及長,儀觀秀偉,
音聲如鐘,識者知其不凡。年十九入道,師事玉峰胡先生於金。玉
峰道風儒業,名動京師。年八十,章宗特徵授禮官。先生盡傳其
學,通經史百家,旁及釋典,亦稱該洽。而于易學蓋終身焉。初,親
舊以先生龍蟠鳳翥,有雲漢之望,勸之就舉選。先生薄于世味,不
之屑也。中條靈峰觀,唐賢羅通舊隱,歲久頹圮,不庇風雨,先生率
同志麻長官平甫共葺之,命高弟喬知先象之居焉。結茅此山之王
官谷,近司空表聖休休亭故基,是爲藏雲道院。先生因以“藏雲”
自號。種竹餘三十畝,山田二頃,足充賓客之奉。先生道價既重,
州郡長吏到者,率詣山門致謁。禮部閑閑趙公周臣、内翰屏山李公
之純,每見必厚相慰藉,互以詩什爲贈。中朝名勝如史季宏、王隆
吉、羅鳴道、李欽止、吉仲器、馬元章、王可道、許德臣、元禮昆季,皆
就傳易道。自餘成業于先生之門者,又不知幾何人矣。先生資樂
易,行己接物,得于吾孔、孟書者爲多。事母孝,故生平未嘗遠出。
母年九十,終於隱所,葬祭如禮,州裏稱焉。裏中孤幼不能自存者,
先生收養之,躬自教督,使有受學之漸。既長,又爲之婚娶。如是
十餘輩,其後俱有所成。雅好醫術,病者來以藥請,賴以全濟者甚
眾。兵後歲饑,民無所於糴,盡出餘粟,以贍貧者。或時出,鄉人爭
延致之,談經誦道,言笑彌日。凡今世道家祭醮章奏,皆鄙而不爲。
嘗獨行山間,遇异人,自稱衡岳主者蕭正之,謂先生三世學道,乃今
有成,“吾於蓬山仙注院見吾子名氏。卻後當爲孝廉貞净仙人,代

鄭雲叟爲少室伯,主司真洞天。"言訖,失所在。然先生自以爲不敢當也。正大甲申,朔方兵再略蒲、解,先生避亂山陽史華國家。已而保聚被攻,先生義不受辱,顧謂弟子言:"吾往矣!"乃閉息土室中,怡然而逝,年六十六,時二月十有四日也。猶子致中等葬之山麓之南。所著《易略釋》、《列子章句》、《莊子略解》、《雲庵妙選方》,傳於世。始,予罷內鄉,致中介於劉鄧州光甫,丐予文以表先生之墓。及官京師,見閑閑公,亦以爲言,并以挽詩見示。朔南喪亂,因循未暇,而予心未始忘也。丁未春,芮城李邦彦過吾州。邦彦,先生鄉曲,與之遊甚款,用是重以斯文爲請。予問邦彦:"藏雲所以爲天下所高,可得聞乎?"邦彦言:"藏雲隱節可以配古人,而器量可以奉至尊。吾不知其他。"予捧手曰:"有是哉!"乃爲次第之。其銘曰:

　　山澤與之臞,道味與之腴。翩翩獨征,游物之初。謂當風岸絕出而莫可接,乃溫兮其玉如。以君爲黃冠師邪?合煉之刀圭、襐襘之綿蕝,又非句漏令、寇謙之之徒。況乞靈於綠囊,進技于黃襦。勸義人倫之先,盡歡菽水之餘。洗心有經,先天有圖。絕學我傳,宿惑爾祛。以君爲縫掖生邪?胡不繁文以拘,而脂膏以濡?嗒焉屍居,奮而亨衢。塞爲瓠壺,震驚八區。其卷其舒,其知其愚。之人也,吾無以命之,殆方內之外,而方外之內者歟?

　　(《全集》卷三十一《藏雲先生袁君墓表》)

于道顯

　　有爲全真之言者衛致夷,狀其師離峰子之行,請予爲墓道碑,曰:"始,吾離峰子事長生劉君,年未二十,便能以苦行自立。丐食齊、魯間。雖腐敗委蠅蚋之餘,食之不少厭。不置廬舍爲定居計,城市道途,遇昏暮即止,風雨寒暑不恤也。吾全真家禁睡眠,謂之煉陰魔。向上諸人,有脅不沾席數十年者。吾離峰子行丐至許昌,

寄止岳祠,通夕疾走,環城數周,日以爲常。其堅忍類如此。嘗立
城門之側,有大車載稿秸而過者。稿觸其鼻,忽若有所省,歡喜踊
躍,不能自禁,爲一老師鎖閉空室中,三日乃止。初不知書,自是日
誦數百言,示之《老》、《莊》,隨讀隨講,如迎刃而解,不數年遍通内
外學。作爲歌詩,伸紙引筆,初若不經意,皆切於事而合于理,學者
至今傳之。爲人偉儀觀,器量寬博,世俗毀譽不以關諸心,獨于周
急繼困、解衣輟食,恒若不及也。南渡後,道價重一時,京師貴游聞
師名奔走承事,請爲門弟子者不勝紀。正大中,被旨提點亳州太清
宫,賜紫虛大師。離峰子之平生大略如此。致夷將以某年月日,葬
師于洛陽長生觀。吾子嘗許以銘,幸卒成之。"

　　予在三鄉時,蓋嘗望見離峰子於眾人之中。及官東南,離峰子
亦嘗寓書求予爲録章封事。予雅知若人樂與吾屬遊,思欲叩其所
知而未果也。且致夷求予文有年矣,今年複自聊城走數百里及予
於濟上,待之者又累月。予病,懶於筆墨,若謂有疑于其師者。然
予于離峰子何疑哉? 予聞之今之人,全真道有取於佛、老之間,故
其憔悴寒餓,痛自黥剿,若枯寂頭陀然。及其有得也,樹林、水鳥、
竹木、瓦石之所感觸,則能事穎脫,戒律自解,心光燁然,普照六合,
亦與頭陀得道者無異。故嘗論之:夫事與理偕,有是理則有是事,
三尺童子以爲然。然而無是理而有是事,載於書、接見於耳目,往
往有之,是三尺童子不以爲然,而老師宿學有不敢不以爲然者。予
撰《夷堅志》,有平居未嘗知點畫,一旦作偈頌、肆口成文、深入理
窟者三數人。黥卒販夫且然,況念念在道者乎? 張内翰敏之,離峰
子舊也,敘其歌詩曰:"師自以其言爲道之棄物,今所以傳者,欲知
此老林下百胝塵中幾蜕耳。"又曰:"悠然而風鳴,泛然而谷應。彼
區區者或以律度求我,是按天籟以宫商、而責混沌之斵丹青也。"
吾友孫伯英,河洛名士。在太學日,出高河南獻臣之門。若雷希顏
淵、辛敬之願、劉景玄昂霄,其人皆天下選。伯英與之游,頭角嶄
然,不甘落其後。一見師,即北面事之,竟爲黃冠以殁。張,予所

敬，而孫，予所愛也。二君子且然，予於離峰子何疑哉？乃爲之銘。
離峰子，諱道顯，出於文登于氏。初隱觀津女幾之桃花平。過洛
陽，得劉君舊廬，葺居之，是爲長生觀。住太清宮三年，避壬辰之兵
於廬氏，漆水公迎致鄧下。俄以疾終，春秋六十有五。離峰，其自
號云。

　　分食雞豚，託處虺蛇。視身寇讎，自幹置羅。樂有加邪？年可
遲邪？所持者狹而所獲奢邪？豈無考槃？在澗之阿。木茹草衣，
召來天和。急而張之，絃絕奈何？學道之難成，使人咨嗟。曰婦姑
勃谿，交喪則多。千日之功，或棄於毫末之差。彼避險而就夷，背
實而趨華。拱璧以先駟馬，不免於道誇。若人者不漬於流，不磷於
磨。始于同氣闢弓，終以大方爲家。顧雖有墓於此，安知其不冠青
雲而佩飛霞也邪？

　　（《全集》卷三十一《紫虛大師于公墓碑》）

王志常

　　尊師諱志常，姓王氏，恒心道人，其自號也。世爲秀容西山水
馬里人。年十六七許時，牧牛羊田間，一道人日來相就。既與之
熟，問：「汝肯隨我往天壇否？天壇，神仙洞府，勝似此間。」師雖
幼，聞之，頗亦愛樂，道人者即挈之而西。是日薄暮至一城，忽失道
人所在。問其地，乃濟源也。又問去天壇遠近，人云：「百餘里
耳。」師自度無所歸，明日徑往。入陽臺宮，道眾問所以來，師具
言。道眾駭其爲异人挈之，能一日千里，是夙有仙分，留爲香火童
子。八年乃歸。父母謂其死已久，悲喜交集，因送之天慶觀，事王
大用佐材。尊師資稟重厚，不妄言笑，冠服樸素，若不以世累爲懷，
而內敏殊甚。閑讀史傳，略知古今成敗。留意醫藥，必以先所驗者
告之。天慶，唐以來福地，廢於貞祐之兵。及官府立，尊師率其屬，
力爲崇建，規製峻整，遂爲一州之冠。兵間暴骨狼籍，無復收瘞。

宣撫使劉公易假師緣契，爲哀丘而祭之，州裏尤歸重焉。尊師生大定壬午，又再閱二十九年，顏渥丹，鬚眉皓白，飲食如少壯人。客至，與談承平故事，歷歷可聽。識者謂異人得師童草中，必謂他日爲受道之器，故置之仙聖所廬。敦龐耆艾，今既效矣。以庚戌冬十一月十有八日，沐浴易衣，召弟子告以後事，留頌而逝。某日，寧神于州西北原。守冲等爲植碑，予用所知者爲之銘。銘曰：

至人翩翩，坐凌八遐。惟其識初平於芻牧，故不以長房縮地而爲誇。道之所存，不於泰奢。必有敦龐耆艾之士，乃克負荷。彼浮僞而淫采，我悃愊而無華。道如自擇，當孰舍邪？使大方之家而無若人，亦奚貴於大方之家？

（《全集》卷三十一《天慶王尊師墓表》）

秦志安（秦略子，號通真子）

通真子諱志安，字彥容，出於陵川秦氏。大父諱事輆，通今博古，工作大字，爲州裏所推重。父諱略，字簡夫，中歲困於名場，即以詩爲專門之學，自號西溪道人。詩殊有古意，苦於雕斲而無跡可尋，當代文士極稱道之。生二子，通真其長也。自早歲趣尚高雅，三舉進士，而于得喪澹如也。避亂南渡，西溪年在喜懼，親舊以禄養爲言，不獲已，復一試有司，至廁簾罷歸。正大中，西溪下世，通真子已四十。遂致家事不問，放浪嵩、少間。取方外書讀之，以求治心養性之實。於一家之學有所疑，質諸禪子。久之，厭其推墮混漾中而無可徵詰也，去從道士游。河南破，北歸。遇披雲老師宋公于上黨，略數語即有契，嘆曰："吾得歸宿之所矣！"因執弟子禮事之。受《上清》、《大洞》、《紫虛》等籙，且求道藏書縱觀之。披雲爲言："喪亂之後，圖籍散落無幾，獨管州者僅存。吾欲力紹絕業，鋟木宣佈，有可成之資，第未有任其責者耳。獨善一身，曷若與天下共之？"通真子再拜曰："受教。"乃立局二十有七，役工五百有

奇。通真子校書平陽玄都以總之。其於"三洞""四輔"萬八千餘
篇,補完訂正,出於其手者爲多。仍增入《金蓮正宗記》、《煙霞
録》、《繹仙》、《婺仙》等傳附焉。起丁酉,盡甲辰,中間奉被朝旨,
借力貴近,牽合補綴,百萬并進,卒至於能事穎脱,真風退布。而通
真子之道價益重于一時矣。通真子記誦該洽,篇什敏捷,樂於提
誨,不立崖岸。居玄都垂十稔,雖日課校讎,其參玄學,受章句,自
遠方至者源源不絶。他主師席者,皆竊有望洋之嘆。寶藏既成之
五月,爲徒衆言:"寶藏成壞,事關幽顯,冥冥之間,當有陰相者。
今大緣已竟,吾其行乎!"越二十有五日,夜參半,天無陰翳,忽震
電風烈,大木隨拔。遽沐浴易衣,蜕形于所居之樗櫟堂,得年五十
有七。高弟李志實等以某月日奉其衣冠,寧神於天壇之麓,披雲之
命也。所著《林泉集》二十卷行於代。往,予先君子令陵川,予始
成童,及識通真子之大父。閒居崧山,與西溪翁爲詩酒之友者十五
年。通真子以世契之故,與予道相合而意相得也。故志實輩百拜
求爲其師作銘。今年春二月,劉志玄者複自濟上訪予新興,冰雪沍
寒,跋涉千里,其勤有足哀者。乃爲作銘,使刻之松台。其銘曰:

　昔在窮桑發真源,鑿民耳目神始全。遭罹元元坤軸旋,壞劫欲
墮未開前。道山絶業當時傳,百於芯裊了大緣。若有人兮静以專,
響也易老固初筵。玄綱力挽孰我先? 苦節終志孰我堅? 網羅落簡
手自編,寒暑不廢朱黄研。琅函瓊笈閟九原,垂芒八角星日懸。司
功會計蓋上遷,乃今出瓶鳥飛翩。安常處順古所賢,死而不亡豈其
然? 華陽九障名一焉,豈不委形殆賓天? 爲複延康轉靈篇,爲複蕊
珠參七言,爲複虎書校三元,爲複逸度論九玄。宵當七祖歸枯禪,
松台有名鶴千年。我相夫子非頑仙。

　(《全集》卷三十一《通真子墓碣銘》)

李志源

先生諱志源,姓李氏,邠之三水人。幼有至性,宗黨以孝稱。年未三十,考妣俱喪,因棄家入道,師事玉峰周君。伐薪供水,執役不少倦。積三數年,周君憫其勞,使之遊歷諸方。至醴泉,與同業者結茅以居。全真家樂與過客餌,道院所往,至者如歸。嘗歲饑,資用乏絕,先生辟穀數旬,以供給來者。其先人後已類此。又十有八年,乃築圜堵于三水李氏家。三年,人莫見其面。周君知其有所得也,召之還圜,送主玉峰觀,并以法席付之,號曰圓明子。先生資稟醇正,寡於言論,行己接物,始終如一。時人以其仁恤周至,故有慈孝之目。周君亦以爲無愧其名也。正大末,關中受兵,先生避地洛陽。及河南破,僑寓東阿者數年。初,周君以重陽煉化之地號“活死人墓”者蕪歿已久,每欲葺居之。歲甲午,關輔略定,先生乃緣其師雅意,率法兄弟諸人,分遣徒眾,力爲經度之,是爲重陽成道觀。營建未幾,即命駕西還。先生既老,道價益重,學者向慕,過於玉峰時。以丙午秋八月之五日,春秋七十有一,反真于成道之中堂,以故即其地葬之。明年夏四月,先生之同業潘志元、周志靜、門弟子陳志清來新興,踵門致謁,以先生墓表爲請,曰:“吾圓明老師營成道訖功,將就太原謁文吾子。期以秋七月即途,而以事不果行。遺命吾屬,使必成夙志。其眷眷於吾子者如是。聞吾子亦以普照範君、幕府正之王君之故知其名,能不以文字使少見於後乎?”予因問三子者:“圓明既以名取我,以文託我,意其臭味必有相同者。其言句可得聞乎?”三子者曰:“圓明臨終沐浴易衣,會法屬,與之訣。有求遺教者,第告之以‘清淨無爲,不染不著’而已。已而,復求詩頌,圓明麾之曰:‘吾平生未嘗弄筆墨,設强作一語,非留病人間乎?且近世諸師文編,達者猶將以爲筌蹄,況萬萬不相侔者乎?’言終,怡然而逝。圓明平實如此,何言句之有哉?”予止之曰："子休矣！圓明所得，吾得之矣！"乃爲之銘。其銘曰：

舌吐而吞，駟馬追奔，孰愈於目擊而道存？夫惟不關鍵而閉，是謂玄玄之門。終南之原，若人複其元。始於補劓息黥，乃今拔本而塞源。蓋予許之以忘言之契，故以其不言者而爲知言。

（《全集》卷三十一《圓明李先生墓表》）

李大方

明昌、承安間，文治已極。天子思所以敦本抑末，厚天下之俗，既以經明行修舉王礄逸賓、張建吉甫、文商伯起輩三數公，官使之矣；至於道家者流，潔己求志，有可以贊清净之化者，亦特徵焉。最後得通玄李君，天下翕然以得人歸之。蓋君天質冲遠，蟬蛻俗外，出入世典，而無專門獨擅之蔽；從容雅道，而無山林高塞之陋。一時名士，如竹溪黨公世杰、黄山趙公文孺、黄華王公子端，皆以道義締交於君。大丞相莘國胥公於人物慎許可，及爲君作贊，至有"百世清規"之語，則君之流品爲可見矣。君諱大方，字廣遠，世爲汾西人。父以醫爲業。母管氏，妊十二月，夢神人捧日照其室，已而君生。弱不好弄，言語動作率非嬰兒所當有者，家人异焉。七歲入道，師冲佑觀道士郭師禮。學有夙昔，能日記千言。年十二，以誦經通得度，即辭師往趙城，讀書天寧道院。積力既久，遂窮藏、史之秘，至於六經百氏之學，亦稱淹通。大定初游關中，道風藹然，有騫飛不群之目。講師郝君道本，名重一時，一見君即以大器許之。及郝被召，君佩上清三洞祕籙，主盟秦雍者餘二十年。泰和七年春，詔以君提點中都太極宮事，賜號"體玄大師"。俄被旨以祈嗣設大醮。君嚴恭科禁，方士誕幻之語未嘗一出諸口，徒以精誠感通，遂有萬鶴下臨之應。百官表賀，文士亦多贊詠。召對稱旨，又召入禁中訪道。君儀觀秀偉，占對詳雅，玄談亹亹，聽者忘倦，章宗特敬异之。衛紹王大安初，召君馳驛詣嶽瀆，投金龍玉冊，爲民求福。賜雲錦羽衣，仍佩金符，加號“通玄大師”。所至靈應昭著，此不具載。貞祐南渡，君還居鄉邑，因自號北山退翁。莘公鎮平陽，以歲旱請君致禱，車轍未旋而澍雨霑足，時人以神人許之。壬午秋，避兵清涼山。一日布卦，得剥之上九，嘆曰：“吾行矣！”明日，游騎至，擁老幼萬人下山。君爲門弟子元慶言：“吾將安歸乎？朝家以我爲有道者，猥以徵書見及，寧當負之邪？而輩第往，毋念我爲也。”乃策杖入深谷，臥大龕下，怡然而逝，春秋六十有四，實元光元年九月二十二也。兵退，元慶等奉公衣冠，葬於某所。癸卯冬，予自燕都還太原，道出范陽。君之族孫閎持蕭煉師公弼所録事迹，以墓表見屬，曰：“吾祖墓木已拱，而旌紀寂寥。誠得吾子撰述，以著金石，傳永久，死不恨矣！敢百拜以請。”某謝曰：“自予爲舉子時熟君名，欲造其門，然以愚幼未敢也。幸當以不腆之文託君以傳，其何敢辭？”乃爲論次之。其銘曰：

處士素隱，方士誕荒。天厚通玄，畀之玄綱。相彼少微，出此冀方。姑射之山，草木有光。可陽可陰，以柔以剛。千仞壁立，屹乎堂堂。雖有拱璧駟馬，不失其燕處之常。巨浸稽天，一簣莫障。所謂伊人，柴立中央。自古皆有死，獨有道者爲不亡。望君蓬萊，海日蒼涼。千年一歸，裵回故鄉。勒銘墓石，維以志衣冠之藏。

（《全集》卷三十一《通玄大師李君墓碑》）

郝太古一

全真師郝君，初自寧海來趙州，坐州南石橋下六年。俬婿郭長倩爲真定少尹，過州問知師處，率家人致謁，師瞑目不爲答，長倩夫婦流涕而去。州人始知敬之，請師住真定之太古觀，不之許。及長倩赴召，乃往居之。師燕坐既久，心光內映，大《易》之學，恍惚有神授之。其教督嚴，揮斥公，人以爲玄門之臨濟。間一二言休咎，如期而驗。道價重，聞達京師。衛紹王崇慶初，賜號“廣寧全道太古真人”,自是四方皆以郝太古目之。

（《全集》卷三十五《太古觀記》）

郝太古二

　　廣寧全道太古真人寧海郝君,初入道,習所謂以苦爲樂者,塊坐趙州南石梁之下六年。羽化之後,高弟范煉師複來趙州,築環堵而居之。官吏士民請住州之天寧觀。後十年,真定幕府參議趙振玉起堂于天寧,名之曰“太古”。左司郎中賈道成因立真人像于中,使其徒事之。真人平生篤于大易之學,其以古道自期者,蓋天性然。餘嘗讀《太古集》,見其論超詣,非今日披裘擁絮、囚首喪面者之所可萬一。癸卯冬過慶源,館煉師所居,乃爲作《太古堂銘》。其銘曰:

　　宇宙一途,萬物并馳。至人深心,砥柱不移。一念萬年,後天爲期。盧室生白,嗒焉自遺。故曰存乎人,不繫其時。居今而行古,豈季末之能漓。玄學希夷,大易精微。致身義皇,野鹿摽枝。穴居野處,旦暮見之。彼素隱行怪,小智自私,泯泯默默,至老死而不自複者,殆昨暮兒邪?

　　（《全集》卷三十八《太古堂銘》）

郝志樸　袁守素　李存道

　　直王屋縣治之北八里所,其地名八仙岡。丘阜連屬,於華蓋峰爲近,而紫溪之水所從出。仙人燕君舊井在焉。開元中,敕置陽臺宮,以居司馬煉師。近世乃于宮之左別爲通仙觀。通仙觀者,初爲泰和道院,郝志朴實居之。崇慶癸酉,以恩例得今名,始大爲崇建。堂宇廊廡,齋厨庫厩,以次而具。歷兵亂得不廢,今其徒袁守素主之。郝,平陽人,淳素有守。披荊棘、拾瓦礫,不階一簣之助,積數十寒暑而後有所就。承平時,朝上方者率取道於此。賓客之所食息,幾與陽臺等。皆歡喜承事,無虛過者,而未嘗丐貸於富人之門。人用是重之。郝之後,有李存道義之。義之,曲沃人。童幼入道,通莊周、列御寇之學,五經、諸子亦所涉獵,妙於琴事,以自娛而已。或謂其於异書有所得,而不以傳也。

(《全集》卷三十五《通仙觀記》)

趙　素

虛白處士趙君已入全真道,而能以服膺儒教爲業。發源《語》、《孟》,漸于伊洛之學,方且探三聖書而問津焉。計其真積之力,雖占候醫葡,精詣絕出,猶爲餘刃耳。道風既扇,旌車時徵。曳裾王門,大蒙寵遇。三年,以母老得請歸。在鎮陽行台,奉被恩旨,發泉公帑,築館迎祥觀之故基,是爲皇極道院。年月日,某實敘而銘之。處士名素,字才卿,河中人,虛白其賜號雲。聖學心傳,惟精惟一。作新斯民,下土是式。相爾秉彝,有物有則。厥惟背馳,固有而失。有淫有朋,有比其德。匪伊司南,恨其摘埴。于帝其訓,王道正直。福自爾求,如斂而錫。咨而虛白,慮然後得。言以道敷,中由權執。賢王好善,而康而色。相葉厥居,方穀之實。善頌善禱,香火晨夕。恭惟君師,永建皇極。

(《全集》卷三十八《皇極道院銘》)

王志明

淮安張澤之爲予言:"福昌之東韓城,長真譚公舊隱之迹在焉。其徒王志明者葺居之,土木之功略具矣。用譚公之故,名之曰

長真庵。志明初隸唐州營，卒在諸隸中獨以性行見稱。其主獄囚，
有矜憫之實，饑飽寒暑，每爲調護之。既久，轉將領，資產亦厚。一
旦，與道人語，慨然有高舉遠引之意，即棄家入道。其子追及於襄
城，泣拜請還。志明確然不移。遂入崧山，師事紫虛于大師及即仙
翁積年。避壬辰之兵，東之海濱。亂定，還洛陽，築環堵于韓城而
居之。道俗歸向，以爲堅坐六年非世人所能堪，乃即譚所居而奉
之。今年過八十，神觀殊未衰，目光炯然，人望之知爲有所養者。
長真爲得人矣！幸吾子爲之銘。"澤之，予舊交，其言可信不妄。
乃參用溪南詩老辛敬之之語爲作銘。銘曰：

其兼愛也楊，其苦節也墨。有許行之樹藝，有頭陀之縛律。其
澹然無營，又似夫修混沌氏之術者也。若夫腐朽之可神，糟粕之可
醇，即色而實相，即空而法身，孰妄而孰真？吾知有存乎其人而已！

（《全集》卷三十八《長真庵銘》）

范煉師

戊戌之夏，予過東平，留宿正一宮。時范煉師已東邁。門弟子
王仲徽出其寫真求予爲贊。煉師初事昆嵛郝公，號之曰"玄同
子"。後從棲霞丘公，復有"玄通"之目，故兼之。贊曰：

异欲其同，介欲其通。惟天與之形而道與之貌者不可變，故無
地以受運斤之風。三山微茫，貝闕珠宮。野服蕭然，與雲俱東。橫
絕四海者，亦何慕冥冥之鴻邪？

（《全集》卷三十八《范煉師真贊》）

張几道煉師

玄學爲家，平實中和，靜焉而不譁。孫龍、田巴，其書五車，吾

知爲盜誇。若夫自後而先,絕素隱之累,方外而內,無多岐之差。《語》有之:"人之生也直。"然則若人之所以敦龐耆艾者,其未涯也哉?

(《全集》卷三十八《張几道煉師真贊》)

楊 谷

道士楊谷,字洞微,代州人,隱居華山。爲人儀觀秀偉,道行卓絕,平生未嘗與物忤。通《莊》、《易》,世以"莊子楊先生"目之。明昌間,詔徵高道,隸天長觀。未幾還山。其將歸也,與知觀侯生食於市,書數"火"字於食案。又屬侯言:"昨過沃州,聞君母病,可速歸。"侯以假去。及至沃州而母不病。侯生詬語曰:"渠紿我邪!"及北還,天長已被焚矣!又嘗與客遊嵩山白龜泉上,見一石蟹出,客曰:"蟹橫行,殆天性乎?"洞微曰:"此物固橫行,恨不值正人耳!"隨以手指之,蟹即正行。晚愛中方,卜居之。中方舊無泉,苦於遠汲。洞微言:"山秀如此,不應無泉。"乃齋沐致禱。筮之,得吉徵。是時十月,庵旁近葵花榮茂。洞微雲:"於文,'草癸'爲'葵',此殆水徵也!"與眾道士行尋之,見巽隅草樹間隱隱有微潤,掘之,果得泉,可供數百指。然東隔絕澗,南限群峰,石壁峻峭,幾百步不可越。洞微與弟子呂澤輩沿壁作棧道,以通往來。人以棧木易朽,慮有顛擠之患,乃就壁取石,鑿竅嵌之,疊爲石樑,甃泉爲池。自是中方得水甚易。至今人目爲"楊公泉"。閑閑嘗爲作文記之。又言:"吾友潘若淨,字清容,有道之士也。嘗從洞微游,甚嘆服之。云:'楊洞微,當求之古人中耳!'"閑閑後過華州,追懷洞微雲:"前年曾就雲台宿,知有先生在華山。今日白雲峰頂起,卻疑騎鶴下人間。"其稱道如此。

(《全集》卷五十《續夷堅志三·楊洞微》)

全真道一

予自燕都南歸,煉師館予于慶源道院……往予小功兄寂然亦爲全真道,予嘗問:"子之道奈何?"寂然舉女幾野人辛願敬之之言曰:"全真家,其謙遜似儒,其堅苦似墨,其修習似禪,其塊然無營又似夫爲渾沌氏之術者。"予北渡後從煉師游既久,蓋以敬之之言爲然。

（《全集》卷三十五《太古觀記》）

全真道二

貞元、正隆以來,又有全真家之教。咸陽人王中孚倡之,譚、馬、丘、劉諸人和之。本於淵靜之說,而無黃冠襐襘之妄;參以禪定之習,而無頭陀縛律之苦。耕田鑿井,從身以自養,推有餘以及之人。視世間擾擾者,差若省便然,故墮窳之人翕然從之。南際淮,北至朔漠,西向秦,東向海;山林城市,廬舍相望,什百爲偶,甲乙授受,牢不可破。上之人亦嘗懼其有張角鬥米之變,著令以止絕之。當時將相大臣有爲主張者,故已絕而複存,稍微而更熾。五七十年以來,蓋不可複動矣。貞祐喪亂之後,蕩然無紀綱文章,蚩蚩之民,靡所趣向,爲之教者,獨是家而已。今河朔之人,什二爲所陷沒。無淵靜之習,無禪定之業,所謂舉桑門以自例者,則兼有之。望宣政之季厭而去之之事且不可見,況附于黃老家數以爲列仙者,其可得乎?嗚呼!先哲王之道、中邦之正,掃地之日久矣!是家何爲者,乃人敬而家事之?殆攻劫爭奪之際,天以神道設教,以弭勇鬥嗜殺者之心邪?抑三綱五常將遂湮滅,顛倒錯亂,人與物胥而爲一也。不然,則盛衰消長,有數存焉於其間,亦難於爲言也已!

（《全集》卷三十五《紫微觀記》）

全真道三

今司徒之官與士之業廢者將三十年，寒者不必衣，而饑者不必食，蓋理有不可曉者，豈非天邪？如經世書所言，皇極之數，王伯之降，至於爲兵火、爲血肉，陽九百六，適當斯時。苻堅、石勒、大業、廣明，五季之亂，不如是之極也！人情甚不美，重爲風俗所移，幸亂樂禍，勇鬥嗜殺，其勢不自相魚肉、舉六合而墟之不止也……億兆之命懸於好生惡死之一言。誠有之，則雖馮瀛王之對遼主不是過。從是而後，黃冠之人十分天下之二，聲焰隆盛，鼓動海嶽，雖凶暴鷙悍、甚愚無聞知之徒，皆與之俱化。銜鋒茹毒，遲回顧盼，若有物挈之而不得逞。父不能召其子，兄不能克其弟，禮義無以制其本，刑罰無以懲其末。所謂“全真”家者，乃能救之蕩然大壞不收之後，殺心熾然如大火聚，力爲撲滅之。嗚呼，豈非天邪！

（《全集》卷三十五《清真觀記》）

黃老家

予聞黃老家黜聰明、去健羨之說，前賢以爲大概與《易》道何思何慮者合。自年少氣銳者觀之，往往以墮窳不振爲嫌。及其更事既多，閱得喪休戚者益熟，乃稍以淡泊之言爲有味。回視世好，若芻豢之悅其口者，或厭而唾之矣。況乎執兵凶器，行戰危道，奮迅於風塵之際，而角逐於功名之會，伏尸流血，僅乃得之。大方之家，方以拱璧駟馬，不如坐進此道。彼功定天下之半，聲馳四海之表，且不能滿渠一笑，其下者當置之何地哉？故雖文成君之豪杰，一旦自視缺然，願棄人間事，絕粒輕舉，以從赤松子遊，非自苦也。惟……知物之不可太盛，知名之不可久處，知權之不可不畏，而退之不可不勇，故慨然自拔於流俗，思欲高舉遠引也如此。其所乏者,呼吸煉化,俯仰詘信,以適神而養壽耳。雖然,上方飛舃之舄,葛陂投杖之龍,世徒以神仙爲疑,而物化亦自有不可窮者矣!

(《全集》卷三十五《朝元觀記》)

神仙與丹道

予嘗究于神仙之說。蓋人稟天地之氣,氣之清者爲賢;至於仙,則又人之賢而清者也。黄、老、莊、列而上不必置論,如抱朴子、陶貞白、司馬煉師之屬,其事可考,其書故在,其人可想而見。不謂之踔宇宙而遺俗、渺翩翩而獨征者,其可乎? 使仙果不可成,彼稱材智絶出,事物變故皆了然於胸中,寧若世之昧者蔽於一曲之論,徼倖萬一,徒以耗壯心而老歲月乎? 壬辰之變,人有得煉師所藏《丹訣》于此山石穴中者,曰:"真元君周覽八極,天老相,風后侍,方明、力牧、常界、先昌宇從,六宫宫主悉以天眾會於天壇雲台,論三洞秘文、普明法要。問答已竟,太一現深明輪間,雲軒羽蓋滿空界,山川雲日黯無晶光。元真拜跪於齋壇之上。晻曖之際,太一與無央仙悠隱于玄中。"其始末大略如此。其《後記》云:"余留于王屋清虚洞側,獲真篆仙經二品:一曰《元精》,二曰《丹華》。玩其真迹,味其經旨,乃知龍章鳳篆與世筆殊絶,聖法仙經暨凡文异軫。徒懷悵望,深恨不睹其人。然精習彌久,探賾淵微,希髣髴而已。又睹《真皇寶籙》,及知上古帝王,丹寶并傳,莫不遐年。逮及夏禹,以丹寶授益。事禹日淺,民不歸益而歸啟。自是帝王丹道遂止。劉君而下,又亡繼之者,可勝悼痛! 維玉匱秘文,流運道氣而有升沉之期,故遭遇之者誠萬世之一耳。余今不敢泄慢天寶,複藏之名山,以俟其人。"此《記》以歲月考之,知其往中巖時所藏也。

(《全集》卷三十五《通仙觀記》)

僞玄學

夫玄學之廢久矣。惟玄學廢，故人以學仙爲疑。今夫居山林，棄妻子，而以黃冠自名者，宜若可望也；然叩其中，則世間事人所共知者且不能知，況出世間乎？倀倀之與遊，憒憒之爲曹，未嘗學而曰"絕學"，不知所以言而曰"忘言"，囚首喪面，敗絮自裹，而曰"君子盛德，容貌若愚"。前所謂"以俟其人"者，果何所俟邪？抑有之而予不之見邪？嗚呼！靈都真境，自昔宏衍博大，真人之所往來，乃今求自拔於流俗者而不可得。於此可以觀世變矣！因并及之，以爲索隱行怪、欺世盜名者之勸。十二月初吉，太原人元某記。

（《全集》卷三十五《通仙觀記》）

營建清真道院

奉爲本庵欲創聖位，以爲焚誦祝延之所。其於工費，有賴宏持。謹投諸方上善共締清緣者，竊以像設嚴真儀之奉，齋厨維淨侶所安。祝贊有歸，功緣爲大。方經營之伊始，宜助藉之相先。凡我同人，幸垂一諾。謹疏。戊申六月日，遺山老人疏。

（《全集》卷三十九《清真道院營建疏》）

太室天封觀

太室兼衡霍之秀，天封維仙聖所廬。劍飛而古柏仍存，石潤而仙蒲未老。孰爲真隱，再暢玄風。揚潘馬之徽音，續譚劉之正脈。李公大師源分渦水，名動漠庭。靜一得精微之傳，冲退爲衰薄之鎮。惟望拜之祠既舉，而司真之治方虛。敢因黃鶴之書，敬促青牛之駕。璧門金闕，瞻星漢以非遙；玄都石壇，佇嵩呼之複振。善哉行矣,今正是時!

　　(《全集》卷三十九《請太一宮提點李大師住天封疏》)

青　詞一

　　恩重託身,生成之義等;禮名猶子,嗣續之道存。痛卵翼之未終,忽栖捲之永棄。敢伸悃愊,仰訴昊蒼:中謝。伏念臣母張,婦德成家,母儀範世。儉必求於中禮,嚴不至於失慈。所以命臣者其道公;所以拊臣者其勤盡。三釜得暫榮之祿,百身無可贖之年。涓埃之願莫施,風樹之悲曷已!惟幽誠之有假,或冥福之可徹。敬叩玄科,竊依真蔭。土灰有望,倘沾再造之仁;草木何知,永戴曲全之賜。

　　(《全集》卷四十《太夫人五七青詞》)

青　詞二

　　威然後懲,恒情之必至;救而不棄,大道之曲成。惟洪纖同萬化之歸,故幽顯靡一誠之間。敢殫悃愊,仰叩希夷:中謝。伏念臣某,塵劫賦形,昏衢失步。偶會崩離之遇,妄從角逐之餘。出入兩州,因循十稔。豈微勞之可錄?徒多罪之與俱。果令暮景之桑榆,尋蹈畏途之荊棘。憂虞甫集,喪病踵來。暴貴非祥,固退藏之已晚;孤根易撓,任摧折以何堪?悔莫自追,孽將安逭?眷深衷之有假,尚後福之可徹。載舉玄科,竊依真蔭。恭惟至公立德,宏濟爲仁。閔其翾飛蠕動之愚,重以氣化形生之賜。土灰有望,倘霑善貸之私;溝壑未填,舉是自新之日。

　　(《全集》卷四十《劉宣撫設醮青詞》)

青　詞　三

暴貴無漸，一歸自召之灾；大德曰生，萬有必從之欲。敢殫悃
愊，仰叩希夷。臣某腐朽餘生，編齊庶品。匪時緣之幸際，撫氣質
以奚堪？户封已迫于通侯，子婿繼聯於鼎族。滿盈之極，負乘是
憂。果罹瘝夭之殃，危失保家之長。尚賴至仁之宏濟，庶幾大道之
曲成。恭按玄科，竊依真蔭。自同草土，固所謝之莫知；未即灰釘，
惟改新之永誓。

（《全集》卷四十《張喜千户青詞》）

葉縣中岳廟

河南，中鎮所在，在所率有祠廟以奉岳祇。葉距崧三百里而
近，獨無有也。邑門之南百舉武，少折而西，有地焉，直居民之衝，
顧望崇顯，父老規爲岳祠舊矣。泰和末，太原祁人樊道真始以邑人
之意而經度焉。地本故堤，廢圮已久，荊棘瓦礫，蛇鼠所舍。樊身
執畚鋪，鏟治蕪穢，實以版築，百日而廟基成。邑之人知其堅固可
任也，乃群起而助之。實鄉豪張岭、孫寧秦、商人黨珪爲之倡。廟
既成，祁人有以白石爲中天像，欲輦而北者，道真請而事焉……癸
未之夏，予過昆陽，進士韋仲安道樊之意，欲得吾文以記其經營之
始，故爲書之，且告以福不可徼、禍不可逃也如是，庶幾來者有所儆
焉。

（《全集》卷三十二《葉縣中岳廟記》）

忻州天慶觀

吾州跨西岡而城，而岡占城之半，是爲"九龍之原"。《檀弓》

志晋大夫之葬，直謂之“九原”。《水經》說滹沱經九原城北流，此
其地也。岡勢突起，下瞰井邑，民居官府，率無以稱，故作州者以廟
學、道院、佛寺鎮之。道院舊傳爲唐七聖觀。蓋天寶八年玄宗親謁
大清宮，上聖祖玄元皇帝尊號爲“聖祖大道玄元皇帝”，高祖、太
宗、高宗、中宗、睿宗五帝，皆加“大聖皇帝”之號。州郡立紫微宮，
畫玄元像事之，五帝則列侍左右。杜工部《冬日洛城北謁玄元廟》
詩有“畫手看前輩，吳生遠擅場。五聖聯龍袞，千官列雁行”之句，
爲可考也。“七聖”云者，必增入玄宗、肅宗父子，乃得爲七。是則
此觀其起於代宗朝乎？玄元大殿規制宏敞而古意猶在，知其爲數
百年物，至以魯靈光比之。玄元像，則摶土刻木所成，巍然尊大，極
天人之相。耆舊謂出於神人之手，宜不妄也。按：玄宗起紫微宮，
天下所同，而此州不得獨有七聖觀。果嘗以“七聖”爲額，是斥名
矣，是以七聖爲斷矣。有國者率用萬世自期，尚肯以七爲斷乎？意
其本名紫微，流俗以七聖尊像所在，輒改名之耳。舊門題曰“紫
微”，爲可見矣。其後，觀有白鶴之異，復改“白鶴觀”。圖經無所
見，惟石晋天福二年，木工慕容增葺之，書于版記者如此。大中祥
符二年，詔郡國立“天慶觀”，故“白鶴”又改焉。天水氏以軒轅爲
祖，起祠殿於玄元之左，徹太倉而立之，號曰“明慶”。堂宇亭榭，
齋厨廊廡，過唐舊之半。見於都官員外郎、知州事冉宗閔《明慶殿
記》及著作郎、知平遙縣事、權通判杜岐公衍《列仙亭題詠》者如
此。宣和末，金兵入郡境，并東城而南，觀以不廢。承平之久，道化
大行。土木之役，歲月不絕。迨貞祐之亂，遂掃地矣。宣撫使劉公
易起殿于明慶之故基，而州將樊侯天勝力複玄元之舊，此興複之大
凡也……此觀既經累朝崇飾，他道院莫與爲比。位置爽塏，曠若人
表，高齋坐嘯可以盡山川之勝。古木蔽映，窗户幽邃，屏障幾席蔑
焉無埃塵。岐公白子西之詩、高司户子文之筆札、孫内翰國鎮之
文，往往在人口傳知。雄水壁極風濤起伏之變，有蜀兩孫之風。張
永淳“天蓬四聖”，毛髮生動，威重可怖，號爲河東名筆。皆遊人過

客之願見者。食指既眾,以高業見稱者行輩相及,而王姓爲多。宋中葉有王尊師洞謙、王道判洞真。百年以來,老師王治淳度王大用,大用度王志常,志常度守沖。老師年八十,衣冠狀貌無蔬食誦經、山林枯悴之態。每杖履出遊,路人爲之斂容加敬。大用器量不凡,所與遊皆州裏名勝。志常出農家,十六七許時牧牛田間,遇异人挈之而行,一日至天壇之陽臺宮。後八年來歸,父母驚喜,疑其死而復活,遂度爲道士。氣質渾厚,真受道之器。年近九十,以去冬留頌而逝。皆予所接見者也。因爲守沖言:"子之居,人境俱勝,异事又多,垂示永久,宜無不可。今紫微劉君曆六百甲子,道行淳篤,神觀開朗,予方質以所聞,撰《新興方志》。子之師不以屬筆且當志之,況于平生之言。"乃爲記其事,且爲長謠,以《招鶴》命篇,使并刻之以爲真元故事。其辭曰:

胎仙之來兮馭者誰?金支翠葆光陸離。來幾時兮倏上馳,渺翩翩兮煙景微。藐姑射兮玉雪肌,物不疵癘兮年不饑。幡然棄我兮我疇依。去家千年兮丁令威,去何速兮來何遲,予鄉里兮今是非。玄元之祠兮松十圍,蒿蓬金碧兮更換移。南枝越鳥兮安故栖,子獨無情兮淡忘歸。趣雲裝兮莫予違,明年真元兮與子期。

(《全集》卷三十五《忻州天慶觀重建功德記》)

七、醫　家

張遵古

　　南宮張伯全，將以某年月日，舉其先人之稿殯，祔于縣西南張平里之先塋。伯全雅從予遊，因以碣銘爲請，曰："維張氏上世自太原來居南宮，以醫爲業者八世矣。先人資禀仁恕，切於利生。貧家來謁，率欣然爲診治，或資之麋粥之費，不特不責報謝而已。州里醫流無慮百輩，先人之學，號爲該洽，恂恂退讓，不自炫鬻。文士過門，接其餘論以自裨益，故時譽獨著。先人殁于大安庚午，不肖孤才二十許耳。遭罹兵亂，轉徙南北，僅有歸顧之望。今當勉卒大事，勒銘墓道。誠得吾子論次，使不隨世磨滅，瞑目不恨矣。"伯全往在郾城，洎麻徵君知幾、張尚醫子和，推明河間劉守真之學，所以通其塞而救其偏者，用力爲甚博。嘗謂人言："不肖于世業不敢不勉。至于以醫爲治生之具，則死不敢也。"予謂伯全，斯言可以考見其先人平生矣。乃爲之銘。伯全之先人諱師文，字遵古，年六十終于家。其銘曰：

　　茫茫之原，纍纍之阡。行人而歸，何千萬年？有子而傳，孰不欲揚其先？今君獨然。修德則人，而死而不亡則天。吾是以知其人之賢。

　　（《全集》卷二十四《張遵古墓碣銘》）

盧　昶

　　盧尚藥諱昶，世家霸州文安，今爲大名人。以方伎有名河朔。泰和二年，補太醫奉禦，被旨校正和劑局方，删補治法。累遷尚藥局使。自幼傳家學，課誦勤讀，老不知倦。岐黃雷扁而下，其書數百家，其說累數百萬言，閎衍浩博，纖悉碎雜，無不通究；而于孫氏《千金》尤致力焉。故其診治之驗，頗能似之。春秋雖高，神觀精明，望之知爲有道之士。年壽八十有七，自尅死期，留頌坐逝。著《醫鏡》五十篇、《傷寒片玉集》三卷，今其書故在。方伎之外，複達治心養性之妙。如云："人生天地中，一動一息，皆合陰陽自然之數，即非漠然無關涉者。所爲善惡，宜有神明照察之。"又曰："人爲陽善，人自報之；人爲陰善，鬼神報之。人爲陽惡，人自治之；人爲陰惡，鬼神治之。"又曰："養氣莫若息心，養身莫若戒慎。"又曰："冥心一觀，勝負俱捐。"此雖前賢所已道，至於表而出之，既以治己，又以及人，非仁者之用心乎？其康寧壽考，五福俱備，非偶然也。昶與予有姻戚之舊，因其子孫歸葬，書以貽之，欲其鄉人知此家出予門久，而予亦知其人之深也。銘曰：

岐、黃聖學，炳如日星。苟非其人，道不虛行。惟尚藥公，有得《內經》。探病之源，起死而生。爲醫作鏡，底裏洞明。道風既扇，取重漢庭。陽報沓來，壽考康寧。翛然坐逝，歸神太清。大河安流，扶衛厥靈。扁鵲湯陰，實魏大名。遙遙華胄，複起魏京。古今世業，前後家聲。遺書具在，永爲世程。

（《全集》卷二十四《盧太醫墓誌銘》）

趙國器

太原醫師趙國器謂"吾業當有所本也"，即其家起大屋，立三聖人像事之，以歷代名醫岐伯而下凡十人侑其坐。棟宇既備，像設既嚴，介於太谷李進之請予爲記。始予甚難之，以謂天地不仁，芻狗萬物，聖人躋民仁壽之域，民物安逸，若道自然，雖莫知所謝可也。或曰："有萬世之利者，享萬世之報。亢倉楚所居，年穀豐穰，物無疵癘，其鄉之人且相與尸而祝之，社而稷之，況與天地同功者

乎？雖報本反始非閭巷所得專，而溯流窮源或旦暮如有遇。祖而
祀之，其誰曰不然！"夫趙子世于方伎，餘百有五十年矣。守之以
恒業，用之以戒心，謂一毒妄攻，五兵莫慘，耿耿自信，臨之以神明。
吾知是家於人之命爲甚重矣……國器名天用，今爲惠民局直長。
塑工張天秀。國器之子履道知讀書，异時當以儒素自拔於流俗雲。

　　(《全集》卷三十二《三皇堂記》)

吴辨夫

　　丁巳秋七月，予將西歸，尚藥吴辨夫有請曰："思問不佞，侍先
生湯液有年矣。日者不自揆度，輒豫作塚墓，以寄終焉之志。而州
里不經見，頗有言。敢質之先生以袪二三之惑。"……吴氏世爲東
平人。祖璋，字文寶。金朝初用良家子推擇爲吏，仕爲郡功曹，以
廉平見稱。考子昭，字進叔。讀書知義理，資稟靜默，容服修潔，閭
里或旬月不見其面。與黨承旨世杰同研席。試本道，常取解魁。
今賈丈顯之及見之，道其性行如此。辨夫童草失怙恃。年十七，尚
醫王繼先以子妻之。憫其惸獨，并小弱弟思義養於家而教之。貞
祐初，南渡河，以婦翁醫術精博之故，被令旨收充侍藥局藥童。東
宫即大位，用隨龍恩澤，掌藥太醫院。尋被旨充皇太后醫正局掌
藥。累官懷遠大將軍。汴梁下，北歸，複以婦翁舊業，行總府署醫
工都管勾。婦翁無子，年八十以壽終。辨夫篤於卵翼之報，喪祭旌
紀皆無悔焉。中年後，欲置家事不問，乃爲其弟侄殖產，畢兒女婚
娶，最後營此塚。以某年月成。而餘以某年月日記。辨夫時年六
十八云。

　　(《全集》卷三十四《尚藥吴辨夫壽塚記》)

李 杲

往予在京師，聞鎮人李杲明之有國醫之目而未之識也。壬辰之兵，明之與予同出汴梁，於聊城、于東平與之游者六年於今。然後得其所以爲國醫者爲詳。蓋明之世以資雄鄉里。諸父讀書，喜賓客。所居竹里，名士日造其門。明之幼歲好醫藥。時易州人張元素以醫名燕、趙間，明之捐千金從之學，不數年盡傳其業。家既富厚，無事於技，操有餘以自重，人不敢以醫名之。大夫士或病其資高謇，少所降屈，非危急之疾有不得已焉者，則亦未始謁之也。大概其學如傷寒、氣疝、眼目病爲尤長。傷寒，則著《會要》三十餘萬言。其說曰：“傷寒家有經禁、時禁、病禁。此三禁者，學醫者人知之，然亦顧所以用之爲何如耳。”《會要》推明仲景、朱奉議、張元素以來備矣。見證得藥，見藥識證，以類相從，指掌皆在。倉猝之際，雖使粗工用之，蕩然如載司南以適四方，而無問津之惑。其用心博矣！於他病也以古方爲膠柱，本乎七方十劑之說，所取之學，特以意增損之。一劑之出，愈于託密友而役孝子，他人蓋不能也。北京人王善甫爲京兆酒官，病小便不利，目睛凸出，腹脹如鼓，膝以上堅硬欲裂，飲食且不下，甘淡滲泄之藥皆不效。明之來，謂眾醫言：“疾深矣！非精思不能處。我歸而思之。”夜參半，忽攬衣而起曰：“吾得之矣！《內經》有之：‘膀胱者，津液之府，必氣化乃出焉。’渠輩已用滲泄之藥矣，而病益甚，是氣不化也。《啟玄子》云：‘無陽者，陰無以生；無陰者，陽無以化。’甘淡滲泄皆陽藥，獨陽無陰，欲化得乎？”明日以群陰之劑投，不再服而愈。西台掾蕭君瑞，二月中病傷寒發熱。醫以白虎投之，病者面黑如墨，本證遂不復見。脉沈細，小便不禁。明之初不知用何藥也，及診之，曰：“此立夏以前誤用白虎之過。得無以投白虎邪？白虎大寒，非行經之藥，止能寒腑臟。不善用之則傷寒。本病隱曲於經絡之間。或更以大熱之藥救之以苦陰邪，則它證必起，非所以救白虎也。有溫藥之升陽行經者，吾用之。"有難者云："白虎大寒，非大熱何以救？君之治奈何？"明之云："病隱於經絡間，陽大升則經不行，經行而本證見矣。本證又何難焉？"果如其言而愈。魏邦彥之夫人目翳暴生，從下而上，其色綠，腫痛不可忍。明之云："翳從下而上，病從陽明來也。録非五色之正，殆肺與腎合而爲病邪？"乃就畫工家以墨調膩粉，合而成色，諦視之，曰："與翳色同矣，肺腎爲病無疑矣！"乃瀉肺腎之邪，而以入陽明之藥爲之使。既效矣，而他日病複作者三。其所從來之經，與翳色各异。乃復以意消息之，曰："諸脈皆屬於目，脈病則目從之，此必經絡不調。經不調則目病未已也。"問之果然。因如所論而治之，疾遂不作。馮内翰叔獻之侄櫟，年十五六，病傷寒，目赤而頓渴，脈七八至。醫欲以承氣下之。已煮藥，而明之適從外來。馮告之當用承氣。明之切脈，大駭曰："幾殺此兒！《内經》有言：'在脈，諸數爲熱，諸遲爲寒。'今脈八九至，是熱極也。而《會要大論》云：'病有脈從而病反者，何也？脈至而從，按之不鼓，諸陽皆然。'此傳而爲陰證矣！趣持薑、附來，吾當以熱因寒，用法處之。"藥未就而病者爪甲變。頓服者八兩，汗尋出而愈。陝帥郭巨濟病偏枯，二指著足底不能伸。迎明之京師。明之至，以長針刺委中，深至骨而不知痛。出血二三升，其色如墨，又且謬刺之，如是者六七。服藥三月，病良愈。裴擇之夫人病寒熱，月事不至者數年，已喘嗽矣。醫者率以蛤蜊、桂、附之等投之。明之曰："不然。夫病陰，爲陽所搏。溫劑太過，故無益反害。投以寒血之藥，則經行矣。"已而，果然。宣德侯經歷之家人病崩漏，醫莫能效。明之切脈，且以紙疏其證，多至四十餘種，爲藥療之。明日，而二十四證減。前後五六日，良愈。侯厚謝而去。明之設施皆此類也。戊戌之夏，予將還太原。其子執中持所謂《會要》者來，求爲序引。乃以如上事冠諸篇，使學者知明之之筆於書，其已試之效，蓋如此云。閏月望日，河東元某書於范尊師之正一宮。

（《全集》卷三十七《傷寒會要引》）

周夢卿

定襄周侯夢卿，弱冠從其兄戶籍判官器之作舉子。遭罹兵亂，投迹戎行，屢以戰多取千戶封，佩金符。然其舉子習氣故在也。中年以來，頗以醫藥、卜筮爲事。孤虛壬遁、風角鳥占，俱號精備。軍旅間病患倉猝，爲之投劑。救療既廣，遂爲專門之業。以夏課綴葺之勤，而移之艺术參桂之下。好事者有秘方可責目前之效者，必來告之。歲月既久，浸成卷帙，凡若干卷，若干首，以《周氏衛生方》目之。予以世契之故，得傳録焉……予于周侯，不獨美其已試之功與兼愛之心，又以見其角逐風塵之際，雖有獨掃千軍之勇果，非樂於戰斗以人命爲輕者。故爲道所以然者冠諸篇。遺山元某引。

（《全集》卷三十七《周氏衛生方序》）

許彦清（許古之子）

眼醫許太丞彦清，示其從祖汾陽君《山水圖詩》，語意高妙，而其字畫與明昌詞人龍巖、黃華、黃山諸公各自名家，世尤寶惜之。其子右司諫道真，亦以能書稱。今以汾陽筆法較之，父子如出一手。生平亦嘗見蔡大學安世、大丞相伯堅、濰州使君伯正甫三世傳字學，雖明眼人亦不能辨。前輩守家法蓋如此。汾陽守澤州日，戒子云："婁相任唾面，周廟貴緘口。寸陰大禹惜，三命考甫走。"吾河東人至今傳誦之。司諫在貞祐、興定間，直言極諫，與陳公正叔齊名，時號"陳許"。父子名流，在中朝百餘年少有似者。而彦清承其後，何其幸邪！彦清隱於技者三十年。技既高，又所至以善良稱。謂之稱其家，蓋無愧也。此詩，渠家青氈，其寶秘之，當令後人知世德之所自云。丙辰夏六月二十一日，晚進河東元某謹書。

（《全集》卷四十《題許汾陽詩後》）

論扁鵲醫道

扁鵲隨俗爲變，過咸陽爲無辜醫，邯鄲爲帶下醫，洛陽爲耳目痹醫。蓋嘗至周，其有廟於此，則不可考也。廟再以元豐八年成。里之人事之惟謹，病者必來以藥請。杯案間有得香炧埃煤若丸劑然者，吞之，病良愈。閭里間相傳以爲神，鬥酒臠肩，禱謝日豐。積習既久，莫有能正之者。鄉豪張乙居其旁，葺而新之，土木有加焉，正大元年之八月也。自扁鵲飲上池水，三十日而知物，其事固已秘怪而不常，故虛荒誕幻，被於末流，千百年後而未止也。雖然，耳目之所不接，故常理之所不拘。神膏傅創、靈丸起廢，見於傳記者多矣，又安可必其果無有哉？故嘗謂：扁鵲，至人也。自言其方可以解肌裂皮、決脈結筋、湔浣腸胃、漱滌五藏、煉精而易形矣。至於世之陰忌賊詐、貪饕攫拾、心魂斲喪、若醉若狂、懣然而不能自還者，百千爲群，日相過乎前，爲扁鵲者獨不能隨俗爲變，煉精而易形，使之爲平直、安舒、廉讓、潔清之人乎？若夫疾病則禱，聖人所不廢。誠以感神，祭則受福，冥冥之間，當有陰相者，盍亦無以靈丸、神膏爲也？此之不爲，區區之香炧埃煤，自誇於閭巷細民之間以爲神。嗚呼，其亦兒童劇而已矣！豈世之所望於扁鵲，而扁鵲之所以爲扁鵲者哉？

（《全集》卷三十二《扁鵲廟記》）

少林寺藥局

予以爲：醫，難事也。自岐、黃、盧、扁之書而下，其說累數千萬言,皆典雅淵奧,本于大道之說,究乎死生之際。儒者不暇讀,庸人不解讀。世之學者非不藝專而業恒,至終其身有不免爲粗工者,其可爲難矣!佛之徒方以禪定爲習,於世間法皆以爲害道而不敢爲。間有言醫者,特儒者之談禪爾。有能了知味因,斷除病本,如子之書所爲大醫王者乎?謂之專,則不可也。勞則辭,久則厭,不合則離。泛然而來,悠然而往,其視粥魚齋鼓如傳舍中物而不留顧,其肯老歲月於參术間乎?謂之恒,則亦不可也。不恒不專,取未必甚解之人而付之司命之事,病者何賴焉?故廉者爲之,什一而有餘,治藥不得不良,十愈一人,千愈百人,蓋猶有所望也;貪者爲之,乾沒而不足,治藥不必皆良,蛇牀而當蘼蕪,薺苨而亂人參,昌陽而進豨苓,飛廉而用馬薊。佐使之异用,畏惡之相攻,其禍可勝言哉!古語有之:“良醫之不能以無藥愈疾,猶良將之不能以無兵而制敵也。”兵有形,有形則易見,善用之者能以殺人者生人;藥之性難窮,難窮則不善用之者反以生人者殺人。可不懼哉!今子則不然,若德、若浹(按,僧德、僧浹,均少林寺醫僧——編者注)之實與廉,皆選之十百輩有不可得者,子固得所使矣。時節、州土無不適其當,炮炙、生熟無不極其性,德與浹固亦盡其伎矣。雖然,吾恐他日有不善其後者出,人將曰:“藥局之壞,自某人始。”未必不以予爲知言也。故備述之,使來者監觀焉。

(《全集》卷三十五《少林藥局記》)

用藥猶兵說

竊謂醫藥大事也,古人以爲藥猶兵。兵,殺人之器,善用之者,能以殺人者生人,不善用之,則反以生人者殺人。世之君子,留意于性命之學者,良有旨哉!

(《全集》卷三十七《周氏衛生方序》)

脾胃不足爲百病之始說

天之邪氣，感則害人五臟。八風之邪，中人之高者也。水穀之寒熱，感則害人六腑。謂水穀入胃，其精氣上注於肺，濁留於腸胃，飲食不節而病者也。地之濕氣，感則害人皮膚，筋脉必從足始者也。《內經》說，百病皆由上中下三者，及論形氣兩虛，即不及天地之邪。乃知脾胃不足爲百病之始。"有餘"、"不足"，世醫不能辨之者蓋已久矣。往者遭壬辰之變，五六十日之間，爲飲食勞倦所傷而沒者將百萬人，皆謂由傷寒而沒。後見明之《辨內外傷及飲食勞倦傷》一論，而後知世醫之誤。學術不明，誤人乃如此，可不大哀耶？明之既著論矣，且懼俗弊不可以猝悟也，故又著《脾胃論》丁寧之。上發二書之微，下祛千載之惑。此書果行，壬辰藥禍當無從而作。仁人之言，其意溥哉！

（《全集》卷三十七《李氏脾胃論序》）

辟谷延壽丹

神仙辟谷延壽丹，一丸，終身不飢。光明朱砂一兩，飛過用之；定粉一兩，燒之黃色者；白茯苓如雪者一兩，或加半兩；黃丹，輕紅者一兩，飛過；秤乳香七錢半；水銀三錢；大金箔三十片；白沙蜜一兩；淨蠟二兩。右各擇精細者。先將定粉入乳鉢研開，次下水銀再研，直候無水銀星子爲度。次下黃丹、硃砂、金箔，再研，次下茯苓、乳香等細末同研匀。將藥入坩碗，坐熱湯上，勿令湯冷。另將蜜蠟開熔，入藥在內，木匙攪匀。眾手丸。每一兩作十二丸子，勿令有劑縫。或硃砂或水銀爲衣，不爲衣亦可。如欲以水銀爲衣，取水銀三、二粒，手心內用津唾擦青色，取藥三、五丸搓之。合時忌雞犬、婦人。藥成，入坩器內貯之。如欲住食，先用油三兩、蠟一兩、白麵一斤，入蜜一兩，和燒餅或煎餅。如無，食不托麵或糯米粥亦可。須極飽，然後服藥。以乳香湯下一丸。又一時辰許，再將白麵炒熟，蜜蠟爲丸，如桐子大，溫白湯或乳香湯下百丸，名曰"後藥"。先已飽又服後藥，故二三日不困。雖困亦無傷。服藥後當萬緣不染。夫心動則氣散，語多則氣傷，故辟穀者以寧心養氣爲本，事來則應，事過勿留於心，時時向日咽氣，以爲補助。茶湯任意，勿食有滓之物，忌怒，忌大勞。十日後，飢肉雖瘦，而筋骨輕健，神觀開朗。如欲開食，須二七日以後，候藥在丹田，可開食。不及二七日而食，則藥隨臟腑而下矣！開食之後，如更欲住食，不必服藥，止以乳香湯勻之。凶年饑歲，至父子夫婦相啖。搗爲泥丸，作彈子大，黃丹爲衣，紙帶子盛此藥一丸，縫合著臍中，上用裹肚繫定。每遇箭鏃未出，先如上繫定，頃用象牙末擦瘡口。若中箭已久，須用鋒刃或鍼，少少取破，搽象牙末，則箭鏃自出，如魚骨鯁喉，以至鍼、錢、麥芒，不限久近，皆驗。

（《全集》卷四十九《續夷堅志二·延壽丹》）

蘆菔救熏死

辛未冬……居民避兵……窖中五百人，悉爲煙火熏死。內一李帥者，迷悶中摸索得一凍蘆菔，嚼之，汁才咽而甦。因與其兄，兄亦活。五百人者因此皆得命……河中人趙才卿又言："炭煙熏人，往往致死。臨臥削蘆菔一片著火中，即煙氣不能毒人。如無蘆菔時，豫暴乾爲末，備急用，亦可。"

（《全集》卷四十九《續夷堅志二·救熏死》）

普濟方

　　阿魏散，治骨蒸、傳屍勞、寒熱、困羸、喘嗽方：阿魏三錢；斫青
蒿一握，細切；東北桃枝一握，細剉；甘草如病人中指許大，男左女
右；童子小便二升半。先以小便隔夜浸藥，明旦煎取一大升，空心
溫服，分爲三服以進。次服調檳榔末三錢。如人行十里，更一服。
丈夫病，婦人煎藥；婦人病，丈夫煎藥。合時忌孝服、孕婦、病人及
腥穢物、雞犬見。服藥後忌油膩、濕麵、冷硬物。服至一二劑，即吐
出蟲或泄瀉，更不須服餘藥；若未吐利，即當盡服。病在上即吐，在
下即利，皆出蟲如馬尾、人髮之類，當日即瘥。天下治勞，直須累月
或經歲，唯此方得於神授，隨手即效。陵川進士劉俞字彬叔，任都
運司幕官日，得于閤郎陟，云是古崔家方。閤先患此疾，垂死，得方
而愈。劉以治寧州一官妓，利寸白蟲三四升，狀如蔥根，隨即平復。
服藥後遂去諸疾。五藏虛羸，魂魄不安，即以白茯苓湯補之：白茯
苓一錢；茯神一錢；人參三錢；遠志三錢，去心；龍骨二錢；防風二
錢；甘草三錢；麥門冬去心四錢；犀角五錢，錯爲末；生乾地黃四錢；
肥大棗七枚；水二大升，煎作八分。分三服，溫下。如人行五里許，
更進一服，仍避風寒。若覺未安，隔日更作一劑。已上兩藥，須連
服之。好問案：此方本出普濟加減方，其語簡略，又不著所從來，而
世人不甚敬信，故備論之。

　　（《全集》卷四十九《續夷堅志二·神人方》）

揩牙方

　　茯苓、石膏、龍骨各一兩；寒水石二兩半；白芷半兩；細辛五錢；
石燕子大者一枚、小者一對。末之，早晚揩牙。繁時王文漢卿、得

此方於麟撫折守，折守得于國初洛陽帥李成。折年逾九十，牙齒都
不疏豁，亦無風蟲。王文今亦九十，食肉尚能齧決之。信此方之神
也。

（《全集》卷五十《續夷堅志三·揩牙方》）

療眼疾丸藥

京師法雲寺僧律師，失明數年。夢中有人授一方，治内外障，
但瞳神水在者，皆可療焉。艾二兩；蔓菁子、枸杞、蒺藜、甘菊、荊芥
穗各一兩；當歸、地黃、川芎、赤芍藥、防風各一兩半；十一味末之。
水麵糊丸桐子大。空腹，食前，溫水下三二十丸。僧服之，目複明。
因目曰"夢靈丸"。

（《全集》卷五十一《續夷堅志四·夢靈丸》）

食魚致病

參知政事魏子平嗜食魚，廚人養魚百餘頭，以給常膳。忽夢群
魚集其身，揮斥不去；復夢爲魚所鯁，痛不能出，悶亂久之乃寤。自
是不食魚。

（《全集》卷五十一《續夷堅志四·魏相夢魚》）

背疽惡瘡方

治發背、腦疽、一切惡瘡：初覺時，採獨科蒼耳一根，連葉帶子
細剉，不犯鐵器。用砂鍋熬水二大碗，熬及一半。瘡在上，飯後徐
徐服之，吐出，候吐定再服，以盡爲度。瘡在下，空心服。瘡自破出
膿，更不潰引。瘡上別以膏藥傅之。此方京兆張伯玉家榜示傳人。

後昆仲皆登第,人謂善報。治一切惡瘡,服瓜蔞方:懸蔞一枚,去皮,用穰及子;生薑四兩;甘草二兩,橫文者佳,細切生用;無灰酒一碗,煎及半,濃服之,煎時不犯銅鐵。病在上,食後;在下,空心。見洪氏方、陳日華方。中州初得於張戶部林卿。其方有加大黃或木香或乳香、没藥者。大率以瓜蔞、生薑、甘草爲主。病瘡先疏利,次用瓜蔞藥,日以乳香、绿豆粉温下三五錢,防毒氣入腹。外以膏塗傅之,病者亦無慮矣。好問年二十一,侍先君官隴城。大安庚午春,先人疽發於鬢。好問愚幼,平居作舉子計,于藥醫懵然無所知。庸醫滿前,任其施設,先君竟用是捐館。其後還鄉,得此方于家塾,以治他人,遂有百驗之效。感念疇昔,慚恨入地。爲人子不知醫,其受禍乃如此!故并記之爲戒。

　　(《全集》卷四十九《續夷堅志二·背疽方二》)

八、地　理

泰　山一

議者謂泰山爲天壤間一巨物，其神之尊且雄，有不可誣者。齊景公伐宋，夢有隨而訴之者，當時以爲師過山下不祭而然。秦始皇帝鞭箠六合，志得而意滿，欲以封禪誇萬世，乃爲大風雨之所偃薄。萬乘且然，況其下者乎？若夫天門、日觀，邈若世外，霞景靈異，水木清潤，宜有閎衍博大之眞人往來乎其間。前人謂草堂之靈回俗駕而謝逋客者，非寓言也。惟公（按，王若虛）名德雅望，爲天下大老。版蕩之後，大夫士求活草間，往往倚公以爲重。至於鄙樸固陋，挾《兔園策》而授童子學者，亦皆想聞風采，爭先睹之爲快。謂不爲山之靈所貪慕，吾不信也。夫人以境適，境亦用人勝，故古今以人境相值爲難。謝安之海道東還，李白之匡山歸老，雅志未遂，零落中塗。杜陵見於感詠，而羊曇爲之慟哭。

（《全集》卷十九《內翰王公墓表》）

泰　山二

丙申三月二十有一日，冠氏趙侯將會行臺公於泰安。侯以予宿尚遊觀，拉之偕行。凡三十日，往復千里，而在鞍馬者八日，故所歷不能從容，然亦愈於未嘗至焉者。因略記之，以備遺忘。郭巨廟在長清西南四十裏所，路傍小山之上，齊武平中，齊州胡僕射所造石室在焉。所刻人物、舟車、馬、象，三壁皆滿。衣冠之制，絕與今世不同。有如沈存中所記襆頭，但不展腳耳。西壁外胡僕射刻頌，規制如磨崖狀，字作隸書，文齊梁體而苦不佳。後題雲“居士慧朗侍從至"。朗能草隸書,世謂"朗公書"者是也。予意此頌必朗公所書,故題字云然。又有開元二十一年題字,并長清尉李皋祭文。隔馬祠在長清馬山之南,距縣八九十里所。大觀三年東平陳彥元《廟記》云:"盧城圮澗中,得唐中和二年義昌軍節度押衙、國子祭酒兼御史大夫李公瞻作廟縣中時石刻,載齊師爲晋所敗,殺馬隘道,晋師不得過,謂以是得名。"字當爲"格",而今爲"隔馬",疑與《左氏》不合。又謂里俗相傳,景德中契丹寇兖、鄆,山之神陰障戎馬,使不得南,以是得名。以予觀之,古今祠廟不能考其所從來而妄爲立名號者多矣。殺馬隘道,神何豫焉而祠之?至於陰障戎馬,則又齊東野人語也。《記》又云:"知縣事晁端肅禱雨而應,將以封爵請於朝。"今榜云"豐施侯廟"者,豈端肅遂得所請邪?靈巖寺亦長清東南百里所。寺旁近有山曰雞鳴,曰明孔。寺後有方山,泉曰雙鶴,曰錫杖。寺先有宋日御書,今亡矣。絶景亭在方山之下,絶類嵩山法王。黨承旨世杰《寺記》云:"寺本稀有如來出世道場。後魏正光初,梵僧法定撥土立之。定之來,青蛇導前,雙虎負經。景德中,賜今名。"予按:大觀中《石橋記》云"寺是正光初重建",然則黨承旨亦未嘗遍考邪?梁縣《香山寺記》說寺初建時,一胡僧自西域來,云此地山川,甚似彼方香山。今人遂謂梁縣香山真是大悲化現之所。予意前所云"希有道場"者,豈亦此類者?抑黨有所據而言也?寺壁石刻甚多,有張掞叔文、蘇轍子由、吳拭顧道詩,餘人不能悉記。太山舊說高四十三里,今云四十五里,又有言二十五里者。出州北門,經水簾、馬棚、迴馬嶺、御帳、護駕泉而上,遂登天門。岳頂四峰:曰秦觀、日觀、越觀、周觀。秦觀有封禪壇,壇之下有秦李斯、唐、宋磨崖。太史公謂太山雞一鳴,日出三丈。而予登日觀,平明見日出,疑是太史公誇辭。問之州人,云:"嘗有抱雞宿山上者,雞鳴而日始出。蓋岱宗高出天半,昏曉與平地异,故山上平明,而四十里之下纔昧爽間耳。"此語似亦有理,故錄之。岳祠在城中,大定十九年被焚。二十一年新廟成。又三十年,毀於貞祐之兵。今惟客省及誠享殿在耳。此殿是貯御香及御署祝版之所。城四周有岱岳、青帝、乾元、升元四觀。青帝觀有唐大中歲金龍石刻，大聖祖無上大道金闕，"玄元天皇大帝"之號，見於此。岱岳觀有漢柏，柯葉甚茂。東有嚴嚴亭。山水自溪澗而下，就兩崖爲壁，如香山石樓，上以亭壓之。北望天門，屹然如立屏，而濁流出幾席之下。真太山絕勝處也！州門南道左有宋封祀壇，合祀五方帝及九宮貴人壇。壇南有碑，碑陰載獻官姓名：駙馬都尉二人，攝司徒、司空，充黑帝、青帝獻官；九宮貴神合祀官、右諫議大夫种放，其餘知名如魏庠輩又三四人。近城有真宗御制、御書並篆：《登太山謝天書》、《述二聖功德銘》。碑石堅整，若三山屏風然。道右有宋封禪朝覲壇，壇亦有頌。壇西南四五里所，有蒿里山。山坡陀地中如大塚墓，石壇在其上。宋禪社首碑在山下祠中。宋以大中祥符元年十月二十七日封太山，碑刻皆王欽若、陳堯叟、錢惟演、楊億撰述。然字畫多剝裂，不能完讀矣。太山上書院，元是周朴所居，宋太山孫先生明複居之。州學有魯兩先生祠堂，黨承旨作《記》。兩先生者，明複與祖徠先生石守道也。龍泉寺在平陰東南四十里，齊天統中建。下寺有石刻。劉豫阜昌三年，皇子、皇弟符改甲乙院，亦有碑。又阜昌中題名最多。佛像古雅，皆數百年物。上方大佛與龍泉觀者，非晚唐人不能造也。此行遊太山者五日，靈巖、龍泉皆一宿而去。得詩凡十首云。

（《全集》卷三十四《東游署記》）

泰　山　三

泰山位置雄重，磐礴數百里之外。景氣清淑，芝尤靈秀，蓋天地間之勝地。古之得道者多往來乎其間。考之方志，其遺迹故在也。山之西北麓爲靈巖，又西北爲婁敬洞。洞之西有山曰青崖，直長清五十里而遠。岡阜環合，五峰壁立，中一峰名仙台。台之陽爲大峪,地僅數十畝,而窪凸間錯,粗可以樹藝。泉水交注,松柏蔽映,方春雜花盛開,爛然如錦繡之滿山谷。嘗有隱者居之,不知幾何時矣。

　　(《全集》卷三十五《五峰山重修洞真觀記》)

山　東

　　山東,重地所在,天下莫與為比。杜牧以為:王者不得之則不可以王,伯者不得之則不可以伯。古之山東,今河朔燕、趙、魏。是以就三鎮較之,魏常制燕趙之生死而懸河南之重輕,故又重焉……昔淮陰襲歷下軍,盡有齊地,高祖因之以成帝業;耿弇攻祝阿,竇融合五郡兵,光武因之以集大統。

　　(《全集》卷二十六《東平行臺嚴公祠堂碑銘有序》)

晋　祠

　　晋溪神曰昭濟,祠曰惠遠,自宋以來云然。然晋祠本以祠唐侯,乃今以昭濟主之,名實之紊久矣,不必置論。蓋魏齊而下,晋陽有北門之重,山川盤結,士馬強盛,天下名藩巨鎮,無有出其右者。此水去城纔跬步間耳。山之麓出兩大泉,噴薄湍駛,流不數步,遂可以載舟楫。匯為巨陂,派為通渠,稻塍蓮蕩,延袤百餘裏,望之令人渺焉有吳兒洲渚之想。若濟源之清曠、蘇門之古澹、濟南之秀潤,以知水者言之,皆吾餘波之所及也!太平興國初,漢入于宋,城闕雖毀,而風物故在。旁近之民擅灌溉之利,春祈秋報,唯神之為歸,割牲釃酒,日月不絕。宮庭靖深,丹碧紛耀,遺台老樹,朱樓畫舫,承平遊覽之盛,予兒時尚及見之。廟舊有殿、有別殿、有廊廡、有門。貞祐之兵迄今三十年,雖不盡廢,而腐敗、故暗極矣!創罷之人，迫于調度，故未暇補葺。父老過之，有潸然出涕者。南北路驛使寶坻高侯天輔憫外門之頹毀也，力爲新之。起于辛酉之正月，而成於其年之七月。請予記之。予謂昭濟廟之在吾晉，有決不能廢者。然其廢而興之，則存乎人焉爾。夫一門之役，固不可謂之全功。異時有以全功自任者，安知其不自高侯發？是可紀也，故樂爲之書。明年五月吉日，新興元某記。

（《全集》卷三十三《惠遠廟新建外門記》）

潁水友山亭

由龍門而東，其北爲轘轅，南爲潁谷。轘轅，嵩高在焉；潁谷，潁水在焉。南北道合爲告成。告成維天地之中，測景台在焉。又東爲陽翟，連延二百里間，少室、大箕、大陘、大熊、大茂、具茨在焉。爲山者九，而嵩高以峻極爲岳。岳有鎮有輔。輔與鎮大率皆嵩高絡脈之所分去也。近代以陽翟爲鈞之州治，九山環列，潁水中貫，景氣清澄，淑覽高曠，豫州諸郡，莫與爲比，自昔號爲"東望"。唐人陳寬記潁亭所見，以爲雲煙草樹，濃淡覆露，望之使人意遠，超超然如萬里之鶴，唯此地可以當之。市南之西有宅一區，竹木瀟灑，迥若塵外。鎮人李參軍麟居之，築亭其中，以攬九山之勝。心之所存，目之所見，唯山之爲歸，故以"友山"名之……古有之：厭於動者趨靜，困于智者歸仁。夫仁與智，固聖人示愚者以養福之域也。吾九山之志，一水一石皆昆閬間物，顧揖所不暇，稱喻所不能盡。愚獨以爲巖巖青峙，壁立千仞，如端人神士，朗出天外，雲興霞蔚，光彩溢目。施文章鉅公，金玉淵海。漠焉而無情，默焉而意已傳，又似夫木食磵飲，隱幾而坐忘者。極古今取友，豈複加於此？愧珠玉在側，無以稱副之耳！

（《全集》卷三十三《李參軍友山亭記》）

濟　南

　　予兒時從先隴城府君官掖縣，嘗過濟南，然但能憶其大城府而已。長大來，聞人談此州風物之美，游觀之富，每以不得一游爲恨。歲乙未秋七月，予來河朔者三年矣，始以故人李君輔之之故而得一至焉。因次第二十日間所游歷爲《行記》一篇，傳之好事者。初至齊河，約杜仲梁俱東。并道諸山南與太山接，是日以陰晦不克見。至濟南，輔之與同官權國器置酒歷下亭故基。此亭在府宅之後，自周齊以來有之。旁近有亭曰環波、鵲山、北渚、嵐漪、水香、水西、凝波、狎鷗。台與橋同曰百花芙蓉。堂曰靜花，軒曰名士。水西亭之下，湖曰大明，其源出於舜泉，其大占城府三之一。秋荷方盛，紅綠如繡，令人渺然有吴兒洲渚之想。大概承平時，濟南樓觀，天下莫與爲比。喪亂二十年，唯有荊榛瓦礫而已。正如南都隆德故宮，頹圮百年，澗溪草樹，有荒寒古澹之趣。雖高甍畫棟無複其舊，而天巧具在，不待外飾而後奇也。凡北渚亭所見西北孤峰五：曰匡山，齊河路出其下，世傳李白嘗讀書於此；曰粟山；曰藥山，以陽起石得名；曰鵲山，山之民有云：每歲七八月，烏鵲群集其上，亦有一山皆曰鵲時。此山之所以得名歟？曰華不注，太白詩云：“昔歲遊歷下，登華不注峰：茲山何峻秀，青翠如芙蓉。”此真華峰寫照詩也。大明湖由北水門出，與濟水合，彌漫無際。遙望此山，如在水中，蓋歷下城絕勝處也。華峰之東有臥牛山。正東百五十里，鄒平之南，有長白山，范文正公學舍在焉，故又謂之黌堂嶺。東十里有南北兩妙山。兩山之間有閔子騫墓。西南大佛頭嶺下有寺。千佛山之西有函山，長二十里所，山有九十谷。太山之北麓也。太山去城百里而近，特爲函山所礙，天晴登北渚則隱隱見之。歷山去城四五里許。山有碑，云：“其山修廣，出材不匱。”今但蕩然一丘耳。西南少斷，有蠟山，由南山而東，則連亘千里，與海山通矣。瀑流泉在城之西南，泉，濼水源也。山水匯于渴馬崖，泆而不流，近城出而爲此泉。好事者曾以穀糠驗之，信然。往時漫流才沒脛，故泉上湧高三尺許。今漫流爲草木所壅，深及尋丈，故泉出水面才二三寸而已。近世有太守改泉名檻泉，又立檻泉坊，取詩義而言。然土人呼"瀑流"如故。"瀑流"字又作"趵突"，曾南豐云然。金線泉有紋若金線，夷猶池面。泉今爲靈泉庵。道士高生妙琴事，人目爲琴高，留予宿者再。進士解飛卿好賢樂善，款曲周密，從予游者凡十許日。說少日曾見所謂"金線"者。尚書安文國寶亦云："以竹竿約水，使不流，尚或見之。"予與解裴回泉上者三四日，然竟不見也。杜康泉今湮没，土人能指其處。泉在舜祠西廡下，云杜康曾以此泉釀酒。有取江中泠水與之較者，中泠每升重二十四銖，此泉減中泠一銖。以之瀹茗，不減陸羽所第諸水云。舜井二，有歐公詩大字石刻。甘露園紀歷下泉云："夫濟，遠矣。初出河東王屋，曰沇水，注秦澤，潛行地中。複出共山，始曰濟。"故《禹書》曰："道沇水，東之，逾溫，逾墳城，入於河，溢於滎，伏于曹、濮之間，乃出於陶丘，北會於汶。過歷下灤水之北，遂東流。且濟之爲瀆，與江、淮、河等大而均尊，獨濟水所行道，障於太行，限於大河，終能獨達於海，不然，則無以謂之瀆矣。江、淮、河行地上，水性之常者也；濟或泆於地中，水性之變者也。"予愛其論水之變與常，有當於予心者，故并錄之。珍珠泉今爲張舍人園亭。二十年前，吾希顔兄嘗有詩。至泉上，則知詩爲工矣。凡濟南名泉七十有二，瀑流爲上，金線次之，珍珠又次之。若玉環、金虎、黑虎、柳絮、皇華、無憂、洗缽及水晶簟非不佳，然亦不能與三泉伴矣。此游至瀑流者六七，宿靈泉庵者三，泛大明湖者再，遂東入水柵。柵之水名繡江，發源長白山下，周圍三四十里。府參佐張子鈞、張飛卿觴予繡江亭，漾舟荷花中十餘里。樂府皆京國之舊，劇談豪飲，抵暮乃罷。留五日而還。道出王舍人莊，道旁一石刻云："隋開皇丙午十二月鈗珍墓誌。"珍，巴郡武昌人，學通三家，優遊田里，以壽卒。志文鄙陋，字以"巴"爲"已"，蓋周隋以來俗書傳習之弊。其云葬山岰山之西者，知西南

小丘爲山岨也。以歲計之,隋開皇六年丙午,至今甲午,碑石出壞
中,蓋十周天餘一大衍數也。道南有仁宗時侍從龍圖張侍郎掞讀
書堂。"讀書堂"三字,東坡所書,并范純粹律詩,俱有石刻。掞字
叔文,自題仕宦之後,每以王事至某家,則必會鄉鄰甥侄,盡醉極歡
而罷,各以歲月爲識。叔文有文譽,仕亦達,然以榮利之故,終身至
其家三而已。名宦之役人如此,可爲一嘆也!至濟南又留二日。
泛大明,待杜子,不至。明日,行齊河道中。小雨後太山峰嶺歷歷
可數,兩旁小山,間見層出,雲煙出没,顧揖不暇,恨無佳句爲摹寫
之耳。前後所得詩凡十五首,并諸公唱酬附于左。

(《全集》卷三十四《濟南行記》)

崞縣鳳凰山

甲辰夏五月八日,予以事當至崞縣。初約定襄李之和偕往,適
幕府從事宣德劉惠之、平陽李幹臣還軍官山,過吾州,遂與同行。
是日行八十里,野宿天涯山前。明旦入縣,劉、李別去,予獨游神清
觀。舊聞行台員外廣寧王純甫棄官學道,築環堵而居,甚欲見之,
乃屬其徒、潞人和志冲道姓名。純甫聞予來,欣然出迎。予謂:
"先生方晏坐,不肖之來,將無妨静業乎?"曰:"習静固道人事,然
亦有不應静時。"因相與大笑。已而之和至。同郡莊煉師通玄時
住此縣之天慶觀,攜酒見過,乃聚話於西齋。純甫先隱前高。予
問:"前高景趣比雁門、鳳凰山爲何如?"純甫言:"前高去此五十里
而近,君能一遊,到則當自知之。"予竊自念言,先東嚴君生平愛鳳
山,然竟不一到,故詩有"鳳凰聞說似天壇,北去南來馬上看。想
得松聲滿巖谷,秋風無際海波寒"之句。予二十許時,自燕都試,
乃與客登南樓。亡友蘇莘老、閻德潤、張九成、王仲容輩說山中道
人所居有松風軒,層簷高棟,半出空際。長松滿潤谷,如雲幢煙蓋,
植立闌楯之下。山空夜寂,石上聞墜露聲,使人耿耿不寐。曩時聞

此,固嘗以不一遊爲恨矣。北渡又十年,每過雁門,壽寧武尊師子
和、圓果、慶上人、鍾秀、李文必以此山爲言。是則夙志爲不可負,
而前高之游當次第及之也。即日與純甫、之和并山而東。出雁門
之南,夜宿王仲章道正瑞雲庵。庵在鳳山之麓。山中來儀觀,仲章
主之。道士孫守真年八十,童草入道,其家爲此觀黃冠者,至渠十
五世矣。亂後無圖志可考,山之故事多從此翁得之。十一日,仲章
步送入山,由真人谷行。夾道雜花盛開,水聲激激,自澗壑而下。
且行且止,不知登頓之爲勞也。半山一峰爲釣魚臺。其上爲十八
盤,爲青龍嶺,爲風門。由風門而下,繞佩劍峰之右,爲來儀觀。觀
在山腹,峰迴路轉,台殿突起,雲林悄然,別有天地,信靈境之絕異
也!觀有天寶四載石記,是道學士董思珍所造。思珍殆學究之粗
能秉筆者耳,文鄙而義隱,讀之或不能句,故雖鄉人,少有知來儀之
始末者。予爲之反復數過始見崖略。蓋後魏太武嘗於此,師事
寇謙之,授秘錄,自崧高迎謙之來居此山。時有鳳凰見,太武爲立
觀,且以"鳳凰"名之。觀歷周、隋,至唐而廢。真人谷本以謙之爲
言,而訛爲"質兒"。鳳游池以鳳凰來游爲言,亦轉而爲"伏牛"。
開元初,北岳先生諫議胡山隱按圖志求故實,嘗爲辨之。天寶元
載,敕天下玄元廟有頹毀者,在所長官量事修建,又古今得道升仙
之地,代遠迹存者,皆虔加禮醮。此山應焉。北京居士高談幽、辟
穀煉師高敬臣乃共補葺之。碑文刻云:"天寶五載,改鳳凰山爲嘉
瑞山。八載,置天長觀。"蓋唐以玄元爲祖,"天長"者,以胤祚而言
之也。觀度道士七人:高悟真、董參玄、馮通玄、朱自然、孫泠然,餘
二人石闕。供養童子尉遲如玉。朱自然姓字下別刻云:"自然以
天寶十三年七月十五日升天,其日未時至京,陳謝唐天子。天子異
焉,敕中使覆勘。如玉以後十日亦上升。"孫守真言朱仙翁上升
事,觀曾有敕書碑。唐以後薦經喪亂,焚毀略盡,獨董記僅存耳。
來儀觀額,政和七年九月兵馬鈐轄知代州王機建,權發遣河東沿邊
按撫司公事王誨書。觀之東有養虎峰,飲虎及五門二泉。南有天

柱峰。峰之南有神山，與五台境接。西南有玉案峰。西北有煉丹峰、洗藥池。次有玉女峰。峰南有會仙峰，傍有五蔓樹。北有王母池。佩劍峰有白虎池。谷中有水簾、朱砂、白雲三洞。青龍嶺旁，有桃花洞。觀北少西，洗參池，蔓與參同。又名青龍池。門之下有鳳游池。中殿曰“太霄”。太霄前石壇上有大松名升仙樹。門右有松，高與壇樹等，名望仙。佩劍之下有燒藥爐，疊石故在。白虎池之下有鳳棲樹，立石爲識。凡洗蔓、望仙、升仙、藥竈、悉朱自然遺迹也。自餘葛洪煉丹爐、孫真人養虎峰。四子峰有莊、列、亢倉、文子祠。土人便謂向上諸人皆嘗隱於此，殆齊東語也。予恐識者或並其可信者而疑之，故不錄。守真又言:神仙劉海蟾以天聖九年游歷名山，所至並有留迹。代州壽寧石詩十韻云:“醉走白驢來，倒提銅尾秉。引個碧眼奴，擔著獨壺瘦。自言秦世事，家住葛洪井。不讀黃庭經，豈燒龍虎鼎？獨立都市中，不受俗人請。欲攜霹靂琴，去上芙蓉頂。吳牛買十角，溪田耕半頃。種秫釀白醪，便是仙家景。醉臥古松陰，閑立白雲嶺。要去即便去，直入秋霞影。”仍自寫真其旁，撮襟書“龜鶴齊壽”四字，題云“廣寧閑民劉操書”。此詩宋白皡子西曾次韻。子西於詩，號爲專門，極力追之，曾不能彷彿。仙材、凡筆，固自不同！世俗所傳劉翁入道詩，所謂“予因太歲生燕地，十六早登科甲第”者，吾知翁碧眼奴亦當羞道之矣！今全真家推翁爲祖，翁之姓名，鄉里且不能知，況其道乎？是又可爲一嘆也！來儀亦自寫真，飛白“清安福壽”四字。所畫五星，惟土宿獨存。已上皆在太霄殿外壁。土宿閉目，倚一幡，坐下一牛。四字“清安”在東，“福壽”在西。說者以爲心清而安，則福壽從之。翁此書不爲無意也。寫真在西南，一幅巾黃衣，右肩挑酒瓢，左肩挑布囊，破處綻補之。氣韻古澹，望之知爲有道者。年歲既久，將就湮滅，惜無名手爲臨摹之耳。守真住山五十年，不省有爲猛獸毒螫所傷害者。山中靈異甚多:佩劍峰劍聲錚然，陰晦中時有光怪，照山谷皆明。靜夜或聞音樂雜作，琴、築、箏、笛，歷歷可辨。仙犬時吠，今年上元，村落來燒燈者及聞之。之和持莊煉師所餉酒來，約月中飲之。是夜雷雨大作，遂不果。山氣蒸鬱，可喜可愕。雨從林際來，謖謖有聲。雲煙草樹，濃澹覆露。不兩時頃，而極陰晴晦明之變。夜參半，星月清潤。中庭散步，森然魄動。惜情景之不可久留也。之和賦詩，予亦漫作樂府一首，欲爲純甫醉後歌之。明日，期城中諸公不至，留題殿壁而去。下山，宿孫張道院。又明日，爲前高之游。

（《全集》卷三十四《兩山行記》）

燕　地

嘗謂全燕疆界廣闊，風土完厚。自秦滅六國而郡縣之，迄唐中葉，盧龍一軍，雄視趙、魏，鬱爲大鎮。以棗栗之利、車騎之盛言之，則爲用武之國；以太行、恒山挾右碣石入於海言之，則爲天地之藏。海山沈雄，通貫斗極。人禀其氣而生，或客於其鄉，或仕于其國，率多魁偉敦龐宏杰之士。至於遊談劍俠，倔起閭巷間而掉臂于王公之門，排難解紛，遂以功名顯者，往往而在。蓋不至於人物渺然，絕無而僅有也。漢車騎將軍之子孫散居涿、易間，雖譜諜散亡，無從考按，其風聲習氣、歌謠慷慨，風流猶存耳。

（《全集》卷二十八《歸德府總管范陽張公先德碑》）

關　中

關中風土完厚，人質直而尚義。風聲習氣，歌謠慷慨，且有秦、漢之舊。至於山川之勝，游觀之富，天下莫與爲比。故有四方之志者，多樂居焉。予年二十許時，侍先人官略陽，以秋試，留長安中八九月。時紈綺氣未除，沉湎酒間，知有遊觀之美而不暇也。長大來,與秦人遊益多,知秦中事益熟。每聞談周、漢都邑及藍田、鄠、杜間風物,則喜色津津然動于顏間。二三君多秦人,與予游,道相合而意相得也。常約近南山尋一牛田,營五畝之宅,如舉子結夏課,時聚書深讀。時時釀酒為具,從賓客遊,伸眉高談,脫屣世事,覽山川之勝概,考前世之遺迹,庶幾乎不負古人者。然予以家在嵩前,暑途千里,不若二三君之便於歸也。清秋揚鞭,先我就道。矯首西望,長吁青雲。今夫世俗愜意事,如美食、大官、高貲、華屋,皆眾人所必爭,而造物者之所甚靳,有不可得者;若夫閒居之樂,澹乎其無味,漠乎其無所得,蓋自放于方之外者之所貪,人何所爭,而造物者亦何靳邪?行矣,諸君!明年春風,待我於輞川之上矣。

(《全集》卷三十七《送秦中諸人引》)

靈壁潼山

靈壁北四十里,地名潼山。有南華觀。莊子之後餘二百家,族長以行第數之,有二十八翁、二十九翁之目。官給杖印,主詞訟。風俗醇厚。俗中有善談玄者。介休烏元章題其《南華》詩云:"試拈真理問南華,生死元如覺夢何?晝夜曾停覺夢否?古今還續死生麼?潼山歲歲生春草,睢水年年有綠波。子逝於今已千歲,覺時何少夢時多?"

(《全集》卷五十《續遺堅志三·潼山莊氏》)

華州蚩尤城

華州界有蚩尤城。古老言:蚩尤闕姓,故又謂之闕蚩尤城。城旁闕氏尚多。爾朱榮,秀容人。今定襄有爾都統者,自言上世有賜田百頃,至今以"爾百頃"家自名。管州有榮廟,土人祈賽甚靈。

巢賊敗，言滅巢族，族人以平人自解。有漏網者皆以"平"爲氏。
子孫予有識之者，貌與秘府所畫巢像相肖。不欲斥其名云。

　　（《全集》卷五十一《續遺堅志四·蚩尤城》）

九、文物　古迹

鐵　券

　　臣嘗考唐史所載鐵券之說有二：其一則將相有社稷之功者賜之，其一則許藩鎮以自新者也。唐自安史之亂之後，盜據河朔，若魏博，若幽燕，若鎮冀，根結盤互，一寇死，一寇生，天子不問，有司不訶者數十年，其制禦之術可考也。溫言善辭以開慰之，高爵厚禄以尊寵之，甚者又以待社稷臣之禮而禮之也。辨理曲直，洗滌怨惡，質之於天地而示必信，申之以丹鐵而圖不朽。當是時，武剋不剛，君臣相與爲一切之計，幸賊之不吾梗，雖所求有過於此者，將奔走而奉之。故所謂丹書之信，特迫於不得已焉而與之耳。道陵朝，有以田氏所藏唐賜藩鎮鐵券來上者，上爲制七言長詩以破其說，名曰《鐵券行》，臣幸獲睹焉。自聖人以書契代結繩之政，太樸雖散，天理之真淳者，猶在人也。治稍下衰，而《誓》、《誥》興。信不足，有不信。夏後作《誓》而民始叛，殷人作《誥》而下益惑。蓋自結繩而爲書契，自書契而爲《誓》、《誥》，利害相摩，機械相直。君父而臣子也。君有不得於其臣，臣有不得于其君，天理之存者，曾不毫髮。況又自《誓》、《誥》而爲鐵券，其欲使人不叛且惑，亦難矣！故施之藩鎮，不可也。黄河、泰山之盟，不能救韓、彭於旋踵之頃；"赤心"、"白日"之語，又安可保唐室於威令複振之後乎？施于功臣，亦不可也。君不得於其臣而與之爲不直，臣不得於其君而受之爲不義。不直不義，幾何其不以功臣爲藩鎮也？大哉，孔子之言曰："天何言哉？四時行焉，百物生焉！"知乎此，則知聖人所以及豚魚者，爲不在彼也。臣竊伏觀章宗皇帝以仁聖之姿、淵懿之智、緝熙光明之學，正心、誠意、修身、治天下，二十年之間，大信之所孚,股肱大臣之貴,與台皂隸之賤,皆不言而喻,不約而隨,不契而合,不膠而固。其視前世《誓》、《誥》之繁,固已貫三光而洞九泉矣,況於恃片鐵以爲固者乎? 宜其播之於號令,發之於歌詩,慨然自得于大道破裂之後,祛千載之惑,爲萬世之戒也如此。有詔,下臣爲作篇引。謹昧死百拜而言曰:"聖人之公之信,皆天也,臣何足以知之? 若夫雲漢之昭回,日星之炳耀,編之詩書而無愧,質之鬼神而不疑者,臣愚,不自度量,尚庶幾自托於不腐云。"臣謹引。

(《全集》卷十五《章宗皇帝〈鐵券行〉引》)

鐵券文字

王處存墓,在曲陽燕川西北白虎山之青龍碣。己卯八月,完州人劫破之。骨已灰燼,得銀百餘星、一硯、一鏡、唐哀帝所賜鐵券。券刻金字云:"敕葬忠臣王處存,賜錢九萬九千九百九十九貫九百九十九文。"其孫周臣說。

(《全集》卷五十《續遺堅志三·王處存墓》)

擊蛇笏

龍圖孔公原魯擊蛇笏,闕里傳寶舊矣。汴梁既下,入宣撫王公家。公之子以傳彥遠張君,彥遠屬某作銘。敢以燕辭贅于徂徠石先生之末,以俟後之君子。己酉十月日書。大橫庚庚色棗漆,殷血一線著怪跡。殷士膚敏世載德,天以原魯配秀實。文楷指佞堯屈軼,屈之版恃氣不屈。衣冠堂堂立如植,寸鐵指月月不蝕指月,一作磔蟆。妖蛇區區辱吾擊,正以痛快與泚一。徂徠之銘董狐筆,神物當爲吾道惜。屬君金匱秘石室,一日龍化雷破壁一日,一作不然。

306

（《全集》卷三十八《孔道輔擊蛇笏銘》）

古　鏡

鄆城張氏蓄古鏡以百數，其一識云："見月之光，天下大明。"予用是知古人雖作細小物，而閎衍博大之義寓焉。丙戌夏四月，予過汜南，良佐請銘其鏡，因取往所見八言之義，衍之以爲銘。良佐忠於愛君，篤於事長，嚴於治軍旅，又謙謙折節下士，從諸公授《論語》、《春秋》，讀新安朱氏小學，以爲治心之要。故就其可致者而勉之。

繁時之金，金城之工。刻畫之制，鍛煉之功。自其細者而觀之，不過爲櫛縰巾帨几杖盤盂間之一物；自其大者而言之，則乃有日月大明、天地之至公。且夫昭曠粹精，自天降衷。惟不能取諸身而取諸物，此偏暗之所以掩其聰。鬚眉之不燭，妍媸之不別，與亡鏡同；善惡之不明，白黑之不分，與亡視同。豈有衣冠堂堂、百夫之雄，挾昭曠粹精之固有，而不得比一物巾帨盤盂之中？古有之："見爾前，慮爾後。"吾願君子之擴而充。

（《全集》卷三十八《良佐鏡銘》）

無絃琴

厥初制琴，意寓於器。器如可忘，聖則徒制。如陶所言，奚貴於琴？羊存禮存，大中之心。我琴無弦，弦會當具。尚因正聲，以識真趣。

（《全集》卷三十八《無絃琴銘》）

天　硯

　　楊子得片石于馬山之前。方廣一尺，厚減寸之半。從長衡短，狀若展掌。底平而不頗，坎可以貯水，而面可以受墨。杜仲梁曰："此天硯也。"焕然乃請餘爲之銘：

　　　　義則方，智則圓。動也人，静也天。在物强名，在我自然。爾目惟鸜，爾篚惟鳳。籩火緝緶，求中産之售；漆室緹衣，致賓筵之奉。彼金樅而石奏、泉生而雲滃者，亦惟硯之用。割烹是謂食費，琢刻不加玉重。吾知一日而浸百畦，怒于漢陰之抱甕。

　　（《全集》卷三十八《天硯銘》）

紫玉硯

　　蒼龍、太一，玉版之次。維寶硯三，并此而四。出中秘，歸元氏。得非所宜殆天賜。子孫保之，他日知野史之所自。

　　（《全集》卷三十八《小紫玉池硯銘》）

手植檜聖像

　　乙巳冬十二月，拜林廟還，得手植檜把握許，就刻之爲宣聖、顔、孟十哲像，且以文楷爲龕。像出於手檜爲難，其得於煨燼之餘又爲難。合是二難，宜爲儒家世寶。乃百拜而爲之贊云：體則微，理則全。望之儼然，即之温然，見其參於前。手所植焉，形所寓焉。斂之管窺，浩浩其天。是將以爲甘棠之賢邪？抑與夏鼎、殷盤而傳也？

　　（《全集》卷三十八《手植檜聖像贊》）

老人星像石刻

維南有星與弧直,其名老人天一極,或見或隱代不一。光精何年貫此石?非丹非青非瓆刻。玄龜導前鶴後翼,飄然而來莫從詰。祝翁少留觀世德,尚爲斯民開壽域。

宣、政間,忻州天慶觀道士能知推命。其宗人堅畫老人星像,紫府竹璟爲之贊。石刻有二:一在吾州,一在濟源。貞祐甲戌之兵,天慶廢,石刻之存亡未可必。在濟源者,畫像雖存而贊文漫滅不可讀。己亥正月,予見之濟瀆祠。嘆州里舊物、兒時所常見者,將遂湮滅而不傳,因爲贊以補之,且使三人者姓名複見於此。紫府,今五台。二十七日謹記。

(《全集》卷三十八《老人星贊》)

范仲淹像

文正范公,在布衣爲名士,在州縣爲能吏,在邊境爲名將,在朝廷則又孔子之所謂大臣者。求之千百年之間,蓋不一二見,非但爲一代宗臣而已。丁酉四月,獲拜公像於其七世孫道士圓曦。乃爲之贊云:

以將則視管、樂爲不忝,以相則方韓、富爲有餘。其忠可以支傾朝而寄末命,其量可以隮圓蓋而蟠方輿。朱衣玄冠,佩玉舒徐。見於丹青,英風凜如。古之所謂垂紳正笏、不動聲氣而措天下于泰山之安者,其表固如是歟?

(《全集》卷三十八《范文正公真贊》)

遺山家藏文物

予家所藏,書,宋元祐以前物也;法書,則唐人筆迹及五代寫本
爲多;畫,有李、范、許、郭諸人高品。就中薛稷《六鶴》最爲超絕,
先大父銅山府君官汲縣時,官賣宣和內府物也。銅碌兩小山,以酒
沃之,青翠可摘,府君部役時物也。“風”字大硯,先束巖君教授鄉
里時物也。銅雀研,背有大錢一,天禄一,堅重緻密,與石無異,先
隴城府君官冀州時物也。貞祐丙子之兵,藏書壁間,得存。兵退,
予將奉先夫人南渡河,舉而付之太原親舊家。自餘雜書及先人手
寫《春秋》三史、《莊子》、《文選》之等,尚千餘册,并畫百軸,載二
鹿車自隨。三硯則瘞之鄭村別墅。是歲寓居三鄉。其十月,北兵
破潼關,避於女幾之三潭。比下山,則焚蕩之餘,蓋無幾矣。今此
數物,多予南州所得,或向時之遺也。往在鄉里,常侍諸父及兩兄
燕談。每及家所有書,則必枚舉而問之。如曰某書買於某處,所傳
之何人,藏之者幾何年,則欣然志之。今雖散亡,其綴緝裝褙、簽題
印識,猶夢寐見之。《詩》有之:“維桑與梓,必恭敬止。”以予心忖
度之,知吾子孫卻後當以不知吾今日之爲恨也。或曰:“物之閱人
多矣!世之人玩於物,而反爲物所玩。貪多務取,巧偷豪奪,遺簪
敗履惻然興懷者,皆是也。李文饒志平泉草木,有‘後世毀一樹一
石,非吾子孫’之語,歐陽公至以庸愚處之。至於法書、名畫,若桓
玄之愛玩、王涯之固護,非不爲數百年計,然不旋踵已爲大有力者
負之而趨。我躬之不可必,奚我後之恤哉?”予以爲不然。三代鼎
鐘,其初出於聖人之制,今其款識故在。不曰“永用享”,則曰“子
子孫孫永寶用”,豈爲聖人者,超然遠覽而不能忘情於一物邪?抑
知其不能必爲我有,而固欲必之也?蓋自莊周、列御寇之說盛,世
之誕者遂以天地爲逆旅,形骸爲外物,雖聖哲之能事,有不滿一笑
者,況外物之外者乎?雖然,彼固有方內外之辯矣。道不同不相爲

謀。使渠果能寒而忘衣,饑而忘食,以游于方之外,雖渺萬物而空之,猶有託焉爾。如曰不然,則備物以致用,守器以爲智,惟得之有道,傳之無愧,斯可矣!亦何必即空以遺累,矯情以趨達,以取异於世邪?乃作《故物譜》。丙申八月二十有二日,洛州元氏太原房某引。

（《全集》卷四十九《故物譜》）

湯盤周鼎

秀巖安常字順之,常從黨承旨學大篆,多識古文奇字。泰和末,嘗見内府所藏湯盤,作白玉方鬥,近四小寸,底銘九字,即"德日新、又日新、日日新"者也。章宗有旨令辨之。又一方鼎,耳二,足四,饕餮象在雷文中。銘云:"魯公作文王尊彝。"銅既古,瑩如碧玉,無複銅性矣。

（《全集》卷四十七《續夷堅志二·湯盤周鼎》）

古　鏡

蔡内翰正甫云:大定七年秋,與蕭彦昭俱官都下。蕭一日見過,出古鏡相示曰:"頃歲得之關中。雖愛之甚,然背文四字不盡識,且不知爲何時物。"予取視之,漢物也。文曰"長宜子孫"。《宣和博古圖》有焉。出圖示之,殆若合符。彦昭驚喜。有姚仲瞻在坐,言曰:"僕家一鏡,製作亦奇。宋末得於長安土人家。相傳爲太真匳中物,不之信也。"使取而觀,背有楷字數十,爲韻語,句四言。其略有"華屋交映,珠簾對看,潛窺聖淑,麗則常瑞"等語,而紐有開元二字。姚曰:"考其年則唐物,安知爲太真之舊耶?"予笑而不答。徐出浮休居士張芸叟所作《冗長録》使讀。其間載:"元

311

祐中有耕望賢驛故地、得鏡遺予者，銘爲四字詩。中有‘潛窺聖淑’之句。‘聖淑’二字皆少空，意取聖爲君，淑爲後耳。”與此製正合。望賢去馬嵬數十裏，蓋遷幸時遺之。浮休，陝右人。得之長安，信矣！彥昭嘆甚，以爲一日有二奇事，不可不書。予曰：“多言屢中，仲尼所以譏子貢也。然世喜道其偶中，予不書可乎？”

（《全集》卷五十《續夷堅志三·鏡辨》）

金寶牌

宣政間，方士能化泥爲金，名“金寶牌”。長三寸半，闊二寸半，文曰“永鎮福地”。代州天慶、壽寧二處有之。天慶者今尚在。承平時人傳玩，顯是泥所成，指文宛然。

（《全集》卷五十《續夷堅志三·金寶牌》）

古　錢

東平人錢信中，按《錢譜》收古錢。凡得數十種，付之茶店劉六。劉本漕司胥吏家，素稱好事。及多收古錢，聚兩家所有，以錦囊貯之。如譜中不記年代，品最在前；劉亦有之。金錯刀尤重厚，今世所見才二、三分耳。又有方寸匕，形制與錯刀同，最多，推爲眾錢之冠。王莽大錢作燕尾狀者，比今所有，其大四倍。文曰“端布當千”。背後有兩字，有“絲布”、“泉布”、“貨布”、“流布”，如是近十布。又有一銖、二銖、三銖至五銖。有內四出紋，是方孔、四角、金文通輪廓者。複有錢背四出文者，榆莢其文，一曰“五金”，一曰“五朱”。殆分“銖”字爲二也。既有“涌金”，亦有“鏤金”。開元錢有涌金月牙，複有鏤金月牙，有孔方之上有橫涌金月牙一線通輪廓者，亦有孔方之下一線通輪廓者。此家所畜，不特古錢，書、畫、琴暨古物,無不略具。士大夫日聚於此,雜客不豫也。東平破後,不知古物在否也。

（《全集》卷五十《續夷堅志三·古錢》）

項王廟

正隆南征,過烏江項羽廟,引妃嬪視之,因爲說垓下事。顧謂衆妃曰:"汝輩中亦有似虞姬者否?"此語傳達民間,有爲之縮頸者。

（《全集》卷五十《續夷堅志三·項王廟》）

永安錢

海陵天德初,卜宅于燕,建號中都,易析津府爲大興。始營造時,得古錢地中,文曰"永安一千"。朝議以爲瑞,乃取長安例,地名永安,改東平中都縣曰"汶陽",河南永安曰"芝田",中都永安坊曰"長寧"。然亦不知"永安一千"何代所用錢也。

（《全集》卷五十《續夷堅志四·永安錢》）

燕京古鼎等

燕都廟學有夾銅鼎焉。高二尺,受數斛。篆有"離明神鼎養火"六字。後歸裕陵。竟不曉古人作何用也。郭太傅舜俞說:博平路氏一鼎,無款識,無文章,而黃金丹碧,絢爛溢目,受五升許,高三尺,其一足稍大。路氏用之煮茶。以少火燎其足,則水隨沸。大定中,銅禁行,不敢私藏,摧大足折,送之官。足中虛,折處銅楂作火焰上騰之狀。天壤間神物奇寶,成壞俱有數,特見毀於庸人之手,爲可惜耳！蔡内翰正夫《古器類編》記二鼎云："其一明昌三年二月、藍田玉山鄉農民李興穿地得之,高二尺,兩耳有字一十行,文曰'王四月初吉丁亥'。以長曆考之,魯莊公十二年四月丁亥,即周安釐王初立之歲,未改元,故不稱年而僅以月數焉。又有一百二字,必周侯伯所作之器也。其一太原三交西南,大定九年汾水壞東岸古墓,有鼎及鐘磬之屬。鼎小者五寸許,大幾三尺,中作黃金色。所實牛羹尚可辨。鐘磬小者不及二尺,凡十六等,蓋音律之次也。雖無款識,皆周物也。"

（《全集》卷五十一《續夷堅志四·古鼎》）

僧一行墓石

劉太博機,貞祐兵亂後,自管湖州刺史,遷濟州。民居官舍皆被焚。機複立州宅。掘一黃土坡,偶值古塚,乃唐一行禪師墓。有石記云："劉機當破吾墓。"

（《全集》卷四十八《續遺堅志一·一行墓石記》）

古　印

党承旨有周亞夫銅印。束鹿柴揖調曆城簿,有彭宣私印。臨淄農鄭氏耕地,得方寸銅印,鈕作九猿猴,細小如豆;諦視之,形狀俱備。

（《全集》卷五十一《續夷堅志四·呂氏所記古印章》）

臨淄古磚

大定初,山東人楊善淵買地臨淄市南,立道院。掘地得古磚,上刻四十二字云:"大齊戊二年四月八日,南郭石羊巷楊道圓施花磚笆三千口,在天齊觀玉清宫殿上。永記楊押,磚匠楊本堅。"有爲考按者:此地蓋北齊時天慶觀,今巷東道北尚有石羊存焉。戊二年,高緯天統二年丙戌歲也。縣前此無宫觀,善淵撥土主之,偶與古觀地合。善淵又與道圓同姓,亦異事也。

(《全集》卷五十一《續夷堅志四·臨淄道院》)

虞世南榜書

泰和八年冬,京師大悲閣前幡竿石椿縫間,連夕出火,四十餘日乃止。明年,大火延燒萬餘家,閣亦被焚。衛王有旨,救虞世南所書"千手眼大悲閣"題榜。火氣熾盛,人離百步外不敢近云。

(《全集》卷五十《續夷堅志三·石椿火出》)

司馬承禎密崖題字

明昌末,盧氏山密崖,石壁高峻,非人迹所到。忽有題字云:"道民天臺司馬承禎過。"字大如碗,墨色光瑩而紫。予過中巖,謁白雲先生祠,碑載:承禎葬松台。因有詩云:"道民初不忘天臺,姓氏分明見密崖。爲問松台千載鶴,白雲何處不歸來?"

(《全集》卷五十一《續夷堅志四·密崖題字》)

張萱四景宫女圖

一、轉角亭,桷欄楹檻,渥丹爲飾,綠琉璃磚爲地。女學士三,皆素錦帕首。南向者綠衣紅裳,隱幾而坐,一手柱頰,凝然有所思。其一東坐,素衣紅裳,按筆作字。西坐者紅衣素裳,袖手憑几,昂面諦想，如作文而未就者。亭後來禽盛開，一內人不裹頭，倚欄仰看。凡裳者皆有雙帶下垂，凡與裳等，但色別於裳耳。亭左湖石，右木芍藥。一素衣紅裳人翦花，一人捧盤承之。一人得花，緩步回首，按錦帕，插之髻鬟之後。此下一人錦帕首，淡黃錦衣，紅裙，袖手而坐。并坐者吹笙。左二人彈箏合曲。右一人黃帽如重戴而無漉水，不知何物。背面吹笙，乃知錦帕有二帶繫之髻鬟之後。一小鬟前立按拍，一女童舞。一七八歲白錦衣女，戲指于舞童之後。吹笙者紅衣素裳。箏色、笛色、板色，素衣紅裙。已上爲一幅。

二、湖石，芭蕉，竹樹，紫薇花繁盛。花下二女，憑檻仰看，團花藍紗映朱衣，紅纈爲裙。并立者白花籠紅絹中單。三人環冰盤坐。一紅衣者顧憑檻。看花者二白衣相對。女侍二：一挈祕壺，一捧茗器。四人臨池觀芙蕖、鸂鶒。一坐砌上，一女童欲掬水。弄操便面者十一人，便面皆以青綠爲之。琵琶一，笙一，簫笛三，板一，聚之案上。二藤杌在旁。爲一幅。

三、大桐樹，下有井，井有銀床。樹下落葉四五。一內人冠髻，著淡黃半臂金紅衣、青花綾裙，坐方床，床加褥而無裙。一搗練杵倚床下，一女使植杵立床前，二女使對立搗練。練有花，今之文綾也。《畫譜》謂萱取“金井梧桐秋葉黃”之句爲圖，名《長門怨》者，殆謂此邪？芭蕉葉微變，不爲無意。樹下一內人，花錦冠，綠背搭，紅繡爲裙，坐方床。繪平錦滿箱，一女使展紅纈托量之。此下秋芙蓉滿叢。湖石旁一女童持扇熾炭，備熨帛之用。二內人坐大方床：一戴花冠，正面，九分紅繡窄衣，藍半臂，桃花裙，雙紅帶下垂尤顯然；一膝跋床角，以就縫衣之便。一桃花錦窄衣、綠綉襠，裁繡段。二女使挣素綺，女使及一內人平熨之。一女童，白錦衣，低首熨帛之下以爲戲。中二人雙綏帶，胸腹間繫之，亦有不與裙齊者。此上爲一幅。

四、大堂，界畫細整，脊獸獰惡，與今時特異。積雪盈瓦溝。山茶盛開，高出簷際。堂錦亦渥丹，而楹桷間有青綠錯雜之。堂下湖石,一樹立湖石旁,其枝柯蓋紫薇也。堂上垂簾,二内人坐中楹,花帽幂首,衣袖寬博,鉤簾而坐,如有所待然。女使五人:二在簾楹間,一抱孩子,孩子花帽緑錦衣,女使抱之,褰簾入堂中,真態宛然;二捧湯液器。一導四内人外階,衣著青紅各異。三人所戴,如今人蠻笠而有瑇瑁斑,不知何物爲之。一内人擁花帽,與前所畫同。一女使從後。砌下池水凍結,枯蒲匝其中,凍鴨并臥,有意外荒寒之趣。已上爲一幅。人物每幅十四,共五十六人。

（《全集》卷三十四《張萱四景宫女》）

朱繇三官圖

天官冠服,具大人相,神思淵默,憑几而坐。二天女侍雙鳳扶輦。輦有輪,月輪在上,獨畫桂樹而已。左右官抱文書而立。武衛負劍夾侍,貌比從官,有威武之狀。二天女持杖,侍雙鳳之前。

地官,王者服,顔面威重,乘白馬,隊杖在山林間大怪樹之下。兩力士捉馬銜,施絳繳,兩團扇障之。扇前一衛士輕行,一皂衣使者前導。右一武士執鉞,左一功曹挾書,從官騎虎從。後一介胄胯弓刀,一功曹抱案牘拱揖於重崖之下。一鬼卒横刀而拜。三人皆不見其面,獨鬼卒肘間露一目耳。一樹魅赤體倒拔一樹,根見而未出也。

水官,亦王者服,面目嚴毅,鬚髯長磔,又非地官之比。乘班龍,在海濤雲氣中。一力士以鐵繩挽龍,怒目迴視,如捉一馬然,龍不能神矣。一女童前導。一使者恭揖白事。鬼卒獰惡殊甚,肉袒、髮上指,颭大錦旗,泊一力士負劍者掖龍而行。一掾吏挾簿書,騎犀牛,從水府大門出。一力士於大樹下昂面視水官,不見其額。珊瑚大珠浮行水面,旋轉如活。犀牛甫出水府,雲氣隨之。真天下之絶藝也。

（《全集》卷三十四《朱繇三官》）

317

十、文　學

論唐五代宋金文學

唐文三變，至五季，衰陋極矣。由五季而爲遼、宋，由遼、宋而爲國朝，文之廢興可考也。宋有古文，有詞賦，有明經。柳、穆、歐、蘇諸人，斬伐俗學，力百而功倍，起天聖，迄元祐，而後唐文振。然似是而非，空虚而無用者，又復見於宣、政之季矣。遼則以科舉爲儒學之極致，假貸剽竊，牽合補綴，視五季又下衰。唐文奄奄如敗北之氣，没世不復，亦無以議爲也。國初，因遼、宋之舊，以詞賦、經義取士，豫此選者，選曹以爲貴科，榮路所在，人爭走之。傳注則金陵之餘波，聲律則劉鄭之末光，固已占高爵而釣厚禄。至於經爲通儒，文爲名家，良未暇也。及翰林蔡公正甫，出於大學大丞相之世業，接見宇文濟陽、吴深州之風流，唐宋文派，乃得正傳。然後諸儒得而和之。蓋自宋以後百年，遼以來三百年，若黨承旨世杰、王内翰子端、周三司德卿、楊禮部之美、王延州從之、李右司之純、雷禦史希顔，不可不謂之豪杰之士。若夫不溺於時俗，不汩於利禄，慨然以道德仁義性命禍福之學自任，沉潜乎六經，從容乎百家，幼而壯，壯而老，怡然涣然，之死而後已者，惟我閑閑公一人。

（《全集》卷十七《閑閑公墓銘》）

評陸龜蒙詩文

龜蒙，高士也，學既博贍，而才亦峻潔，故其成就卓然爲一家。然識者尚恨其多憤激之辭而少敦厚之義，若《自憐賦》、《江湖散人歌》之類，不可一二數。標置太高，分別太甚，鎪刻太苦，譏罵太過。唯其無所遇合，至窮悴無聊賴以死，故鬱鬱之氣不能自掩。推是道也，使之有君有民有政有位，不面折庭爭、埋輪叩馬，則奮髯抵幾以柱後惠文從事矣！何中和之治之望哉？宋儒謂唐人工于文章而昧于聞道，其大較然，非獨一龜蒙也。至其自述云"少攻歌詩，欲與造物者爭柄，遇事輒變化，不一其體裁。始則陵轢波濤，穿穴險固，囚鎖怪異，破碎陣敵，卒之造平淡而後已"者，信亦無愧云。甲午四月二十有一日，書於聊城寓居之西窗。

（《全集》卷三十四《校笠澤藂書後記》）

論杜詩

杜詩注六七十家，發明隱奧，不可謂無功，至於鑿空架虛，旁引曲證，鱗雜米鹽，反爲蕪累者亦多矣。要之，蜀人趙次公作《證誤》，所得頗多……竊嘗謂子美之妙，釋氏所謂學至於無學者耳。今觀其詩，如元氣淋漓，隨物賦形；如三江五湖，合而爲海，浩浩瀚瀚，無有涯涘；如祥光慶雲，千變萬化，不可名狀。固學者之所以動心而駭目。及讀之熟，求之深，含咀之久，則九經、百氏、古人之精華所以膏潤其筆端者，猶可髣髴其餘韻也。夫金屑、丹砂、芝术、參桂，識者例能指名之。至於合而爲劑，其君臣佐使之互用，甘苦酸鹹之相入，有不可複以金屑、丹砂、芝术、參桂而名之者矣。故謂杜詩爲無一字無來處亦可也，謂不從古人中來亦可也。前人論子美用故事，有著鹽水中之喻，固善矣。但未知九方皋之相馬，得天機於滅没存亡之間，物色牝牡，人所共知者爲可略耳。

（《全集》卷三十六《杜詩學引》）

論黄庭堅與杜詩

先東巖君有言:近世唯山谷最知子美。以爲今人讀杜詩,至謂草木蟲魚皆有比興,如試世間商度隱語然者,此最學者之病。山谷之不注杜詩,試取《大雅堂記》讀之,則知此公注杜詩已竟。可爲知者道,難爲俗人言也。

(《全集》卷三十六《杜詩學引》)

評蘇詩一

五言以來,六朝之謝、陶,唐之陳子昂、韋應物、柳子厚最爲近風雅,自餘多以雜體爲之,詩之亡久矣。雜體愈備,則去風雅愈遠,其理然也。近世蘇子瞻絶愛陶、柳二家。極其詩之所至,誠亦陶、柳之亞。然評者尚以其能似陶、柳,而不能不爲風俗所移爲可恨耳。夫詩至於子瞻,而且有不能近古之恨,後人無所望矣!乃作《東坡詩雅》目錄一篇。正大己丑,河南元某書于内鄉劉鄧州光父之東齋。

(《全集》卷三十六《東坡詩雅引》)

評蘇詩二

東坡和陶,氣象衹是坡詩。如云"三杯洗戰國,一鬥消强秦",淵明決不能辦此。獨恨"空杯亦嘗持"之句與論"無弦琴"者自相矛盾。別一詩云:"二子真我客,不醉亦陶然。"此爲佳。丙辰秋八月十二日題。

(《全集》卷四十《跋東坡和淵明飲酒詩後》)

評蘇詞注

　　絳人孫安常注坡詞，參以汝南文伯起《小雪堂詩話》，刪去他人所作《無愁可解》之類五十六首，其所是正亦無慮數十百處，坡詞遂爲完本，不可謂無功。然尚有可論者。如"古岸開青葑"，《南柯子》以末後二句倒入前篇。此等猶爲未盡，然特其小小者耳。就中《野店雞號》一篇，極害義理，不知誰所作，世人誤爲東坡。而小說家又以神宗之言實之云："神宗聞此詞，不能平，乃貶坡黃州，且言教蘇某閑處袖手，看朕與王安石治天下。"安常不能辨，複收之集中。如"當時共客長安，似二陸初來俱妙年。有胸中萬卷，筆頭千字，致君堯舜，此事何難？用舍由時，行藏在我，袖手何妨閑處看"之句，其鄙俚淺近，叫呼衒鬻，殆市駔之雄醉飽而後發；雖魯直家婢僕且羞道，而謂東坡作者，誤矣！又，前人詩文有一句或一二字異同者，蓋傳寫之久，不無訛謬，或是落筆之後隨有改定。而安常一切以別本爲是，是亦好奇尚異之蔽也。就孫集錄取七十五首，遇語句兩出者擇而從之。自餘《玉龜山》一篇，予謂非東坡不能作。孫以爲古詞，刪去之，當自別有所據。姑存卷末，以候更考。丙申九月朔，書于陽平寓居之東齋。元某引。

　　（《全集》卷三十六《東坡樂府集選引》）

論文章法度

　　文章天下之難事，其法度雜見於百家之書，學者不遍考之，則無以知古人之淵源。予初學屬文，敏之兄爲予言如此。興定丁丑，閒居河南，始集前人議論爲一編，以便觀覽。蓋就李嗣榮、衛昌叔家前有書而錄之，故未備也。山谷與黃直方書云："欲作楚辭，須熟讀楚辭，觀古人用意曲折處，然後下筆。喻如世之巧女，文繡妙一世，如欲織錦，必得錦機，乃能成錦。因以《錦機》名之。十一月日，河東元某自題。"

（《全集》卷三十六《錦機引》）

詩尤難說

詩與文同源而別派。文固難，詩爲尤難。李長吉母以賀苦於詩，謂嘔出肝肺乃已耳。又有論詩者云："乾坤有清氣，散入詩人脾。千人萬人中，一人兩人知。"其可謂尤難矣！前世詩人凡有所作，遇事輒變化，別不一其體裁，乃欲與造物者爭柄，囚鎖怪异、破碎陣敵、陵轢波濤、穿穴險固者，尤未盡也。槁項黃馘一節寒餓之士，以是物爲顓門，有白首不能道劉長卿一字者；青雲貴公子乃咳唾嚬呻而得之，是可貴也。學道者有神遇，有懸解。如以無礙辨才，游戲翰墨，龍拏虎擲，動心駭目，不可致詰。彼區區者，方纓冠被髮、流汗而追之，九萬里風斯在下矣！

（《全集》卷三十六《雙溪集序》）

論詩文正脈

某不敏，不足以知詩文正脈，嘗試妄論之。文章雖出於真積之力，然非父兄淵源、師友講習、國家教養，能卓然自立者鮮矣！自隋、唐以來，以科舉取士，學校養賢，俊逸所聚，名卿材大夫爲之宗匠。琢磨淬礪，日就作新之功。以德言之，則士君子之所爲也；以文言之，則鴻儒碩生之所出也；以人物言之，則公卿大臣之所由選也。不必皆鴻儒、碩士、公卿、大臣，而其材具故在是矣……嗚呼！文章，聖心之正傳。達則爲經綸之業，窮則爲載道之器，顧所遭何如耳。

（《全集》卷三十六《鳩水集引》）

論唐詩本於誠

詩與文,特言語之別稱耳。有所記述之謂文,吟詠情性之謂詩,其爲言語則一也。唐詩所以絕出於《三百篇》之後者,知本焉爾矣!何謂本?誠是也。古聖賢道德言語布在方冊者多矣。且以"弗慮胡獲?弗爲胡成"、"無有作好,無有作惡"、"樸雖小,天下莫敢臣"較之,與"祈年孔夙,方社不莫"、"敬共明神,宜無悔怒"何異?但篇題句讀不同而已。故由心而誠,由誠而言,由言而詩也,三者相爲一。情動于中而形於言,言發乎邇而見乎遠。同聲相應,同氣相求。雖小夫賤婦、孤臣孽子之感諷,皆可以厚人倫、美教化,無它道也。故曰不誠無物。夫惟不誠,故言無所主,心口別爲二物,物我邈其千里。漠然而往,悠然而來,人之聽之,若春風之過馬耳。其欲動天地、感神鬼,難矣!其是之謂本。唐人之詩,其知本乎?何温柔敦厚、藹然仁義之言之多也!幽憂憔悴,寒饑困憊,一寓於詩,而其厄窮而不憫、遺佚而不怨者,故在也。至於傷讒疾惡,不平之氣不能自掩,責之愈深,其旨愈婉;怨之愈深,其辭愈緩。優柔饜飫,使人涵泳于先王之澤,情性之外,不知有文字。幸矣!學者之得唐人爲指歸也。

（《全集》卷三十六《楊叔能小亨集引》）

論學詩三警戒

初予學詩,以十數條自警云:"無怨懟,無謔浪,無驚狠,無崖異,無狡訐,無嬌阿,無傅會,無籠絡,無銜鬻,無矯飾,無爲堅白辨,無爲賢聖癲，無爲妾婦妒，無爲仇敵謗傷，無爲聾俗閧傳，無爲瞽師皮相，無爲顆卒醉橫，無爲黠兒白捻，無爲田舍翁木强，無爲法家醜詆，無爲牙郎轉販，無爲市倡怨恩，無爲琵琶娘人魂韻詞，無爲村夫子《兔園策》，無爲算沙僧困義學，無爲稊稗治禁詞，無爲天地一我、今古一我，無爲薄惡所移，無爲正人端士所不道。"信斯言也，予詩其庶幾乎？惟其守之不固，竟爲有志者之所先。

（《全集》卷三十六《楊叔能小亨集引》）

評詩僧木庵英上人

東坡讀參寥子詩，愛其無蔬笋氣，參寥用是得名。宣、政以來，無複異議。予獨謂此特坡一時語，非定論也。詩僧之詩所以自別于詩人者，正以蔬筍氣在耳。假使參寥子能作柳州《超師院晨起讀禪經》五言，深入理窟，高出言外，坡又當以蔬筍氣少之邪？木庵英上人弱冠作舉子，從外家遼東，與高博州仲常游，得其議論爲多，且因仲常得僧服。貞祐初南渡河，居洛西之子蓋，時人固以詩僧目之矣。三鄉有辛敬之、趙宜之、劉景玄，予亦在焉。三君子皆詩人，上人與相往還，故詩道益進。出世住寶應，有《山堂夜岑寂》及《梅花》等篇傳之京師。閑閑趙公、內相楊公、屏山李公及雷、李、劉、王諸公，相與推激，至以不見顏色爲恨。予嘗以詩寄之云："愛君《山堂》句，深靖如幽蘭。愛君《梅花》詠，入手如彈丸。詩僧第一代，無愧百年間。"曾說向閑閑公，公亦不以予言爲過也。近年《七夕感興》，有"輕河如練月如舟，花滿人間乞巧樓。野老家風依舊拙，蒲團又度一年秋"之句。予爲之擊節稱嘆，恨楊、趙諸公不及見之。乙酉冬十月，將歸太原，侍者出《木庵集》，求予爲序引，試爲商略之。上人才品高，真積力久，住龍門、崧少二十年，仰山又五六年，境用人勝，思與神遇，故能游戲翰墨道場，而透脫叢林窠臼，於蔬笋中別爲無味之味。皎然所謂"情性之外不知有文字"

324

者,蓋有望焉。正大中,閑閑公侍祠太室,會上人住少林久,倦于應接,思欲退席。閑閑公作疏留之云:"書如東晉名流,詩有晚唐風骨。"予謂閑閑雖不序《木庵集》,以如上語觀之,知閑閑作序已竟。然則向所許百年以來爲詩僧家第一代者,良未盡歟!

(《全集》卷三十七《木庵詩集序》)

論蘇詞

唐歌詞多宮體,又皆極力爲之。自東坡一出,情性之外,不知有文字,真有"一洗萬古凡馬空"氣象。雖時作宮體,亦豈可以宮體概之?人有言:"樂府本不難作,自東坡放筆後便難作。"此殆以工拙論,非知坡者。所以然者,《詩》三百篇所載小夫賤婦幽憂無聊賴之語,時猝爲外物感觸,滿心而發,肆口而成者爾。其初果欲被管弦、諧金石,經聖人手,以與六經并傳乎?小夫賤婦且然,而謂東坡翰墨游戲,乃求與前人角勝負,誤矣!自今觀之,東坡勝處非有意於文字之工,不得不然之爲工也。坡以來,山谷、晁無咎、陳去非、辛幼安諸公,俱以歌辭取稱,吟咏情性,留連光景,清壯頓挫,能起人妙思。亦有語意拙直,不自緣飾,因病成妍者。皆自坡發之。

(《全集》卷三十六《新軒樂府引》)

論詩經

詩之極致,可以動天地、感鬼神。故傳之師,本之經,真積之力久,而有不能復古者。自"匪我愆期,子無良媒"、"自伯之東,首如飛蓬"、"愛而不見,搔首踟躕"、"既見複關,載笑載言"之什觀之,皆以小夫賤婦滿心而發,肆口而成,見取於采詩之官,而聖人刪詩,亦不敢盡廢。後世雖傳之師,本之經,真積力久而不能至焉者,何古今難易不相侔之如是邪！蓋秦以前民俗醇厚，去先王之澤未遠。質勝則野，故肆口成文，不害為合理。使今世小夫賤婦滿心而發，肆口而成，適足以污簡牘，尚可辱采詩官之求取邪？故文字以來，詩為難；魏晋以來，復古為難；唐以來，合規矩準繩尤難。夫因事以陳辭，辭不迫切而意獨至，初不為難，後世以不得不難為難耳！古律、歌行、篇章、操引、吟詠、謳謠、詞調、怨嘆，詩之目既廣，而詩評、詩品、詩說、詩式，亦不可勝讀。大概以脫棄凡近、澡雪塵翳、驅駕聲勢、破碎陣敵、囚鎖怪變、軒豁幽秘、籠絡今古、移奪造化為工；鈍滯、僻澀、淺露、浮躁、狂縱、淫靡、詭誕、瑣碎、陳腐為病。"毫髮無遺恨"、"老去漸於詩律細"、"佳句法如何"、"新詩改罷自長吟"、"語不驚人死不休"，杜少陵語也。"好句似仙堪換骨，陳言如賊莫經心"，薛許昌語也。"乾坤有清氣，散入詩人脾。千人萬人中，一人兩人知"，貫休師語也。"看似尋常最奇崛，成如容易卻艱難"，半山翁語也。"詩律傷嚴近寡恩"，唐子西語也。子西又言："吾于他文不至蹇澀，惟作詩極艱苦。悲吟累日，僅自成篇。初讀時，未見可羞處，姑置之。後數日取讀，便覺瑕颣百出。輒複悲吟累日，反復改定，比之前作稍有加焉。後數日複取讀，疵病複出。凡如此數四，乃敢示人。然終不能工。"李賀母謂賀"必欲嘔出心乃已"，非過論也。今就子美而下論之，後世果以詩為專門之學，求追配古人，欲不死生於詩，其可已乎？雖然，方外之學有"為道日損"之說，又有"學至於無學"之說。詩家亦有之。子美夔州以後，樂天香山以後，東坡海南以後，皆不煩繩削而自合，非技進於道者能之乎？詩家所以異于方外者，渠輩談道不在文字，不離文字。詩家聖處不離文字，不在文字。唐賢所謂"情性之外不知有文字"云耳。

（《全集》卷三十七《陶然集詩序》）

論張德謙詞學

　　近歲新軒張勝予,亦東坡發之者與? 新軒三世遼宰相家。從少日滑稽玩世,兩坡二棗,所謂入其室而啖其炙者,故多喜而謔之之辭。及隨計兩都,作霸諸彥,時命不偶,僅得補掾中台。時南狩已久,日薄西山,民風國勢,有可爲太息而流涕者,故又多憤而吐之之辭。予與新軒臭味既同,而相得甚歡。或別之久而去之遠,取其歌詞讀之,未嘗不灑然而笑,慨焉以嘆,沈思而遠望,鬱搖而行歌。以爲玉川子嘗孟諫議貢餘新茶,至四碗發輕汗時,平生不平事盡向毛孔散。真有此理! 退之《聽穎師彈琴》云:"昵昵兒女語,恩怨相爾汝。忽然變軒昂,勇士赴敵場。"吾恐穎師不足以當之。予既以此論新軒,因說向屋梁子。屋梁子不悅,曰:"《麟角》、《蘭畹》、《尊前》、《花間》等集,傳播裏巷,子婦母女交口教授,淫言媟語深入骨髓,牢不可去,久而與之俱化。浮屠家謂筆墨勸淫,當下犂舌之獄。自知是巧,不知是業。陳後山追悔少作,至以'語業'命題。吾子不知耶?《離騷》之《悲回風》、《惜往日》,評者且以'露才揚己,怨懟沉江'少之。若《孤憤》、《四愁》、《七哀》、《九悼》絕命之辭,窮愁志,自憐賦,使樂天知命者見之,又當置之何地耶? 治亂,時也;遇不遇,命也。衡門之下,自有成樂。而長歌之哀甚於痛哭。安知憤而吐之者非呼天稱屈耶? 世方以此病吾子,子又以及新軒,其何以自解?"予謂屋樑子言:"子頗記謝東山對右軍哀樂語乎?'年在桑榆,正賴絲竹陶寫。但恐兒輩覺,損此歡樂趣耳!'東山似不應道此語。果使兒輩覺,老子樂趣遂少減耶? 君且道如詩仙王南雲所說,大美年賣珠樓前風物,彼打硬頭陀與長三者,三禮何嘗夢見?"歲在甲寅十月望日,河東元某題。

　　(《全集》卷三十六《新軒樂府引》)

評李汾、麻知幾、杜仲梁詩

南渡後，李長源七言律詩清壯頓挫，能動搖人心，高處往往不減唐人。麻知幾七言長韻，天隨子所謂陵轢波濤、穿穴險固、囚鎖怪异、破碎陣敵者，皆略有之。然長源失在無穰苴，知幾病在少持擇，詩家亦以此爲恨。仲梁材地有餘，而持擇功夫勝，其餘或亦有不逮二子者。絕長補短，大概一流人也。今二子亡矣。仲梁氣銳而筆健，業專而心精，極他日所至，當于古人中求之，不特如退之之于李元賓也。河東人元某書。

（《全集》卷三十六《逃空絲竹集引》）

評張澄詩

（張）仲經出龍山貴族。少日隨宦濟南，從名士劉少宣問學，客居永寧。永寧有趙宜之、辛敬之、劉景玄，其人皆天下之選，而仲經師友之，故早以詩文見稱。及予官西南，仲經偕杜仲梁、麻信之、高信卿、康仲寧，挈家就予內鄉。時劉內翰光甫方解鄧州倅，日得相從文字間。仲經之所成就，又非洛西時比矣。北渡後，薄游東平，謁先行台嚴公，一見即被賞識，待以師賓之禮，授館於長清之別墅。積十餘年，得致力文史，以詩爲專門之學。此其出處之大略也。今觀其詩，《永寧王趙幽居》云："寒盡陰崖草有芽，竹梢殘雪墮冰花。號空老木風才定，倒影荒山日又斜。天地悠悠常作客，干戈擾擾漫思家。煙村寂寞無人語，獨倚寒藤數莫鴉。"落筆不凡類如此。及來內鄉，嘗阻雨板橋張主簿草堂，同賦《浙江觀漲》詩。仲經云："一雨天地來，濤聲破清曉。"光甫大加賞嘆，以爲有前人風調。是年出居縣西南白鹿原，名所居爲《行齋》，取"素貧賤、行貧賤"之義。行齋之南有菊水，湍流噴薄，景氣古澹，陽崖回抱，綠莎盈尺。臘月，紅梅盛開。諸公藉草而坐，嘉肴旨酒，嘯詠彌日。仲經有詩云："寒客遠峰猶帶雪，暖私幽圃已多花。"仲梁雖有"暖散春泉百汊流"之句，亦自以爲不及也。其餘如《次韻見及》云："長松偃蹇千年物，病鶴摧頹萬里心。"《春思》云："一春常作客，連日苦多風。野樹淒迷綠，檐花暗澹紅。愁隨詩卷積，囊與酒樽空。巢燕如相識，頻來草舍中。"《書事》云："故國三年夢，新愁兩鬢蓬。淚從南望盡，途自北來窮。破牖蠅烘日，枯梢鵲愛風。悵然搔白首，遠目過歸鴻。"《贈員善卿》云："詩材雖滿腹，傢具少於車。"《珍珠泉感舊》云："紅槿有情依壞砌，綠莎隨意上寒廳。"《秋興》云："壞壁黏蝸艱國步，荒池漂蟻失軍容。"《秋日》云："寒花矜晚色，病葉怯秋聲。"《憶永寧舊游寄魏內翰》云："上閣寺高迎晚翠，游家樓小簇春紅。"獨腳云："洛岸瀟瀟雨送春"、"老愛青山悟靜緣"、"問路前村犬吠人"、"病枕偏宜夜雨聲"、"林深鹿近人"、"年衰與杖宜"、"雲出祇園雨亦香"。又如《風琴一首》、《回軍謠四首》、《清明日陪諸公燕集東園一首》、《病中一首》、《移居學東坡八首》、《再到方山絕句》、《書陶詩後集句》，往往傳在人口。内相文獻楊公有言："文章，天地中和之氣，太過爲荒唐，不及爲滅裂。"仲經所得，雍容和緩，道所欲言者而止，其亦得中和之氣者歟？爲人資稟樂易，恬於進取，進退容止，皆有蘊藉可觀。與人交，重然諾，敦分義，終始可以保任。使之束帶立朝，當言責之重，豈得輕負所學，忘禮諫之義乎？憂世既切，惠養是其所長。趙、張、三王，鉤距之吏，奮髯抵幾，眷眷俊快，保其羞而不爲。至於德讓君子之風，良有望焉！自丙午以後，參幕府軍事，當賢侯擁篲之敬，得寸行寸。謂當見之一日，未一試而病不起矣！其孤夢符持《橘軒詩集》求予編次。感念平昔，不覺出涕。因題其後。嗚呼！有言可述，學者之能事；有子可傳，人道之大本。吾仲經言可述矣，子可傳矣，顧雖賫志下泉，其亦可以少慰矣夫！甲寅冬至日，詩友河東元某裕之題。

（《全集》卷三十七《張仲經詩集序》）

評楊宏道詩

貞祐南渡後，詩學爲盛。洛西辛敬之、淄川楊叔能、太原李長源、龍坊雷伯威、北平王子正之等，不啻十數人，稱號專門。就諸人中，其死生於詩者，汝海楊飛卿一人而已。李内翰欽叔工篇翰，而飛卿從之遊。初得"樹古葉黄早，僧閑頭白遲"之句，大爲欽叔所推激。從是游道日廣，而學亦大進。客居東平將二十年，有詩近二千首，號《陶然集》。所賦《青梅》、《瑞蓮》、《瓶聲》、《雪意》，或多至十餘首。其立之之卓、鑽之之堅、得之之難、積之之多乃如此。此其所以爲貴也歟？歲庚戌，東平好事者求此集刊布之。飛卿每作詩，必以示予，相去千餘裏，亦以見寄。其所得，予亦頗能知之。飛卿于海内詩人，獨以予爲知己，故以集引見託………以吾飛卿立之之卓、鑽之之堅、得之之難，异時霜降水落，自見涯涘。吾見其泝石樓，歷雪堂，問津斜川之上。萬慮洗然，深入空寂，蕩元氣於筆端，寄妙理於言外。彼悠悠者可複以昔之隱几者見待邪？《陶然後編》，請取此序證之，必有以予爲不妄許者。重九日，遺山真隱序。

（《全集》卷三十七《陶然集詩序》）

評詩僧曇和尚

歲甲寅秋七月，余自清鴻還太原，會乾明志公出其法兄弟萬壽曇和尚頌古百則語，委余題端。余往在南都，侍閑閑趙公、禮部楊公、屏山李先生燕談，每及青州以來諸禪老，皆謂萬松老人號稱辨材無礙，當世無有能當之者。承平時已有染衣學士之目，故凡出其門者，望而知其爲名父之子。雖東林隆高出十百輩，而曇於是中猶為上首。其語言三昧,蓋不必置論。予獨記屏山語云:"東坡、山谷俱嘗以翰墨作佛事,而山谷爲祖師禪,東坡爲文字禪。且道曇和尚百則語,附之東坡歟?山谷歟?"予亦嘗贈嵩山雋侍者學詩云:"詩爲禪客添花錦,禪是詩家切玉刀。"曇和尚,添花錦歟?切玉刀歟?予皆不能知。所可知者,讀一則語未竟,覺冰壺先生風味津津然出齒頰間,當是此老少年作舉子時,結習未盡爾。志公試以此語問阿師,當發一笑。中元日,遺山居士元某引。

（《全集》卷三十七《曇和尚頌序》）

評麻革、杜仁傑、張澄詩

麻信之、杜仲梁、張仲經,正大中,同隱内鄉山中,以作詩爲業。人謂東南之美盡在是矣。予嘗竊評之:仲梁詩如偏將軍將突騎,利在速戰,屈于遲久,故不大勝則大敗。仲經守有餘而攻戰不足,故勝負略相當。信之如六國合從,利在同盟,而敝於不相統一,有連雞不俱棲之勢。雖人自爲戰,而號令無適從,故勝負未可知。光弼代子儀軍,舊營壘也,舊旗幟也,光弼一號令而精彩皆變。第恐三子者不爲光弼耳。

（《全集》卷三十九《麻杜張諸人詩評》）

送李天翼（輔之）序

輔之李君膺剡章之招,有泛舟之役。東門祖道,北海開樽。念會合之良難,欲殷勤之重接。時則莫春三月,人則楚囚再期。魯連之一箭空飛,季子之百金行盡。釋射鉤之怨,雖當三沐而三熏;勳去國之魂,徒有九招而九散。（沈雲卿云:"東南水國,腸一斷而一連;西北鄉關,魂九招而九散。"）見銅駝之荆棘,夢金馬之衣冠。

感今懷昔，恝焉如搗。況複中年哀樂，流景須臾。歌《驪駒》而再中，橫素波而徑去。瞻仰弗及，我勞如何？如春登臺，翻失熙熙之意；仰天擊缶，能無嗚嗚之聲！諸公從衍聖孔公賦詩贈別，凡若干首，而某爲之引。

（《全集》卷三十七《送李輔之之官濟南序》）

祈仙五言詩

"去古日已遠，百僞無一真。獨惟醉鄉地，中有羲黃醇。聖教難爲功，乃見酒力神。誰能釀滄海，盡醉區中民？"此予三十六七時詩也。壬辰北渡，順天毛正卿、楊德秀與一傅生祈仙山寺中，蘇晉降筆，寫詩數十首。一詩有"百僞無一真，中有羲黃醇"之句。餘詩除"酒裏神仙我"五言外，多不成語。正卿、德秀初不知蘇晉爲何代人，不論此詩何人作也。而晉所批乃有此十字，晉豈予前身歟？抑嘗見予詩，竊以爲己有者歟？將近時鬼物之不昧者記予詩，以託名於晉以自神也？是皆不可知。晉既以予詩爲渠所作，故予亦就"酒裏神仙我"五言取償於晉，作樂府一篇："繡佛長齋，半生枉伴蒲團過。酒壚橫臥，一蹴虛空破。頗笑張顛，自謂無人和。還知麼？醉鄉天大，少個神仙我。"

（《全集》卷三十九《酒裏五言說》）

上樑文詞

兒郎偉！拋梁東，井邑弓刀變舊風。孝悌力田從此始，衣冠禮樂有儒宮。

南，極目農郊露氣酣。五畝樹桑明府教，馬鳴無用說宜甒。

西，木鐸新聲鬨鼓鼙。學館大烹知有日，富兒未用笑朝齏。

北,草創古來須潤色。妙年令佐響儒風,子弟於今有矜式。

上,漢日鄉賢多將相。儒林發藻廣川君,奎壁光芒三萬丈。

下,弦誦洋洋新美化。朝家頻賜鶴頭書,長吏今年應勸駕。

伏願上樑之後,生徒石室,常師蜀郡之文翁;保障繭絲,不愧晋陽之尹鐸。旁沾鄰郡,共洽文明。

(《全集》卷四十《南宮廟學大成殿上梁文》)

上樑文

拙以力,巧以勞,野人養君子之義;政有居,訟有所,國家謹官府之常。緊改作之果難,宜樂成之有在。爰從舊邑,改隸新州。一朝公廨之遞遷,三政民居之雜處。吏卒靡瞻依之地,簿書失扃鐍之嚴。加之儌直稍愆,公移即至。度財計役,有司誠憚於紛更;習陋安卑,識者亦爲之竊笑。眷惟吾土,今號名藩。田則九州上腴,人則四方和會。山連峴首,如瞻大將之鼓旗;樹入春陵,猶有故鄉之城郭。豈有官爲十萬戶之長,地方二千裏而遙,陛級不爲之少崇?繩墨自拘之如此?

(《全集》卷四十《南陽廨署上梁文》)

謝土詞

營建非時,事關於倉卒;陰陽幹禁,理藉於祈禳。恭扣玄科,切依真蔭。有相之道,何知陰騭之私;永建爾家,尚覬曲成之賜。

(《全集》卷四十《樊守謝土詞》)

元遺山金元史述類編

祈雨狀

維太歲甲辰四月辛未朔二十四日甲午,忻州某官等惶恐百拜,獻狀天池龍君殿下:惟神血食一方,膏潤千里。靈應之跡,著見有年。某等資品凡陋,德薄任重,不能撫安閭裏,召迎和氣。自開歲以來,雖嘗被一溉之賜,既雨而旱,今已十旬。夏苗欲枯,秋稼無望。民庶嗷嗷,將遂逋播。匪我神明,則將疇訴。乃涓吉旦,謹遣管內僧某、道士某,躬詣靈湫,奉迎甘澤。某卑職所限,止于道左顒俟,雲輿風馬,尚辱臨之。不勝懇禱之至! 謹狀。

(《全集》卷四十《郡守天池祈雨狀》)

祭飛蝗文

粵惟此州,百道從出。調度之急,膏血既枯。懸望此秋,以紓日夕。沴氣所召,百螣踵來。種類之繁,蔽映天日。如雲之稼,一飽莫供。道路嗷嗷,無望卒歲。考之傳記,事有前聞。魯公中牟,今爲异政。貪墨汝罰,詎曰弗靈? 言念茲時,瀕於陸沈。吏實不德,民則何辜? 歲或凶荒,轉死誰救? 敢殫志願,神其憫之!

(《全集》卷四十《祭飛蝗文》)

祭家廟文

維太歲辛亥十二月丙辰朔十有四日己巳,孝曾孫元某謹以家奠,敢昭告于顯曾祖忠顯府君、曾祖妣王氏,顯祖朝列大夫銅山府君、顯祖妣河南縣太君趙氏,顯伯考贈中順大夫東巖府君、顯伯妣河南郡太君王氏,顯考廣威隴城府君、顯妣河南縣太君張氏:先以

334

庚戌八月爲第四女擇配,得世官張氏之長子興祖作婿。家居龜筮
葉吉,今正是時。廟授有儀,式伸虔告。尚饗。

（《全集》卷四十《爲第四女配婿祭家廟文》）

擬耶律鑄祭母文

維大朝癸卯歲八月乙巳朔五日己酉,哀子某謹以家奠敢昭告
于先妣國夫人蘇氏之靈:負釁蒙累,貽禍庭闈。龜筮告期,迫於襄
事。尚假殘息,勉瀝血誠。維先夫人系由鼎族,天作之配,嬪於我
家:婦德有光,母儀克備。彤管所擬,于古無慚。維我嚴君,早逢
昌運。仕非爲己,義不及私。家政所由,倚之中饋。悉力一志,以
濟時康。寅亮天功,實資內助。謂當陽報,俾壽而康。如何盛年,
奄棄榮眷?相彼庶品,資於坤元。得一靡常,倏焉傾圮。藐是煢
獨,託體何從?創鉅痛深,百罹奚贖?人皆有母,今我獨無。哀哀
昊穹,忍此荼毒!終天一慟,五內崩離。嗚呼哀哉,伏惟尚饗。

（《全集》卷四十《中書令耶律公祭先妣國夫人文》）

評完顏璹詩等

胙國公詩筆圓美,字畫清健。南渡以後,楊、趙諸公無不嘆賞,
有不待言者。公家所藏名畫,當中秘十分之二。客至,相與展玩,
品第高下,至於筆虛筆實、前人不言之秘,皆纖悉道之。故時人推
畫中有鑒裁者,唯公與龐都運才卿、李治中平甫三二人而已。予意
公畫亦必入品,而世未嘗見。蓋詩與畫同源,豈有工於彼而不工於
此者?如前所書《九歌遺音》,謂非李思訓著色、趙大年小景可耶?
（《九歌遺音》:"易西山,薊東山,蒼檜千章竹萬竿,嶺頭雲自閑。
杏花殘,欲春闌,立玉峰前水一灣。鷗飛落照間。"正大三年季春

二十三日爲松庵書。）

（《全集》卷四十《題樗軒〈九歌遺音〉大字後》）

評蘇文

坡嘗云：“海外無以自娛，過子每作文一篇，輒喜數日。”蘇氏父子昆弟，文派若不相遠，俗子乃疑《黃樓賦》，坡亦嘗辨之。《颶風賦》，亦謂非坡不能作，不然，亦當增入筆點竄之也。風俗薄惡如此！

（《全集》卷四十《跋蘇叔黨帖》）

評黃庭堅、陳與義詞

世所傳樂府多矣。如山谷《漁父詞》：“青箬笠前無限事，綠蓑衣底一時休。斜風細雨轉船頭。”陳去非《懷舊》云：“憶昔午橋橋下飲，坐中都是豪英。長溝流月去無聲。杏花疏影裏，吹笛到天明。三十年來成一夢，此身雖在堪驚。閑登高閣賞新晴。古今多少事，漁唱起三更。”又云：“高咏楚辭酬午日，天涯節序怱怱。榴花不似舞裙紅。無人知此意，歌罷滿簾風。萬事一身傷老矣，戎葵凝笑牆東。酒杯深淺去年同。試澆橋下水，今夕到湘中。”如此等類，詩家謂之言外句。含咀之久，不傳之妙，隱然眉睫間，惟具眼者乃能賞之。古有之：人莫不飲食，鮮能知味。譬之嬴牸老羜，千煮百煉，椒桂之香逆於人鼻，然一吮之後，敗絮滿口，或厭而吐之矣。必若金頭大鵝，鹽養之再宿，使一老奚知火候者烹之，膚黃肪白，愈嚼而味愈出，乃可言其儁永耳。

（《全集》卷四十二附《遺山自題樂府引》）

遺山自題樂府

歲甲午，予所錄《遺山新樂府》成，客有謂予者云：“子故言宋人詩大概不及唐，而樂府歌詞過之，此論殊然。樂府以來，東坡爲第一，以後便到辛稼軒，此論亦然。東坡、稼軒即不論，且問遺山得意時，自視秦、晁、賀、晏諸人爲何如？”予大笑，拊客背，云：“那知許事？且啖蛤蜊。”客亦笑而去。十月五日，太原元好問裕之題。

（《全集》卷四十二附《遺山自題樂府引》）

泗州題壁詩

興定末，四都尉南征，軍士掠淮上良家女北歸。有題《木蘭花》詞逆旅間云：“淮山隱隱，千里雲峰千里恨；淮水悠悠，萬頃烟波萬頃愁；山長水遠，遮斷行人東望眼；恨舊愁新，有淚無言對晚春。”

（《全集》卷五十一《續遺堅志四·泗州題壁詞》）

王庭筠絕筆詩

王子端内翰，泰和中賦《殘菊》云：“幽花寂寞無多子，辦與黃蜂實蜜脾。”蓋絕筆也。王勉道作挽詩，故有“幽花絕筆更傷神”之句。

（《全集》卷五十一《續夷堅志四·王内翰詩讖》）

秦略臨終詩

陵川秦簡夫，年四十，困於名場，即不就舉選。臨終詩云：“軀殼覊棲宅，妻孥解迸恩。雲山最佳處，隨意著詩魂。"擲筆而逝。時年五十七。

（《全集》卷五十一《續夷堅志四‧秦簡夫臨終詩》）

壽陽歌妓梁梅

壽陽歌妓梁梅，承安、泰和間，以才色名河東。張狀元巨濟過壽陽，引病後孤居，意不自聊。邑中士子有以梅爲言者。時已落籍，私致之，待於尼寺。梅素妝而至。坐久乾杯，唱《梅花》、《水龍吟》。張微言："六月唱梅詞，壽陽地寒可知。"然以其音調圓美，頗爲改觀。唱至"天教占了百花頭上，和羹未晚"，乃以酒屬張，張大奇之。贈之樂府，有"誰知幽谷裏，真有壽陽妝"之句。爲留數日而行。

（《全集》卷五十一《續夷堅志四‧梁梅》）

張居士詩偈

澧州人張居士，於禪學有所得。臨終之歲，禪坐靜室，約其徒閉之，滿百日乃開。及期開戶，見其凝然不動，謂是已逝。良久開目，拂塵而起，沐浴更衣，周行庭宇，與親舊相勞苦，已而復入室中，索紙留偈云："了脫幻緣，複何幻我？游戲大方，從容自可。"擲筆而化。登封令張效景說此事。

（《全集》卷五十一《續夷堅志四‧張居士》）

次韻說

評者謂次韻是近世人之敝，以志之所之而求合他人律度，遷就傅會,何所不有? 唯施之賦物、詠史,舉古人徵事之例,遷就傅會,或當聽其然。是則韻語、次韻爲有據矣。

（《全集》卷三十六《十七史蒙求序》）

評趙秉文詩

"人皆有兩足,不踐荆棘地。人皆有兩手,不蠲虎兕齒。如何身與心,擇善不如是? 從善如登天,從惡如棄屣。而於趨舍乖,知之不審耳! 盜蹠膾人肝,顏子一瓢水。均爲一窘塵,誰光百世祀? 較其得失間,奚翅千萬裏! 所以賢達人,去彼而取此。道腴時雋永,世味不染指。作詩銘吾堂,兼以勖諸己。"閑閑公此詩爲他人作,而皆公日用之實。古人謂"有德者必有言",又曰"立言踐行",公無愧焉。今日見公心畫,玩其辭旨,不覺斂衽生敬。公嘗爲襄城廟學作《省齋銘》云:"言有非邪? 行有違邪? 君子之棄而小人之歸邪?"銘不滿二十言,而於"三省"之義,委曲備盡,可以一唱而三嘆。惜今世不傳,因附於此。癸丑六月吉日門生河東元某謹書。

（《全集》卷四十《跋閑閑自書〈樂善堂詩〉》）

張子雲祈仙詞

張子雲以蔭補官,嘗作《金人捧露盤》樂府,道退閑之樂,一時閧傳之。道陵召爲書畫都監,累遷冀州倅。一日祈仙,仙批《青門引》詞,末句云:"半紙虛名,白髮知多少? 一棹武陵歸計,不如閑早。怕桃花、笑人老。"子雲即日致仕。

（《全集》卷四十八《續夷堅志三·張子雲祈仙》）

馮氏詩

武安縣新安農馮氏病後,忽道一詩云:"城南池館夾蒲津,野色林光物色真。滿目煙霞蓬島遠,一溪花木武陵春。"泰和末病卒。胡國瑞說。

(《全集》卷四十九《續夷堅志二·馮婦詩》)

詩文自警

一

先東巖讀書十法。

一曰記事。記大事之綱目,不必繁冗,簡略而已。韓文所謂"記事必提其要"者也。

二曰纂言。一句或二句有當于吾心者,各別記之。韓文所謂"纂言必鉤其玄"者也。

三曰音義。音如調度(原注:音大各反)、批鱗(原注:音白結反)之類。義如《漢書》中"未幾"、"亡何"、"亡幾"、"居亡何"、"居亡幾何",而與"少之"、"頃之"同義之類。其下各有注釋,又當以類書之。

四曰文筆。文字有可記誦者,別錄之。

五曰凡例。《漢書》、《史記》"樊噲圍項籍陣,大破之"、"叔孫通與所征三十人西";《董賢傳》"没入財物縣官";《南粵王傳》"南粵告王朕志"。此可為例。《翟義傳》先舉一事言"初",復舉一事又言"初"。一傳中用兩"初"字,不以為重。《揚雄傳》前言"晏如也",後言"泊如也",亦不以為重。此類可為例。

六曰諸書關涉引用。退之《柳子厚墓銘》出《子華子》,盧仝

《櫛銘》出蔡邕《女戒》。如此之類,可别集之,寧全録本文。

七曰取則。修身齊家,涉世立朝,前賢行事有于吾心可爲法者,别記之。

八曰詩材。詩家可用,或事或語。别作一類字記之。

九曰持論。前賢議論或有未盡者,以己見商略之。

十曰缺文。辭義故實,凡我所不知者,皆别記之,他日以問知者。必使了然于胸中。

二

常山周德卿言:文章工于外而拙于内者,可以驚四筵而不可以適獨坐,可以取口稱而不可以得首肯。

又言:文章以意爲主,以字語爲役。主强而役弱,則無令不從。今人往往驕其所役,至跋扈難制,甚者反役其主。雖極辭語之工,而豈文之正哉!

三

内相楊文獻公之美云:文章天地中和之氣,過之則爲荒唐,不及則爲滅裂。

四

古人文章,須要遍參。山谷有言:"設欲作楚辭,熟讀楚辭,然後下筆。喻如世之巧女,文綉妙一世,如欲織錦,必得錦機,乃能成錦。人問司馬相如作賦法,相如曰:'能成誦千賦,則自能矣。'"山谷語如此。

五

人品凡劣,雖有工夫,決無好文章。

六

文章有常有變,如兵家有正有奇。審音可以知治忽,察言可以定窮達。聲和則氣應,自然之理。

七

文章要有曲折,不可作直頭布袋。然曲折太多,則語意繁碎,都整理不下,反不若直布袋之爲愈也。

八

文字千變萬化,須要主意在。山谷所謂救首救尾者。若人自戰,則有連鷄不俱棲之敗。

九

文須字字作,亦要字字讀。要破的,不要粘皮骨。要放下,不要費抄數。要工夫,不要露椎鑿。要原委,不要着科曰。要法度,不要窘邊幅。要波瀾,不要無畔岸。要明白,不要涉膚淺。要簡重,不要露鈍滯。要委曲,不要强牽挽。要變轉,不要生節目。要齊整,不要見間架。要圓熟,不要拾塵爛。要枯淡,不要没咀嚼。要感諷,不要出怨懟。要張大,不要似叫號。要敍事,不要似甲乙帳。要析理,不要似押韻文。要奇古,不要似鬼畫符。要驚絶,不要似救壇咒。要情實,不要似兒女相怨思。要造微,不要鬼窟中覓活計。

一〇

魯直曰:文章大忌隨人後。又曰:自成一家乃逼真。孫元忠樸學士嘗問歐陽公爲文之法,公云:于吾姪豈有惜?只是要熟耳。變化姿態,皆從熟處生也。

一一

呂居仁曰:學者須做有用文字,不可盡力于虛言。有用文字,議論文字是也。須以董仲舒、劉向爲主,《周禮》及《新序》、《說苑》之類,皆當貫穿熟考,則做一日工夫。近世如曾子固諸序,尤須詳味。文章之妙,在敍事狀物。《左氏》記列國戰伐次第,叙事之妙也。韓退之、柳子厚諸序記,可見狀物之妙。至於《禮記·曲禮》委曲教人,《論語·鄉黨》記孔子言動,可謂至深厚。學者作文,若不本于此,未見其能大過人也。

一二

東萊議論作文,須要言語健,須會振發轉換好,不要思量遠過,才過便晦。

作文字不可放,令慢,轉處不假助語而自連接者爲上。然會做文字者,亦一時用之于所當也。

作文法。一收一放,須成文理,有格段,不可碎。學散文要一意,若作段子,恐不流暢。文字結處,要緊切動人。

作簡短文字,要轉處多,必有意思則可。

文貴曲折斡旋。不要排事,須得明白坦然。

文字若緩,須多看雜文,須看到節簇緊處。若意思雜,轉處多,則自然不緩。善轉者,如短兵相接,蓋謂不兩行便轉也。講題若轉多,恐碎了文字;須轉處多,只是一意方可。若使攪得碎,則不成文字。若鋪叙間架,令新而不陳,多警句,則亦不緩。

文字不使事、善遣文爲妙。

作文之法:一篇之中,有數行整齊處,數行不整齊處,或緩或急,或顯或晦,間用之,使人不知其緩急顯晦。雖然,常使經緯相通,有一脈過接乎其間,然後可。蓋有緩急形者綱目,無形者血脈也。文字壯者近乎粗。仔細看所謂眼者,一篇中自有一篇中眼,一段中自有一段中眼,尋常警句是也。如何是主意首尾相應,如何是一篇鋪叙次第,如何是抑揚開闔,如何是警策,如何是下句下字有力處,如何是起頭換頭佳處,如何是繳結有力處,如何是實體貼題目處,如何是融化曲折剪裁有力處。

文字至于辭意俱盡,復能于意外得新意者,妙。須做過人工夫,便做過人文字。收結文字,須要精神,不要閑語。

文字有一片生成之別。唯真眼人乃能識之。

一三

蔡邕《女戒》曰:“夫心猶首面也,一旦不修飾,則塵垢穢之。人心不思善,則邪惡入之。人盛飾其面,莫修其心,惑之甚也。”盧仝《櫛銘》:“人有髮兮,旦旦思理;有一心焉,胡不如是?”用邕語也。

《子華子》云："子車氏之貗，其色粹而黑，一產而三豚焉。其二則粹而黑，其一則駁而白。惡其非類于己也，嚙而殺之，決裂其腸，糜盡而後止。其同于己者，字之唯謹。甚矣，心術之善移也。夫目眩于異同，而意出于愛憎，雖其所生，殺之弗悔，而況非其類矣乎！今世之人，其平居把握，附耳呫呫，相爲然約，而自保其固，曾膠漆之不如也。及利勢一接，未有毫□之差，蹴然變乎色，又從而隨之以兵。甚矣，心術之善移也，何以异子車之貗！"韓退之《柳子厚墓誌》本此。

一四

《世說》：陸文深而蕪，潘文淺而靜。予爲之說云：深不免蕪，簡故能靜。牧之《獻詩啓》云：牧苦心爲詩，本求高絕，不務奇麗，不涉習俗，不古不今，處于中間。既無其才，多有其志，篇成在紙，多自笑之。

一五

"有情芍藥含春淚，無力薔薇臥晚枝"，此秦少游《春雨》詩也。非不工巧，然以退之"山石"句觀之，渠乃女郎詩也。破却工夫，何至作女郎詩？

（《全集》卷五十二《〈詩文自警〉輯錄》）

十一、文化　藝術

校陸龜蒙《笠澤叢書》

　　右叢書，予家舊有二本。一本是唐人竹紙番複寫，元光間應辭科時，買于相國寺販肆中。宋人曾校定，涂抹稠疊，殆不可讀。此本得于閣内翰子秀家，比唐本，有《春寒賦》、《拾遺詩》、《天隨子傳》，而無《顔蕘後引》，其間脱遺有至數十字者。二本相訂正，乃爲完書。向在内鄉，信之、仲經嘗約予合二本爲一。因循至今，蓋八年而後卒業。然所費日力，才一旦暮耳。嗚呼，學之不自力如此哉！惜一日之功爲積年之負，不獨此一事也。此學之所以不至歟？

　　（《全集》卷三十四《校〈笠澤蘘書〉後記》）

張晋亨刻《資治通鑑》

　　歷亭州將張侯晋亨知好此書，取陸氏《詳節》，且以《外記》及諸儒精義附益之。公所載大政事、大善惡備見於此，蓋有不可勝學者矣！以爲得之易則學者眾，因鋟木以傳。從是而往，一邑之令，一州之守，千人君之長，若見而有所得，愛而知所慕，舉而措之，施爲之間，免於面牆之蔽，張侯與有力焉。侯官偏將軍，佩金符，食大縣萬家，千頭木奴足供指使，何至就楮墨工營什一邪？予惜其私淑之意不白，故爲道其所以然。乙卯秋九月望日，太原元某裕之書。

　　（《全集》卷三十六《陸氏通鑑詳節序》）

《通鑑》學

中州文明百年，有經學，有史漢之學、通典之學，而通鑒則不能如江左之勝。唯蔡内翰伯正甫珪、蕭户部真卿貢、宗室密國公子瑜璠之等十數公，號稱專門而已。近歲，此學頗行河朔，武臣宿將講說記誦，有爲日課者，故時人稍稍效之。卷帙既多，艱於傳寫。通都大邑，好事家所藏不過三五本而止，其餘願見而不可得者多矣。温公修此書十有餘年，雖相業未究，而能成百代不刊之典，以與左丘明氏并傳。立功、立言，皆聖哲之能事，在公爲無憾。特其傳與否，繫學者幸不幸耳！

（《全集》卷三十六《陸氏通鑑詳節序》）

弋唐佐增補《通鑑節要》

汝下弋唐佐集諸家通鑒成一書，以東萊吕氏《節要》爲斷，增入外紀、甲子、譜年、目録、考异、舉要、曆法，及與道原史事問答、古輿地圖、帝王世系、釋音，温公以後諸儒論辨，若事類，若史傳，終始括要，又皆科舉家附益之者，爲卷百有二十，凡二百餘萬言。唐佐學有源委，讀書論文精玩旨意，隨疑訂正，必理順而後已。故其所編次，部居條流，截然不亂。時授館平陽張存惠魏卿家。張精於星曆之學，州裏以好事見稱，請爲唐佐鋟木以傳。唐佐過某於太原，以定本見示，且言：“温公，識治之良相。時君用之不盡，屏處閑局餘二十年，其所得者，《通鑑》一書而已。顧雖功業未究，較其成一家之言，而爲百代不刊之典，不謂之不負所學可乎？承平時，明經、詞賦取士，主文衡者尚以科目爲未廣，謂杜氏《通典》、司馬氏《通鑒》皆可增置學宫，爲士子專門之業，宰相以爲然而未暇也。此書編帙浩繁,傳寫不易辦,寒鄉之士有願見而不可得者。張氏此本減完書紙墨之半,見得之易,則流布必廣。户牖既開,他日當有由堂而及奧者。幸爲我道所以然。"雖然,某竊有所憾焉:公與二劉氏、范氏紀千三百年治亂廢興成敗之迹,蓋用《春秋左氏傳》、荀悦、袁宏《漢紀》例爲之,以便觀覽,故于中秘外邸之書,芟薙翦截,舉宏綱而撮機要,其所取才十一耳。而公既爲成書上之,複自爲《通鑒詳節》傳於世者,獨何歟? 其後吕、陳、王、陸諸人,亦皆以公例爲之。豈數公者於編年本末故使之不相綴屬,開學者涉獵之漸乎?唐佐真積之力久,必能得其微旨。幸爲講明之,以曉我曹之未知者。年月日,河東人元某謹序。

（《全集》卷三十六《集諸家通鑑節要序》）

評李瀚《十七史蒙求》

安平李瀚撰《蒙求》二千餘言,李華作序,李良薦于朝,蓋在當時,已甚重之。迄今數百年之間,孩幼入學,人挾此册,少長則遂講授之。宋王逢原複有《十七史蒙求》與瀚并傳。及詩家以次韻相誇尚,以《蒙求》韻語也,故姑汾王涿,又有《次韻蒙求》出焉……始予年二十餘,住太原學舍,交城吴君庭秀泊其弟庭俊,與予結夏課於由義西齋,嘗以所撰《蒙求》見示,且言:"逢原既以'十七史'命篇矣,而間用《吕氏春秋》、《三輔决録》、《華陽國志》、《江南野録》,謂之'史',可乎? 今所撰止於史書中取之。諸所偶儷,必事類相附,其次强韻,亦力爲搜討。自意可以廣异聞。子爲我序之可乎?"予欣然諾之,而未暇也。後三十七年,予過鎮陽,見張參議耀卿……問以此書之存亡,乃云板蕩之後,得于田家故箱中。因得而序之。按:李瀚自嫌文碎,此特自抑之辭。華謂可以不出卷而知天下,是亦許與太過。唯李良薦章謂其錯綜經史,隨便訓釋,童子固多宏益,老成頗覺起予,此爲切當耳。載籍之在天下,有棟宇所不

347

能容、而牛馬所不能舉者。精力有限，記誦無窮。果使漫而無統，廣心浩大，將不有遺忘之謬乎？如曰記事者必提其要，吾知《蒙求》之外，不復有加矣！古有之："積絲成寸，積寸成尺。尺寸不已，遂成丈匹。"信斯言也！雖推廣三千言爲十萬，其孰曰不可哉……庚戌五月晦日，新興元某序。

（《全集》卷三十六《十七史蒙求序》）

寒食靈泉雅集

出天平北門三十里而近，是爲鳳山之東麓。有寺曰靈泉，阻以絕礄，蔭以深樾，重岡齎嶺，回合蔽映。夏秋之交，湍流噴薄，殷勤溪谷。寺已廢於兵，而石樓之典刑故在。僧扉禪室，間見層出。南望坡陀小山如幾案間物。巖花錯繡，群鶯下上，雲光金碧，林煙彩翠，陰晴朝暮，萬景岔集。蓋輞川之鄉社，而桃源氏之別業也。昭陽薦歲，維莫之春，諸君以僕燕路言歸，東藩應聘，困鞍馬風沙之役，渝樹林水鳥之盟，千里相思，一杯爲壽。揚雄獻賦，自詫雕蟲之工；許汜求田，乃爲元龍所譏。尊前見在，身外何窮？釋塵累而玩物華，厭囂湫而樂閑曠。卯須我友，天與之時。兵厨之良醖踵來，京洛之名謳自獻。談謔間作，塊磊一空。倒蔗有佳境之餘，食芹無此時之美。一之爲甚，覺今是而昨非；四者難並，苦夜長而晝短。謫仙所謂"酒盡花柳，賞窮江山"者，於是乎張本。不有蘭亭絕唱，留故事以傳之，其在白雲。老兄負古人者多矣！五言古詩任用韻，共九首，以《寒食靈泉宴集》命篇，而某爲之序。諸公可共和之。

德華、周卿、德昭、英孺、文伯、元某；期而不至者：聖與、子中；不期而至者：德謙、夢符。

（《全集》卷三十七《寒食靈泉宴集序》）

《中州集》撰述之由

商右司平叔衡嘗手抄《國朝百家詩略》，云是魏邢州元道道明所集，平叔爲附益之者。然獨其家有之，而世未之知也。歲壬辰，予掾東曹。馮內翰子駿延登、劉鄧州光甫祖謙約予爲此集。時京師方受圍，危急存亡之際，不暇及也。明年滯留聊城，杜門深居，頗以翰墨爲事。馮、劉之言，日往來於心。亦念百餘年以來，詩人爲多。苦心之士，積日力之久，故其詩往往可傳。兵火散亡，計所存者才什一耳！不總萃之，則將遂湮滅而無聞，爲可惜也。乃記憶前輩及交遊諸人之詩，隨即錄之。會平叔之子孟卿攜其先公手抄本來東平，因得合予所錄者爲一編，目曰《中州集》。嗣有所得，當以甲乙次第之。十月二十有二日，河東人元好問裕之引。

（《全集》卷三十七《〈中州集〉序》）

評金代名書家

任南麓書，如老法家斷獄，網密文峻，不免嚴而少恩。使之治京兆，亦當不在趙、張、三王之下。黃山書，如深山道人，草衣木食，不可以衣冠禮樂束縛。遠而望之，知其爲風塵表物。黃華書，如東晉名流，往往以風流自命，如封胡羯末，猶有蘊藉可觀。閑閑公書，如本色頭陀，學至無學，橫說豎說，無非般若。百年以來，以書名者，多不愧古人。宇文太學叔通、王禮部無競、蔡丞相伯堅父子、吳深州彥高、高待制子文，耳目所接見，行輩相後先爲一時。任南麓、趙黃山、趙禮部、龐都運才卿、史集賢季宏、王都勾清卿、許司諫道真爲一時。龐、許且置，若黨承旨正書八分，閑閑以爲百年以來無與比者；篆字則李陽冰以後一人，郭忠恕、徐常侍不論。今卷中諸公書皆備，而竹溪獨見遺。正如鄴中賓客，應、劉、徐、阮皆天下之

元遺山金元史述類編

選，使坐無陳思王，則亦不得不爲西園清夜惜也。歲甲午三月二十有三日書。

（《全集》卷四十《跋國朝名公書》）

評二張相帖

二張皆人豪，不應以責文士者責之書。粗記姓名已爲過望，況工妙如此邪！

（《全集》卷四十《跋二張相帖》）

評蘇黃書法

蘇黃翰墨，片言隻字，皆未名之寶。百不爲多，一不爲少。尚計少作邪！

（《全集》卷四十《跋蘇黃帖》）

評馮璧詩書畫

士大夫有天下重名，然其詩筆字畫大有不能稱副者。閑閑公有言："以人品取字畫，其失自歐公始。"如吾松庵丈，詩筆字畫皆不減古人。以人品取之，歐公之言亦不爲過。必有能辨之者。

（《全集》卷四十《跋松庵馮丈書》）

評蘇叔黨文與書法

叔黨文筆雄贍，殊有鳳毛……文賦且不論，至如叔黨此帖，其得意處豈亦坡代書邪？可以發一笑也。

（《全集》卷四十《跋蘇叔黨帖》）

評蘇氏父子字畫

次公字畫，端願而靖深，類其爲人。小坡筆意稍縱放，然終不能改家法。"杞國節士"八大字，某不能識其妙處，故不敢妄論。甲寅閏月十有七日，同覺師太中清凉水僧舍敬覽。

（《全集》卷四十《題蘇氏父子墨帖》）

評紫微劉尊師畫

山水家李成、范寬之後，郭熙爲高品。熙筆老而不衰。山谷詩有"郭熙雖老眼猶明"之句，記熙年八十餘時畫也。近世太原張公佐《山間風雨》，有入神之妙，年八十六乃終。平生遺迹，河東往往有之。公佐之後，得紫微劉尊師。尊師愛畫山水，晚得郭熙《平遠》四幅。愛而學之，自是畫筆大進。今年九十有七。爲門弟子邵抱質作《春雲出谷》、《湖天清晝》、《千崖秋氣》、《雪滿群山》，殊有典刑。抱質請予題記，因爲書之。此翁定襄人，童草入道，道行高潔而邃於玄學。吾夫子謂"人之生也直"者，於兹見之。予恐後人閱翁此筆，但與郭熙、公佐論優劣，而不知其道行如此，玄學如此，故表出之。歲癸丑冬十月旦郡人元某記。

（《全集》卷四十《跋紫微劉尊師山水》）

評劉斯立詩帖

學易先生詩，絶似東坡和陶，不應入江西派。閑閑之論定矣。此詩，予初到嵩山時曾見之，能得其意而不能記其辭。搜訪一十年。北渡後將還太原，過東郡，乃複見之鄉人王清卿家。愛之深而不見之久，煥若神明，頓還舊觀，故喜爲之書。予家唐劉長卿詩，學易堂舊物，是先生手所校本，題云"壬午六月，就夏英公、孫儀公家本校之"。字畫楚楚，如唐人書《盤谷序》。又，儀真令諱蹟者，皇統宰相宣叔之父，是先生昆弟行，有詩文二冊，號《南榮集》，宣叔錄之以備遺忘。亂後唯予家有之。然則予于學易劉氏，豈世之所謂緣熟者邪？戊戌八月六日謹書。

（《全集》卷四十《題學易先生劉斯立詩帖後》）

評龍巖書柳宗元《獨覺》詩帖

龍巖此卷大字，學東坡而稍有斂束，故步仍在。末後四行二十二字，如行雲流水，自有奇趣。唯其在有意無意之間，故如出兩手耳。

（《全集》卷四十《跋龍巖書柳子厚〈獨覺一詩〉》）

評趙秉文書《赤壁賦》

夏口之戰，古今喜稱道之。東坡《赤壁》詞，殆戲以周郎自況也。詞才百許字，而江山人物無複餘蘊，宜其爲樂府絕唱。閑閑公乃以仙語追和之，非特詞氣放逸，絕去翰墨畦徑，其字畫亦無愧也。辛亥夏五月，以事來太原，借宿大悲僧舍。田侯秀實出此軸見示。閑閑七十有四，以壬辰歲下世。今此十二日，其諱日也。感念疇昔，愴然久之。因題其後。《赤壁》，武元真所畫。門生元某謹書。

（《全集》卷四十《跋閑閑書〈赤壁賦〉後》）

評趙秉文書名家詩

柳柳州《戲題階前芍藥》，東坡《長春如稚女》及《賦王伯颺所藏趙昌畫梅花》、《黃葵》、《芙蓉》、《山茶》四詩，黨承旨世傑《西湖芙蓉》、《晚菊》，王內翰子端《獄中賦萱》，凡九首。予請閑閑公共作一軸寫。自題其後云：柳州怨之愈深，其辭愈緩，得古詩之正。其清新婉麗，六朝辭人少有及者。東坡愛而學之，極形似之工，其怨則不能自掩也。黨承旨出於二家，辭不足而意有餘。王內翰無意追配前人而偶與之合，遂爲集中第一。大都柳出於雅，坡以下皆有騷人之餘韻，所謂"生不并世俱名家"者也。

（《全集》卷四十《趙閑閑書柳柳州蘇東坡黨世杰王內翰詩跋》）

評趙秉文書法與詩

閑閑公以正大九年五月十二日下世，此卷最爲暮年書，故能備鍾、張諸體，於屋漏雨、錐畫沙之外，另有一種風氣，令人愛之而不厭也。百年以來，詩人多學坡、谷，能擬韋蘇州、王右丞者，唯公一人。唯真識者乃能賞之耳。

（《全集》卷四十《趙閑閑書擬和韋蘇州詩跋》）

評米芾書法

東坡愛海岳翁，有云："米元章書，如以快劍斫蒲葦，無不如意。信乎，子敬以來一人而已。"又云："清雄絕俗之文，超邁入神之字。"其稱道如此，後世更無可言。所可言者，其天資高，筆墨工夫到，學至於無學耳。歲乙卯九日好問書。

（《全集》卷四十《米帖跋尾》）

讀經圖贊

聖謨洋洋，善誨循循，敝則新兮。司南通途，及門而堂，自致身兮。致身維何？山立揚休，經綸兮。所學所知，效之所天，遂及民兮。河潤九裏，海潤百里，煦如春兮。大方無隅，孰墨孰儒，孰緇磷兮？緇衣好賢，佩之飛霞，冠青雲兮。方內之外，方外之內，有若人兮！

（《全集》卷三十八《介山馬卿雲漢爲仲晦甫寫真燕坐蕭然六籍在旁目曰讀經圖欣然有會於予心者爲作贊云》）

掐 畫

西京田叟，自號瓦盆子，年七十餘。所作《堯民圖》，青縑爲地，掐樺皮爲之。暗室中作小竅取明，與主客談笑爲之。嘗戲於袖中掐蝨數枚，亂擲客衣上，客以爲真蝨而拾之。其技如此。性剛狷，自神其藝，不輕與人。己所不欲，雖千金不就也。蓋掐畫不見於書傳，當自此人始耳。

（《全集》卷四十八《續夷堅志一·掐畫》）

平陽賈叟盲刻

平陽賈叟，無目而能刻神像，人以待詔目之。交城縣中寺一佛是其所刻，儀相端嚴。僧說：賈初立木胎，先摸索之。意有所會，運斤如風。予因記趙州沒眼僧，能噀墨水畫上，布五彩亦噀之。毛提舉家一虎,蹲大樹下,旁臥一青彪,虎目爍爍如金,望之毛髮森立。雖趙邈齪不是過。佛氏所謂六根互用者,殆從是而進耶?

（《全集》卷四十九《續夷堅志二·賈叟刻木》）

王無競書法

安陽王尚書無競,天眷中以文章顯于吳、蔡諸公間,凡燕遼汴梁宮殿題榜,如大安、大慶、應天、承天之等,皆其筆也。興定中,閑閑趙公爲禮部,下蔡州取顏魯公逍遙樓額入京師。予因問公:"無競大字何如'逍遙'?"閑閑言:"字有真行大小之不一,人鮮能兼之。無競他書未必便過前人,至於尋丈大字,盤之筆勢,如作小楷,自當爲古今第一。殆天機所到,非學能也。"乙巳秋,予與梁辨疑、李輔之、武伯佐游峷山祠,因得無競"峷山神"三字。聞之伯佐,南中王氏國初以好客名河東,朱少章、姚仲純、滕秀穎、趙光道、宇文叔通皆遊其門。叔通後歷台閣。高氏子侄名行中者,不遠數千里走書幣,求爲其父濟、叔晦叔墓碣銘。殆無競以叔通故爲書之邪?不然,邊鄙荒陋,時無貴仕者,何以致此哉?自明昌已後,縣多名進士,如劉洗馬子安、樂少尹仲容、胥莘公和之、張大興信之、楊大參叔玉、王監使正之,皆嘗於祠下,何獨無一言及無競此書,使州裏知之爲希代之寶,在吾河東祠廟爲第一手邪?予恐多故之際,神筆寶墨有意外不測之變,雖百悔不可及,乃託好事者使刻之石,以傳不朽。八月十有一日,新興元某題記。

（《全集》卷三十四《王無競題名記》）

米芾《華佗帖》

米元章華陀帖,二十八字。靖康之變,流落民間。歷三四傳,乃入越王府。王懼爲內府所收，秘之二十年，無知者。泰和末，都城閭貫道與文士輩請仙，元章降筆。貫道因問："先生《華陀帖》，神迹超軼，輝映今古；汴京破，失所在。先生于平生得意書，定知爲何人所秘，願以見告。"即批云："當就越邸求之。"龐都運才卿，王妃之弟，貫道以爲言。才卿請於妃，果獲一見。王薨於汴，明禁隨廢。文士得從王之子密公遊，往往見焉。東坡夢杜子美自解《八陣圖》，謂是書生習氣。以此事觀，非訑言。

（《全集》卷五十一《續夷堅志四・華佗帖》）

苗彥實琴藝

彥實苗君，平陽人。童草中，爲鄉先生喬孟州、宸君章所器，命其子河東按察轉運使宇德容與同硯席。君章文學深博，兼通音律，教彥實與德容琴事。初授指法，累錢手背，以輕肆爲禁，至一聲不敢妄增損。彥實後以雅重見稱，有自來矣。弱冠應明經舉選，三赴庭試。至論知琴，亦與德容相後先。當熙宗守成之際，惟弄琴爲樂而已……至顯宗，又妙於琴事者也。三四十年之間，此道大行，而彥實出於其時。近臣有薦于章廟者，因得待詔翰林。居京師未久，而聲譽籍甚，至廢舉業不就。南渡後，日從楊、趙遊。閑閑嘗有詩推敬，故詩人止以高士目之。公藝既專，又漸于敦樸之化，習與性成。其分別古今《操》、《弄》，孰雅孰鄭，猶數一二而辨黑白也。常選古人所傳《操》、《弄》百餘篇有古意者，纂集之，將傳於世。爲危急存亡之秋，良未暇也。長子名某，字君瑞，嘗仕爲省郎。閑居燕中，悼雅道之將廢而先意之不究，將鋟木以傳，請予題端，且以卜當傳與否也。予謂君瑞言："子第傳之……夫八音與政通爲難，審音以知政，居今而行古又爲難。合是二難，始有此書。乃欲藏之名山，以待其人乎？"司空表聖最爲通論，云："四海之廣，豈無賞音？固應不待五百年耳！"請以此爲之引。

（《全集》卷三十六《琴辨引》）

說琴樂

　　琴工衛宗儒者，一日鼓琴，不成聲。問之故，曰："山後苦寒，手拮据耳。"即賜之貂鼠帳，熾炭其前，使鼓之。世宗好此藝，殊有父風，寢殿外設琴工幕，次鼓至夜分乃罷。嘗言："吾非好琴。人主心無所住，則營建、征伐、田獵、寵嬖，何所不有？吾以琴繫著吾心耳。"一侍從鼓琴東宮，衣著華麗。上以輕浮，敕不得入宮……山谷有云："枯木嵌空微暗淡，古器雖在無古弦。袖中正有南風手，誰爲聽之誰爲傳？"東坡有云："琴裏若能知賀若，詩中定合愛陶潛。"漢大司空宋宏，薦桓譚文學可比前世揚雄、劉向父子，光武拜爲議郎。帝每燕，輒令鼓琴，好其繁聲。宏聞之不悅，悔於薦舉。伺譚內出，正朝服坐府上，遣吏召之。譚至，不與席而讓之，曰："吾所以薦子者，願令輔國家以道德也。而今數進鄭聲，以亂《雅》、《頌》，非忠正者也！能自改耶？會相舉以法乎？"譚頓首謝，良久乃遣之。後大會群臣，帝使譚鼓琴。譚見宏，失其常度。帝怪而問之，宏乃離席免冠謝曰："臣所以薦桓譚者，謂能以忠正導主。而今朝廷耽悅鄭聲，臣之罪也。"帝改容謝之，譚遂不得給事中。予竊謂南風手不可得，而今世愛陶詩者幾人？果如坡、谷所言，唯當破此琴爲烹鶴之具耳。光武好繁聲，舉朝亦好之，乃有宋司空……夫八音與政通爲難，審音以知政，居今而行古又爲難。合是二難……司空表聖最爲通論，云："四海之廣，豈無賞音？固應不待五百年耳！"……歲丁巳秋八月初吉，遺山詩老引。

（《全集》卷三十六《琴辨引》）

十二、雜　說

陽報說

　　竊嘗考于“陽報”之說：天造草昧，利用建侯。豪杰之士，乘時奮興，以取功名富貴者抑多矣！虎或鼠化，蛇非龍諱，亦奚必以憑藉積累而爲言？然質之古人，袁氏之四世五公，高密之重侯累將，一得于平反楚王英之獄，一得之統百萬之衆，未嘗妄戮一人。遠則傳記所傳，近則耳目所接見，若此者，衆殆不可勝舉。惟天愛民甚，一物暴陵，則天氣爲之舛錯，故愛人者必有天報。報施所不及者，特十百而一耳！使憑藉積累，一切以諛辭折之，則神理或幾乎熄矣。

　　（《全集》卷二十八《大丞相劉氏先塋神道碑》）

論隱者一

　　吾友李生爲予言：“予游長安，舍于婁公所。婁，隱者也，居長安市三十年矣。家有小齋，號曰“市隱”，往來大夫士多爲之賦詩。渠欲得君作記，君其以我故爲之。”予曰：“若知隱乎？夫隱，自閉之義也。古之人隱于農、于工、于商、于醫卜、于屠釣，至於博徒、賣漿、抱關吏、酒家保，無乎不在，非特深山之中、蓬蒿之下，然後爲隱。前人所以有大小隱之辨者，謂初機之士，通道未篤，不見可欲，使心不亂，故以山林爲小隱；能定能應，不爲物誘，出處一致，喧寂兩忘，故以朝市爲大隱耳。以予觀之，小隱于山林則容或有之，而在朝市者未必皆大隱也。自山人索高價之後，欺松桂而誘雲壑者多矣，況朝市乎？今夫乾沒氏之屬，脅肩以入市，疊足以登壟斷，利觜長距，爭捷求售，以與僮兒販夫血戰於錐刀之下，懸羊頭，賣狗脯，盜跖行，伯夷語，曰‘我，隱者也’，而可乎？敢問婁之所以隱奈何？”曰：“鬻書以爲食，取足而已，不害其爲廉；以詩酒游諸公間，取和而已，不害其爲高。夫廉與高，固古人所以隱也，子何疑焉？”予曰：“子得之矣！予爲子記之。雖然，予於此猶有未滿焉者，請以韓伯休之事終其說。伯休賣藥都市，藥不二價。一女子買藥，伯休執價不移。女子怒曰：‘子韓伯休邪？何乃不二價？’乃嘆曰：‘我本逃名，乃今爲兒女子所知！’棄藥徑去，終身不返。夫婁公固隱者也，而自閟之議，無乃與伯休異乎？言，身之文也。身將隱，焉用文之？是求顯也，奚以此爲哉？予意大夫士之愛公者，强爲之名耳，非公意也。君歸，試以吾言問之。”貞祐丙子十二月日，河東元某記。

（《全集》卷三十三《市隱齋記》）

論隱者二

古之隱君子，學道之士爲多，居山林，木食澗飲，槁項黃馘，自放于方之外，若涪翁、河上丈人之流。後世或附之黃、老家數，以爲列仙。陶隱居、寇謙之以來，此風故在也。杜光庭在蜀，以周靈王太子晋爲王建鼻祖。乃躧開元故事，追崇玉晨君，以配“混元上德”之號。置階品，立范儀，號稱“神仙官府”，虛荒誕幻，莫可致詰。二三百年之間，至宣、政之季，而其敝極。黃冠之流，官給命書，以散郎與大夫之目，循歷資級，無別省寺。凡冥報之所警，後福之所開，則視桑門所前有者而例舉之。始欲爲高而終爲高所卑，始欲爲怪而卒爲怪所溺。其徒有高舉遠引者，亦厭而去之。故自放于方之外者，猶一二見焉。

（《全集》卷三十五《紫微觀記》）

射　說

　　晋侯觴客于柳溪，命其子婿馳射。婿，佳少年也，跨躡柳行中，勝氣軒然舞于顏間。萬首聚觀，若果能命中而又搏取之者。已而樂作，一射而矢墮，再而貫馬耳之左。馬負痛而軼，人與弓矢俱墜。左右奔救，雖肢體不廢，而内若有損焉。晋侯不樂，謝客。客有自下座進者，曰：“射，技也，而有道焉。不得於心而至焉者，無有也。何謂得之於心？馬也，弓矢也，身也，的也，四者相爲一。的雖蠭之微，將若車輪焉，求爲不中，不可得也。不得於心則不然。身一、馬一、弓矢一，而的又爲一。身不暇騎，騎不暇彀，彀不暇的，以是求中於奔馳之下，其不碎首折肢也幸矣！何中之望哉？走非有得於射也，顧嘗學焉，敢請外廐之下駎，以卒賢主人之歡，何如？”晋侯不許，顧謂所私曰：“一馬百金，一放足百里。銜策在汝手，吾安所追汝矣！”竟罷酒。元子聞之，曰：“天下事可見矣！爲之者無所知，知之者無以爲。一以之敗，一以之廢。是可嘆也！”作《射說》。

　　（《全集》卷三十九《射說》）

以人合天說

　　其畀也全，其守也專。以人合天，以極乎自然。若人者，吾不知其寂滅爲樂，如佛子之順世緣邪？抑將乘泠泠之風、化栩栩之蝶，與至人而仙也？

　　（《全集》卷三十一《冲虛大師李君墓銘》）

超然說

　　眼空四海自聖癲，舌唾一時無眼禪，匡床兀坐差獨賢。恩澤小侯佳少年，威儀秩秩賓初筵，榮觀燕處防未然。小學之書聖所傳，祝君持心静而天，青雲驊騮渺翩翩。

仲寧提領，年甫弱冠，顯襲世爵。蓋嘗從吾友輔之教授張君學，故時譽甚著。日者，燕諸老於所居之超然堂，問以超然之義，且以銘爲請。因就其所可致者而勉之。

（《全集》卷三十八《超然堂銘》）

先賢名節

追述先賢，鄉里後生實任其責。柳子厚《先友紀》、《近世名臣言行錄》有例也。至于大縣萬家，歷承平百年之久，風化之所涵養，名節之所勸激，一介之士，時命不偶，賫志下泉，以與草木同腐者，亦何可勝數！誠使見之紀錄，如《汝南先賢》、《襄陽耆舊》，以垂示永久，此例獨不可援乎？

（《全集》卷四十《跋張仲可東阿鄉賢記》）

拙　說

去古既遠，天質日喪，人僞日勝。機械之士以拙爲諱，天下萬事一以巧爲之。矜長出奇，爲捷求售，其心汨汨焉如弄丸，如運斤，如刻猴之工，如貫蝨之射，唯恐巧之不極。至於汲黯之戇、絳侯之訥、石建之醇謹、卓茂之迂緩、班超平平之策、陽城下下之考，鹹共嗤點，以爲不智。事業之鄙陋，風俗之薄惡，實坐於此。惟公以清白傳世德，以忠信結人主。出入四朝，再秉鈞軸，危言高論，聳動天下。發凶豎未形之謀，則先識者以爲明；犯强臣不測之怒，則疾惡者以爲高。視千載無所於讓，其以"拙"爲號者，非欲賢於斯世而已也。濂溪先生論拙之極致，有"天下拙，刑政徹，上安下順，風清

361

弊絕"之語。夫能至於上安下順、風清弊絕,則天下之能事畢矣!

（《全集》卷三十六《拙軒銘引》）

俗忌五月說

古今俗忌,以五月爲惡月,端午爲惡日。赴官者頓不敢發,生子者棄不敢舉。不幸而與禍會,故一切以俗忌爲當然。赴官後期蓋不足計,生子而不之舉,其禍可勝言哉?原武靖德昭以此月舉兒子。靖氏蓋靖郭君之裔,乃取田文故事名之曰"高戶",而乞字于余。予以爲五月生子,往往富貴而壽。如漢大將軍王鳳、相國胡廣、晋王鎮惡之等。其事見於《史》、《漢》、魏晋之書爲甚詳。秉筆者亦欲明已定之分,祛雷同之惑,故諄復言之。德昭之先人南湖翁,早歲以文武材杰出時輩,浮湛裏社四五十年之間,抱利器而莫之試。其所得者,君子長者、好賢樂善之名耳。德昭問學甚篤,行義甚修,遭離世故,又抑不能舉,宜爲造物者之所乘除,以起家之子遺之也。高戶今六歲,青衿繡襦,温然如含玉之璞。琢而文之,將爲萬乘之器。吾知惡月之說,殆田家媪火爐頭語耳。因字之"伯起",書以貽之。

（《全集》卷三十九《靖德昭兒子高戶字説》）

十三、逸　聞

誦咒免禍

忻州劉軍判,貞祐初,聞朔方人馬動,家誦摩利支天咒。及州陷,二十五口俱免兵禍。獨一奴不信,迫圍城始誦之,被虜四五日亦逃歸。南渡後居永寧,即施此咒。文士薛曼卿記其事。

(《全集》卷四十九《續夷堅志二·摩利支天咒》)

方　術

宣和方士燒水銀爲黃金,鑄爲錢。在神霄者,其文曰"神霄丹寶";五福者曰"五福丹寶";太乙者亦如之。汴梁下,錢歸內府,海陵以賜幸臣。得者以爲帽環,服之不中暍云。

(《全集》卷四十八《續夷堅志一·神霄丹寶》)

詩　讖一

梁仲經赴官咸平道中,有詩云:"山雲欲雨花先慘,客路無人鳥亦悲。"劉禦史雲卿詩:"壞壁秋燈挑夢破,老梧寒雨滴愁生。"李治中平甫云:"落葉掃不盡,寒花看即休。"未幾皆下世。殆詩讖也!至如楊敏行《晝眠》云,"身如蟬蛻一榻上,夢逐楊花千里飛。"真鬼語,何讖之有!

(《全集》卷四十八《續夷堅志一·詩讖》)

363

詩讖二

敏之兄,貞祐元年癸酉中秋日,約與王元卿、田德秀、田獻卿輩燕集,而其夜陰晦,罷。敏之有詩云:"佳辰無物慰相思,先賞空吟昨夜詩。莫倦更深仍坐待,密雲還有暫開時。"王、田戲曰:"詩境不開廓,君才盡耶?"敏之歎曰:"我得年僅三十,境界得開廓否?"明年遭城陷之禍,年才三十二。

(《全集》卷四十八《續夷堅志一·敏之兄詩讖》)

詩讖三

高平申萬全,字伯勝。正大中,以史院編修官從宗室慶山南征。道中有詩云:"回首西風謝敝廬,崎嶇又複逐戎車。人生行止元無定,一葦江湖聽所如。"不數日,溺淮水死。

(《全集》卷四十六《續夷堅志·申伯勝詩兆》)

詩讖四

武安縣新安農馮氏病後,忽道一詩云:"城南池館夾蒲津,野色林光物色真。滿目睒霞蓬島遠,一溪花木武陵春。"泰和末病卒。

(《全集》卷四十九《結夷堅志三·馮婦詩》)

旱魃

貞祐初,洛陽界夏旱甚。登封西四十里告成,人傳有旱魃爲虐。父老云:"旱魃至,必有火光隨之。"命少年輩合昏後憑高望之,果見火光入一農民家,隨以大棓擊之。火焰散亂,有聲如馳。古人說,旱魃長三尺,其行如風。至於有馳聲,則不載也。

(《全集》卷四十八《續夷堅志一·告成旱魃》)

測 影

司天測影,冬夏二至,中都以北漸差。中都冬至一丈五尺七寸六分,夏至二尺二寸六分;晝六十一刻,夜三十九刻。山後陘金蓮川在都西州四百里而近,其地最高。夏至晝六十三刻,夜三十七刻。上京臨潢府在都北三千里,夏至晝六十四刻,夜三十六刻,《呂氏碣石錄》云。

(《全集》卷五十《續夷堅志三·測影》)

劉致君遇异人

劉致君見异人龍山劉仲尹致君,年二十。"不貴异物民乃足"榜擢第。釋褐贊皇尉。一日巡捕,早至山寺中,見壁上有詩云:"長梢疊葉正颼颼,枕底寒聲爲客留。野鶴不來山月墮,獨眠滋味五更秋。"問僧誰所題?言:"一客年可六十許,衣著豐神奇異,昨夜寄宿,今旦題詩而去。墨尚未乾,去未遠也。"致君分遣弓兵蹤迹之。少焉,兵來報:"客在山中大樹下待君。"致君載酒往,見客前揖,客亦與之抗禮。問姓名,不答,指酒索飲。致君見其談吐灑落,知其异人。以平生經傳疑事質之,酬對詳盡,得所未聞。客亦謂致君爲可與語。舉杯引滿,引及從者。日將夕,致君與吏卒皆大醉。及醒,失客所在。致君此後詩學大進。其外孫李內翰欽叔爲予言。

(《全集》卷五十《續夷堅志三·劉致君見异人》)

吉　夢

呂內翰造，字子成。未第時，夢金龍蜿蜒自天而下，攫而食之。是歲經義魁南省，詞賦繼擢殿元。閤門請詩，有"狀頭家世傳三葉，天下科名占兩魁"。謂其大父延嗣、父忠嗣與子成，俱狀元也。

（《全集》卷五十《續夷堅志三·呂狀元夢應》）

盜謝王獻可

馮翊士人王獻可，字君和，元豐中試京師。待榜次，一日晨起，市人攜新魚至，擲骰錢賭之。君和祝骰錢以卜前程，一擲得魚。市人拊膺曰："我家數口絕食已二日；就一熟分人賒此魚，望獲數錢，以為舉家之食。子乃一擲勝之。我家食祿盡矣！"君和惻然哀之，不取魚，又以數錢遺之，市人謝而去。及下第西歸，路經澠池，早發山谷間，猝為群盜所執，下路十數里。天明閱客行囊，一少年忽直前問君和："君非京師邸中擲我魚不取者乎？今日乃相見於此！"再三慰謝，并同行皆免。同郡徐安上記其事云。

（《全集》卷五十一《續夷堅志四·盜謝王君和》）

异常氣象

元光壬午年六月二十四日，崔振之時起任鹹寧令，聚縣民豁口村，計會科斂。此地在灞橋六七里。日在辰巳間。忽見天裂，從東南至西北，青氣分拆數丈，其中有光，盤曲如電，令人震蕩不敢仰視。吏民數百人皆見。

（《全集》卷五十一《續夷堅志四·天裂》）

誕詞惡報

正大初，中牟陽橋人劉慎，字榮輔，爲里人劉六作追薦青詞。劉平生有穢行，榮輔作詞，曲爲辨理，又依例薦拔。後數日，榮輔作首，學生魯羅兒者，病中忽爲物所憑，令家人請榮輔來。劉至，羅兒作色呵之曰："汝昨爲劉六作青詞，汝於誰處敢妄語耶！"榮輔聽罷，惶懼殊甚，手寫首狀，言自後更不敢復作青詞。羅兒不復有言。此兒甫成童，初不知青詞爲何物。殆是劉過惡顯著，榮輔妄爲飾說邀福，神故假此兒以警之耳。

（《全集》卷五十《續夷堅志三·劉生青詞之譴》）

王增壽大力

秀容東南雙堡王增壽，號爲外力，善角觚，人莫能敵。泰和末，官括駝，增壽作詭計，釘駝足令跛，自羊頭村背負駝至代州。州守信以爲然，增壽複負之而歸。

（《全集》卷四十八《續夷堅志一·王增壽外力》）

怪　胎

平定葦泊村，乙巳夏，一婦名馬師婆，年五十許，懷孕六年有餘，今年方産一龍。官司問所由，此婦說，懷孕至三四年不産，其夫曹主簿懼爲變怪，即遣逐之。及臨産，恍惚中，見人從羅列其前，如在官府中。一人前自陳云："寄托數年，今當舍去。明年阿母快活矣！"言訖，一白衣人掖之而去，至門，昏不知人。久之乃甦。旁人爲說，晦冥中雷震者三，龍從婦身飛去，遂失身孕所在。

（《全集》卷四十八《續夷堅志一·産龍》）

犬虎奇案

蕭卞，貞祐中爲壽州。一日，楊津巡邏回，忽馬前一黄犬掉尾
馴擾，且走且顧，如欲導人者。卞遣二卒隨之，徑至西河岸眢井中，
垂頭下視。卒就觀之，井垠有微血，一屍在內。即馳報卞，呼地主
守護。犬又導入城，望見一客店，鳴吠不已，如有所訴。卞呼主
人者至。主人識此犬，云："是朱客所畜。數日前僦舟西河，引此
犬去，今犬獨來，何也?"卞即拘船戶，偕至縣，令主人者認之。認
是船戶主，因問朱客所在。未加拷訊，隨即首服。又有周立，采薪
州西新寺灘，爲虎所食。立妻泣訴於卞。卞曰："吾爲爾一行。率
僮僕十餘輩，馳至新寺灘。叢薄間見一虎，帖耳瞑目，徐行而前，若
有鬼神驅執者。"卞以一矢斃之。剖其腹中環故在身。范司農拯
之說。

（《全集》卷四十八《續夷堅志一·蕭卞异政》）

石介遺體

徂徠石守道墓，在奉符。泰和中墓崩，諸孫具棺葬。骸骨與常
人無异，獨其心如合兩手，已化石矣。

（《全集》卷四十八《續夷堅志一·石守道心化石》）

人生尾

清河王博，以裁縫爲業，年三十七。一日，詣聊城何道士，言：
丁酉初春，醉臥一桃園中。忽夢一神人，被金甲執戟，至其旁蹴之
使起。王問："何爲?"神曰："吾爲汝送尾來。"自後覺尻骨痛瘓。

368

數日,生一尾,指許大,如羊退毛尾骨然。欲勒去,痛貫心髓,炙之亦然。

(《全集》卷四十八《續夷堅志一·人生尾》)

妖人白神官

鄜州洛交,大定中有妖人白神官者,能以左道作怪變,如平地起龍、卷袖出金手,或端坐見佛像,光怪奪目。數百里間無不歸向,莫有忤其意者。

(《全集》卷四十八《續夷堅志一·白神官》)

貞　雞

房皡希白宰盧氏時,客至,烹一雞。其雌繞舍悲鳴,三日不飲啄而死。文士多爲詩文。予號之爲"貞雞"。

(《全集》卷四十九《續夷堅志二·貞雞》)

王氏孝犬

王懷州家小兒子五哥畜一犬,甚馴。五哥十二三死,犬隨至葬所徘徊望顧,如有所見者。自後,日一往墓側,暮乃歸。如是近百日。人以"孝犬"目之。

(《全集》卷四十九《續夷堅志二·王氏孝犬》)

陳摶靈骨

華山張超谷,陳希夷靈骨在焉。山徑險絕,下臨無地。河中李欽叔嘗至其處。陳骨長大，异於今人，堅重腴瑩如青玉。道力所至，具見於此。弟子某，遺骸亦在其旁，以陳比之，仙凡爲不侔矣！

（《全集》卷四十九《續夷堅志二·陳希夷靈骨》）

閻氏孝犬

原武附城堤下閻老家，其翁母遭辛卯冬兵亂死。其家牆下丁壯被虜，不及埋掩，此時僵尸滿野，例爲狐犬所食，不辨誰某。閻氏犬亦食人，但守護翁母，日與眾犬鬥，他犬無敢近者。前後月餘。閻氏子姪有逃歸者，竟得全骸而瘞。真孝犬也！

（《全集》卷四十九《續夷堅志二·原武閻氏犬》）

桃　杯

鞏下韓道人，本出衣冠家，曾以廕補官。中年遇异人，有所得，即棄官學道。予曾見之秦州之隴城。說泰和初，秋雨後行山間，忽見一大葉隨流而下。韓初不以爲意。俄數葉間一桃大如杯碗，爲石所礙而止，韓取得之。桃紅而香，非凡目所常見，知爲希遇，望三峰再拜。食之盡，懷枝葉歸。就洞穴高絕處，鑽桃核破，取仁吞之，甘如酥蜜。因以核爲兩酒杯，各受一勺餘。韓從此或食或辟谷。時年已六十，狀貌只如四十許人。一日從予乞酒，以此杯酌。核得酒，紅潤如新。約予賦《桃杯詩》，因循未暇。北渡後，長春尹師亦有一桃杯，云是宣、政內府物云。

（《全集》卷四十九《續夷堅志二·桃杯》）

孝順馬

宣宗朝，一親軍卒畜一鐵色驄，能知人指使。此卒無兼丁，每上直，馬自負臥具繼至；下直則負之而歸。他人或遮闌牽挈，則作聲勢蹄齧之，人莫敢近。雖在軍伍，或此卒他適，馬自尋之，必得所在。卒南征，墮坑塹中，不能起；馬跪前二足，因得攬轡而上。河中盛傳爲“孝順馬”。一日，中貴人勞軍淮上，戲令此卒藏匿，縱馬自尋。馬振轡長鳴，徑到主人處。中貴聞之宣宗，爲增卒月給。

（《全集》卷五十《續夷堅志三·孝順馬》）

右腋生子

李煉師湛然戊申秋入關，親見一婦娩。身臨月，忽右腋發一大瘡；瘡破，胎胞從瘡口出，子母皆安。

（《全集》卷五十《續夷堅志三·右腋生子》）

關中災變

正大四年丁亥，關中災變二事：平涼西草場，天王塑像前後颭動，凡兩晝夜不止，而泥塑衣紋都不剥落。知府徒單百家奴往拜之，拜至三，像即不動。知府去，動如故。臨洮城中鼠晝夜作聲，比屋皆然。一日近四更，鼠群出，中一大者如海鼠而白，引群鼠出南門。門下弓手排臥，鼠爭道，踏人面而過。有不及出者，入東南白草原乃不見。府至此六十里。劉善甫從弟潤之說。

（《全集》卷五十《續夷堅志三·關中丁亥歲災變》）

廣寧寺鐘聲

廣寧寺有巨鐘。一日,撞之不鳴,其聲乃在城西南橋下。行人聞之,無不駭懼。有告寺僧,具饒鈸就橋下迎,鐘復鳴。宗室仲章說。

(《全集》卷五十《續夷堅志三·廣寧寺鐘聲》)

廣寧山龍鬥

甲辰乙巳歲,廣寧夏五六月間大陰晦,雷雨環作聲不斷。夜望闾山上,白氣直與海接。須臾雨下,終夜不息。平明水没村落,死者無限,大崖高數百尺,皆蕩爲平土。下漫石,石上有杵白痕,不知何代爲岡阜所覆壓也。山巔龍鬥處,留迹數十,所印泥鱗甲爪痕,有長五六十尺者,有長百餘尺者。意群龍聚鬥于此,土人遭此大變。

(《全集》卷五十一《續夷堅志四·廣寧山龍鬥》)

海島烈婦

王內翰元仲《集錄》:"近年海邊獵人航海求鶻。至一島,其人穴居野處,與諸夷特異,言語絕不相通。射之中,則捫血而笑。獵者見男子則殺之,載婦人還。將及岸,悉自沉于水。他日再往,船人人執一婦,始得至其家。婦至此不復食,有逾旬日者。一旦,皆自經於東岡大樹上。"元仲,黃華之父也。

(《全集》卷五十一《續夷堅志四·海島婦》)

仙貓洞

　　天壇中巖有仙貓洞。世傳燕真人丹成，雞犬亦昇仙，而貓獨不去，在洞已數百年。遊人至洞前呼"仙哥"，間有應者。王屋令臨漳薛鼎臣呼之而應，親爲予言。己亥夏四月，予自陽臺宮將之上方，過洞前，命兒子叔儀呼之，隨呼而應，聲殊清遠也。因作詩云："仙貓聲在洞中聞，憑仗兒童一問君。同向燕家舐丹竈，不隨雞犬上青雲。"

　　（《全集》卷五十一《續夷堅志四·仙貓》）

軍犬應聲

　　征西軍中畜一犬。每大帥舉酒，部曲輩前列，唱《落葉曲》，則犬亦隨之。聲節高下，少不差異。曲罷，一聲不復作。吾州王百户，辛丑年親見之。

　　（《全集》卷五十一《續夷堅志四·軍中犬》）

十四、异　物

石中蛇蝎

　　泰和中，柏山長老志賢，住西京東堂，常住足備，即棄去。修渾源樂安橋嶺路，槌破一牛心大石。中有蛇蝎相吞螫，人不知其何從而入也！賢曰：“此在吾法，是怨毒所化，隨想而入，歷千萬劫而不得解者。若不爲解卻，他日亦道曾見我來。”即以大杖擊之，竟無他异。

　　（《全集》卷四十八《續夷堅志一·石中蛇蝎》）

枸杞根

　　泰和初，定陶古城崩摧，出一枸杞根，方廣一尺許，作臥狗狀，足尾皆具，觜亦有細毛，背上一枝直出。縣外一農家得之，里社傳玩。尋爲縣官所奪。崔君佐見此，時十五六矣。

　　（《全集》卷四十八《續夷堅志一·枸杞》）

濟源廟池出物

　　濟源廟，隋時建。廟後大池，邑人以“海子”目之。獻酒及冥錢，或他有所供，悉投此海池。每歲春暮，紙灰從水底出，謂之海醮。水亦有澄徹時，池底物歷歷見之。或時水底酒尊、繖扇浮游水面，謂之神賜。雖重若銀杯、香合，亦浮。觀者環水而立，物所至，人得之，以長漉籬挹取，拜賜而去。酒尊皆有鑄記年月、姓名。飲之往往有味云。

（《全集》卷四十八《續夷堅志一·濟源靈感》）

五臺山明月泉

明月泉在五臺山中。人至泉所，以紗帛障眼，下視泉水，或見月在水中，故泉以爲號。歷數千百人，乃一二見之。大參楊叔玉，五臺人，爲予言："明月泉吾所親見，非傳聞也！"

（《全集》卷四十八《續夷堅志一·明月泉》）

太　歲一

平輿南函頭村鄭二翁，資性强，不信禁忌。泰和八年，其家東南有所興造，或言是太歲所在，不可犯。鄭云："我即太歲，尚何忌耶！"督役夫興作。掘地不二尺，得婦人紅繡鞋一雙。役夫欲罷作，鄭怒，取焚之，掘地愈急。又二三尺，得一黑魚，即烹食之。不旬日，翁母并亡，又喪長子，連延十餘口；馬十，牛四十，死病狼藉。存者大懼，避他所，禍乃息。

（《全集》卷四十八《續夷堅志一·鄭叟犯土禁》）

太　歲二

乙巳春，懷州一花門生率僕掘地，得肉塊一枚，其大三四升許。以刀割之，肉如羊，有膚膜。僕言："土中肉塊，人言爲太歲，見者當凶，不可掘。"生云："我寧知有太歲耶？"復令掘之，又得二肉塊。不半年，死亡相踵，牛馬皆盡。古人謂之"有凶禍而故犯之，是與神敵也！"申胡魯鄰居親見爲予言。

（《全集》卷四十八《續夷堅志一·土禁二》）

太　歲　三

何信叔，許州人，承安中進士。崇慶初，以父憂居鄉裏。庭中嘗夜見光，信叔曰："此寶器也！"率僮僕掘之。深丈餘，得肉塊一，如盆盎大。家人大駭，亟命埋之。信叔尋以疾亡。妻及家屬十餘人相繼歿。識者謂："肉塊，太歲也！禍將發，故光怪先見。"

（《全集》卷四十八《續夷堅志一·土中血肉》）

關刀生花

濟源關侯廟大刀，辛丑歲，忽生花十許莖，各長一指，纖細如髮，莖色微綠，其顛作細白花，大於黍米。予同舍李慶之子正甫爲予言。

（《全集》卷四十八《續夷堅志一·刀生花》）

王氏金馬

太原王氏，上世業醫，有陰德閭裏中。至君玉之父，翁母皆敬神佛。一淨室中安置經像，扃鑰甚嚴，於灑掃母亦親爲之。一日晚，入室中焚誦，忽供幾下一細小物跳躍而出，有光隨之，須臾，作聲如馬嘶。母起立祝曰："古老傳有金馬駒，今真見之！果欲送福，來老婦衣襟中！"即以襟迎之，此物一跳而上，視之，金馬也！君玉以天眷二年第，器玉、汝玉皇統元年相次科第。鄉人榮之，號"三桂王氏"。府尹并以"三桂"名所居之坊。翁四子，三子登科，一子以蔭補。至其孫仲澤，復爲名進士，文章、政事、談辨、字畫，大爲時輩所推。金馬方廣三寸,金作棗瓣色,項頸微高,尾上揭如艾炷,髀股圓滑。兵亂之後,予曾見之。

(《全集》卷四十八《續夷堅志一·王氏金馬》)

鼠　灾

正大丙戌,内鄉北山農民告田鼠食稼。鼠大如兔,十百爲群,所過禾稼爲空。獵户射得數頭,有重十餘斤者,毛色似水獺。未嘗聞如此大鼠也。

(《全集》卷四十八《續夷堅志一·田鼠》)

濟水魚飛

壬寅歲,濟源水中魚飛起,鳥鵲啄食之而墮,人取食,無他异。甲辰冬,安賢鎮西南之馬陵,平旦無風雲,忽空中墮魚七八頭,不知所來。又比濟源者差小。陶朱種魚法:池中著鼈,不爾則飛去。

(《全集》卷四十九《續夷堅志二·濟水魚飛》)

瑞　禾

鳳翔虢縣太子莊,庚子歲,郝氏穀田八十畝,每莖一葉一小穗,至十二數,并大穗爲十三。試割一叢治之,得穀十升。明年,郝使統軍萬人,佩金虎符。偏將李愷曾見古有一莖九穗,蓋不如是之多也。

(《全集》卷四十九《續夷堅志二·瑞禾》)

蓮開十三花

同年康良輔說,磁州觀台劉軌家,承安中,池蓮一莖開十三花。是歲,軌登科。終於京兆按察判官。

(《全集》卷四十九《續夷堅志二·蓮十三花》)

石中龜

金門羽客李煉師,和順人,嘗爲章廟所詔,提點天長觀。平生靈異,如"金盂出水"之類甚多,至八十一事,圖于邢州神霄宮壁間。門人王守中又欲刻碑以傳,召匠者攻石。石中得一龜,日在幾案間馴狎。如是百日。風過,失所在。武安王安卿說。

(《全集》卷四十九《續夷堅志二·石中龜》)

石中活蟆

長葛禹冀之,見華山隱者薛自然說,泰和中,華山石工破一石,石中一蟆跳出,尋入水中。

(《全集》卷四十九《續夷堅志二·石中蟆》)

內藏庫龍

遼祖神冊五年三月,黑龍見拽剌山陽水。遼祖馳往。三日乃得至,而龍尚不去。遼祖射之而斃。龍一角,尾長而足短,身長五尺,舌長二寸有半。命藏之內庫,貞祐南渡尚在,人見舌作蒲稭形也。

378

（《全集》卷四十九《續夷堅志二·內藏庫龍》）

掘地得卵

　　曲陽醫者郭彥達，曾居大明川。聞一田夫董成者掃地至門限，地即高起，以鋪鏟平之，已而復高。如是三四。疑而掘之，先得一卵如碗許，殼膜見中有二蛇，一黑一斑。又掘得一卵，比前差大。彥達曉之曰："神物不可觸，祭拜而送之。"成如言，送濱河中。

　　（《全集》卷五十《續夷堅志三·大明川异卵》）

蠍 台

　　東京城東北隅有蠍台。大定中修城，役夫毀台取土。及半，得石函。啟之，中有塊石，圓滑天成，撼搖作動物聲。破之，二大蠍尾捎相鉤，旋轉不解，見風即死。

　　（《全集》卷五十《續夷堅志三·蠍台》）

陵川瑞花

　　先人宰陵川。泰和甲子元夕，縣學燒燈，有以杏棣棠枯枝爲剪彩者。燈罷，家僮乞之，供於縣署佛屋中。四月上七日，先夫人焚誦次，乃見杏棠皆作花，真贗相間。先人會賓示之，以爲文字之祥，爲賦《瑞花詩》。予年始十五矣。

　　（《全集》卷五十《續夷堅志三·陵川瑞花》）

三秀軒

李都運有之、高戶部唐卿、趙禮部廷玉讀書永平西一山寺。臘月,桃樹一枝作花,大金蟬集其上,又竹林出一筍。故名所居為"三秀軒"。後三人皆登上第,極品。

(《全集》卷五十《續夷堅志三·三秀軒》)

碑子魚

海中有魚,尾足與龜無異,背上聚一殼,如碑石植立之狀。潮退則出岸上曝殼,十百為群,聞人聲則爬沙入海。海濱人謂之"碑子魚"。或魚或獸,未可必也。舊說蒲牢海獸,遇鯨躍則吼,其聲如鐘。今人鑄鐘作蒲牢形,刻撞鐘槌為鯨,於二者有取焉。蓋古人制器象物,如舟車、弧矢、杵臼之屬,初不漫作,特後人不能盡知之耳。然則碑表之制,將亦有所本耶?抑人見魚形似,傅會為名也?

(《全集》卷五十《續夷堅志三·碑子魚》)

三姑廟見龍

大名鼉神三姑廟旁近龍見,橫臥三草舍上。觀者數百人。見龍鱗甲中出黃毛,其形如駝峰,頭與一大樹齊。腥臭不可近。既墮夭矯不得上。良久,雲霧復合,乃去。時己酉歲七、八月間也。

(《全集》卷五十《續夷堅志三·三姑廟龍見》)

畸形蛙

　　燕南安州白羊淀，南北四十里，東西七十里，舊爲水所占。近甲午歲，忽乾涸，澱中所有蛙黽，悉化黑鼠，嚙茭草根盡。土脈虛鬆，不待耕墾，投麥種即成就。其居民不勝舉，聽客戶收穫，但取課而已。此地山草根膠固，不受耕，其因鼠化得麥，亦異事也。淀有石刻云：“天荒地亂，莫離此淀；有水食魚，無水麵。”是則前此亦嘗得麥乎？張侯德剛說。

　　（《全集》卷五十《續夷堅志三·蛙化鼠》）

驢腹异物

　　完州舊永平縣磨户，其人家畜一驢，忽受病。比死，大叫七日夜不絕聲。剖之，大腹内得物，非鐵非石，形如栝樓而褊，色深褐，其堅若鐵石。磨家不以爲異，擲之麥囤中。日課麥皆取於此，而都不減耗。如是一年，鄉人傳以爲神。官長石生者索去，亦置麥中，竟無神變。今在順天張侯家，余親見。

　　（《全集》卷五十《續夷堅志三·驢腹异物》）

雨羊頭

　　貞祐二年，豐州楊雲卿爲崞縣令。夏月暴雨過，南關外十餘里落羊頭一，大如車轂，角上豎，高三尺。以物怪申代州。州下軍資庫收，聞之朝。

　　（《全集》卷五十《續夷堅志三·暴雨落羊頭》）

洮水冰珠

臨洮城外洮水,冬月結小冰子如芡實,圓潔如一耳璫之珠。洮城中富人收貯。盛夏以蜜漿調之,如真珠粉然。此水上下三百里,冬月望之,凝白無際,而著腳即陷。蓋冰珠雖沍寒,亦不融結爲一也。

(《全集》卷五十《續夷堅志三·珠子冰》)

炭谷瓊花

鄠縣西南十里曰"炭谷"。入谷五里有瓊花樹。樹大四人合抱,逢閏即花。初伏開,末伏乃盡。花白如玉,攢開如聚八仙狀,中有玉蝴蝶一,高出花上,花落不著地,乘空而起。亂後爲兵所斫云。

(《全集》卷五十《續夷堅志三·炭谷瓊花》)

女真黃

文潞西元豐間鎮洛水南,銀李以千葉淡黃牡丹來獻,且乞名。公名之曰"女真黃"。後人始知其識。

(《全集》卷五十一《續夷堅志四·女真黃》)

日本冠服

大定末,日本國販硫黃沙木將往明越,爲風漂至登州海岸。其人華冠縞服,上畫雞犬,將如挽郎。自言先世秦人,是徐市船載入海者。市死,爲五蕃菩薩。國人至今爲凶服,會裕陵上仙,取沙木供葬。

（《全集》卷五十一《續夷堅志四·日本國冠服》）

臨晉异瓜

臨晉上排喬英家，業農，種瓜三二頃。英種出西瓜一窠，廣畝二分，結實一千二三百顆。他日耕地，瓜根如大椽。辛亥年，定襄士人樊順之親見。

（《全集》卷五十一《續夷堅志四·臨晉异瓜》）

河東麥异種

河東縣舜寨出麥，顆粒如常麥而無縫，又色稍白，每斗得麥十三斤。此地二頃餘，農民數家主之。喻如今歲東家舜麥成，至明歲西家成熟，無定處，然終不出二頃之外也。

（《全集》卷五十一《續夷堅志四·舜麥》）

日中現异物

崇慶元年冬十月，北京進士趙天瑞、張仲和輩十五人赴試回，曉行道中，日中見二物：一四足獸在前，一蛇繼之，二物行甚速；次一鳥跳躍稍緩。少頃，無所見。

（《全集》卷五十一《續夷堅志四·日中見异物》）

炭中玉仙

皋州人賈令春，前郿時丞。興定二年丁丑十月，以成役在澠池。此地出炭，炭穴顯露，隨取而足。用者積累成堆，下以薪爇之，烈焰熾然。一日,賈與戍卒圍火坐,忽一炭塊爆出。塊破,中有二白玉仙人,各長二寸有半,眉目口耳形體皆具,頂烏巾,繫如皁勒帛狀,雙帶下垂,雕刻所不及。賈甚珍秘。兵亂中失所在。

(《全集》卷五十一《續夷堅志四·炭中二仙》)

圖書在版編目（CIP）數據

元遺山金元史述類編/降大任，魏紹源，狄寶心編.
—太原：山西古籍出版社，2007.7
ISBN 978-7-80598-830-6

Ⅰ.元… Ⅱ.①降…②魏…③狄… Ⅲ.中國—古代史—遼宋金
元時代 Ⅳ.K244.042

中國版本圖書館 CIP 數據核字（2007）第 102699 號

元遺山金元史述類編

編　　者：	降大任　魏紹源　狄寶心	
責任編輯：	李永明	
出 版 者：	山西出版集團·山西古籍出版社	
地　　址：	太原市建設南路 15 號	
郵　　編：	030012	
電　　話：	0351-4922268（發行中心）	
	0351-4956036（綜合辦）	
E-mail：	fxzx@sxskcb.com	
	web@sxskcb.com	
	gujshb@sxskcb.com	
網　　址：	www.sxskcb.con	
經 銷 者：	新華書店	
承 印 者：	太原市泓興印業有限公司	
開　　本：	850mm × 1168mm　1/32	
印　　張：	12.75	
字　　數：	280 千字	
印　　數：	1-1500 册	
版　　次：	2007 年 7 月　第 1 版	
印　　次：	2007 年 7 月　第 1 次印刷	
書　　號：	ISBN 978-7-80598-830-6	
定　　價：	36.00 圓